Helmuth von Moltke

Geschichte des Deutsch-Französischen Krieges von 1870-71

D1698312

EHV
HISTORY

Helmuth von Moltke

Geschichte des Deutsch-Französischen Krieges von 1870-71

ISBN/EAN: 9783955641139

Auflage: 1

Erscheinungsjahr: 2013

Erscheinungsort: Bremen, Deutschland

EHV
HISTORY

Geschichte

des

Deutsch-französischen Krieges

von 1870—71

von

Graf Helmuth von Moltke,

General-Feldmarschall.

Volksausgabe

zur Wiederkehr der Gedenktage unferer vor 25 Jahren erfochtenen Siege
in den großen Kämpfen von 1870-71.

Mit elf Bildniffen in Holzschnitt, einer Ueberfichtskarte in Steindruck,
zwölf Planffizzen im Text und der Wiedergabe der Schlußworte in Moltkes eigener Handschrift.

Berlin 1895.

Ernst Siegfried Mittler und Sohn
Königliche Hofbuchhandlung
Kochstraße 68—70.

Vorrede.

Die Geschichte des Feldzuges 1870/71 hat der Feldmarschall im Frühjahr des Jahres 1887 zu schreiben angefangen. Er arbeitete während seines Aufenthalts in Creisau täglich morgens etwa drei Stunden daran. Bei seiner Rückkehr nach Berlin, im Herbst genannten Jahres, war die Arbeit noch nicht ganz vollendet, er beendigte sie im Januar 1888 in Berlin, übergab mir das fertige Werk und ist nie wieder mit einem Wort darauf zurückgekommen.

Die Veranlassung zur Entstehung der Arbeit war die folgende. Ich hatte ihn schon mehrfach, aber jedesmal erfolglos gebeten, er möge doch seine Creisauer Mußestunden benutzen, um aus dem reichen Schatze seiner Erinnerungen einige Aufzeichnungen zu machen. Er lehnte dies immer mit den gleichen Worten ab: „Alles, was ich Sachliches geschrieben habe und was des Aufhebens werth ist, liegt im Archiv des General= stabes. Meine persönlichen Erlebnisse sind besser mit mir begraben." — Er hatte überhaupt einen ausgesprochenen Widerwillen gegen Memoiren, meinte, sie dienten nur dazu, die persönliche Eitelkeit des Verfassers zu befriedigen, und trügen nur zu oft dazu bei, große geschichtliche That= sachen aus der immer subjektiven Auffassung des Memoiren=Schreibers heraus und durch das Hineinmengen kleinlicher Gesichtspunkte zu verzerren. Leicht könne es geschehen, daß durch die Mittheilung persönlicher Er= lebnisse das Bild eines Mannes, das rein und erhaben in der Geschichte dastehe, in häßlicher Weise verunstaltet und der ideale Nimbus, der es umgebe, zerstört werde. Sehr bezeichnend für die hohe Denkungsart des Verstorbenen sind die Worte, welche er gelegentlich eines solchen Gespräches äußerte und die ich mir notirte. Er sagte: „Was in einer Kriegsgeschichte publizirt wird, ist stets nach dem Erfolg appretirt; aber es ist eine Pflicht der Pietät und der Vaterlandsliebe, gewisse Prestigen

nicht zu zerstören, welche die Siege unserer Armee an bestimmte Persön=
lichkeiten knüpfen."

Kurz nach unserer Ankunft in Creisau im Frühjahr 1887 kam ich
wieder auf mein Anliegen zurück. Er sagte mir auf meine wiederholte
Bitte, Mittheilungen aus dem Feldzuge 1870/71 zu machen: „Ihr habt
ja die vom Generalstab herausgegebene Geschichte des Feldzuges, da steht
ja Alles darin. Freilich", fügte er hinzu, „sie ist für die große Menge
der Leser zu detaillirt und zu fachmännisch geschrieben, man müßte sie
einmal auszugsweise umarbeiten." Ich fragte ihn, ob er mir erlauben
wolle, ihm das Werk auf seinen Schreibtisch zu legen, und am nächsten
Morgen hatte er die hier vorliegende Arbeit, unter Vergleichung mit dem
Generalstabswerke, begonnen, die er ohne Unterbrechung zu Ende führte.

Seine Absicht war demnach, eine gedrängte Darstellung des Krieges
zu bieten. Indem er dieses Ziel verfolgte, faßte er die Aufgabe dennoch
unwillkürlich, unumgänglich von seinem Standpunkte aus, dem des
Generalstabschefs, auf, d. h. er ordnete die Ergebnisse in den Zusammen=
hang des großen Ganzen, der nur an der leitenden Befehlsstelle erkannt
und gegeben werden konnte. So wird dieses in schlichtester Weise zwecks
einer volksthümlichen Belehrung unternommene Werk in seiner ganzen
Gedankenfolge die Aeußerung der eigensten Beurtheilung des Krieges
durch den General=Feldmarschall selbst.

Berlin, den 25. Juni 1891.

v. Moltke,
Major und Flügeladjutant Seiner Majestät
des Kaisers und Königs.

Inhalts-Verzeichniß.

I.

II.

Beilagen.

I. Skizzen.

II. Abbildungen.

Bildniß Moltkes (nach einer im Oktober 1870 in Versailles aufgenommenen Photographie).

Ein Sammelbild, enthaltend die Bildnisse Kaiser Wilhelms I., des Kronprinzen von Preußen Friedrich Wilhelm und des Prinzen Friedrich Karl.

Ein Sammelbild, enthaltend die Bildnisse des Kronprinzen von Sachsen Albert und des Großherzogs von Mecklenburg-Schwerin Friedrich Franz.

Ein Sammelbild, enthaltend die Bildnisse von v. Steinmetz, v. Goeben, Graf Roon, v. Werder, Freiherrn v. Manteuffel.

III. Facsimile.

Erinnerungsblatt zur 25jährigen Wiederkehr der Siegeszeit von 1870/71, enthaltend die Wiedergabe der Schlußworte des Werkes in Moltkes eigener Handschrift.

1870 1871 Wilhelm I.

Friedrich Wilhelm Krpz. Prinz Friedrich Carl

I.

Es sind vergangene Zeiten, als für dynastische Zwecke kleine Heere von Berufssoldaten ins Feld zogen, um eine Stadt, einen Landstrich zu erobern, dann in die Winterquartiere rückten oder Frieden schlossen.

Die Kriege der Gegenwart rufen die ganzen Völker zu den Waffen, kaum eine Familie, welche nicht in Mitleidenschaft gezogen würde. Die volle Finanzkraft des Staates wird in Anspruch genommen, und kein Jahreswechsel setzt dem rastlosen Handeln ein Ziel.

Solange die Nationen ein gesondertes Dasein führen, wird es Streitig= keiten geben, welche nur mit den Waffen geschlichtet werden können, aber im Interesse der Menschheit ist zu hoffen, daß die Kriege seltener werden, wie sie furchtbarer geworden sind.

Ueberhaupt ist es nicht mehr der Ehrgeiz der Fürsten, es sind die Stimmungen der Völker, das Unbehagen über innere Zustände, das Treiben der Parteien, besonders ihrer Wortführer, welche den Frieden gefährden. Leichter wird der folgenschwere Entschluß zum Kriege von einer Versammlung gefaßt, in welcher Niemand die volle Verantwortung trägt, als von einem Einzelnen, wie hoch er auch gestellt sein möge, und öfter wird man ein friedliebendes Staatsoberhaupt finden als eine Volks= vertretung von Weisen! Die großen Kämpfe der neueren Zeit sind gegen Wunsch und Willen der Regierenden entbrannt. Die Börse hat in unseren Tagen einen Einfluß gewonnen, welcher die bewaffnete Macht für ihre Interessen ins Feld zu rufen vermag. Mexico und Aegypten sind von europäischen Heeren heimgesucht worden, um die Forderungen der hohen Finanz zu liquidiren. Weniger kommt es heutzutage darauf an, ob ein Staat die Mittel besitzt, Krieg zu führen, als darauf, ob seine Leitung stark genug ist, ihn zu verhindern. So hat das geeinigte Deutschland seine Macht bisher nur dazu gebraucht, den Frieden in Europa zu wahren, eine schwache Regierung nur Nachbar aber ist die größte Kriegsgefahr.

Aus solchen Verhältnissen ist auch der Krieg von 1870/71 hervor= gegangen. Ein Napoleon auf dem Thron von Frankreich hatte seinen Anspruch durch politische und militärische Erfolge zu rechtfertigen. Nur eine Zeitlang befriedigten die Siege der französischen Waffen auf fernen Kriegsschauplätzen, die Erfolge des preußischen Heeres erregten Eifersucht,

sie erschienen als Anmaßung, als Herausforderung, und man verlangte
Rache für Sadowa. — Die liberale Strömung des Zeitalters lehnte sich
auf gegen die Alleinherrschaft des Kaisers, er mußte Bewilligungen zu=
gestehen, seine Machtstellung im Innern war geschwächt, und eines Tages
erfuhr die Nation aus dem Munde ihrer Vertreter, daß sie den Krieg
mit Deutschland wolle!

———••••———

Vorbereitung zum Kriege.

Der Kampf, welchen Frankreich jenseits des Oceans wesentlich für
finanzielle Interessen geführt, hatte ungeheure Summen gekostet und die
Ordnung der militärischen Streitkräfte erschüttert.   Man war nichts
weniger als „archiprêt" für einen großen Krieg, dennoch mußte die
spanische Erbfolge als Vorwand für einen solchen dienen.   Am 15. Juli
waren die französischen Reserven einberufen, und als ob man sich die
Gelegenheit nicht entwischen lassen wollte, wurde schon vier Tage später
die französische Kriegserklärung in Berlin überreicht.

Von der französischen Heeresmacht war eine Division zur Beobachtung
der spanischen Grenze bestimmt, nur das Nothwendigste wurde in Algier,
eine schwache Abtheilung in Civita vecchia zurückgelassen, Paris und Lyon
mit der erforderlichen Besatzung versehen.   Sämmtliche übrigen Truppen:
332 Bataillone, 220 Schwadronen, 924 Geschütze in der Stärke von
rund 300 000 Mann bildeten die Rhein=Armee, welche in acht Korps
gegliedert — vorläufig wenigstens — noch ohne weitere Zwischeninstanzen
von derselben Centralstelle geleitet werden sollte.   Diese schwere Aufgabe
konnte nur der Imperator selbst übernehmen, bis zu seinem Eintreffen
sollte Marschall Bazaine die sich versammelnden Streitkräfte befehligen.

Wahrscheinlich hatte man auf den alten Zwiespalt der deutschen
Stämme gerechnet.   Durften die Süddeutschen auch nicht gerade als
Verbündete angesehen werden, so hoffte man durch einen ersten Sieg sie
unthätig zu erhalten oder selbst für sich zu gewinnen.   Auch vereinzelt
blieb freilich Preußen immer noch ein mächtiger Gegner und sein Heer
der Zahl nach überlegen, aber dieser Nachtheil konnte vielleicht durch die
Schnelligkeit des eigenen Handelns aufgewogen werden.

Wirklich ging der französische Feldzugsplan auf ein überraschendes
Angriffsverfahren aus.   Die starke Schlacht= und Transportflotte sollte zu
einer größeren Landung verwerthet werden, welche einen Theil der Streit=
kräfte Preußens im Norden festhalten konnte, während dessen Hauptmacht,
wie man annahm, den ersten Angriff hinter der starken Rheinlinie ab=
warten werde.   Dieser Strom sollte, unter Umgehung der großen Festungen,
bei und unterhalb Straßburg ungesäumt überschritten, und die süddeutsche
Heeresmacht, welche den Schwarzwald zu vertheidigen hätte, dadurch gleich
anfangs von der norddeutschen getrennt werden.

Zur Ausführung dieses Planes wäre erforderlich gewesen, die Haupt=
kräfte im Elsaß verfügbar zu stellen. Das vorhandene Eisenbahnnetz
gestattete aber zunächst nur 100 000 Mann nach Straßburg zu führen,
während 150 000 bei Metz ausschiffen mußten und von dort heranzuziehen
blieben. 50 000 im Lager von Châlons sollten als Rückhalt dienen, auch
konnten noch 115 Bataillone ins Feld rücken, sobald die Nationalgarde
sie im Innern des Landes ersetzte.

Den einzelnen Korps wurden folgende Sammelpunkte angewiesen:

Kaiserliche Garde, General Bourbaki — Nancy,

I. Korps Marschall Mac Mahon — Straßburg,

II. = General Frossard — St. Avold,

III. = Marschall Bazaine — Metz,

IV. = General Ladmirault — Diedenhofen,

V. = General Failly — Bitsch,

VI. = Marschall Canrobert — Châlons,

VII. = General Félix Douay — Belfort,

mithin nur zwei Korps im Elsaß, fünf an der Mosel, und von letzteren
schon am Tage der Kriegserklärung das II. Korps als Avantgarde nach
St. Avold und Forbach, bis hart an die preußische Grenze, vorgeschoben.
Letzteres erhielt aber schon jetzt die Weisung, nichts Ernstliches zu unter=
nehmen.

Die Truppen waren, ohne das Eintreffen der Ergänzungsmannschaft
und Ausrüstung abzuwarten, aus ihren Standorten aufgebrochen. In=
zwischen häuften sich die einberufenen Reserven in den Depots, alle Bahn=
höfe waren überfüllt, die Eisenbahnen zum Theil schon verstopft. Die
Weiterbeförderung stockte, da man oft in den Depots den augenblicklichen
Standort der Regimenter nicht kannte, an welche die Mannschaften ab=
zusenden waren. Trafen diese endlich bei ihren Regimentern ein, so
mangelten ihnen die nothwendigsten Ausrüstungsgegenstände. Den Korps
und Divisionen fehlten die Trains, die Lazarethe und fast das gesammte
Verwaltungspersonal. Magazine waren nicht im Voraus angelegt worden,
und die Truppen wurden auf die Bestände der Festungen angewiesen.
Diese selbst befanden sich in vernachlässigtem Zustande, denn auf sie war
bei der sicheren Erwartung, man werde alsbald in Feindesland vorgehen,
wenig Rücksicht genommen. So hatte man auch Karten, zwar von Deutsch=
land, nicht aber von dem eigenen Gebiet an die Stäbe vertheilt. Zahl=
lose Anforderungen, Klagen und Beschwerden liefen beim Kriegsministerium
in Paris ein, welches schließlich den Truppen überlassen mußte, sich zu
helfen, wie sie konnten. „On se débrouillera", hoffte die centrale Behörde.

Als acht Tage nach der Kriegserklärung der Kaiser in Metz eintraf,
waren die Truppen noch nicht vollzählig und selbst die Standorte ganzer
Heerestheile dort nicht genau bekannt. Er befahl das Vorrücken der
Armee, aber seine Marschälle erklärten, daß dies bei den inneren Zu=
ständen vorerst nicht möglich sei. Ueberhaupt drängte sich allmählich der
Gedanke auf, daß statt des beabsichtigten Einbruchs in Feindesland man

1*

4 Vorbereitung zum Kriege.

sich im eigenen zu vertheidigen haben werde. Ein starkes feindliches Heer war angeblich zwischen Mainz und Coblenz versammelt; statt von Metz Verstärkungen nach Straßburg abzuschicken, wurden vielmehr deren vom Rhein nach der Saar herangeordert. Der Entschluß, in Süddeutschland einzubrechen, war bereits aufgegeben, die Flotte ausgelaufen, aber ohne Landungskorps.

In Deutschland war man durch den Ausbruch des Krieges überrascht, aber nicht unvorbereitet. Die Möglichkeit desselben war vorgesehen.

Nach dem Ausscheiden Oesterreichs aus den deutschen Verhältnissen hatte Preußen die alleinige Führerschaft übernommen und die engere Verbindung mit den süddeutschen Staaten angebahnt. Der Sinn für nationale Zusammengehörigkeit war neu belebt und wurde von dem patriotischen Gefühl der gesammten Bevölkerung getragen.

Die Mobilmachung des norddeutschen Heeres war alljährlich den eingetretenen Verhältnissen entsprechend bearbeitet und zwischen Kriegsministerium und Generalstab vereinbart. Jeder Behörde war mitgetheilt, was sie in dieser Beziehung zu wissen brauchte. Aber auch mit den Generalstabschefs der süddeutschen Staaten war man in vertraulichen Besprechungen zu Berlin über wichtige Punkte einig geworden. Es wurde anerkannt, daß eine gesonderte Vertheidigung, etwa des Schwarzwaldes, auf Hülfe durch Preußen nicht rechnen könne, daß vielmehr Süddeutschland am sichersten geschützt werde durch ein angriffsweises Vorgehen im Elsaß vom Mittelrhein her, welches durch die dort zu versammelnde Hauptmacht nachhaltig unterstützt werden konnte. Von vollem Vertrauen auf die preußische Heeresleitung zeugt es, wenn die Regierungen von Bayern, Württemberg, Baden, Hessen, anscheinend das eigene Land entblößend, ihre Kontingente bereitwillig der Hauptversammlung anschlossen und unter Befehl des Königs Wilhelm stellten.

Sobald diese Verständigung erreicht war, konnten die weiteren Vorbereitungen getroffen werden. Es wurden für alle Truppentheile die Fahr- und Marschtableaus entworfen, für jeden der Einschiffungsort, Tag und Stunde der Abfahrt, Dauer der Fahrt, Erfrischungsstation und Ausschiffungspunkt festgestellt. Im Konzentrationsgebiet waren die Kantonnements nach Armeekorps und Divisionen abgegrenzt, auf die Anlage von Magazinen Bedacht genommen, und als nun der Kriegsfall wirklich eintrat, bedurfte es nur der Königlichen Unterschrift, um die ganze gewaltige Bewegung ihren ungestörten Verlauf nehmen zu lassen. Es blieb in den getroffenen Maßnahmen nichts zu ändern, sondern nur Vorbedachtes und Vorbereitetes auszuführen.

Auf Grundlage einer vom Chef des preußischen Generalstabs ausgearbeiteten Denkschrift wurden die gesammten mobilen Streitkräfte in drei gesonderte Heere gegliedert.

Die I. Armee, unter Befehl des Generals v. Steinmetz, zunächst nur aus dem VII. und VIII. Korps nebst einer Kavallerie-Division bestehend, hatte sich als rechter Flügel um Wittlich zu versammeln, in Stärke von etwa 60 000 Mann;

die II. Armee, unter dem Prinzen Friedrich Karl, III., IV., X., Gardekorps und zwei Kavallerie=Divisionen, sollte in der Gegend von Homburg und Neunkirchen das Centrum bilden, 134 000 Mann stark; die III. Armee, vom Kronprinzen von Preußen befehligt, umfaßte das V. und XI. Preußische, das I. und II. Bayerische Korps, die Württembergische und Badische Felddivision nebst einer Kavallerie= Division in ungefährer Stärke von 130 000 Mann und hatte sich als linker Flügel bei Landau und Rastatt zu versammeln.

Das IX. Korps wurde aus der 18. und der Hessischen Division kombinirt und bildete mit dem Königlich Sächsischen XII. Korps vorwärts Mainz eine Reserve von 60 000 Mann zur Verstärkung der II. Armee auf 194 000.

Die drei Armeen zusammen zählten 384 000 Mann.

Noch blieben das I., II. und VI. Korps, 100 000 Mann, verfügbar, doch traten diese zunächst nicht in Rechnung, da die Eisenbahnen zu ihrem Transport erst am 21. Tage frei wurden.

Zur Küstenvertheidigung waren die 17. Division und die Landwehr= formationen bestimmt.

Sonach war das deutsche Heer dem französischen an Zahl erheblich überlegen. Alle Besatzungs= und Ersatztruppen mitgerechnet, standen nahezu eine Million Mann und über 200 000 Pferde in Verpflegung.

Die Nacht zum 16. Juli hatte den Allerhöchsten Befehl zur Mobil= machung gebracht, und als vierzehn Tage später Se. Majestät sich nach Mainz begab, waren am Rhein und vorwärts desselben bereits gegen 300 000 Mann eingetroffen.

Der vom Chef des Generalstabes eingereichte und vom König genehmigte Feldzugsplan faßte von Haus aus die Eroberung der feind= lichen Hauptstadt ins Auge, welche in Frankreich von größerer Bedeutung ist als in anderen Ländern. Auf dem Wege dahin sollte die Streitmacht des Gegners möglichst von dem an Hülfsmitteln reichen Süden ab= und in das engere Hinterland des Nordens gedrängt werden. Maßgebend aber vor Allem war der Entschluß, den Feind, wo man ihn traf, un= verzüglich anzugreifen und die Kräfte so zusammen zu halten, daß es mit überlegener Zahl geschehen könne.

Durch welche besonderen Maßnahmen diese Ziele zu erreichen seien, blieb der Entschließung an Ort und Stelle vorbehalten, nur der erste Vormarsch bis an die Landesgrenze war bis in das Einzelne im Voraus geregelt.

Es ist eine Täuschung, wenn man glaubt, einen Feldzugsplan auf weit hinaus feststellen und bis zu Ende durchführen zu können. Der erste Zusammenstoß mit der feindlichen Hauptmacht schafft, je nach seinem Ausfall, eine neue Sachlage. Vieles wird unausführbar, was man beabsichtigt haben mochte, Manches möglich, was vorher nicht zu erwarten stand. Die geänderten Verhältnisse richtig auffassen, daraufhin für eine absehbare Frist das Zweckmäßige anordnen und entschlossen durchführen, ist Alles, was die Heeresleitung zu thun vermag.

Das Abrücken der französischen Truppen in immobilem Zustand, eine an sich sehr bedenkliche Maßregel, schien den Zweck zu haben, mit den gleich anfangs verfügbaren Streitmitteln, und so vielleicht mit augenblicklicher Ueberlegenheit, den sich erst entwickelnden Aufmarsch des deutschen Heeres zu überraschen.

Dennoch wurde die Absicht nicht aufgegeben, diesen ersten Aufmarsch gleich vorwärts des Rheins zu bewirken. Der Eisenbahntransport zwar sollte für die Korps der II. und III. Armee am Rhein enden, von dort aber der Fußmarsch in Kantonnements fortgesetzt werden, welche am linken Ufer des Stromes vorgesehen waren. Dort hatten die zuerst eintreffenden Staffeln nur in dem Maße vorzurücken wie nöthig, um den nachfolgenden Raum zu gewähren, zunächst bis an die Linie Bingen—Dürkheim—Landau. Erst wenn geschlossene Divisionen und Korps versammelt und mit dem nöthigsten Fuhrwerk versehen waren, sollte der weitere Vormarsch gegen die Grenze angetreten werden, und zwar so, daß man jeden Augenblick bereit war, dem Feinde zu begegnen.

Weniger bedroht erschien die Versammlung der I. Armee, deren Vorgehen von neutralem Gebiet und durch die an der Saar als Vorhut belassenen Garnisonen von Trier, Saarlouis und Saarbrücken geschützt war.

In den ersten Tagen des August stand die I. Armee, 50 000 Mann stark, bei Wadern konzentrirt. Die II., deren Stärke allmählich auf 194 000 Mann anwuchs, hatte ihre Kantonnements nach vorwärts bis zu einer vom Generalstab rekognoszirten Stellung Alsenz—Grünstadt an den Ausgängen des Haardt=Gebirges ausgedehnt, in welcher sie einen etwa erfolgenden Angriff zuversichtlich annehmen durfte. Die 5. und 6. Kavallerie=Division klärten vor der Front auf. Die III. Armee sammelte sich noch an beiden Seiten des Rheins.

Noch hatten die Franzosen bei Saarbrücken nichts Ernstliches unternommen. Oberstlieutenant Pestel konnte mit einem Bataillon und drei Schwadronen kleinen Versuchen derselben überall mit Erfolg entgegentreten. Dabei war nicht entgangen, daß die feindlichen Massen sich weiter rechts nach Forbach und Bitsch schoben. Es blieb sonach möglich, daß die beiden französischen Korps, welche man bei Belfort und Straßburg wußte, sich zu einem Rheinübergang und Vorgehen durch den Schwarzwald entschlössen. In doppelter Hinsicht erschien es daher wünschenswerth, die III. Armee baldigst in Bewegung zu setzen, einmal um das rechte Ufer des oberen Rheins durch Vorgehen am linken zu schützen, dann aber auch, um das Vorschreiten der II. Armee nach dieser Seite zu sichern.

Die desfallsige Aufforderung erging telegraphisch schon am 30. Juli abends, das Oberkommando der III. Armee wünschte aber Aufschub bis zum Eintreffen des VI. Korps und der Trains. So wurde nunmehr, auch ohne Rücksicht auf diese Verzögerung, die II. Armee gegen die Saar in Marsch gesetzt, wo die Franzosen sich zu regen anfingen.

Die Tage waren ungenutzt verflossen, an welchen diese von ihrer überstürzten Versammlung hätten Vortheil ziehen können, der innere

Zustand der Truppen hatte jede Thätigkeit gelähmt. Lange schon wartete Frankreich auf Siegesnachrichten, der Ungeduld des Publikums mußte Rechnung getragen werden, und um nur überhaupt etwas zu thun, entschloß man sich — wie das in solchen Fällen gewöhnlich geschieht — zu einer gewaltsamen Rekognoszirung, aber auch mit dem gewöhnlichen Erfolg einer solchen.

Drei ganze Armeekorps wurden am 2. August in Bewegung gesetzt gegen drei Bataillone, vier Eskadrons, eine Batterie in Saarbrücken. Der Kaiser selbst und der Kaiserliche Prinz wohnten der Unternehmung bei. Das III. Korps ging gegen Völklingen, das V. über Saargemünd, das II. gegen Saarbrücken vor.

Nach zäher Vertheidigung und wiederholten Offensivstößen wurde Saarbrücken geräumt, aber die Franzosen drangen nicht über die Saar hinaus vor, sie mochten sich überzeugt haben, daß sie mit gewaltiger Wucht zu einem Lufthiebe ausgeholt, und daß sie durch denselben irgend einen Aufschluß über die Verhältnisse beim Gegner nicht erreicht hatten.

Lange schwankte nun die französische Heeresleitung zwischen entgegen= gesetzten Entschlüssen. Auf bloße Gerüchte hin wurden Anordnungen getroffen, welche dann bald widerrufen werden mußten. Der linke Flügel wurde verstärkt, weil 40 000 Preußen durch Trier marschirt sein sollten, die Garde erhielt widersprechende Befehle, und das bloße Erscheinen einer schwachen Abtheilung bei Lörrach im Schwarzwalde veranlaßte die Weisung, daß das VII. Korps im Elsaß verbleiben müsse.

So standen die französischen Streitkräfte auf dem weiten Bogen von der Nied bis zum oberen Rhein, während das deutsche Heer in geschlossenen Massen gegen die Saar heranrückte.

Die räumliche Trennung führte endlich zu dem Entschluß, das fran= zösische Heer in zwei gesonderte Armeen zu gliedern. Dem Marschall Mac Mahon wurde, aber nur vorläufig, der Befehl über das I., VII. und V. Korps ertheilt, welches letztere deshalb von Bitsch heranzurücken hatte; die übrigen Korps blieben dem Marschall Bazaine unterstellt, mit Aus= nahme jedoch des Gardekorps, über welches der Kaiser sich das Kommando vorbehielt.

Für den Weitermarsch der II. deutschen Armee war nun die Sicherung der linken Flanke gegen die französischen Streitkräfte im Elsaß dringend geworden und daher befohlen, daß die III. am 4. August, auch ohne die Trains abzuwarten, die Grenze zu überschreiten habe. Die I. Armee stand auf dem rechten Flügel bei Wadern und Losheim bereits drei bis vier Tagemärsche näher an der Saar als die II. im Centrum. Sie erhielt Befehl, sich um Tholey zu konzentriren und zunächst dort Halt zu machen. Einestheils durfte dieses schwächste Heer nicht vereinzelt dem Zusammenstoß mit der feindlichen Hauptmacht ausgesetzt werden, und außerdem sollte es als Offensivflanke dienen, für den Fall, daß die II. Armee beim Austritt aus der pfälzischen Waldzone auf den Gegner stoßen würde.

In Ausführung dieses Befehls hatte die I. Armee ihre Kantonnements südlich bis auf die Marschlinie der II. ausgedehnt und wurde ihr die Räumung der Quartiere um Ottweiler befohlen. Es war dies in der That schwierig, da alle Ortschaften weiter nördlich belegt und auch noch Raum für das über Birkenfeld heranrückende I. Korps zu schaffen war. General v. Steinmetz beschloß daher, mit Allem in der Richtung auf Saarlouis und Saarbrücken abzumarschiren. Die II. Armee war am 4. August operationsfähig versammelt und erhielt Befehl, jenseits der Waldzone von Kaiserslautern aufzumarschiren.

Treffen bei Weißenburg.
(4. August.)

An demselben Tage überschritten die hinter dem Klingsbach in Biwaks zusammengezogenen Korps der III. Armee die französische Grenze mit 128 Bataillonen, 102 Eskadrons und 80 Batterien, um in breiter Front die Lauter von Weißenburg bis Lauterburg zu erreichen.

Dieser Bach bildet eine überaus starke Vertheidigungsstellung, aber in derselben standen am 4. August nur eine schwache Division und eine Kavallerie-Brigade des I. französischen Korps, dessen Gros sich noch im Anmarsch gegen die Pfalz befand.

Schon früh morgens stießen auf dem rechten Flügel die Bayern auf lebhaften Widerstand vor den sturmfreien Mauern von Weißenburg. Bald jedoch überschritten die preußischen Korps die Lauter weiter unterhalb. General v. Bose führte das XI. zur Umfassung des feindlichen rechten Flügels auf den Geisberg vor, während General v. Kirchbach mit dem V. gegen die Front der feindlichen Stellung anrückte. Inzwischen waren 30 Geschütze gegen den Bahnhof von Weißenburg aufgefahren. Unter blutigen Kämpfen wurde derselbe und dann auch die Stadt genommen.

General Douay hatte den durch die Bewegung gegen den Geisberg ernstlich gefährdeten Rückzug bereits um 10 Uhr befohlen. Diesen zu ermöglichen, leistete das überaus haltbare Schloß gleichen Namens den hartnäckigsten Widerstand. Vergeblich stürmten unter den größten Opfern die Grenadiere des Königs-Regiments Nr. 7 gegen dasselbe an; erst als es mit äußerster Anstrengung gelungen war, Artillerie auf die Höhe zu bringen, ergab sich die Besatzung.

Die französische Division hatte drei deutsche Korps auf sich gezogen und nach kräftiger Gegenwehr, wenn auch unter starken Einbußen und in großer Auflösung, den Rückzug bewerkstelligt. Ihr tapferer Führer war im Kampfe gefallen. Auf deutscher Seite hatte man den verhältniß- mäßig sehr erheblichen Verlust von 91 Offizieren und 1460 Mann zu beklagen. General v. Kirchbach war in den vordersten Reihen verwundet worden.

Die 4. Kavallerie-Division hatte auf ihrem vier Meilen weiten An- marsch durch Kreuzung mit den Infanterie-Kolonnen vielfach Aufenthalt gefunden, sie erreichte das Gefechtsfeld nicht mehr, und die Fühlung mit dem gegen Westen ausweichenden Feind ging verloren.

Ungewiß, von welcher Seite neue französische Streitkräfte heran= ziehen würden, rückte am 5. August die III. Armee auf divergirenden Straßen sowohl in Richtung auf Hagenau wie auf Reichshofen vor, jedoch nur so weit, daß es möglich blieb, die Korps in einem kurzen Tagemarsch wieder zu versammeln. Der Kronprinz beabsichtigte, für den folgenden Tag den Truppen Ruhe zu gewähren, um sie, sobald die Situation sich geklärt haben werde, zu erneutem Angriffe vorzuführen.

Aber schon abends traten auf dem rechten Flügel die Bayern und in der Front das V. Korps in lebhafte Berührung mit dem Feinde, welcher sich hinter der Sauer in bedeutender Stärke zeigte. Es stand zu vermuthen, daß Marschall Mac Mahon das VII. Korps von Straß= burg herangezogen habe, zweifelhaft aber blieb, ob er beabsichtigte, sich über Bitsch mit dem Marschall Bazaine zu vereinigen, oder, bei ge= sichertem Rückzug dahin, die Schlacht bei Wörth anzunehmen. Möglich war auch, daß er selbst zum Angriff schritt, und um für alle Fälle über ausreichende Kräfte zu gebieten, wollte der Kronprinz am 6. die Armee zuvor bei Sulz zusammenziehen. Das II. Bayerische Korps erhielt noch insbesondere die Weisung, mit einer Division gegen Bitsch zu beobachten, mit der anderen aber, falls Kanonendonner bei Wörth hörbar werde, am westlichen Ufer der Sauer dem feindlichen Angriff in die Flanke zu rücken.

Marschall Mac Mahon war bestrebt gewesen, so viel wie möglich von seinen drei Korps zu versammeln, und wirklich hatte er die Absicht, den eingedrungenen Feind unverzüglich anzugreifen. Vom VII. Korps war soeben die eine Division zum Schutze des Elsaß nach Mülhausen transportirt worden; kaum angelangt, wurde sie nach Hagenau zurück= geführt und nahm am 6. früh den rechten Flügel der starken Stellung ein, welche das I. Korps vorwärts Fröschwiller—Elsaßhausen—Eberbach hinter der Sauer bezogen hatte. Auf dem linken dagegen wurde noch aus Bitsch die Division Lespart des V. Korps erwartet, dessen übrige Theile erst von Saargemünd über Rohrbach wieder heranrückten. Einst= weilen bildete hier die Division Ducrot eine zurückgezogene Flanke.

Auf deutscher wie auf französischer Seite beabsichtigten sonach die Heerführer den Angriff erst am folgenden Tage, aber wo die Parteien so nahe aneinander gerückt sind wie hier, entbrennt der Kampf leicht auch gegen den Willen der oberen Leitung.

Schlacht bei Wörth.
(6. August.)

Nachdem schon in der Nacht zum 6. die beiderseitigen Vorposten mehrfach aneinander gerathen waren, glaubte der Führer der 20. (deutschen) Brigade sich des dicht vor der Front liegenden Ueberganges über die ein ernstes Hinderniß bildende Sauer bemächtigen zu sollen. Die nach Wörth

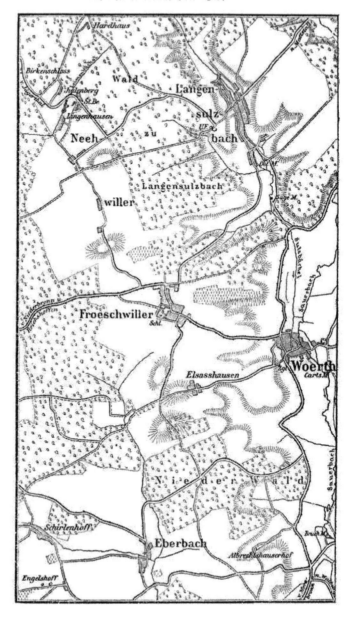

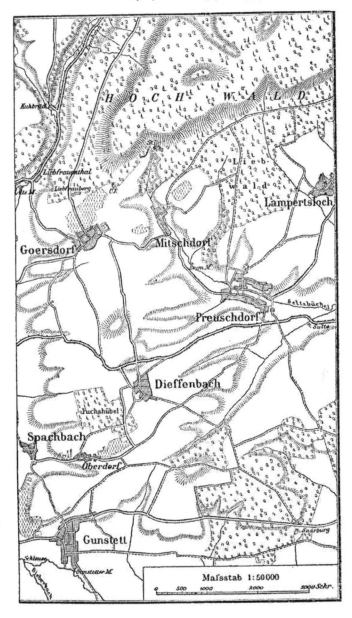

führende Brücke war zerstört, aber die Schützen durchwateten den Fluß und drangen um 7 Uhr früh in die vom Gegner nicht besetzte Stadt.

Bald genug zeigte es sich, daß man einen zahlreichen Feind in starker Stellung vor sich habe.

Die breiten Wiesen der Sauer liegen überall im wirksamen Bereich des überhöhenden rechten Thalhangs, und das weittragende Chassepot= Gewehr mußte hier zur vollen Geltung gelangen. Jenseits des Flusses war das Gelände mit Wein= und Hopfenkulturen bedeckt, welche der Vertheidigung großen Vorschub boten.

Das bei Wörth entstehende Gefecht wurde schon nach einer halben Stunde abgebrochen, aber da die Artillerie sich von beiden Seiten daran betheiligt hatte, war das Signal für die bayerische Division Hartmann gegeben, welche nun, von Langensulzbach vorgehend, bald in ein lebhaftes Gefecht mit dem linken Flügel der Franzosen trat. Ihrerseits hatten diese zu ihrer Rechten Gunstett angegriffen, wo sie jedoch auf das anrückende XI. Korps trafen.

Beim V. Korps, gegenüber von Wörth, erschallte sonach im Norden wie im Süden der Kampf, und es schien geboten, den Gegner im Centrum ernstlich zu beschäftigen, um zu verhindern, daß er sich mit aller Macht auf einen der beiden Flügel werfe.

Die Artillerie wurde vorgezogen, und um 10 Uhr standen 108 Ge= schütze am östlichen Thalhang der Sauer im Feuer.

Infanterie=Abtheilungen durchwateten, bis an die Brust im Wasser, den Fluß, aber dieser mit unzureichenden Kräften unternommene Vorstoß scheiterte, und nur mit äußerster Anstrengung vermochte man sich auf dem jenseitigen Ufer zu behaupten.

Vom Kronprinzen lief die Weisung ein, nichts zu unternehmen, was an diesem Tage zur Schlacht führen könne. Bereits aber befand sich das V. Korps in so ernstem Kampf, daß derselbe nicht ohne die augen= scheinlichsten Nachtheile abzubrechen war. General v. Kirchbach entschloß sich daher, auf eigene Verantwortung das Gefecht weiter zu führen.

Der frontale Angriff war mit den größten Schwierigkeiten verbunden und konnte ohne seitwärtige Unterstützung kaum gelingen. Aber eben jetzt stellten zur Rechten die Bayern infolge des auch an sie gelangten Befehls das Gefecht ein und zogen sich nach Langensulzbach zurück. Zur Linken jedoch stand das XI. Korps bereit, entscheidend einzugreifen. Es bemächtigte sich des Albrechtshäuserhofes und drang in den Niederwald ein.

Vorwärts Wörth bestand der Kampf aus einer Reihe wiederholter Vorstöße von beiden Seiten, bei welchen vermöge Beschaffenheit des Ge= ländes der jedesmalige Angreifer sich im Nachtheil befand.

Allmählich gelang es jedoch, sämmtliche Bataillone und endlich auch die Artillerie des V. Korps auf das westliche Ufer der Sauer zu bringen, während das XI. Korps dort bereits feste Stützpunkte für weiteres Vor= schreiten gewonnen hatte.

Auf die bei Morsbronn eben in einer Rechtsschwenkung begriffene Infanterie stürzten sich nun, trotz der denkbar ungünstigsten Boden=

beschaffenheit, zwei Kürassier= und ein Lancier=Regiment der Brigade Michel mit großer Entschlossenheit. Aber ohne Deckung im Terrain zu suchen, empfing das Regiment Nr. 32 in entwickelter Front die heran= brausende Schaar von mehr als 1000 Pferden mit einem Feuer, welches namentlich den Kürassieren ungeheure Verluste bereitete. Einige Reiter durchbrachen die Schützenlinie und gelangten ins Freie, viele wurden im Dorf gefangen, was übrig blieb, stürmte in wildem Ritt bis nach Walburg fort. Dort stießen die Versprengten auf das preußische 13. Husaren= Regiment, erlitten neue Verluste und verschwanden vom Schlachtfeld.

Zwar gelang es der Infanterie des französischen rechten Flügels, die vordersten Abtheilungen des Gegners bei Albrechtshäuserhof zurück= zuwerfen, die weitere Bewegung scheiterte aber an dem Feuer der neu demaskirten Artillerie.

Nachdem endlich auch die letzten Bataillone über die Sauer vor= gezogen waren, ging das XI. Korps unter beständigem Ringen Schritt vor Schritt durch den Niederwald vor. Um 2½ Uhr wurde der Nord= saum erreicht, wo sich der linke Flügel des V. Korps anschloß. Das brennende Elsaßhausen wurde erstürmt und auch das lebhaft vertheidigte kleine Gehölz südlich Fröschwiller genommen.

Auf engem Raum zusammengedrängt, war so die Lage des französischen Heeres eine äußerst gefährliche geworden. Zwar hielt sein linker Flügel noch Stand gegen die jetzt zu erneutem Angriff vorgeschrittenen Bayern, aber in Front und rechter Flanke sah es sich aus nächster Nähe bedrängt und selbst seinen Rückzug ernstlich bedroht. Marschall Mac Mahon suchte daher durch einen kräftigen Gegenstoß sich nach Süden Luft zu machen. Diesem mußten die östlich Elsaßhausen stehenden, beim heftigen Kampf in Verwirrung gerathenen Abtheilungen weichen, sie wurden zum Theil bis in den Niederwald gedrängt, aber schnell wieder gesammelt und vorgeführt. Noch versuchte auch hier die französische Kavallerie das Schicksal des Tages zu wenden. Trotz der sehr ungünstigen Bodenver= hältnisse warf sich die Division Bonnemains auf den nicht gedeckt stehenden Gegner, erlitt furchtbare Verluste und stob, ohne zum eigentlichen Ein= hauen gekommen zu sein, auseinander.

Von Süden rückten jetzt noch die Württemberger, von Norden die Bayern heran. General v. Bose, obwohl zweimal verwundet, führte, was er von seinen Abtheilungen sammeln konnte, zum Sturm auf das brennende Fröschwiller, den letzten Stützpunkt des Gegners, vor. Die Artillerie rückte auf Kartätschschußweite heran und bahnte der nun von allen Seiten eindringenden Infanterie den Weg. Nach einem bis aufs Aeußerste fortgesetzten tapferen Widerstand gingen endlich 5 Uhr die Franzosen in Auflösung gegen Reichshofen und Niederbronn zurück. Der Falkenstein=Bach und die inzwischen dort eingetroffene Division Lespart gewährten eine erste Aufnahme, aber diese frische Abtheilung leistete nur kurzen Widerstand und wurde in den allgemeinen Rückzug mit fortgerissen.

Der Sieg der III. Armee war theuer erkauft durch den Verlust von 489 Offizieren und 10 000 Mann. Die Einbuße der Franzosen ist nicht

genauer bekannt, aber allein an Gefangenen ließen sie 200 Offiziere und
9000 Mann zurück.*) 33 Geschütze und 2000 Beutepferde fielen in die
Hände der Deutschen.

Die innere Auflösung des französischen Heeres muß so groß gewesen
sein, daß es unlenksam geworden war. Denn nur eine Brigade der
Division Lespart schlug den Weg über Bitsch zur französischen Hauptarmee
bei St. Avold ein, alles Uebrige, dem einmal gegebenen Anstoß folgend,
wälzte sich unaufhaltsam in südwestlicher Richtung auf Zabern zurück.

Da das Ober=Kommando der III. Armee am 6. August eine Schlacht
nicht beabsichtigt hatte, so war die 4. Kavallerie=Division auch aus ihren
rückwärtigen Quartieren nicht herangezogen worden und für Verfolgung nicht
zur Stelle. Erst nach 9 Uhr abends langte sie in Gunstett an. Um aber
wenigstens für den folgenden Tag zeitig zur Hand zu sein, setzte Prinz
Albrecht den Marsch noch während der Nacht bis Eberbach fort, brach dann
nach dreistündiger Rast wieder auf und erreichte nach einem Ritt von
9 Meilen abends wirklich noch die Postirungen der feindlichen Nachhut am
Eingang des Gebirges bei Steinburg. Ohne Infanterie vermochte die
Division hier nicht weiter vorzudringen, aber ihr Erscheinen hatte den Feind
aufs Neue aufgescheucht. Das I. Korps brach noch in der Nacht wieder auf
und erreichte Saarburg, wo es sich mit dem V. vereinigte. Die Franzosen
hatten so einen Vorsprung von 5 Meilen gewonnen und setzten, unbehelligt
von Verfolgung, nun den Rückzug auf Lunéville fort.

Schlacht bei Spicheren.
(6. August.)

Wir wenden uns jetzt zu den Begebenheiten an diesem selben
6. August auf einem anderen Schauplatz.

Durch die III. Armee gegen Süden gesichert, war die II. in westlicher
Richtung vorgerückt, während die noch fehlenden Korps auf den Eisenbahnen
nachgeführt wurden. Sie hatte, die langen Engpässe der Waldzone von
Kaiserslautern ungehindert durchschreitend, am 5. mit ihrem vordersten Korps
die Linie Neunkirchen—Zweibrücken erreicht. Die Kavallerie streifte auf
französischem Gebiet und meldete Rückzugsbewegungen des Feindes. Alles
deutete darauf hin, daß die Franzosen den Angriff der Deutschen in einer
starken Stellung vertheidigungsweise erwarten wollten. Eine solche bot sich
ihnen zunächst hinter der Mosel dar, wo Metz und Diedenhofen beide Flügel
sicherten. Fand man den Feind in dieser Stellung, dann sollte die I. Armee ihn
in der Front festhalten, die II. Metz südlich umgehen, und so der Gegner zum
Rückzug oder zur Schlacht gezwungen werden. Für den Fall eines Mißgeschicks
fand die II. Aufnahme bei der über die Vogesen vorrückenden III. Armee.

Durch die von der oberen Heeresleitung nicht gewollte Ausbreitung
der I. Armee in südwestlicher Richtung gegen die Saar berührte ihr

---

*) Seitdem der Feldmarschall dieses Buch schrieb, ist festgestellt, daß die Ein=
buße der Franzosen betrug: 10 000 Todte und Verwundete, 6000 unverwundete
Gefangene und 8000 Versprengte.

linker Flügel die der II. zugewiesene Marschlinie, es mußten Abtheilungen beider sich am 6. in Saarbrücken kreuzen. An Streitkräften konnte es daher dort nicht fehlen, aber da eine Schlacht an diesem Tage weder beabsichtigt noch wahrscheinlich, so war auch ein gleichzeitiges Eintreffen nicht geregelt, und bei ganz verschiedenen Marschrouten konnten die Abtheilungen auch nur zu verschiedenen Zeiten nach und nach anlangen.

Zuerst erreichte am 6. August gegen Mittag vom VII. Korps die 14. Division Saarbrücken.

General Frossard hatte sich dort zu gefährdet geglaubt und abends vorher, noch bevor eine Genehmigung zum Rückzug eingegangen, mit dem II. Korps Stellung rückwärts bei Spicheren genommen, wo dasselbe sich verschanzte. Dahinter befanden sich im Abstand von 2 bis 4 Meilen das III., IV. und V. Korps, 5 Meilen rückwärts das Gardekorps. Der Kaiser konnte sonach, etwa in der Gegend von Cocheren, fünf Korps zur Schlacht versammeln oder doch, wenn General Frossard im Vertrauen auf seine feste Stellung Stand hielt, ihn mit mindestens vier Divisionen unterstützen.

Die Höhen, welche sich unmittelbar vor Saarbrücken erheben, können einem Vorgehen hier über die Saar sehr hinderlich werden. Bereits war bekannt geworden, daß sie von den Franzosen verlassen seien, aber General v. Kameke hielt es für gerathen, sich derselben ohne Verzug zu bemächtigen, um den nachfolgenden Kolonnen das Debouchiren zu sichern. Schon als am Vormittag zwei Schwadronen der 5. Kavallerie-Division sich jenseits auf dem Exerzirplatz gezeigt hatten, waren sie mit lebhaftem Feuer von den Spicherer Höhen her empfangen worden. Aber nach dem bisherigen Verhalten der Franzosen durfte mit Wahrscheinlichkeit angenommen werden, daß man es hier nur mit der Nachhut eines bereits abziehenden Feindes zu thun habe, und General v. Kameke entschloß sich zum sofortigen Angriff um so mehr, als ihm Unterstützung zugesagt war. Auch ließ General v. Zastrow, sobald er erkannte, daß die 14. Division in ein ernstes Gefecht verwickelt sein werde, die 13. nachrücken. Ebenso befahl General v. Alvensleben, so viel Truppen des III. Korps wie möglich nach Saarbrücken heranzuführen, nicht minder General v. Goeben den Vormarsch der ganzen 16. Division dorthin. Von den beiden letztgenannten Korps hatten übrigens die Generale v. Döring aus Dudweiler und v. Barnekow aus Fischbach, noch bevor diese Weisungen einliefen, schon aus eigener Entschließung die Richtung eingeschlagen, aus welcher das Gefecht erschallte.

Aber die von den Franzosen besetzte Stellung war eine überaus vortheilhafte. Im Centrum trat schroff, fast unersteiglich, ein Felskegel, der „Rothe Berg", hervor, und zu beiden Seiten waren die steilen Berghänge mit dichten Waldungen bedeckt. Zur Linken bildeten noch die großen Baulichkeiten von Stiering-Wendel einen besonderen Stützpunkt.

Wäre die Stärke des Gegners erkannt gewesen, so würde ohne Zweifel die 14. Division ihren vollständigen Aufmarsch abgewartet haben, bevor sie den Angriff begann. Thatsächlich war aber bei Eröffnung des

Gefechts um 12 Uhr nur die Brigade von François zur Stelle, welche bei der Beschaffenheit der feindlichen Front den Angriff dadurch zu er= leichtern versuchte, daß sie sich zunächst gegen beide Flanken des Gegners wendete.

Wirklich gelang es auch anfangs, Fortschritte zu machen. Zur Linken drängten die Neunundbreißiger die feindlichen Schützenschwärme aus dem Gifert=Wald zurück, traten aber dann in das heftige Feuer der jenseits einer tiefen Schlucht aufmarschirten französischen Bataillone. Auf dem rechten Flügel bemächtigte sich das 3. Bataillon gemeinsam mit den Vier= undsiebzigern des Waldstücks von Stiering. Bald aber gelangte die Ueberlegenheit des Feindes in heftigen Rückschlägen zur Geltung, und als die Brigade von Woyna auf dem Kampfplatz eingetroffen war, mußte auch diese in beiden Richtungen Unterstützung leisten. So entstand früh schon eine Vermischung von Bataillonen und Kompagnien verschiedener Verbände, die durch jeden späteren Nachschub nur noch vermehrt wurde und die einheitliche Leitung der Gefechte außerordentlich erschwerte. Dabei trat später noch der Umstand ein, daß nach und nach drei kommandirende Generale auf dem Kampfplatz eintrafen, so daß der Oberbefehl von einem auf den anderen überging.

Gleichzeitig mit den Flügeln war in der Front schon um 1 Uhr das Füsilier=Bataillon 74. Regiments unter verheerendem Feuer über die freie Ebene gegen den Rothen Berg vorgegangen und hatte sich, einige Deckung suchend, am Fuße der Felswand eingenistet. Als dann gegen 3 Uhr die preußische Artillerie den Gegner zwang, seine Geschütze auf der Höhe weiter zurückzunehmen, begannen die Füsiliere, General v. François an ihrer Spitze, den Felshang zu erklimmen. Die sichtbar überraschten französischen Chasseurs wurden mit Kolben und Bajonett aus den vordersten Schützengräben vertrieben. Zunächst folgte die 9. Kompagnie 39. Regiments, und mit dieser weiter vorstürmend fiel der tapfere General, von fünf Kugeln durchbohrt. Die kleine Schaar der Füsiliere behauptete sich aber standhaft auf dem engen Felsvorsprung.

Nichtsdestoweniger war eine Krisis eingetreten. Die 14. Division stand in einer Ausdehnung von dreiviertel Meilen, der linke Flügel war durch weit überlegene Kräfte im Gifert=Walde zurückgetrieben, der rechte bei Stiering hart bedrängt. Eben jetzt, um 4 Uhr, trafen aber fast gleichzeitig die Spitzen der 5. und 16. Division ein, nachdem ihre voraus= eilenden Batterien bereits in Thätigkeit getreten waren.

Der erheblich verstärkte linke Flügel drang nun wieder vor. General v. Barnekow brachte nachhaltig Hülfe auf den Rothen Berg, wo die Füsiliere fast ganz schon ihre Munition verschossen hatten, und warf die Franzosen aus allen ihren Laufgräben hinaus. In heftigen Kämpfen gelang es endlich, auch den westlichen Theil des Gifert=Waldes dem Gegner zu entreißen. Auch der rechte Flügel war unter lebhaften Kämpfen bis Alt=Stiering vorgedrungen und näherte sich der Rückzugsstraße des Feindes, der Forbacher Chaussee.

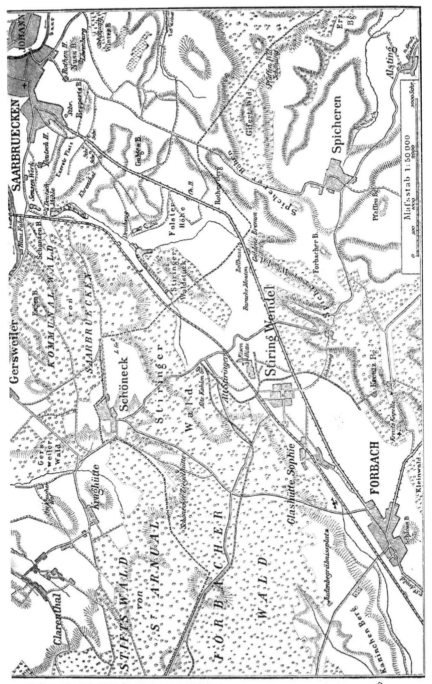

Aber General Frossard hatte die ihm hier drohende Gefahr erkannt und seinen linken Flügel bis auf 1½ Divisionen verstärkt. Diese schritten um 5 Uhr selbst zum Angriff.

Auf deutscher Seite fehlte es völlig an irgend einer geschlossenen Abtheilung, um dem zu widerstehen, und so gingen hier alle bisher er= rungenen Vortheile wieder verloren.

Entscheidend hätte jetzt die 13. Division eingreifen und dem ganzen Gefecht ein Ende machen können.

Dieselbe war, allerdings nach einem Marsch von vier Meilen, bereits um 1 Uhr in Püttlingen eingetroffen, kaum mehr als eine Meile von Stiering entfernt. Als das Gefecht bei Saarbrücken vernommen wurde, rückte auch wirklich die Avantgarde um 4 Uhr nach Rossel vor. Im dortigen Waldgelände soll Geschützfeuer nicht hörbar gewesen sein, man hielt den Kampf für beendet, und die Division bezog Biwaks bei Völklingen, als dem Punkt, welchen das Korpskommando in einem früher erlassenen Befehl als Marschziel bezeichnet hatte, freilich zu einer Zeit, wo die jetzt eingetretene Situation nicht vorhergesehen werden konnte.

Indeß war doch die französische Angriffsbewegung inzwischen durch sieben Batterien auf der Folster=Höhe zum Stehen gebracht, und unter General v. Zastrows persönlicher Führung gelang es dann auch der Infanterie, aufs Neue Fortschritte zu machen.

Eine Verwendung der 29 Schwadronen, welche sich allmählich, aus den verschiedensten Richtungen kommend, hinter der Gefechtslinie zusammen= gefunden hatten, war durch die Natur des Geländes gänzlich ausgeschlossen. Vergeblich versuchten die Husaren, sich auf dem Rothen Berg zu ent= wickeln, dagegen gelang es Major v. Lyncker trotz unsäglicher Schwierig= keiten, aber unter jubelndem Zuruf der hart bedrängten Infanterie, acht Geschütze dort hinaufzubringen. Nach und nach, wie sie eintrafen, nahmen sie den Kampf mit drei feindlichen Batterien auf, wobei im Feuer der auf 800 Schritt gedeckt liegenden französischen Tirailleure die Hälfte der Bedienungsmannschaft fiel. Zwar wurde nun etwas Terrain nach vor= wärts gewonnen, aber der enge Raum gestattete keine Entwickelung gegen die breite Front des Gegners.

Wirksame Hülfe nahte aber jetzt von rechts her. General v. Goeben hatte alle noch nicht ins Gefecht verwickelten Bataillone der 16. Division in der entscheidenden Richtung auf Stiering vorgeschickt. Indem ein Theil derselben gegen den Ort Front machte, erstieg der andere von der Chaussee aus die Schluchten des Spicherer Waldes, vertrieb im Hand= gemenge die Franzosen von dem zum Rothen Berg führenden Sattel und drängte sie mehr und mehr auf den Forbacher Berg zurück.

Noch um 7 Uhr war auf dem rechten französischen Flügel die Division Laveaucoupet, unterstützt durch einen Theil der Division Bataille, zum Angriff vorgegangen und nochmals in den viel bestrittenen Gifert=Wald eingedrungen, aber die Gefahr, welche jetzt dem linken Flügel vom Spicherer Walde her drohte, ließ dieses Vorgehen erlahmen. Bei Eintritt der Dunkelheit wichen die Franzosen auf der ganzen Hochfläche.

Gegen 9 Uhr, während ihre Rückzugssignale von der Höhe erschallten, ließ General v. Schwerin zur Sicherung der Nachtquartiere noch Stiering besetzen, wo der Widerstand an mehreren Punkten im Hand= gemenge beseitigt werden mußte. Auch war jetzt die Avantgarde der 13. Division gegen Forbach vormarschirt, rückte aber dort nicht ein, da sie sich durch abgesessene Dragoner täuschen ließ.

General Frossard hatte ohnehin schon den Rückzug auf der so ernstlich bedrohten Straße Forbach—St. Avold aufgegeben und zog mit allen drei Divisionen nach Oetingen ab. Die Nacht und die Unmöglichkeit, in diesem Gelände größere Kavalleriemassen zu verwenden, schützten ihn vor weiterer Verfolgung.

Noch abends ordnete General v. Steinmetz die Wiederherstellung der gelösten Truppenverbände an. Einige derselben hatten bis zu sechs Meilen zurückgelegt, zwei aus Königsberg in Preußen auf der Eisenbahn anlangende Batterien den Marsch bis auf das Gefechtsfeld fortgesetzt. Dennoch erreichte der mit unzulänglichen Kräften unternommene Angriff auch im Laufe des Tages niemals die numerische Stärke des Ver= theidigers. Nur breizehn Batterien konnten in dem beengten Raum thätig werden, und die Wirksamkeit der Kavallerie blieb ganz aus= geschlossen. Natürlich waren die Verluste auf Seiten des Angriffs größer als die der Vertheidigung. Die Preußen büßten 4871, die Franzosen 4078 Mann ein; bezeichnend aber ist die erhebliche Zahl unverwundeter Gefangener, welche schon hier dem Gegner abgenommen wurden.

Den vollen Gegensatz zu der kameradschaftlichen Hülfe, welche die preußischen Führer sich leisteten, und das Herandrängen der Truppen zum Gefecht bilden die seltsamen Hin= und Herzüge der noch hinter General Frossard stehenden Divisionen, von denen zwar drei zu seiner Unterstützung in Bewegung gesetzt wurden, aber nur zwei eintrafen, nach= dem der Kampf beendet war.

Man hat nachträglich behauptet, die Schlacht von Spicheren sei am unrechten Ort geschlagen und habe höhere Pläne durchkreuzt. Allerdings war sie nicht vorgesehen. Im Allgemeinen aber wird es wenig Fälle geben, wo der taktische Sieg nicht in den strategischen Plan paßt. Der Waffenerfolg wird immer dankbar acceptirt und ausgenutzt werden. Durch die Schlacht von Spicheren war das II. französische Korps ver= hindert, ungeschädigt abzuziehen, es war Fühlung mit der feindlichen Hauptmacht gewonnen und der oberen Heeresleitung die Grundlage für weitere Entschließung gegeben.

Rechtsschwenkung des deutschen Heeres.

Marschall Mac Mahon hatte bei seinem Rückzuge eine Richtung eingeschlagen, die ihn völlig außer Verbindung mit dem Marschall Bazaine brachte.

Da er nicht verfolgt wurde, hätte er die Eisenbahn Luneville—Metz zur Vereinigung mit der französischen Hauptmacht benutzen können, denn diese war thatsächlich am 9. noch frei. Aber ein Gerücht gab an, daß die Preußen bereits in Pont à Mousson erschienen seien, und der innere Zustand der Truppen gestattete nicht, sie schon gleich wieder in Berührung mit dem Gegner zu bringen.

Demnach bog das I. Korps südlich auf Neufchâteau aus, von wo es auf der Eisenbahn nach Châlons weiter befördert werden konnte. Das V. Korps wurde durch die widersprechendsten Befehle aus dem Kaiser= lichen Hauptquartier hin= und hergeschoben. Erst sollte es nach Nancy marschiren, dann die entgegengesetzte Richtung auf Langres einschlagen. In Charmes angelangt, wurde es nach Toul beordert, von Chaumont aber schließlich ebenfalls nach Châlons dirigirt. Dort hatte General Trochu ein neu formirtes Korps, das XII., aufgestellt, und hinter diesem Sammelpunkte gelangte auch das VII. Korps aus dem Elsaß mittelst der Eisenbahn über Bar sur Aube nach Paris nach Reims.

So bildete sich bis zum 22. August eine Reserve=Armee von vier Korps und zwei Kavallerie=Divisionen unter Befehl des Marschalls Mac Mahon, welche aber, bei 25 Meilen Entfernung, dem unmittelbar vor dem andringenden Feinde stehenden Marschall Bazaine Hülfe zu leisten vorerst nicht vermochte.

Unter dem ersten Eindruck der doppelten Niederlage vom 6. August hatte man im Kaiserlichen Hauptquartier geglaubt, auch mit der Armee Bazaine gleich bis Châlons zurückgehen zu müssen, und das VI. Korps, welches sich zum Theil schon auf dem Transport von dort nach Metz befand, erhielt Befehl, wieder umzukehren. Indeß kam man doch von diesem Entschlusse zurück. Der Kaiser hatte nicht bloß den auswärtigen Feind, sondern auch die öffentliche Meinung des eigenen Landes zu fürchten. Das Preisgeben ganzer Provinzen gleich zu Anfang eines Feldzuges, von welchem die glänzendsten Erwartungen gehegt waren, hätte den höchsten Unwillen der Nation erregt. Noch waren 200 000 Mann vorwärts der Mosel, gestützt auf einen großen Kriegsplatz, zu versammeln, und wenn der Gegner zwar auch dann an Zahl überlegen blieb, so standen doch auch seine Korps auf einer Linie von zwölf Meilen aus= einander. Sie hatten noch die Mosel zu überschreiten und konnten in der dadurch gebotenen Trennung möglicherweise eben da schwach sein, wo die Entscheidung fallen würde.

Bei der deutschen III. Armee war der aufgelöste Zustand des ge= schlagenen Feindes und selbst die Richtung seines Rückzuges nicht erkannt worden. Man erwartete, ihn jenseits der Vogesen zu erneutem Wider= stande geordnet zu finden, und da das Gebirge nur in getrennten Ko= lonnen durchschritten werden konnte, so wurde mit großer Vorsicht und in kurzen Tagemärschen vorgerückt. Obwohl die gerade Entfernung von Reichshofen bis zur Saar nur sechs Meilen beträgt, wurde dieser Fluß erst nach fünf Tagen erreicht. Einen Feind hatte man dabei nicht vor= gefunden, außer in den kleinen, aber sturmfreien Plätzen, welche die

Hauptstraßen im Gebirge sperren. Bitsch mußte mühsam umgangen werden, Lichtenberg wurde durch Handstreich genommen, Lützelstein war von der Besatzung verlassen, Pfalzburg blieb durch das nachrückende VI. Korps eingeschlossen, und Marsal kapitulirte nach einigem Widerstande.

Der linke Flügel hatte keinen Feind mehr vor sich und konnte wieder näher an das Centrum herangezogen werden. Um alle drei Armeen in gleiche Höhe zu bringen, wurde eine Rechtsschwenkung erforderlich, aber da die III. erst am 12. an der Saar anlangte, mußte der Vormarsch der I. und II. verlangsamt werden. Die ganze Bewegung wurde derart geregelt, daß die III. Armee die Straßen Saarunion—Dieuze und südlich, die II. St. Avold—Nomény und südlich, die I. Saarlouis—Les Etangs zugewiesen erhielten, die letztere also die Richtung auf Metz einschlug.

Die Kavallerie-Divisionen, welche weit vor der Front aufklärten, meldeten ein allgemeines Zurückgehen des Feindes. Sie streiften bis dicht vor Metz und zu beiden Seiten über die Mosel hinaus, wobei sie Abtheilungen des nun doch wieder von Châlons heranbeorderten Canrobertschen Korps zur Umkehr nöthigten. Alle ihre Nachrichten bestätigten aber, daß sehr große Massen in Zeltlagern vorwärts Metz stünden.

Es konnte daraus ebenso wohl der weitere Rückzug des Gegners, wie die Absicht gefolgert werden, mit versammelten Kräften angriffsweise gegen den rechten Flügel des deutschen Heeres vorzubrechen, während durch die bevorstehende Ueberschreitung der Mosel eine Trennung von dem linken nicht zu vermeiden war.

Beschränkte sich die obere Heeresleitung, in der Regel nur allgemeine Direktiven zu geben, deren Ausführung den Armeekommandos überlassen blieb, so wurde es doch als nöthig erachtet, unter den augenblicklichen Verhältnissen die Bewegungen der einzelnen Korps durch direkte Befehle einheitlich zu leiten. Das Hauptquartier Seiner Majestät wurde daher am 11. August nach St. Avold in die vordere Linie und mitten zwischen die I. und II. Armee verlegt, um aus unmittelbarer Nähe rechtzeitig nach beiden Seiten eingreifen zu können. Am 12. August marschirten die drei Korps der I. Armee gegen die deutsche Nied vor, welche sie von den Franzosen verlassen fanden. Links von ihnen gelangte die II. Armee mit ebenfalls drei Korps bei Faulquemont und Morhange in gleiche Höhe, während zwei nachrückten.

Ohne auf den Feind zu stoßen, erreichte dann am folgenden Tage die II. Armee die Seille und besetzte Pont à Mousson durch Infanterie.

Das auffallend unthätige Verhalten der Franzosen und die Meldungen der Kavallerie, welche jenseits der Mosel bis vor Toul und bis zur Straße nach Verdun streifte, machten es zwar wahrscheinlich, daß der Gegner auch vor Metz nicht Stand halten werde. Immer aber war die Möglichkeit vorhanden, daß er sich mit 200 Bataillonen auf die unmittelbar vor ihm stehende I. Armee werfe. Es wurde daher befohlen, daß die beiden rechten Flügelkorps der II. Armee einstweilen nahe südlich Metz Halt zu machen hätten, um eintretendenfalls in der Flanke eines solchen

Angriffs vorzugehen. Wendete der Feind sich vielmehr gegen diese Korps, so lag der I. Armee die gleiche Offensive ob.

Die übrigen Korps der II. Armee setzten weiter südlich den Marsch gegen die Mosel fort, sie konnten nach Ueberschreitung des Flusses, wenn der Gegner sich mit Uebermacht auf sie warf, nöthigenfalls auf die III. Armee ausweichen.

Nicht überall hielt man so viel Vorsicht für geboten: die Franzosen seien bereits im vollen Rückzuge begriffen, man dürfe sie nicht ohne Schädigung ziehen lassen, und es komme darauf an, sich ihnen ohne Zögerung anzuhängen. Wirklich war auch auf französischer Seite der weitere Rückzug schon beschlossen; als aber am Nachmittage beim VII. Korps eine rückgängige Bewegung des Gegners wahrgenommen wurde, entspann sich noch diesseits der Mosel ein Gefecht, welches durch die freiwillige Unterstützung der nächststehenden Abtheilungen sich im Laufe des Abends zur Schlacht steigerte.

Schlacht bei Colombey—Nouilly.
(14. August.)

Der Kommandant von Metz hatte erklärt, daß er, sich selbst über=lassen, den Platz keine vierzehn Tage halten könne; aber die zum Schutze der Festung gewählte und verschanzte Stellung an der Nied hatte sich als örtlich unvortheilhaft erwiesen, und die französische Heerführung hoffte, bei Verdun unter besseren Verhältnissen wieder zum Stehen zu kommen.

Die militärische Nothwendigkeit überwog eben die politische Rücksicht auf die öffentliche Stimmung, und obwohl jetzt der Kaiser dem Marschall Bazaine den Oberbefehl übertragen hatte, verblieb er doch bei der Armee, da er unter solchen Umständen unmöglich nach Paris zurück=kehren konnte.

Schon seit früh am Morgen des 14. August durchzog das zahlreiche Armeefuhrwerk die Stadt, und gegen Mittag setzten sich das II., IV. und VI. Korps in Bewegung, während das III. in Stellung hinter dem tiefen Thal des Colombey=Baches verblieb, um den Abzug zu decken.

Als um 4 Uhr nachmittags der Aufbruch sichtbar wurde, rückte General v. d. Goltz mit der Avantgarde des VII. Korps dem Gegner auf den Leib und entriß ihm in seiner rechten Flanke Colombey und das Schloß Aubigny.

Sobald aber die ersten Kanonenschüsse hörbar geworden, hatten die französischen Kolonnen Kehrt gemacht, völlig kampfbereit und beeifert, nach allen bisherigen Mißerfolgen das Schicksal in ernster Waffenentscheidung zu wenden. Mit weit überlegener Macht warf sich die Division Castagny auf die schwache Abtheilung in der vereinzelten Stellung bei Colombey, und nur mit äußerster Anstrengung vermochte diese sich zu behaupten.

Bereits nahte auf beiden Straßen von Saarbrücken und von Saar=
louis die Avantgarde des I. Armeekorps, deren vorauseilende Batterien
alsbald in den Kampf eingriffen. Durch Lauvallier vorgehend, erstieg
die nachfolgende Infanterie den östlichen Abfall der Hochebene von Belle=
croix, und auch weiter rechts verdrängte sie den Feind aus dem Gehölz
östlich Mey. Aber gegen die Massen des französischen III. Korps kam
auch hier das Gefecht zum Stehen.

Inzwischen waren die 13., 1. und 2. Division ihren Avantgarden
gefolgt, welche beide letzteren General v. Manteuffel, seit er bei den
Vorposten die Bewegung des Feindes beobachtet, in voller Bereitschaft
gehalten hatte. Auch General v. Zastrow traf auf dem Gefechtsfelde
ein und übernahm die Leitung auf dem linken Flügel. Bald wirkten
60 Geschütze gegen den Feind, General v. Osten=Sacken dringt mit der
25. Brigade durch den Grund von Coincy vor und ersteigt den Rand
der Hochfläche. Das Tannenwäldchen an der Straße nach Bellecroix
wird erstürmt, von drei Seiten umfaßt, unter blutigen Verlusten wieder
verloren und dann nochmals genommen. Bald darauf gelingt es,
2 Batterien über Planchette vorzubringen, und diesem Angriff weichen
die Franzosen bis Borny aus; zu beiden Seiten jedoch tobt der Kampf
aufs Heftigste fort.

Jetzt aber drohte zur Rechten eine bedenkliche Umfassung. Als
nämlich General Ladmirault benachrichtigt worden, daß seine Division
Grenier aus Metz vertrieben sei, kehrte er sofort zu ihrer Unterstützung
mit den beiden anderen Divisionen um, nahm den Ort wieder und rückte
auf der Straße nach Bouzonville weiter vor. Indessen hatte General
v. Manteuffel die nöthigen Anordnungen getroffen, um unter allen
Umständen den die Flanke deckenden Abschnitt des Vallières=Baches zu
behaupten. Die 1. wurde als allgemeine Reserve hinter Noisseville
aufgestellt, die 4. nebst einem Theil der Artillerie des I. Korps trat auf
der Straße von Bouzonville bei Poix dem General Ladmirault direkt
entgegen, während die übrigen Batterien sein Vorrücken vom südlichen
Thalrand östlich Nouilly flankirten.

Zur Linken hatte die ganze Zeit hindurch die Division Glümer sich
bei Colombey behauptet, als jetzt, 7 Uhr abends, die Brigade Woyna
zu ihrem Beistand eintraf und das Wäldchen westlich Colombey nahm.

Hier nun erschien eine Unterstützung auch von der an der Seille
zurückgehaltenen II. Armee sehr willkommen.

Die 18. Infanterie=Division hatte nach starkem Marsch nachmittags
Biwaks bei Buchy bezogen, als aber dem General v. Wrangel gemeldet
wurde, daß ein Gefecht bei der I. Armee hörbar sei, setzte er sogleich
seine Division nach dieser Richtung wieder in Bewegung. Dieselbe
säuberte Peltre vom Feinde und besetzte, in Verbindung mit der Brigade
von Woyna, nun auch Grigy, einigermaßen schon im Rücken der feind=
lichen Stellung vor Borny.

Auch auf dem rechten Flügel der Gefechtslinie war die 2. Division
über Nouilly und die angrenzenden Weinberge gegen Metz wieder vor=

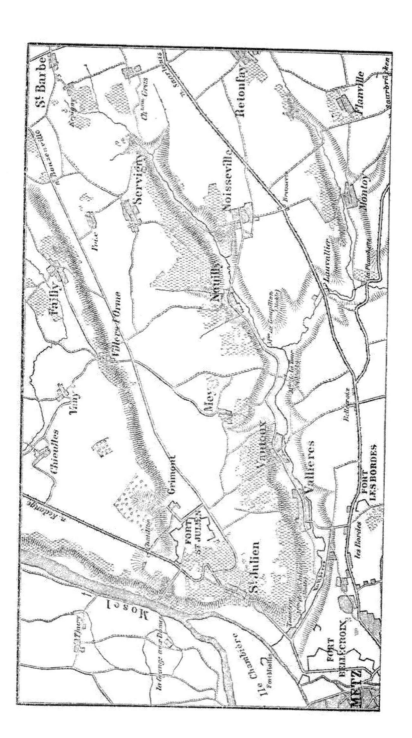

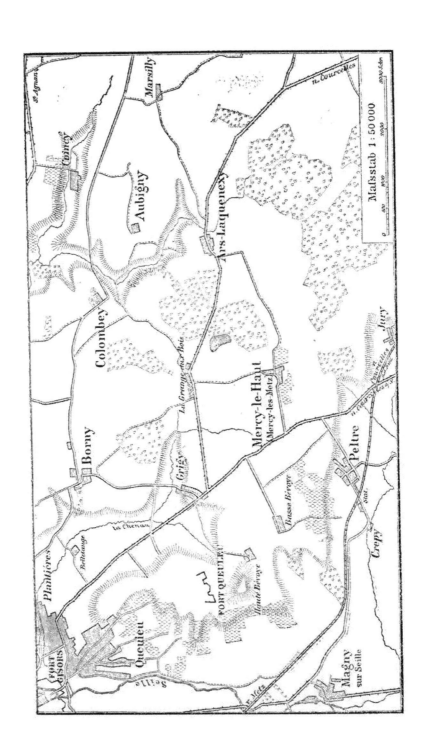

gedrungen und hatte bei schon eingetretener Dunkelheit dem Gegner diesen Ort und das nebenliegende Wäldchen entrissen. Die Franzosen waren nicht über Villiers l'Orme hinausgekommen und traten nun auf der ganzen Linie von dort bis Grigy den Rückzug an. Nur die Forts, namentlich St. Julien, schleuderten ihre schweren Geschosse gegen die nachrückenden Preußen in die Nacht hinaus.

Der Kampf am Abend des 14. August kostete dem Angriff den erheblichen Verlust von 5000 Mann, darunter über 200 Offiziere, während die Franzosen, und zwar vornehmlich ihr III. Korps, nur 3600 Mann einbüßten. Eine Ausnutzung des Sieges durch unmittelbare Verfolgung war natürlich durch die Werke eines großen Kriegsplatzes völlig ausgeschlossen. Schon deshalb war eine Schlacht der I. Armee an diesem Tage nicht geplant gewesen, wohl aber die Möglichkeit einer solchen vorgesehen worden. Wenn zwar bei dem späten Beginn des Kampfes nur eine Division der II. Armee der I. zu Hülfe eilen konnte, so hatte ihr Auftreten in der linken Flanke des Gegners seine Wirkung nicht verfehlt.

Die Art, wie die Schlacht entstanden, schloß ihre einheitliche Leitung aus.

Es waren vornehmlich nur die Avantgarden von vier Divisionen, welche das Gefecht führten, und indem schwache und nicht sogleich zu unterstützende Abtheilungen mit großer Kühnheit den weit überlegenen Feind angriffen, entstanden mehrfach Krisen, welche bedenklich werden konnten, wenn der Gegner mit den eng versammelten Kräften nachdrück= licher vorging. Indeß wurde sein III. Korps von dem dicht dahinter stehenden Gardekorps nicht unterstützt. Dagegen tritt in dieser wie in den vorangegangenen Schlachten auf preußischer Seite die aus selb= ständiger Entschließung hervorgehende gegenseitig geleistete Hülfe aller im Bereich des Gefechtsfeldes stehenden Kommandeure glänzend hervor.

Ein wesentlicher Antheil an dem glücklichen Ausgang muß der Artillerie zugeschrieben werden. Vorauseilend unterstützte sie auf das Wirksamste die Avantgarden, welche, noch bevor das Gros ihrer Divisionen Zeit hatte, anzulangen, die Franzosen aus ihrer Stellung vor Metz völlig und bis unter den Schutz der Werke dieses Platzes zurückdrängten.

Bei dieser Zuflucht des Gegners konnte der Sieg bei Colombey— Nouilly selbstverständlich keine Trophäen aufweisen, aber mit dem erreichten Ergebniß durfte die obere Leitung wohl zufrieden sein. Denn der Abzug des Feindes war unterbrochen und ein Tag für den Uebergang der II. und III. Armee über die Mosel gewonnen.

(15. August.) Am frühen Morgen des 15. August war Kavallerie bis an die Werke vor Metz herangetrabt, sie fand diesseits des Platzes nichts mehr vom Feinde. Einige Granaten scheuchten das Kaiserliche Hauptquartier in Longeville jenseits der Mosel auf.

König Wilhelm war zur I. Armee geritten, man sah große Staub= wolken jenseits der Festung aufsteigen; es war kein Zweifel mehr, die

Franzosen hatten den Rückzug angetreten, und der II. Armee wurde nun=
mehr freigegeben, mit allen Korps über die Mosel zu folgen.

Von der I. mußte zur Sicherung der Eisenbahn das I. Korps südlich
Metz bei Courcelles belassen werden, die beiden anderen wurden links
gegen die Seille herangezogen; auch sie sollten, um eine Trennung der
Streitkräfte durch die Festung zu vermeiden, demnächst den Strom ober=
halb überschreiten.

Die Franzosen hatten den am gestrigen Tage unterbrochenen Abmarsch
wieder aufgenommen, kamen aber am heutigen wenig mehr als eine
Meile über Metz hinaus. Nur die Kavallerie wurde auf beiden Straßen
gegen Verdun etwas weiter vorgeschoben.

Von der deutschen II. Armee ging das III. Korps auf der nicht
zerstört gefundenen Brücke von Novéant und einem Ponton=Laufsteg über
die Mosel, mußte aber seine Artillerie auf dem Umweg über Pont à
Mousson heranschaffen.

Zum Theil erst spät in der Nacht konnten die Truppen ihre Biwaks
hart am linken Flußufer beziehen. Das X. Korps beließ eine Division
in Pont à Mousson und marschirte mit der anderen bis Thiaucourt.
Weiter noch gegen die Straße von Metz nach Verdun streifte die Ka=
vallerie vor und stieß in der Gegend von Mars la Tour auf die feind=
liche. Es kam zu kleinen Gefechten, aber als bald nach Mittag hier
24 preußische Schwadronen sich sammelten, zogen die französischen sich
gegen Vionville zurück. Weiter stromaufwärts hatte das Garde= und
IV. Korps bei Dieulouard und Marbache das linke Ufer betreten.

Die III. Armee rückte in die Linie Nancy—Bayon ein.

Ein Versuch, an diesem Tage sich der Festung Diedenhofen durch
Handstreich zu bemächtigen, war mißlungen.

Schlacht bei Vionville—Mars la Tour.
(16. August.)

Auch bei der II. Armee war man der Meinung, daß es an der
Mosel zu einem ernsten Gefecht mit den Franzosen nicht mehr kommen
werde, und so wurden für den 16. August zwar zwei Korps, das III.
und X., bestimmt, über Gorze und Thiaucourt nördlich gegen die Straße
nach Verdun vorzugehen, die übrigen aber angewiesen, in starken Märschen
schon jetzt westlich gegen die Maas vorzurücken.

Die Franzosen waren jedoch auch an diesem Tage mit dem Abzug
aus Metz nicht fertig geworden. Die Trains hatten alle Wege verstopft,
und noch vormittags standen drei Divisionen rückwärts im Thale der
Mosel. Nur der Kaiser war unter Bedeckung von zwei Kavallerie=
Brigaden zeitig auf der mehr geschützten Straße über Etain aufgebrochen.
Da nun der rechte Flügel noch nicht folgen konnte, wurde der Abmarsch
auf den Nachmittag verschoben, und die bereits angetretenen Truppen des
linken rückten wieder in ihre Biwaks ein. Hier aber wurden sie bereits
um 9 Uhr durch preußische Granaten aufgestört.

Unter dem Schutz der Kavallerie war Major Körber mit vier Batterien bis dicht an Vionville herangegangen, und von ihrem Feuer überrascht, jagte die französische Reiterei in voller Auflösung durch die Lager der Infanterie zurück. Letztere aber trat augenblicklich in guter Ordnung unter Gewehr, und die Artillerie eröffnete ein heftiges Feuer. Vorerst durch keine Infanterie unterstützt, zogen sich die preußischen Geschütze wieder zurück; bald indessen gestalteten sich die Dinge ernsthafter.

In der Besorgniß, den Feind nicht mehr einzuholen, war General v. Alvensleben mit dem III. Korps nach kurzer Nachtruhe aufgebrochen. Links marschirte die 6. Division über Onville, rechts die 5. durch das lange Waldthal nach Gorze. Dieser Sperrpunkt war vom Gegner unbesetzt gelassen, wie er denn überhaupt wenig Sicherheitsmaßregeln getroffen hatte. Auf der freien Hochfläche südlich Flavigny trat aber schon die Avantgarde ins Gefecht gegen die französische Division Vergé, und General v. Stülpnagel erkannte alsbald, daß er einen Feind vor sich habe, der seine ganze Kraft in Anspruch nehmen werde. Er ließ daher um 10 Uhr die 10. Brigade aufmarschiren und das Feuer aus 24 Geschützen eröffnen.

Von beiden Seiten wurde nun die Offensive ergriffen. Zur Rechten drangen die Preußen im wechselvollen Waldgefecht, oft im Handgemenge, allmählich vor und erreichten um 11 Uhr die gegen Flavigny vorspringende Spitze des Bois de St. Arnould. Ihr linker Flügel hingegen wurde zurückgedrängt, selbst die Artillerie ernstlich gefährdet, jedoch stellte hier das eben anrückende Regiment Nr. 52 das Gefecht wieder her, freilich unter den blutigsten Verlusten. Das 1. Bataillon büßte sämmtliche Offiziere ein, die Fahne ging von Hand zu Hand, je nachdem ihre Träger sanken, und auch der Brigadekommandeur General v. Döring fiel tödtlich getroffen. General v. Stülpnagel ritt in die vorderste Schützenlinie, die Mannschaft durch seinen Zuspruch ermunternd, während General v. Schwerin die Trümmer seiner der Führer beraubten Truppen um sich sammelte und, unterstützt durch ein Detachement des X. Korps aus Novéant, die Höhe vor Flavigny behauptete, von welcher die Franzosen sich nun zurückzogen.

Immer noch in der Voraussetzung, daß die Franzosen den Abmarsch bereits angetreten, war die 6. Division angewiesen, über Mars la Tour gegen Etain vorzumarschiren, um dem Gegner auch die nördliche Straße nach Verdun zu verlegen. Auf der Höhe von Tronville angelangt, von wo die wirkliche Sachlage sich übersehen ließ, schwenkten jedoch nun die Brigaden gegen Vionville und Flavigny rechts ein. Die vorauseilende Artillerie bildete eine mächtige Geschützfront, welche durch ihr Feuer die weitere Angriffsbewegung vorbereitete, und trotz großer Verluste setzte sich um 11½ Uhr die 11. Brigade in Besitz von Vionville. Von dort aus und von Süden her wurde sodann in Verbindung mit der 10. Brigade der Angriff gegen das in Brand geschossene Flavigny gerichtet. Dabei mischten sich die verschiedenen Abtheilungen stark durcheinander, aber den einzelnen Unterführern gelang es, durch geschickte Benutzung jeder deckenden Bodenwelle, trotz des heftigsten Infanterie- und Artilleriefeuers des Feindes,

stetig vorzudringen. Flavigny wurde erstürmt, ein Geschütz und eine An=
zahl Gefangener fielen in die Hände der braven Brandenburger.

Jetzt bildeten Vionville, Flavigny und die Nordspitze des Waldes
von St. Arnould die Stützpunkte der nunmehr gegen Osten gewendeten
preußischen Front, aber diese Front war nahezu eine Meile lang, und
die gesammte Infanterie und Artillerie stand in einer Linie im heftigsten
Gefecht. Ein zweites Treffen bildeten nur die 5. und 6. Kavallerie=
Division und die Hälfte der 37. Brigade bei Tronville.

Die Franzosen befanden sich in durchaus günstiger Lage. Ihre
Stellung war in der linken Flanke durch Metz, in der rechten durch die
starken Batterien an der Römerstraße und eine zahlreiche Kavallerie ge=
schützt, sie konnten den frontalen Angriff des verwegenen Gegners mit
Zuversicht abwarten.

Von Fortsetzung des Marsches nach Verdun, etwa unter dem
Schutz einer starken Arrieregarde, konnte freilich heute nicht die Rede sein.
Wollte der Marschall diesen überhaupt ermöglichen, so mußte er angriffs=
weise verfahren und sich des unmittelbar gegenüberstehenden Gegners
entledigen.

Warum dies nicht geschah, ist aus rein militärischen Gründen nicht
leicht zu erklären. Mit voller Sicherheit war zu übersehen, daß nur
ein Theil, wahrscheinlich ein kleiner Theil, der deutschen Heeresmacht sich
schon jetzt auf dem linken Mosel-Ufer befinden könne, und als im Laufe
des Tages auch die noch bei Metz zurückgebliebenen Divisionen einrückten,
hatten die Franzosen eine mehrfache Ueberlegenheit. Aber die vornehm=
lichste Sorge des Marschalls scheint gewesen zu sein: nicht von Metz
abgedrängt zu werden, und so richtete er den Blick fast nur nach seinem
linken Flügel. Indem er dorthin immer neue Verstärkungen absandte,
häufte er das ganze Gardekorps und einen Theil des VI. dem Bois
des Ognons gegenüber an, von welchem aus ein Angriff überhaupt nicht
stattfand. Man ist versucht, anzunehmen, daß nur politische Gründe den
Marschall Bazaine schon an diesem Tage zu dem Entschlusse brachten,
bei Metz zu verbleiben.

Langsam, aber unaufhaltsam schritten inzwischen die Preußen von
Flavigny und Vionville vor und zwangen unter wirksamstem Feuer ihrer
Artillerie den rechten Flügel des französischen II. Korps zu einem Rück=
zuge auf Rezonville, der, nachdem seine Führer, die Generale Bataille
und Valazé gefallen, in Flucht ausartete.

Um hier das Gefecht wieder herzustellen, wirft sich das französische
Garde=Kürassier=Regiment mit großer Entschlossenheit auf die Verfolger.
Der Anprall zerschellt aber an dem bis auf 250 Schritt Nähe zurück=
gehaltenen Schnellfeuer von zwei in Linie entwickelten Kompagnien des
Regiments Nr. 52. Rechts und links vorbeistürmend, geräth die Reiter=
schaar in das Feuer der nachfolgenden Infanterie=Abtheilungen, 243 Pferde
bedecken weithin das Feld, und nur die Trümmer des Regiments kehren
in schleuniger Flucht zurück, verfolgt durch zwei von Flavigny heran=
reitende Husaren=Regimenter. Eine französische Batterie vorwärts Rezon-

ville hat kaum Zeit, einige Schüsse abzugeben, bevor sie umringt ist. Mangel an Bespannung verhindert zwar, die eroberten Geschütze mit zurückzunehmen, aber der Oberkommandirende der französischen Armee, welcher sie selbst vorgeführt hatte, schwebt minutenlang in dringender Gefahr, gefangen genommen zu werden.

Auch der preußischen 6. Kavallerie=Division war Befehl zum Vor= gehen zugeschickt worden. Nachdem sie die Artillerielinie durchschritten und, so gut es der enge Raum gestattete, sich entwickelt, trabte sie an, fand aber nun frische und völlig geordnete Truppen vor sich. Marschall Bazaine hatte nämlich bereits Vorsorge getroffen, die zurückgeworfenen Theile des II. Korps durch die Garde=Grenadier=Division zu ersetzen, welche er nun doch von seinem nicht angegriffenen linken Flügel heran= zuziehen sich entschlossen hatte, aber nicht ohne sie durch eine Division des III. Korps wieder zu ersetzen. Die preußische Kavallerie=Division wurde daher von so überwältigendem Infanterie= und Artilleriefeuer empfangen, daß sie Halt machte und dann in ruhigem Tempo zurückging, gedeckt durch zwei Ulanen=Schwadronen, welche zu verschiedenen Malen wieder Front machten. Sonach war sie nicht zur Attacke gekommen, aber doch für die Artillerie Zeit und Möglichkeit gewonnen zu weiterem Vorgehen in eine Linie von der Waldspitze bis Flavigny.

Es war 2 Uhr geworden. General v. Alvensleben hatte über das Mißverhältniß der Kräfte den Gegner getäuscht, indem er unausgesetzt an= griffsweise verfuhr. Aber jetzt kam die Bewegung zum Stehen, die Bataillone waren sichtlich zusammengeschmolzen, ihre Kräfte im vierstündigen Kampf erschöpft, die Infanteriemunition nahezu verschossen. Hinter der ganzen im Feuer stehenden Gefechtslinie befand sich kein Bataillon, keine Batterie mehr in Reserve. Es galt nun die blutig errungenen Erfolge vertheidigungs= weise zu behaupten.

Ganz besonders gefährdet war dabei der linke Flügel, welchem gegen= über eine mächtige Artillerie sich an der Römerstraße entwickelt hatte. Die große Ueberlegenheit der Zahl gestattete den Franzosen, sich mehr und mehr nach rechts auszudehnen, wodurch sie mit völliger Umfassung drohten.

In ihrem Centrum hatte Marschall Canrobert den richtigen Augen= blick erkannt, um mit aller Macht gegen Vionville vorzubrechen. Auf deutscher Seite war in diesem kritischen Augenblick nur noch ein geringer Theil der 5. Kavallerie=Division verfügbar. Zwei Brigaden derselben hatten den Schutz der linken Flanke übernehmen müssen, und auch von der hinter Vionville verbliebenen 12. Brigade waren zwei Schwadronen nach den Tronviller Büschen entsendet. Die beiden Regimenter — Magdeburgische Kürassiere und Altmärkische Ulanen — zählten mithin jedes nur drei Schwa= dronen, zusammen 800 Pferde, als sie den Befehl erhielten, dem anrückenden Feind entgegenzutraben.

General v. Bredow durchzog zunächst in Kolonne die von Vionville sich herabsenkende Mulde, schwenkte dann rechts ein und überschritt, beide Regimenter in einer Front, den östlichen Abhang. Alsbald vom heftigsten Artillerie= und Infanteriefeuer empfangen, wirft er sich auf die feindlichen

Reihen. Ein erstes Treffen ist durchritten, die Geschützlinie durchbrochen, Bedienungsmannschaften und Bespannung werden niedergehauen. Auch eine zweite französische Linie vermag diesen Ansturm nicht aufzuhalten, und selbst die entfernter stehenden französischen Batterien protzten zum Abfahren auf. Aber Siegesfreude und Ungestüm reißen die kleine Reiterschaar weiter fort, und nach einer Attacke von 3000 Schritt sieht sie sich umringt durch die von allen Seiten herbeieilende französische Kavallerie. Ein zweites Treffen ist zur Aufnahme nicht zur Stelle, und nach Einzelkämpfen mit den französi= schen Reitern muß die Brigade sich nochmals durch die feindliche Infanterie den Weg zum Rückzug bahnen, welchen diese durch ihre Geschosse begleitet. Nur die Hälfte der Mannschaft gelangt nach Flavigny zurück, wo sie sich vorläufig in zwei Schwadronen wieder formirt, aber die opferwillige Hin= gabe der beiden tapferen Regimenter hat den Erfolg, daß die Franzosen ihren Angriff auf Vionville gänzlich einstellen.

Dagegen schritten nun um 3 Uhr vier ihrer Divisionen gegen die Tron= viller Büsche vor. Die an der Westspitze derselben beobachtende Kavallerie= Brigade von Barby muß sich vor dem feindlichen Feuer zurückziehen, und auch die im Walde aufgestellte Infanterie vor so großer Uebermacht weichen.

Die zwischen Vionville und den Büschen kämpfenden Batterien, von Westen her durch die Waldlücke im Rücken beschossen, sehen sich genöthigt, abzufahren.

Aber erst nach Verlauf einer Stunde gelingt es den Franzosen, den hartnäckigen Widerstand von vier märkischen Bataillonen zu überwinden.

Als diese sich dann bei Tronville versammeln, hat das 24. Regiment 1000 Mann und 52 Offiziere, das 2. Bataillon des 20. Regiments alle Offiziere verloren. Die 37. Halbbrigade, welche sie aus eigenem Antrieb seit Mittag aufs Wirksamste unterstützt hat, besetzt den Ort und richtet ihn zur nachhaltigen Vertheidigung ein.

Erst um diese Zeit, nach 3 Uhr, nahte sich dem seit sieben Stunden fast allein kämpfenden III. Korps wirksame Hülfe.

Auf dem Vormarsch über Thiaucourt war beim X. Korps der Donner der Geschütze aus der Gegend von Vionville her vernommen worden. Der Kommandirende, General v. Voigts=Rhetz, begab sich persönlich nach dem Schlachtfelde und ertheilte von dort den nachrückenden Kolonnen die er= forderlichen Befehle.

Zunächst war es hier wieder die voraneilende Artillerie, welche wirksam in den Kampf eingriff. Ihr Feuer in Verbindung mit den sogleich wieder vorgehenden Batterien des III. Korps setzte dem Andringen der Franzosen auf beiden Seiten der Tronviller Büsche ein Ziel. Um 3½ Uhr traf dann auch die Infanteriespitze der Brigade von Woyna ein, drängte den Gegner im Busch zurück und setzte sich endlich, unterstützt durch die Brigade von Diringshofen, in Besitz der Nordlisiere.

Auch dem rechten Flügel des III. Korps war eine Unterstützung zu Theil geworden.

Zum Beistand durch die 5. Division aufgefordert, hatte sich die 32. Brigade des VIII. Korps, trotz Ermüdung nach langem Marsch, von

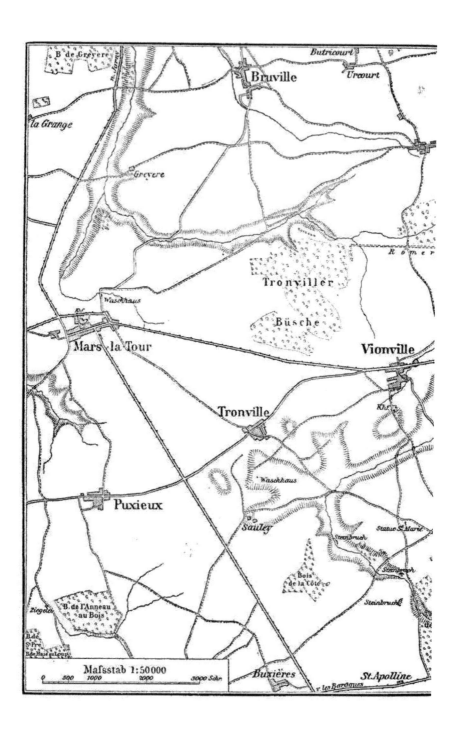

Mafsstab 1:50000

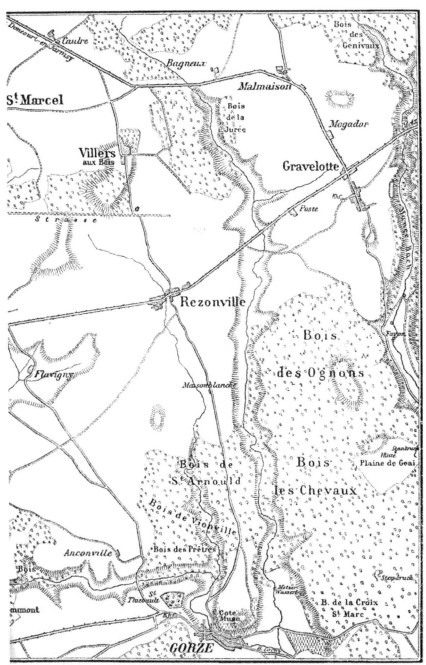

der Mosel her über Arry in Bewegung gesetzt. Ihr schloß sich das Regiment Nr. 11 an, und nachdem bereits drei Batterien vorausgesendet und in Wirksamkeit getreten, war diese Abtheilung um 5 Uhr am Ausgange des Waldes von St. Arnould erschienen. Sie ging alsbald zum Angriff auf die Höhe von Maison blanche vor, doch scheiterte der dreimal wieder- holte Versuch, sich dort zu behaupten, denn auch Marschall Bazaine hatte seine Stellung vorwärts Rezonville erheblich verstärkt. Hier schritten nun die Franzosen ihrerseits zum Angriff, konnten aber unter dem wohlgezielten Feuer der preußischen Artillerie auf der genannten Höhe ebenfalls nicht festen Fuß fassen und zogen sich wieder zurück. Wiederholt wurden später noch kleine Vorstöße von beiden Seiten versucht, aber sie scheiterten stets an der Feuerwirkung des Gegners, und im Großen war auf dem rechten Flügel das Gefecht ein stehendes geworden.

Wenn auf dem linken zwei französische Divisionen vor den wenigen preußischen frisch eintreffenden Bataillonen sich zurückzogen und die Tron- viller Büsche räumten, so erklärt sich dies wohl nur durch die Meldungen, welche bei dem Marschall Bazaine über das Erscheinen feindlicher Truppen in seiner rechten Flanke bei Hannonville eingingen.

Es war dies die Brigade v. Wedell,*) welche der ursprünglichen Be- stimmung gemäß in Richtung auf Etain vormarschirte und mittags bei St. Hilaire Befehl erhalten hatte, nach dem Schlachtfelde abzurücken.

General v. Schwartzkoppen schlug die große Straße nach Mars la Tour ein, um in Flanke oder Rücken des Feindes zu gelangen. In- zwischen aber hatten die Franzosen ihren erheblich verstärkten rechten Flügel bis an die Thalsenkung westlich Bruville ausgedehnt und hier drei Kavallerie- Divisionen versammelt.

Als daher General v. Wedell zu beiden Seiten von dem durch den Gegner in Brand geschossenen Mars la Tour zum Angriff vorschritt, stieß die nur fünf Bataillone starke Brigade auf die breit entwickelte Front des IV. französischen Korps.

Durch das heftige Granat- und Mitrailleusenfeuer dringen die beiden westfälischen Regimenter vor, aber plötzlich stehen sie vor einer vorher nicht sichtbaren tiefen Schlucht. Auch diese wird durchschritten und der jenseitige Hang erstiegen, nun aber treten sie in ein vernichtendes Infanteriefeuer, welches aus nächster Nähe von allen Seiten auf sie gerichtet wird. Nach- dem fast alle Führer und Offiziere gefallen, gleiten die Trümmer der Bataillone in die Schlucht zurück. 300 Mann haben nach einem Marsch von sechs Meilen nicht mehr die Kraft, den steilen südlichen Abhang zu erklimmen, und gerathen in Gefangenschaft. Der Rest sammelt sich bei Tronville um die zerschossene Fahne, welche der allein noch berittene Oberst v. Cranach in seiner Hand zurückträgt. Von 95 Offizieren und 4546 Mann werden 72 Offiziere und 2542 Mann, also mehr als die Hälfte, vermißt. Die Franzosen drängen nach, werden aber aufgehalten rechts

---

*) 3. Westfälisches Infanterie-Regiment Nr. 16 und 8. Westfälisches Infanterie- Regiment Nr. 57.

indem das 1. Garde-Dragoner-Regiment sich trotz des Verlustes von 250 Pferden und fast allen Führern ihnen rücksichtslos entgegenwirft, links durch die 4. Schwadron 2. Garde-Dragoner-Regiments gegen die dreifach überlegenen Chasseurs d'Afrique.

Jetzt aber droht unmittelbar das Vorgehen einer mächtigen Reitermasse, welche sich auf dem freien Höhenrücken von Ville sur Yron zeigt. Es sind die Division Legrand und die Garde-Brigade de France in vier sich rechts überflügelnden Treffen.

Auf deutscher Seite wird an die Brigade Barby Alles herangezogen, was an Kavallerie noch verfügbar ist, zusammen nur 16 Schwadronen, die, in zwei Treffen formirt, links von Mars la Tour aufmarschiren. Weiter vorwärts hält noch das zur Aufnahme der Garde-Schwadron vorgegangene Dragoner-Regiment Nr. 13. Im Galopp reitet dieses der in erster Linie anstürmenden französischen Husaren-Brigade entgegen, welche die Intervallen des Regiments durchbricht. Aber alsbald erscheint General v. Barby mit den übrigen Regimentern in der Höhe von Ville sur Yron, wo um 6¾ Uhr der Zusammenstoß der Massen erfolgt.

Eine Staubwolke verhüllt das hin und her wogende Handgemenge von 5000 Reitern, welches sich allmählich zum Vortheil der Preußen entscheidet. General Montaigu geräth schwer verwundet in Gefangenschaft und General Legrand fällt, indem er mit den Dragonern seinen Husaren zu Hülfe eilt.

Die Brigade de France läßt den Gegner nahe an sich herankommen, dann, auf 150 Schritt Entfernung, wirft sich das Lancier-Regiment mit Ungestüm auf die Hannoverschen Ulanen. Aber diese überflügeln und erhalten eine unerwartete Hülfe durch die von einer Rekognoszirung zurückkehrende 5. Schwadron des 2. Garde-Dragoner-Regiments, welche über Gräben und Hecken dem Feinde in die Flanke geht, während die Westfälischen Küraffiere in seine Front einbrechen. Vergebens versuchen die Chasseurs d'Afrique die Umfassung der Hannoverschen Dragoner zu verhindern, die Staubsäule zieht mehr und mehr nach Norden, und die gesammte französische Kavallerie drängt sich nach den Thalübergängen von Bruville. Hinter denselben halten noch fünf Regimenter der Kavallerie-Division Clérembault. Der General läßt eine Brigade das Thal überschreiten, aber die fliehenden Husaren und mißverstandene Signale bringen auch diese Brigade in Unordnung. Sie wird mit fortgerissen, und erst die im schützenden Thal ausschwärmende Infanterie setzt der Verfolgung ein Ziel.

Die deutschen Regimenter ordnen sich in aller Ruhe und kehren im Schritt nach Mars la Tour zurück, nur in großer Entfernung von einer Abtheilung der Division Clérembault gefolgt.

Dies größte Reitergefecht des Feldzuges hatte zur Folge, daß der französische rechte Flügel auf alle weiteren Angriffsversuche verzichtete. Zu beklagen war der Verlust an Führern, die, überall ihren Abtheilungen vorauf, das rühmlichste Beispiel gegeben hatten.

Prinz Friedrich Karl war auf das Schlachtfeld geeilt. Der Tag neigte sich zu Ende, und die Dämmerung war eingetreten, die Schlacht gewonnen. Die Preußen standen abends auf dem Boden, welchen die Franzosen am Morgen inne gehalten. Hatte General v. Alvensleben geglaubt, nur auf die Nachhut des französischen Heeres zu stoßen, so zögerte er dennoch keinen Augenblick, anzugreifen, als er es versammelt vor sich fand. Mit seinem Korps allein führte er den Kampf bis Nach=mittag und trieb den Gegner von Flavigny bis Rezonville, über eine halbe Meile weit, zurück. Es ist dies eine der glänzendsten Waffenthaten des ganzen Krieges.

Dank der werthvollen Hülfe des X. Korps konnte dann nachmittags die Schlacht defensiv zu Ende geführt werden, aber eben nur durch die kräftigsten Gegenstöße der Kavallerie und die unermüdliche Ausdauer der Artillerie. Jetzt aber war es angezeigt, den weit überlegenen Feind nicht durch erneute Angriffe herauszufordern und, wo keine Unterstützung mehr zu hoffen, den schwer erkauften Erfolg wieder in Frage zu stellen.

Die Kräfte der Truppen waren erschöpft, ihre Munition zum großen Theil verschossen, die Pferde seit 15 Stunden unter dem Sattel und ohne Futter. Ein Theil der Batterien konnte sich nur noch im Schritt bewegen, und das nächste Korps am linken Ufer der Mosel, das XII., stand über einen Tagemarsch entfernt.

Ein noch abends 7 Uhr erlassener Befehl des Oberkommandos ordnete jedoch ein erneutes und allgemeines Vorgehen gegen die feindliche Stellung an. Das X. Armeekorps war völlig außer Stande, dieser Forderung zu entsprechen. Nur auf dem rechten Flügel konnte ein Theil der Artillerie vorgehen, gefolgt von etwas Infanterie. Die Batterien erreichten wirklich die viel umstrittene Höhe südlich Rezonville, traten dort aber in ein heftiges Infanterie= und Artilleriefeuer von zwei Seiten her. Allein vom fran=zösischen Gardekorps wirkten flankirend 54 Geschütze, welche jenseits des Thales aufgefahren waren. Während die preußischen Batterien in ihre frühere Aufstellung zurückkehren mußten, gingen noch zwei Brigaden der 6. Kavallerie=Division vor. Bei bereits eingetretener Dunkelheit konnten sie ein eigentliches Angriffsziel kaum noch erkennen, sie geriethen in das lebhafteste Infanteriefeuer und zogen sich unter namhaften Verlusten zurück.

Völlig verstummte der Kampf erst um 10 Uhr, er hatte 16 000 Mann auf jeder Seite gekostet. Auf keiner konnte von Verfolgung die Rede sein. Für die Deutschen reiften die Früchte des Sieges erst in seinen Folgen Die vom zwölfstündigen Kampf erschöpften Truppen lagerten auf dem erstrittenen, blutgetränkten Boden dicht gegenüber der Stellung der Franzosen.

Die nicht an der Schlacht betheiligten Korps der II. Armee hatten an diesem Tage den Vormarsch gegen die Maas fortgesetzt. Auf dem linken Flügel war die Avantgarde des IV. Korps gegen Toul vorgeschoben. Diese Festung sperrte eine für die weiteren Operationen wichtige Eisen=bahn, es hieß, sie sei schlecht besetzt, und man wollte den Versuch machen, sie durch Handstreich zu nehmen. Die Beschießung nur mittelst Feld=Artillerie stellte sich jedoch als wirkungslos heraus. Gemauerte Bastione und breite Wassergräben machten den Platz völlig sturmfrei. Es gelang nicht, das Thor einzuschießen und so den Eingang in das Innere zu öffnen. Das Unternehmen wurde aufgegeben und zwar nicht ohne einigen Verlust.

Das große Hauptquartier hatte in Pont à Mousson bis Mittag erfahren, daß das III. Korps im ernsten Kampf stehe und daß das X. und IX. zu seiner Unterstützung herangerückt seien. Man erkannte aus diesen Nachrichten sogleich die weitreichenden Folgen. Die Franzosen waren am Abmarsch verhindert, aber es stand zu vermuthen, daß sie allen Ernstes bestrebt sein würden, sich ihre unterbrochene Rückzugsstraße wieder zu öffnen.

Das XII. Korps erhielt daher direkt Befehl, schon um 3 Uhr früh des folgenden Tages nach Mars la Tour aufzubrechen, das VII. und VIII., bei Corny und Arry bereit zu stehen.

Der Brückenschlag dort war während der Nacht mit allen Kräften zu betreiben. Außerdem erließ das Oberkommando der II. Armee aus Gorze noch die Aufforderung an das Gardekorps zum unverzüglichen Vormarsch auf Mars la Tour, wo es sich links vom XII. aufzustellen habe.

Die Ausführung dieser Befehle wurde durch Umsicht der Führer erleichtert, welche im Laufe des Tages schon Nachricht von dem stattfindenden Kampf erhalten hatten. Prinz Georg von Sachsen brach alsbald mit seiner Division nach Thiaucourt auf, und der Prinz von Württemberg versammelte die Infanterie des Gardekorps in deren nördlichen Kantonnements, um zum frühzeitigen Abmarsch bereit zu sein.

(17. August.) Als am 17. August der Tag anbrach, erblickte man die französischen Vorposten noch in der ganzen Ausdehnung von Bruville bis Rezonville. Hinter denselben erschallten Signale und fanden Bewegungen statt, die ebensowohl auf einen Angriff wie auf einen Rückzug gedeutet werden konnten.

Schon 6 Uhr früh traf von Pont à Mousson her der König bei Flavigny ein. Die bis Mittag dort von der Kavallerie eingehenden Meldungen waren zum Theil widersprechend; sie ließen nicht erkennen, ob die Franzosen sich bei Metz konzentrirten, oder ob sie auf den beiden noch freien Straßen über Etain und Briey sich zurückzögen. Angriffsbewegungen wurden jedoch nirgends wahrgenommen.

Um 1 Uhr war bereits die Spitze des VII. Korps nach leichtem Schützengefecht bis an den Nordrand des Bois des Ognons vorgedrungen, welchem gegenüber die Franzosen später auch Gravelotte räumten. Das VIII. Korps stand bei Gorze verfügbar, das IX., III. und X. waren in ihren Stellungen verblieben, das XII. und die Garde im Anmarsch. Man konnte sonach für den folgenden Tag auf sieben Korps mit drei Kavallerie-Divisionen rechnen; am heutigen aber wurde jeder Angriff untersagt.

Bei den Anordnungen für die am 18. August beabsichtigte Schlacht mußten zwei mögliche Fälle vorgesehen werden.

Um beiden zu begegnen, sollte der linke Flügel in nördlicher Richtung gegen die nächste der den Franzosen noch offenen Rückzugsstraßen, über Doncourt, vorgehen. Fand man den Gegner im Abmarsch begriffen, so

war er unverzüglich anzugreifen und fest zu halten, während der rechte
Flügel zur Unterstützung nachrücken würde.

Ergab sich vielmehr, daß der Feind bei Metz verbliebe, so sollte der
linke Flügel östlich einschwenken und seine Stellung von Norden her um=
fassen, der rechte aber, bis dies wirksam wurde, nur ein hinhaltendes
Gefecht führen. In diesem Falle konnte bei den weitausholenden Be=
wegungen eines Theiles der Armee die Schlacht voraussichtlich erst spät
am Tage sich entscheiden. Es trat ferner der seltene Umstand ein, daß
so beide Parteien mit verkehrter Front fechten und zunächst die eigenen
Verbindungen aufgeben würden. Die Folgen von Sieg oder Niederlage
mußten dadurch in hohem Maße gesteigert werden, wobei jedoch die
Franzosen den Vorzug hatten, auf einen großen Kriegsplatz und seine
Hülfsmittel basirt zu sein.

Die Entschlüsse waren gefaßt und der Befehl zum staffelweisen Vor=
gehen vom linken Flügel aus wurde bereits um 2 Uhr bei Flavigny er=
lassen. Die Leitung der einzelnen Korps während der Schlacht blieb von
den eingehenden Nachrichten abhängig. Der König kehrte sodann nach
Pont à Mousson zurück.

Bereits morgens 9 Uhr war die sächsische Kavallerie=Division westlich
Conflans an der Straße nach Etain angelangt und hatte zurückgemeldet,
daß außer Versprengten hier nichts vom Feinde zu sehen sei, woraus
jedoch nur hervorging, daß am 17. die Franzosen ihren Abmarsch noch
nicht angetreten hatten.

Hinter seiner Kavallerie traf das XII. Korps im Laufe des Tages
bei Mars la Tour und Puxieux ein, links von demselben, wie befohlen,
bis abends auch das Gardekorps bei Hannonville am Yron. Das II. Korps,
welches, seit es die Eisenbahn verlassen, der II. Armee nacheilte, langte
in Pont à Mousson an und erhielt Befehl, schon 4 Uhr morgens über
Buxières vorzumarschiren.

Schlacht von Gravelotte—St. Privat.
(18. August.)

Marschall Bazaine hatte es nicht rathsam gefunden, nach Verdun
abzumarschiren, nachdem die Deutschen so nahe in der Flanke einer solchen
Bewegung standen. Er hatte es vorgezogen, seine Streitkräfte in einer
Stellung bei Metz zu versammeln, die er mit Recht für nahezu un=
angreifbar hielt.

Eine solche bot ihm der Höhenzug, welcher westlich das Thal von
Châtel begleitet. Der breite dem Feinde zugekehrte Hang senkt sich frei
und glacisartig herab, während der kurze und steile Rückabfall den Re=
serven Deckung gewährt. Den Kamm dieser Hochfläche besetzten von Ron=
court bis Rozerieulles das VI., IV., III. und II. Korps in der Ausdehnung
von über 1½ Meilen, für welche auf den Schritt 8 bis 10 Mann ver=
fügbar waren. Eine Brigade des V. Korps stand bei Ste. Ruffine im
Mosel=Thal, die Kavallerie hinter beiden Flügeln.

Vor dem II. und III. Korps wurden alsbald Schützengräben aus=
gehoben, Batteriestände und gedeckte Verbindungswege hergestellt, auch die
vorliegenden Gehöfte zu kleinen Forts umgeschaffen. Um sich diesem Flügel
von Westen her zu nahen, mußte ohnehin zuvor das tiefe Thal des Mance=
Baches überschritten werden. Dagegen fehlte dem VI. Korps der Genie=
park gänzlich, und es ist bezeichnend für die Ausrüstung der Armee, daß,
um nur die Verwundeten zurückzuschaffen, trotz des unermeßlichen Trains
Proviantwagen abgeladen und ihr Inhalt verbrannt werden mußte. Das
VI. Korps vermochte daher nicht, einen fortifikatorischen Abschluß gegen
den Wald von Jaumont herzustellen, welcher dem rechten Flügel eine
erhöhte Stärke verliehen hätte. Hier wäre unstreitig der Platz für das
Gardekorps gewesen, aber in seiner Besorgniß wegen eines Angriffs von
Süden her hielt der Marschall diese Reserven bei Plappeville zurück.

Um 6 Uhr früh am 18. August traf der König wieder bei Flavigny
ein. Die Truppenführer waren angewiesen, dorthin direkt zu melden;
außerdem wurden Generalstabsoffiziere des großen Hauptquartiers in ver=
schiedene Richtungen entsendet, um über den Gang der Gefechte zu berichten.
Das VII. Armeekorps, welches den Stützpunkt für die eventuelle Rechts=
schwenkung zu bilden hatte, hielt die Waldungen de Vaux und des Ognons
besetzt, das VIII., über welches der König sich die Verfügung vorbehalten
hatte, machte bei Rezonville Halt, bereit, nach Erforderniß gegen Norden
oder gegen Osten vorzugehen. Links von demselben rückte das IX. gegen
St. Marcel vor, während das III. und X. in zweiter Linie folgten. Das
Garde= und XII. Korps schlugen die nördliche Richtung ein.

Nachdem das Oberkommando der II. Armee befohlen, daß das XII. Korps,
obwohl rechts stehend, den äußersten linken Flügel bilden solle, entstand
eine erhebliche Verzögerung durch die Kreuzung beider Marschlinien. Erst
um 9 Uhr war der Durchzug der Sachsen durch Mars la Tour beendet,
und erst dann konnte das Gardekorps folgen.

Inzwischen war die Avantgarde des XII. Korps bereits bei Jarny einge=
troffen und setzte den Marsch bis vor Briey fort, ohne auf den Feind zu stoßen.

Noch bevor hierüber Meldung eingehen konnte, war im großen Haupt=
quartier die Ueberzeugung gewonnen, daß wenigstens die Hauptmacht des
Feindes bei Metz stehen geblieben sei, aber man täuschte sich über ihre
Ausdehnung und nahm an, daß die feindliche Front sich nur bis etwa
Montigny erstrecke. Dem Oberkommando der II. Armee wurde mitgetheilt,
dieselbe solle nicht weiter nördlich ausholen, sondern mit dem IX. Korps
den rechten Flügel des Gegners angreifen, mit dem Garde= und XII. Korps
die Richtung auf Batilly einschlagen. Die I. Armee werde in der Front
erst angreifen, wenn die II. zum Mitwirken bereit sei.

Prinz Friedrich Karl ordnete dementsprechend an, daß das IX. Korps
in der Richtung auf Verneville vorgehen und, falls der rechte Flügel der
Franzosen dort stehe, das Gefecht durch Entwickelung einer starken Artillerie
eröffnen solle. Das Gardekorps wurde über Doncourt im Marsch gelassen,
um demnächst das IX. zu unterstützen. Das XII. solle bei Jarny einst=
weilen stehen bleiben.

Etwas später gingen jedoch neue Meldungen ein, aus welchen zu entnehmen war, daß das IX. Korps nicht auf den Flügel des Feindes, sondern voll auf dessen Front stoßen werde. Der Prinz Oberbefehlshaber bestimmte daher, das Korps habe den Angriff aufzuschieben, bis das Garde= korps von Amanvillers her eingreifen werde. Auch das XII. Korps sollte nun nach Ste. Marie aux Chênes vorrücken.

Aber während dieser Befehl noch ausgefertigt wurde, erschallten um 12 Uhr bereits die ersten Kanonenschüsse von Verneville her.

Die beiden Korps des linken Flügels hatten übrigens schon aus eigenem Antriebe die östliche Richtung eingeschlagen, und das III. Korps rückte bei Caulre Ferme hinter dem IX. ein.

Der Kommandirende des letzteren, General v. Manstein, hatte bereits von Verneville aus ein französisches Lager bei Amanvillers erblickt, welches sich augenscheinlich in sorglosester Ruhe befand. Daß links davon bei St. Privat große Massen standen, konnte er von seinem Standpunkte nicht bemerken. Er glaubte daher den feindlichen rechten Flügel vor sich zu haben und beschloß, gemäß der ihm zuerst ertheilten Weisung zu handeln und den Gegner sogleich überraschend anzugreifen. Acht seiner Batterien eröffneten den Kampf.

In kürzester Frist jedoch rückten die französischen Truppen in ihre vorbereiteten Stellungen ein. Das isolirte Vorgehen nur eines Korps mußte natürlich das Feuer nicht nur des gegenüber stehenden, sondern auch der seitwärtigen Korps des Gegners auf sich ziehen.

Um nur einigen Schutz im Terrain zu finden, hatten die preußischen Batterien sich am Abfall der nach Amanvillers hinauf ziehenden Mulde aufgestellt, dadurch aber eine nach Südosten gerichtete Front eingenommen, in welcher sie von Norden aus in der Flanke und selbst im Rücken durch die Artillerie des Gegners, außerdem aber durch das Massenfeuer seiner Infanterie, beschossen wurden.

Dem zu begegnen, mußten die nächsten verfügbaren Bataillone vor= gezogen werden. Sie besetzten zur Linken die Ostspitze des Bois de la Cusse, bemächtigten sich zur Rechten der Gehöfte L'Envie und Chantrenne und drangen in das Bois des Genivaux ein. So gewann die Gefechts= front der 18. Division eine Ausdehnung von 4000 Schritt.

Sehr große Verluste wurden dadurch herbeigeführt, daß die Franzosen mit dem weittragenden Chassepot sich außerhalb des wirksamen Bereichs des Zündnadelgewehrs halten konnten; besonders aber litt dabei die Artillerie. Eine der Batterien hatte bereits 45 ihrer Bedienungsmannschaften ein= gebüßt, als feindliche Schützen sich auf sie warfen. Infanteriebedeckung war nicht unmittelbar zur Hand, und zwei Geschütze gingen verloren. Um 2 Uhr waren auch die übrigen Batterien kaum noch kampffähig, und eine Erleichterung trat erst ein, als die Hessische Division bei Habonville an= langte und zur Linken fünf Batterien zu beiden Seiten der Eisenbahn auffuhr, welche das konzentrische Feuer der Franzosen einigermaßen auf sich mit ablenkten. Die Batterien der 18. Division, welche am meisten gelitten, konnten nun staffelweise zurückgenommen werden, wobei sie sich jedoch des Andranges der Verfolger durch Kartätschen zu erwehren hatten.

Auch das III. und das Gardekorps kamen dem IX. mit ihrer Artillerie zu Hülfe, und was irgend noch von den zerschossenen Geschützen des letzteren kampffähig hergestellt werden konnte, rückte sogleich in die Gefechts= linie wieder ein. So bildete sich vorwärts Verneville und bis St. Ail eine Front von 130 Geschützen, welche nun die feindliche Artillerie mit sichtbarem Erfolge bekämpfte. Jetzt, und nachdem das III. Korps sich Verne= ville genähert, auch die 3. Garde=Brigade Habonville erreicht hatte, stand ein Durchbruch des Gegners durch diese Linie nicht mehr zu befürchten.

Das Gros des Gardekorps war bereits um 2 Uhr bei St. Ail ein= getroffen. General v. Pape hatte alsbald erkannt, daß auch er, östlich einschwenkend, keineswegs auf den zu umfassenden rechten Flügel der Fran= zosen stoßen, sondern selbst in seiner linken Flanke aus dem von ihnen besetzten Ste. Marie aux Chênes bedroht sein würde. Diese stadtähnliche, überaus haltbare und von der feindlichen Hauptstellung aus stark flankirte Ortschaft mußte vor allem weiteren Vorgehen erst genommen werden, doch sollte höherem Befehl gemäß dazu die Mitwirkung des sächsischen Korps abgewartet werden.

Dasselbe hatte zwar die Gegend von Batilly mit den vordersten Truppen erreicht, befand sich aber dort noch eine halbe Meile von Ste. Marie entfernt und konnte erst um 3 Uhr seine Batterien westlich dieses Ortes auffahren. Es war das jedoch eine wesentliche Hülfe, nach= dem die Garde den größten Theil ihrer Artillerie zur Unterstützung des IX. Korps verwendet hatte.

Zehn Batterien richteten nun ihr Feuer auf Ste. Marie, und als die Wirkung erkennbar geworden, auch vom XII. Korps die 47. Brigade heran= gerückt war, warfen sich um 3½ Uhr von Süden, Westen und Norden her die preußischen und sächsischen Bataillone, ohne das Feuer des Gegners zu erwidern, mit lautem Hurrahruf auf den Ort. Die Franzosen wurden unter Verlust von einigen Hundert Gefangenen vertrieben.

Die Sachsen versuchten nachzudrängen, und es entspann sich nördlich Ste. Marie ein lebhaftes Infanteriegefecht, welches die Artillerie maskirte. Sobald aber die Brigade zurückbeordert war, eröffneten die Batterien ihr Feuer, und wiederholte Anstrengungen der Franzosen, den von ihnen ver= lorenen Posten zurückzuerobern, wurden abgewiesen.

Bald darauf gelang es dem IX. Korps, Champenois Ferme zu er= stürmen und sich daselbst festzusetzen, aber alle dann erneuten Versuche, mit einzelnen Bataillonen und Kompagnien weiter gegen die breite geschlossene Front der Franzosen vorzudringen, konnten unmöglich Erfolg haben. So erlosch denn gegen 5 Uhr das Infanteriefeuer gänzlich, und auch die Artillerie gab nur noch gelegentlich einen vereinzelten Schuß ab. Die Erschöpfung auf beiden Seiten bewirkte auf diesem Theile des Schlacht= feldes eine fast völlige Unterbrechung des Kampfes.

An oberster Stelle wurde festgehalten, daß die I. Armee nur erst zu einem ernsten Angriff schreiten dürfe, wenn auch die II. an den Feind gelangt sein werde. Als nun aber der halbe Tag verflossen war, und um Mittag das lebhafte Feuer von Verneville herüberschallte, mußte angenommen werden, daß dieser Zeitpunkt eingetreten sei; doch wurde zunächst nur gestattet, den bevorstehenden Kampf durch die Artillerie vorzubereiten. Sechzehn Batterien des VII. und VIII. Korps fuhren rechts und links von Gravelotte an der den Ort kreuzenden Chaussee auf.

Bei der sehr großen Entfernung vom Gegner war ihre Wirkung gering, überdies litten sie unter dem Feuer der französischen Tirailleure, welche sich in einem gegenüberliegenden Waldstreifen eingenistet hatten. Diese zu vertreiben, war nothwendig, und so entspann sich auch hier vorzeitig ein Infanteriegefecht. Die Franzosen wurden vom östlichen Hang des Mance-Thals zurückgeworfen, die auf zwanzig Batterien angewachsene Artillerielinie konnte näher an den westlichen Rand heranrücken und nun kräftig gegen die feindliche Hauptstellung wirken.

Aber die Bataillone der 29. Brigade führten den Angriff weiter. Zur Linken schritten sie in dem südlichen Theile des Bois des Genivaux vor, vermochten jedoch nicht die Verbindung mit dem IX. Korps im nördlichen Theile des Waldes herzustellen, da die Franzosen sich in der Mitte desselben behaupteten. Zur Rechten hingegen drangen einzelne Abtheilungen in die Steinbrüche und Kiesgruben bei St. Hubert ein.

Die Artillerie hatte inzwischen das Uebergewicht über die des Gegners erkämpft. Von den französischen Batterien wurden mehrere zum Schweigen gebracht, andere am Auffahren verhindert. Ein Theil des feindlichen Feuers richtete sich gegen den Pachthof von St. Hubert, nahe vor welchem sich die Abtheilungen der 30. Brigade herangeschossen hatten. Um 3 Uhr wurde das sehr haltbare Gehöft dicht vor der feindlichen Hauptstellung und trotz des heftigsten Feuers aus derselben erstürmt. Obgleich nun auch die 31. Brigade das Thal überschritt, gelang ein weiteres Vordringen gegen Moscou und Leipzig über das vom Gegner im Bogen umschlossene freie Feld nicht, sondern führte nur zu großen Verlusten. Auf dem äußersten rechten Flügel hatte die 26. Brigade Jussy in Besitz genommen und sicherte so die Verbindungen der Armee gegen Metz, aber das tiefe Thal von Rozerieulles vermochte sie nicht zu überschreiten.

Ueberall waren die Vorpostirungen der Franzosen zurückgedrängt, die Gehöfte vor ihrer Front standen in Flammen, ihre Artillerie schien niedergekämpft zu sein, und bei Gravelotte hatte man den Eindruck, daß es nur noch auf eine Verfolgung ankomme. General v. Steinmetz befahl daher um 4 Uhr einen erneuten Vorstoß mit frischen Kräften.

Während das VII. Korps den Saum der Waldungen besetzte, trabten vier Batterien und hinter ihnen die 1. Kavallerie-Division durch den 1500 Schritt langen Engpaß östlich Gravelotte vor. Sobald aber die Spitzen der tiefen Kolonnen dem Gegner sichtbar wurden, verdoppelte er das bis dahin zurückgehaltene Gewehr- und Geschützfeuer. Eine der Batterien verlor in kürzester Frist die Bedienungsmannschaften von vier Geschützen und konnte nur mit äußerster Anstrengung zum Waldrand zurückgebracht werden, eine zweite gelangte überhaupt nicht zum Aufmarsch.

Dagegen harrten die Batterie Hasse trotz Verlust von 75 Pferden und die Batterie Gnügge bei St. Hubert, ohne das Rückenfeuer aus den Stein= brüchen zu beachten, standhaft aus.

Von der Kavallerie war das vorderste Regiment aus dem Hohlweg im Galopp rechts ausgebogen und gegen Point du Jour aufmarschirt, aber der völlig gedeckt stehende Feind bot kein Ziel für eine Attacke. Man mußte sich überzeugen, daß hier für Verwendung von Kavallerie kein Feld war, und die Regimenter kehrten unter den von allen Seiten einschlagenden Geschossen wieder über das Mance=Thal zurück.

Infolge dieses mißlungenen Versuchs brachen nun die Franzosen von Point du Jour mit Tirailleurschwärmen vor und drängten die im freien Felde liegenden preußischen Abtheilungen bis an den Waldsaum zurück. Die Geschosse des Chassepot=Gewehrs erreichten selbst den Standpunkt des Oberkommandirenden, wo dem Prinzen Adalbert das Pferd er= schossen wurde.

Frische Kräfte rückten jedoch heran und trieben den Feind in seine Hauptstellung zurück. Auch St. Hubert war standhaft behauptet worden, obwohl die Mannschaft der dort stehenden Batterie nur noch zur Bedienung eines Geschützes ausreichte. Alle partiellen Versuche aber, über die schutzlose Hochfläche vorzudringen, scheiterten, und auch hier entstand in der fünften Nach= mittagsstunde eine Unterbrechung des Kampfes, während welcher auf beiden Seiten die ermatteten Truppen sich wieder ordneten und Athem schöpften.

Um diese Zeit war König Wilhelm mit seinem Stabe nach der Höhe südlich Malmaison vorgeritten. Aber auch dort war nicht zu über= sehen, wie auf Entfernung von über einer Meile die Verhältnisse sich bei dem linken Flügel des Heeres gestalteten. Das Feuer der französischen Artillerie hatte auf der ganzen Front von La Folie bis Point du Jour fast gänzlich nachgelassen, während von Norden her ein verstärkter Kanonen= donner erschallte. Es war 6 Uhr geworden, der Tag neigte sich zu Ende, und eine Entscheidung mußte herbeigeführt werden. Der König befahl daher ein erneutes Vorgehen der I. Armee und stellte dafür das nach langem Marsch eben eintreffende II. Korps dem General v. Steinmetz zur Verfügung.

Demzufolge wurden die noch verfügbaren Bataillone des VII. Korps, bis auf eine Reserve von fünf, nochmals über das Mance=Thal vorgezogen. Ihnen schlossen sich die am Bois de Vaux aufgestellten Bataillone in der Richtung auf Point du Jour und die Steinbrüche an.

Bei dem so angegriffenen II. französischen Korps war zur Verstärkung die Garde=Voltigeur=Division eingetroffen. Sämmtliche Reserven rückten in die vorderste Linie ein. Die Artillerie trat in verdoppelte Thätigkeit, und ein vernichtendes Infanteriefeuer ergoß sich über den anrückenden Gegner. Dann schritten die Franzosen mit mächtigen Tirailleurschwärmen selbst zum Angriff und drängten die führerlos im freien Felde liegenden kleineren Abtheilungen gegen den Waldsaum zurück.

Hier aber fand dieser Vorstoß seine Schranke, und noch standen die Kräfte eines frischen Armeekorps verfügbar.

Zuletzt von allen mit der Eisenbahn nach dem Kriegsschauplatz befördert, war das II. Korps in Eilmärschen der Vorbewegung der Armee gefolgt, ohne bisher an deren Gefechten theilnehmen zu können. Um 2 Uhr morgens von Pont à Mousson aufgebrochen, war das Korps über Buxières und Rezonville abends südlich Gravelotte eingetroffen. Lebhaft sprach sich der Wunsch der Pommern aus, heute noch an den Feind zu gelangen.

Es wäre richtiger gewesen, wenn der zur Stelle anwesende Chef des Generalstabes der Armee dies Vorgehen in so später Abendstunde nicht gewährt hätte. Eine völlig intakte Kerntruppe konnte am folgenden Tage sehr erwünscht sein, an diesem Abend aber hier kaum noch einen ent= scheidenden Umschwung herbeiführen.

Ueber Gravelotte voreilend, drangen die vordersten Bataillone des Korps bis an die Steinbrüche und bis auf wenige Hundert Schritt von Point du Jour vor. Die nachfolgenden sahen sich bald in das Gewühl der südlich St. Hubert im Feuer stehenden Abtheilungen hineingezogen, und das weitere Vordringen gegen Moscou kam zum Stehen. Bei der eingetretenen Dunkelheit waren Freund und Feind nicht mehr zu unter= scheiden, und das Feuer mußte unterbrochen werden. Völlig erlosch es erst um 10 Uhr.

Günstig war es nun freilich, daß das frischere II. Korps für die Nacht die vorderste Gefechtslinie besetzen und hinter demselben die stark durcheinander gemischten Abtheilungen des VIII. und VII. sich wieder sammeln konnten.

Der Verlauf des Kampfes hatte thatsächlich gezeigt, daß der von Natur und durch Kunst nahezu unangreifbare linke Flügel der Franzosen auch durch die hingebendste Tapferkeit und unter den größten Opfern nicht zu verdrängen war. Beide Parteien standen sich in drohendster Nähe gegenüber, beide in der Lage, das Gefecht am folgenden Morgen wieder aufzunehmen. Der Erfolg des Tages hing von den Ereignissen auf dem entgegengesetzten Flügel ab.

Bei St. Ail hatte der Prinz von Württemberg um 5¼ Uhr den Augenblick für gekommen erachtet, um zum Angriff auf den französischen rechten Flügel zu schreiten; aber dieser erstreckte sich erheblich weiter nördlich, als die Front des Gardekorps reichte, weiter sogar, als dem französischen Oberbefehlshaber selbst bekannt war. Allerdings hatten die Sachsen sich bereits an der Wegnahme von Ste. Marie aux Chênes betheiligt, aber um in die Flanke des Gegners vorzugehen, sammelte der Kronprinz sein Korps zuvor am Walde von Auboué. Dazu mußten noch eine Brigade von Jarny und eine von Ste. Marie herangezogen werden, und bei dem verzögerten Abmarsch des Korps von Mars la Tour stand dessen unmittel= bares Eingreifen erst nach Stunden zu erwarten.

Dem ertheilten Befehl entsprechend trat die 4. Garde=Infanterie= Brigade in der ihr bezeichneten Richtung auf Jerusalem, dicht südlich St. Privat, an. Sobald dies beim IX. Korps bemerkt wurde, ließ General v. Manstein die bei Habonville zu seiner Verfügung gestellte 3. Garde= Brigade ebenfalls und zwar gegen Amanwillers anrücken. Hessische Bataillone gingen zwischen beiden Brigaden mit vor. Erst eine halbe Stunde später rückte links von der 2. die 1. Garde=Division von Ste. Marie gegen St. Privat vor. Diese ganze Angriffsbewegung traf auf die breite Front des französischen VI. und IV. Korps. Die Stützpunkte derselben, St. Privat und Amanvillers, waren fast noch gar nicht von den deutschen Batterien unter Feuer genommen worden, welche bisher mit Bekämpfung der feind=lichen Artillerie außerhalb der Ortschaften vollauf zu thun gehabt hatten.

Vorwärts der französischen Hauptstellung auf dem Höhenkamme lagen am Abfall hinter Hecken und niedrigen Mauern, die sich nach rückwärts terrassenförmig überhöhten, mehrfache Schützenlinien gedeckt. Dahinter erhob sich namentlich St. Privat burgähnlich mit massiven Häusern, welche bis zu den Dächern besetzt waren. Die freie Ebene vor der Front war daher von einem überwältigenden Hagel von Projektilen zu überschütten.

So waren denn auch die Verluste des zum Angriff auf diese Front vorschreitenden Gardekorps ganz übermäßig. Im Verlauf einer halben Stunde haben fünf Bataillone alle, die übrigen die Mehrzahl ihrer Offiziere eingebüßt, besonders die höheren Führer. Tausende von Todten und Verwundeten bezeichnen die Spur der trotz blutiger Verluste vor=schreitenden Bataillone. Immer schließen sich ihre gelichteten Reihen wieder zusammen, und auch unter Führung von jüngeren Lieutenants oder Fähnrichs geht ihr innerer Halt nicht verloren. Indem sie näher an den Feind gelangen, tritt nun auch das Zündnadelgewehr in volle Wirk=samkeit. Die Franzosen werden aus allen ihren vordersten Stellungen vertrieben, in welchen sie zumeist den letzten Zusammenstoß nicht abwarten. Um 6¼ Uhr sind die Bataillone auf 600 und 800 Schritt Entfernung von Amanvillers und St. Privat herangedrungen. An den hier etwas steileren Abhängen, welche einigen wenn auch geringen Schutz gewähren, und in den vom Gegner geräumten Schützengräben machen die von An=strengung erschöpften Truppen Halt. Nur vier Bataillone stehen noch bei Ste. Marie in Reserve hinter der auf 4000 Schritt ausgedehnten Linie. Mit Hülfe der herbeieilenden 12 Garde=Batterien werden alle Vorstöße der feindlichen Kavallerie und der Division Cissey standhaft zurück=gewiesen, aber zwei französischen Korps dicht gegenüber haben die durch unerhörte Verluste zusammengeschmolzenen Abtheilungen noch über eine halbe Stunde auszuharren, bis ihnen Beistand kommt.

Erst gegen 7 Uhr trafen zur Linken der Garde zwei sächsische Infanterie=Brigaden auf dem Kampfplatz ein; die beiden anderen sammelten sich noch am Walde von Auboué, die Artillerie hingegen hatte schon längere Zeit ein lebhaftes Feuer gegen Roncourt gerichtet.

Auf die Nachricht, daß die Deutschen in immer weiterer Ausdehnung seinen rechten Flügel zu umfassen strebten, hatte Marschall Bazaine schon um 3 Uhr nachmittags der bei Plappeville versammelten Garde=Grenadier=Division Picard den Befehl ertheilt, dorthin abzurücken. Obwohl die Entfernung nur eine Meile beträgt, war diese wichtige Unterstützung, von der direkten Straße in das Waldthal zur Rechten abbiegend, noch nicht eingetroffen, und Marschall Canrobert, welcher sich nur mit äußerster

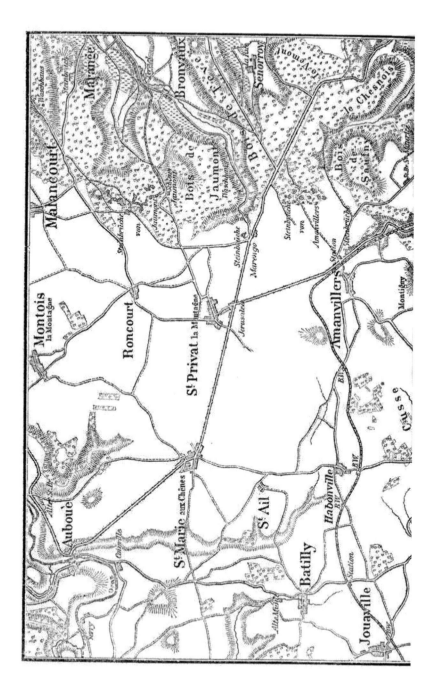

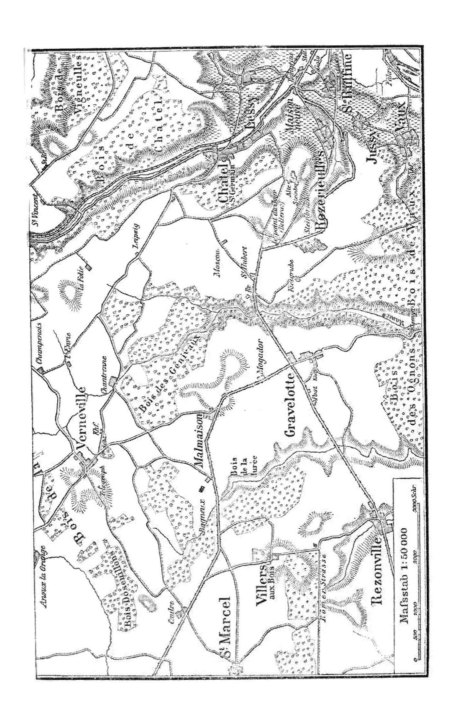

Anstrengung des Andranges der Preußen erwehrte, beschloß, seine Streitkräfte enger um den festen Punkt St. Privat zu versammeln. Der Rückzug von Roncourt sollte durch eine schwache Arrieregarde gedeckt, dagegen der Saum des Bois de Jaumont gehalten werden.

So fanden denn die Sachsen in Roncourt den erwarteten starken Widerstand nicht, nach leichtem Gefecht drangen sie und ebenfalls die Kompagnien des äußersten linken Flügels der Garde in den Ort ein. Ein Theil der sächsischen Bataillone aber war schon zuvor von der Richtung auf Roncourt rechts abgebogen und rückte zum Beistand der Garde direkt gegen St. Privat vor.

Das Feuer von 24 Batterien beider deutscher Korps richtete dort furchtbare Verwüstungen an. Viele Häuser standen in Flammen oder stürzten unter den einschlagenden Granaten zusammen. Aber die Franzosen waren entschlossen, diesen für die ganze Schlacht entscheidenden Punkt aufs Aeußerste zu behaupten. Die Batterien ihres rechten Flügels standen zwischen St. Privat und dem Walde von Jaumont aufgefahren, von welchem aus das weitere Vorgehen der Sachsen flankirt wurde. Andere Batterien traten südlich den Preußen entgegen, und bei ihrem gleichzeitigen weiteren Anrücken sahen sich die deutschen Bataillone durch das lebhafte Feuer der gedeckt liegenden französischen Schützenlinien empfangen.

Alle diese Hindernisse werden, wenn auch unter erneuten Verlusten, im Sturmlauf, theils mit kurzer Unterbrechung durch Schnellfeuer, theils ohne einen Schuß zu lösen, nach und nach überwältigt. Bei untergehender Sonne ist der Angriff bis auf 300 Schritt an St. Privat herangelangt. Abtheilungen des nach St. Ail vormarschirten X. Korps schließen sich an, und nun erfolgt von allen Seiten her der letzte Anlauf. Mit größter Hartnäckigkeit vertheidigen die Franzosen noch die brennenden Gehöfte und die Kirche, bis sie, mehr und mehr umstellt, schließlich um 8 Uhr die Waffen strecken. Ueber 2000 Unverwundete fallen dabei in Gefangenschaft, und die Verwundeten müssen den Flammen entrissen werden.

Unter dem Schutz der Brigade im Walde von Jaumont und der Kavallerie eilten nun die geschlagenen Abtheilungen des französischen VI. Korps in das Mosel-Thal hinab. Jetzt erst erschien die Garde-Grenadier-Division und entwickelte östlich Amanvillers die Armee-Artillerie-Reserve. Die deutschen Batterien nahmen sofort den Kampf auf, welcher bis in die Dunkelheit der Nacht fortdauerte und wobei auch Amanvillers in Brand gerieth.

Hier war der Rückzug auch des IV. französischen Korps bereits eingeleitet und durch wiederholte heftige Vorstöße nur maskirt. So kam es noch zum Handgemenge mit den anstürmenden Bataillonen des rechten Flügels der Garde und des linken des IX. Korps. Doch blieb Amanvillers noch während der Nacht von den Franzosen besetzt. Erst um 3 Uhr früh räumte auch das III. französische Korps die Stellung bei Moscou, das II. behauptete sich bis 5 Uhr morgens unter zum Theil lebhaften Scharmützeln mit den Vorposten der Pommern, welche dann die Hochfläche von Moscou und Point du Jour besetzten.

Nur durch die Kämpfe am 14. und 16. August war der Erfolg am 18. ermöglicht worden.

Die Franzosen geben ihren Verlust auf 13 000 Mann an. In Metz standen im Oktober noch 173 000 Mann. Somit verfügte der Gegner in der Schlacht am 18. August jedenfalls über mehr als 180 000 Mann. Die genaue Stärke der sieben deutschen Korps an diesem Tage betrug 178 818 Mann. Mit nur annähernd gleichen Kräften war sonach der Feind aus einer Stellung vertrieben, die kaum vortheilhafter gefunden werden kann.

Natürlich mußte dabei der Verlust des Angreifers sehr viel größer sein als der des Gegners, er betrug 20 159 Mann, darunter 899 Offiziere. Wenn nach dem Kriegsetat auf durchschnittlich 40 Mann ein Offizier vorhanden ist, so war in dieser Schlacht schon auf 23 Mann ein Offizier gefallen, ein rühmliches Zeugniß für das Beispiel, mit welchem die Führer ihrer tapferen Mannschaft vorgeleuchtet hatten, aber auch ein Verlust, der im Laufe des Feldzuges nicht mehr ersetzt werden konnte. Ueberhaupt hatten gleich die ersten 14 Tage des August dem deutschen Heer in sechs Schlachten 50 000 Mann gekostet. So schnell konnte in der Heimath natürlich ein Ersatz nicht ausgebildet werden; indeß waren Neuformationen aus gedienten Mannschaften bereits vorgesehen.

Zunächst wurden noch abends die ersten Trainstaffeln und die Lazarethe vom rechten Mosel-Ufer herangezogen, auch die Munition überall ergänzt. Nur mit Mühe war es gelungen, in dem mit Verwundeten angefüllten Rezonville ein Dachstübchen für den König und ein Unterkommen für seinen Generalstab zu finden. Diesem lag es ob, noch während der Nacht alle die Anordnungen zu entwerfen, welche eine durch den Sieg geschaffene ganz neue Lage der Verhältnisse unverzüglich erheischte. Schon am Morgen des 19. konnten sämmtliche darauf bezüglichen Ordres Seiner Majestät zur Beschlußnahme vorgelegt werden.

Neue Heereseintheilung.

Es hatte nicht im ursprünglichen Feldzugsplan gelegen, Metz zu belagern; man wollte, während die Armee an dem Platz vorüber gegen Paris vorrückte, sich mit einer bloßen Beobachtung desselben begnügen, und die dazu bestimmte Reserve-Division in Stärke von 18 Bataillonen, 16 Eskadrons und 36 Geschützen befand sich im nahen Anmarsch.

Unter den eingetretenen Verhältnissen war nun aber die förmliche Einschließung von Metz nöthig geworden, was eine durchgreifende Aenderung der ganzen Heereseintheilung bedingte.

Für den bezeichneten Zweck wurde unter Befehl des Prinzen Friedrich Karl eine besondere Armee gebildet, bestehend aus dem I., VII. und VIII. Korps der bisherigen I. Armee und dem II., III., IX. und X. der II., dann der Reserve-Division, der 1. und 3. Kavallerie-Division, zusammen 150 000 Mann.

Das Garde=, IV. und XII. Korps sowie die 5. und 6. Kavallerie=
Division bildeten fortan unter dem Kronprinzen von Sachsen eine
besondere, die „Maas=Armee", in Stärke von 83 000 Mann. Diese und
die III. Armee, welche 129 000 Mann zählte, waren zum Vorgehen
gegen das in Châlons sich bildende neue französische Heer bestimmt.

Allerdings blieb dabei die Einschließungsarmee schwächer als der
einzuschließende Gegner. Es stand zu erwarten, daß dieser erneute An=
strengungen machen werde, gegen Westen durchzubrechen, und die Haupt=
kräfte sollten daher am linken Mosel=Ufer verbleiben.

Alle diese Befehle gingen nach Genehmigung des Königs schon um
11 Uhr*) an die Truppenführer ab.

Nach Anordnung des Prinzen Friedrich Karl besetzte das X. Korps
die Waldgegend von der unteren Mosel bis St. Privat, das II. den
Höhenrücken von dort bis Moscou. Rechts schlossen sich dann das VIII.
und VII. Korps an, letzteres auf beiden Ufern der oberen Mosel. In
der Höhe von Pouilly stand das I. Korps rechts und links der Seille,
besonders beauftragt mit dem Schutz der großen, in Remilly und Pont
à Mousson anzulegenden Magazine. Nach der Gegend von Retonfay
im Nordosten von Metz rückte die 3. Reserve=Division heran. Das IX.
und III. Korps lagerten als Reserve bei Ste. Marie und Verneville.
Unverzüglich wurde mit Schanzarbeiten und mit Brückenschlägen über die
Mosel ober= und unterhalb der Festung vorgegangen.

Von den jetzt zur Maas=Armee gehörenden Korps versammelten sich
das XII. bei Conflans, die Garde bei Mars la Tour, während das nicht
mit nach Metz herangeordnete IV. Korps bereits Commercy erreicht hatte.

Die III. Armee war, nachdem sie das Gebirge durchschritten und
Toul durch eine bayerische Brigade eingeschlossen, in drei Kolonnen weiter=
gerückt. Erst die vordersten Korps hatten die Maas erreicht, mußten
aber hier zwei Tage Halt machen, um in ungefähr gleicher Höhe mit
der Maas=Armee vorzugehen. Inzwischen streifte ihre Kavallerie drei
Tagemärsche weit bis Châlons und Vitry vor, wo sie zum ersten Mal
seit Wörth wieder mit dem Feinde in Berührung trat. Es waren dies
aber nur Postirungen an der Marne=Bahn, welche zurückgingen, nachdem
die Transporte dort beendet.

Die Armee von Châlons.

Bei Châlons hatte sich unterdessen ein französisches Heer von
166 Bataillonen, 100 Schwadronen, 380 Geschützen, nämlich das I., V.,
VII. und XII. Korps, gebildet.

Für Letzteres gab eine an der spanischen Grenze zurückgelassene
Division den Kern, dem sich in vier Marine=Regimentern eine vorzügliche
Truppe anschloß. Noch traten zwei (1. und 2.) Kavallerie=Divisionen hinzu.

---

*) 18. August.

Achtzehn Mobilgarden=Bataillone nahm der zum Gouverneur von Paris ernannte General Trochu dorthin zurück; sie hatten bereits solche Proben von Unbotmäßigkeit abgelegt, daß man Bedenken tragen mußte, sie an den Feind zu bringen.

Der Kaiser war in Châlons eingetroffen und hatte dem Marschall Mac Mahon den Oberbefehl über die neu gebildete Armee übertragen. Im französischen Hauptquartier mußte man den Marschall Bazaine auf dem Rückmarsch von Metz vermuthen. Ein Vorgehen der Armee von Châlons bis etwa Verdun konnte beide Heere in wenigen Tagen ver=einigen, und so eine Streitmacht sich bilden, welche dem seither siegreichen Gegner die Spitze zu bieten vermochte. Andererseits aber hatte Mac Mahon auch für die Sicherung von Paris zu sorgen, und das Erscheinen der Armee des Kronprinzen von Preußen an der Maas bedrohte sowohl die Hauptstadt wie seine eigene rechte Flanke.

Um zwischen Vor= und Zurückgehen zu wählen, war vor Allem nöthig, die Richtung zu kennen, welche Marschall Bazaine eingeschlagen haben mochte.

Am 18. langte von ihm die Meldung an, daß er in einer Schlacht bei Rezonville seine Stellung behauptet habe, daß aber die Truppen erst mit Munition und Lebensmitteln versehen werden müßten, bevor sie weiter=marschiren könnten. Es war danach nur zu wahrscheinlich, daß die Ver=bindungen der Rhein=Armee bereits bedroht seien, und der Marschall beschloß, nach Reims zu marschiren, von wo er entweder mit geringem Umwege Paris erreichen oder dem anderen Heer entgegenrücken konnte.

Nachdem aber bekannt geworden, daß die Armee des Kronprinzen von Preußen überhaupt gar nicht nach Metz herangezogen gewesen, auch bereits preußische Kavallerie vor Vitry erschienen war, täuschte sich der Marschall nicht über die Gefahr der letzteren Unternehmung. In richtiger Erkenntniß lehnte er daher auch den Befehl der Kaiserin und des Minister=rathes, diesen Zug zu unternehmen, bestimmt ab und erklärte, er werde nach Paris marschiren. Dort konnte er mit Vortheil eine Schlacht wagen, da selbst bei ungünstigem Ausgange die Werke des Platzes den Rückzug sicherten und jede Verfolgung ausschlossen.

Neue Mittheilungen aus Metz gewährten einen klaren Einblick in die dortigen Verhältnisse nicht. Auch am 18. hat „die Armee ihre Stel=lung behauptet", nur der rechte Flügel eine Frontveränderung vorgenommen. Die „Truppen bedürfen zwei bis drei Tage Ruhe", aber der Marschall „rechnet noch immer darauf, die Richtung nach Norden zu nehmen" und sich über Montmédy—St. Menehould nach Châlons durchzuschlagen, wenn dieser Weg nicht stark besetzt ist. In solchem Falle werde er auf Sedan und selbst über Mézières gehen, um Châlons zu erreichen.

Die so bezeichnete Bewegung konnte zur Zeit bereits in der Aus=führung begriffen sein, und somit wollte Marschall Mac Mahon seinen Waffengefährten auf keinen Fall im Stich lassen. Am 23. rückte er also dennoch statt nach Paris in der Richtung auf Stenay ab.

4*

Bei diesem plötzlich gefaßten Entschluß waren alle Vorbereitungen für die Ausführung unterblieben. Am ersten Marschtage langten die Truppen spät abends unter strömendem Regen an der Suippe an. Es fehlte am Nöthigsten, und zwei Korps blieben ganz ohne Verpflegung. Der Marschall sah sich daher gedrängt, die Armee nördlich nach Rethel heranzuziehen, wo große Bestände an Lebensmitteln aufgehäuft waren, und die Eisenbahn deren Nachführung erleichterte. Auch der dritte Marschtag führte in der Richtung nach Osten nur wenig vorwärts. Der linke Flügel verblieb bei Rethel, der rechte erreichte die Aisne bei Vouziers. Am 26. August befand sich die Hauptmacht noch zwischen Attigny und Le Chêne am Ardennen=Kanal, dem VII. Korps und einem Husaren=Regiment lag vorwärts Vouziers die Deckung der rechten Flanke ob.

Während so das französische Heer, im weiten Bogen ausholend, gegen Osten marschirte, war, gleichzeitig aufbrechend, das deutsche in gerader Richtung gegen Westen vorgerückt.

Nach den im großen Hauptquartier zu Pont à Mousson getroffenen Bestimmungen sollte der Vormarsch gegen den in Châlons vermutheten Feind in der Art erfolgen, daß zur Linken der Maas=Armee die III. eine Etappe Vorsprung habe, um den Feind überall, wo er Stand halten werde, in der Front und gleichzeitig in der rechten Flanke anzugreifen und nördlich von Paris abzudrängen. Im Vorrücken enger zusammenschließend, hatten beide Armeen bis zum 26. die Linie St. Menehould—Vitry zu erreichen.

Der erste Marschtag führte, noch in der Ausbreitung von 12 Meilen, an die Maas, der zweite am 24. in eine Linie St. Dizier—Bar le Duc—Verdun. Der Versuch, letzteren Platz und Toul im Vorbeigehen zu nehmen, blieb erfolglos.

Schon an diesem Tage gingen wichtige Meldungen von der weit vorstreifenden 4. Kavallerie=Division ein. Die rheinischen Dragoner hatten Châlons und das Lager bei Mourmelon geräumt und in Letzterem trotz bewirkter Zerstörung erhebliche Beute gefunden. Das aufgefangene Schreiben eines Offiziers stellte den Entsatz von Metz in Aussicht, ein anderes gab an, daß Marschall Mac Mahon mit 150 000 Mann bei Reims stehe und sich dort verschanze, was auch Pariser Zeitungen bestätigten.

Am 25. stand die Maas=Armee von Sommeille bis Dombasle, während die III. mit ihren Teten bereits den erst für den folgenden Tag vorgeschriebenen Aufmarsch an der Straße St. Menehould—Vitry bewirkte. Die letztgenannte kleine Festung ergab sich der 4. Kavallerie=Division, nachdem morgens ein Mobilgarden=Bataillon die Stadt verlassen hatte.

Auf dem Marsch nach St. Menehould, um von dort auf der Bahn nach Paris befördert zu werden, fiel dies Bataillon in die Hände der nach Dampierre vorgerückten 6. Kavallerie=Division und wurde, 1000 Mann stark, gefangen abgeführt.

Die 5. Kavallerie=Division erreichte St. Menehould, die 12. folgte auf demselben Wege bis Clermont und patrouillirte nach Varennes nur zwei Meilen entfernt von den französischen Postirungen bei Grand Pré, ohne jedoch von der Anwesenheit des französischen Heeres etwas zu erfahren.

Der Aufklärung in größerer Breite rechts der Armee stand das Hinderniß des Argonner Waldes entgegen, welchen bloß mit Kavallerie ohne Hülfe von Infanterie zu durchschreiten schwierig war. Die Einwohner des Landes fingen an, sich äußerst feindselig zu zeigen. Von der Regierung waren Gewehre an sie vertheilt und der Aufstand organisirt. Hatten die Deutschen bisher nur gegen den Kaiser Krieg geführt, so mußten sie jetzt nothgedrungen die Waffen gegen die Bevölkerung kehren. Das Franktireurwesen wurde den kleineren Unternehmungen lästig, ohne freilich den Gang der großen Operationen zu beeinflussen. Aber es mußte natürlich den Soldaten, der sich weder bei Tage noch bei Nacht mehr sicher fühlte, erbittern, es verschärfte den Charakter des Krieges und steigerte die Leiden des Landes.

Im großen Hauptquartier zu Bar le Duc ging an diesem Tage ein Telegramm aus Paris über London ein. Es besagte, daß Mac Mahon bei Reims stehe, er suche Vereinigung mit Bazaine zu gewinnen.

Es ist immer bedenklich, einen einmal gefaßten, wohl überlegten Plan ohne die zwingendste Nothwendigkeit gegen einen neuen, nicht vorbereiteten zu vertauschen. Auf Gerüchte hin und Nachrichten, die sich später vielleicht als unbegründet erweisen, eine völlig veränderte Marschrichtung einzuschlagen, war nicht gerechtfertigt. Es mußten mancherlei Schwierigkeiten daraus erwachsen, die Anordnungen für den Nachschub von Lebensmitteln und Ersatz wurden durchkreuzt, und zwecklose Märsche konnten auf das Vertrauen der Truppe in die Heeresleitung zurückwirken.

Die Befehle für den folgenden Tag, welche um 11 Uhr vormittags erlassen wurden, gaben daher beiden Armeen die wenig veränderte Richtung statt auf Châlons jetzt auf Reims. Von der Kavallerie des rechten Flügels aber wurde ausdrücklich gefordert, daß sie bis Buzancy und Vouziers vorgehe, wodurch alsbald volle Klarheit über die Verhältnisse erreicht werden mußte.

Man hat im Kriege vielfach nur mit Wahrscheinlichkeiten zu rechnen, und das Wahrscheinliche ist meist, daß der Gegner die richtigste Maßregel ergreift. Als eine solche war nicht anzusehen, wenn das französische Heer Paris entblößte und längs der belgischen Grenze nach Metz marschirte. Der Zug erschien befremdlich, selbst etwas abenteuerlich, aber möglich war er doch. Der Chef des Generalstabes entwarf daher mittags für alle Fälle ein Marschtableau, nach welchem die drei Korps der Maas-Armee und die beiden zunächststehenden bayerischen in drei nicht allzu großen Märschen in der Gegend von Damvillers am rechten Ufer der Maas versammelt werden konnten.

Unter Heranziehung der bei Metz in Reserve stehenden beiden Korps durfte man dort mit 150 000 Mann die Schlacht annehmen oder im Vorgehen auf Longuyon sie dem Feinde aufnöthigen. Ohnehin war alle Aussicht vorhanden, daß man seinen Marsch schon diesseits der Maas aufhalten und noch andere Korps der III. Armee werde heranziehen können.

Dies Marschtableau sollte sehr bald zur Ausführung gelangen. Noch im Laufe des Nachmittags liefen neue Nachrichten ein. Die Zeitungen

plauderten das Geheimniß aus, sie brachten heftige Reden in der National=
versammlung: „der französische General, welcher seinen Gefährten im Stich
lasse, verfalle dem Fluch des Vaterlandes". Man erklärte es als eine Schmach
für das französische Volk, wenn der tapfere Bazaine ohne Unterstützung
bliebe, und bei der Macht, welche die Phrase in Frankreich übt, war
anzunehmen, daß die militärischen Rücksichten sich den politischen würden
unterordnen müssen. Ein Telegramm aus London theilte denn auch aus
dem Pariser „Temps" mit, daß Mac Mahon plötzlich den Entschluß
gefaßt habe, Bazaine zu Hülfe zu eilen, obwohl ein Aufgeben der
Straße nach Paris die Sicherheit Frankreichs gefährde.

Noch abends wurde nun der Rechtsabmarsch vom Könige genehmigt, und
in der Nacht gingen die Befehle direkt an die betreffenden Armeekorps ab.

Am 26. verlegte der König sein Hauptquartier nach Clermont. Der
Kronprinz von Sachsen war früh mit dem XII. Korps nach Varennes
aufgebrochen und hatte das Gardekorps nach Dombasle, das IV. nach Fleury
aufrücken lassen.

Die nach den verschiedensten Richtungen vorstreifende Kavallerie fand
das Gelände an der Suippe vom Feind geräumt, das an der Maas von
ihm noch nicht betreten, dagegen Buzancy und Grand Pré besetzt und
erkannte namentlich ein großes Truppenlager des französischen VII. Korps
auf der Höhe von Vouziers. Das Erscheinen einiger schwacher zur Be=
obachtung abgesandter Kavalleriespitzen rief dort eine kaum zu erklärende
Verwirrung hervor.

General Douay erhielt in Vouziers die übertriebensten Meldungen,
er mußte glauben, daß ein allgemeiner Angriff unmittelbar bevorstehe;
das VII. Korps verblieb die ganze Nacht bei strömendem Regen unter
Waffen, und der Marschall beschloß am folgenden Morgen, mit allen Kräften
nach Vouziers und Buzancy vorzugehen. So wäre schon am 27. der
Marsch nach Osten zum Stehen gekommen, doch stellte sich die Unrichtigkeit
der Angaben noch zeitig genug heraus.

Hatte die deutsche Heeresleitung ein lebhaftes Interesse, Klarheit
über die Bewegungen des Gegners zu gewinnen, so war auf französischer
Seite dies Bedürfniß gewiß nicht in geringerem Grade dringend. Bei
zweckmäßiger Verwendung der Kavallerie in der rechten Flanke wäre
eine Ueberraschung, wie die eben erwähnte, nicht möglich gewesen, aber
die erste Kavallerie = Division befand sich vor dem in keiner Weise ge=
fährdeten linken Flügel, die zweite hinter der Queue.

Es gewinnt den Anschein, daß weniger Bedacht genommen war auf
Abwehr eines Angriffs als darauf, einem solchen ausweichend, unbemerkt
den Vereinigungspunkt Montmédy mit dem anderen Heere zu erreichen.

Nachdem nun aber das Anrücken des Gegners von Süden her kaum
noch zu bezweifeln, wäre gewiß das Beste eine kräftige Offensive in dieser
Richtung gewesen, um ihn zu schlagen oder wenigstens aus der Nähe
der Marschlinie zu entfernen. Gelang dies nicht, so hätte sich schon jetzt
gezeigt, daß der Zug unausführbar, und daß dessen Fortsetzung zu einer
Katastrophe führen müsse.

Freilich bildete die deutsche Reiterei einen schwer zu durchdringenden Schleier. Der Marschall konnte nicht wissen, daß sein Gegner, noch auf acht Meilen von Vitry bis Varennes echelonnirt, keineswegs in der Lage war, ihn schon jetzt ernsthaft anzugreifen.

(27. August.) Nachdem die Mißverständnisse aufgeklärt, setzte der Marschall am 27. seinen Marsch wenigstens theilweise fort. Das VII. und V. Korps deckten in Vouziers und Buzancy die Bewegung, das XII. rückte nach Le Chêne vor, die 1. Kavallerie=Division nach Beaumont, wohl um das Eintreffen des Marschalls Bazaine zu erfahren. Das I. Korps aber und die 2. Kavallerie=Division blieben an der Aisne zurück.

Das vorderste der deutschen Korps — das sächsische — hatte direkten Be=fehl erhalten, am 27. auf Dun zu marschiren und am rechten Ufer die Maas=Uebergänge bis Stenay zu besetzen. Letzterer Punkt wurde bereits 3 Uhr nachmittags erreicht und eine Postirung auf das linke Ufer vorgeschoben.

Die Kavallerie blieb dicht am Feinde und folgte unter kleinen Ge=fechten seinen Bewegungen. Der Abzug des V. französischen Korps aus Buzancy in der Richtung auf Le Chêne und ebenso der Marsch nach Beaumont wurden erkannt und die sächsische Kavallerie = Division noch abends bis Nouart vorgezogen. Die bayerischen Korps erreichten die Straße Clermont—Verdun, das V. St. Menehould, die übrigen Korps der III. Armee rückten in starken Märschen in nördlicher Richtung nach.

Es war jetzt begründete Aussicht vorhanden, den Feind noch am linken Maas=Ufer zu erreichen. Die Einschließungsarmee vor Metz wurde benachrichtigt, daß die Heranziehung von zwei Korps derselben nicht mehr gefordert werde; indeß waren sie bereits abgerückt.

Die neuesten Anordnungen, welche Marschall Mac Mahon getroffen, bezeichnen sich ziemlich deutlich als einen letzten Versuch, in der bisherigen Richtung weiter vorzudringen. Er hatte sich auf der nördlichsten der Straßen echelonnirt, die ihn nach Metz führen konnten, eine starke Reserve aber zur Aufnahme an der Aisne zurückgelassen. Als er nun erfuhr, daß in Montmédy nichts von der Rhein=Armee gesehen sei, daß dieselbe viel=mehr noch bei Metz verweile, beschloß er den Rückzug, ertheilte die Be=fehle dazu für den folgenden Morgen und meldete seine Absicht nach Paris.

Von dort liefen aber noch in der Nacht die dringendsten Gegen=vorstellungen ein. Der Kriegsminister telegraphirte: „Wenn Sie Bazaine im Stich lassen, so bricht die Revolution aus", und der Ministerrath stellte die bestimmte Forderung, Metz zu entsetzen. Was der Marschall vor sich habe, sei nichts als ein Theil der Einschließungsarmee, vor dem Kronprinzen von Preußen habe er einen Vorsprung von mehreren Tagen voraus, und zum Schutz von Paris sei General Vinoy mit dem neu formirten XIII. Korps nach Reims abgerückt.

Der Marschall ordnete seine militärische Einsicht unter und erließ neue Befehle. Aber die Truppen waren zeitig aufgebrochen, vielfache Kreuzungen entstanden bei geänderter Marschrichtung, und auf schlechten Wegen erreichten die durchnäßten und ermüdeten Abtheilungen in ge=drückter Stimmung spät abends, selbst bei Nacht erst, die Quartiere.

(28. August.) In der Richtung nach Osten waren kaum mehr als
zwei Meilen gewonnen. Das XII. Korps erreichte La Besace, das I.
rückte auf Le Chêne nach, das VII. machte in Boult aux Bois Halt,
weil ihm die irrthümliche Meldung zuging, daß weiter vorwärts zwei
preußische Korps Buzancy besetzt hätten. Auf dieselbe Nachricht hin war
das V. gegen diesen Ort bei Bar aufmarschirt, setzte sich aber nachmittags
nach Bois des Dames in Marsch. Im Uebrigen wurden diese Bewegungen nicht gestört. Die deutsche Kavallerie war ausdrücklich angewiesen, den Feind zwar aus größter Nähe zu beobachten, aber nicht zu
stören oder zu drängen, auch räumte die sächsische Kavallerie Nouart
beim Anrücken des Gegners. Noch mußte auf deutscher Seite das Eintreffen der nachfolgenden III. Armee abgewartet werden, von welcher das
entfernteste Korps, das VI., erst St. Menehould erreicht hatte.

(29. August.) Auch für den 29. war daher ein den Feind nicht
direkt herausforderndes Verhalten befohlen und eine Entscheidung herbeizuführen erst am 30. beabsichtigt.

In seinem Hauptquartier zu Stonne hatte der Marschall erfahren,
daß Dun vom Gegner besetzt, die Brücke über die Maas abgetragen sei.
Ohne Pontontrain konnte der Fluß nur weiter abwärts bei Mouzon und
Villers überschritten werden. Unbehindert gelangten auch dort sein
XII. Korps und die 1. Kavallerie-Division auf das rechte Ufer, das
I. Korps und die 2. Kavallerie-Division gingen nach Raucourt. Auf-
gehalten durch kleine Zusammenstöße in der rechten Flanke, erreichte das
VII. Korps sein Marschziel La Besace nicht, sondern bezog Biwaks bei
Oches. Das V. Korps sollte nach Beaumont abrücken, aber der General-
stabsoffizier, welcher den Befehl zu überbringen hatte, war nebst seiner
Bedeckung in die Hände der preußischen Kavallerie gefallen. General
de Failly marschirte daher, früheren Weisungen folgend, gegen Stenay vor.

War bisher außer der Kavallerie nur das sächsische Korps bis an
den Feind gelangt, so rückte nun das Gardekorps in gleicher Höhe bis
Buzancy vor, jenes aber trat bei Dun wieder auf das linke Maas-Ufer
über. Seine Avantgarde besetzte die von Nouart nordöstlich vorspringende
Waldhöhe, vertrieb die französische Kavallerie und drang bis gegen Champly
vor, wo der Gegner bedeutende Massen — die Division Lespart —
entwickelte. Der Zweck der Rekognoszirung war erreicht, und die Avantgarde wurde zurückbeordert. Gleichzeitig zogen auch die Franzosen nördlich
ab infolge der erneut ertheilten Befehle des Marschalls.

Auf deutscher Seite waren von der III. Armee jetzt vier Korps auf
Nähe von zwei Meilen hinter der Maas-Armee herangerückt. Die
5. Kavallerie-Division stand bei Attigny auf der Verbindungslinie des
Feindes, die 6. hatte sich der Queue seiner Marschkolonnen angehängt
und unter Anderem Voncq durch abgesessene Mannschaften erstürmt. Das
deutsche Hauptquartier war nach Grand Pré vorgegangen, und auf Grund
aller dort einlaufenden Meldungen wurde beschlossen, am folgenden Tage,
bevor der Gegner die Maas überschreite, ihn anzugreifen. Die Maas-
Armee sollte gegen Beaumont, die III. zwischen diesem Ort und Le Chêne

vorgehen. Um beide in gleiche Höhe zu bringen, durfte die Bewegung des rechten Flügels erst um 10 Uhr beginnen, während der linke schon vor 6 Uhr aufbrechen werde. Von den Trains durften nur die zum Gefecht nöthigen Theile folgen.

Schlacht bei Beaumont.

(30. August.)

Am 30. August hatte sich der König um 10 Uhr über Buzancy nach Sommauthe vorbegeben.

Dorthin befanden sich beide bayerische Korps auf dem Marsche, im Centrum gingen das V. gegen Oches, das XI. nebst der Württembergischen Division gegen Le Chêne vor, das VI. marschirte nach Vouziers. Rechts rückte das IV. Korps über Belval, das XII. längs der Maas vor, während das Gardekorps als Reserve folgte.

Marschall Mac Mahon hatte als an diesem Tage zu erreichendes Ziel bezeichnet, daß alle Korps auf das rechte Maas-Ufer überträten. Fuhrwerk und Kranke sollten zurückbleiben.

Schon um 7 Uhr waren das I. Korps und die 2. Kavallerie-Division von Raucourt abgerückt, sie überschritten bei Remilly, die Infanterie auf hergestellten Laufbrücken, den Fluß.

Das VII. Korps hatte bereits 4 Uhr früh seine Lager bei Oches abgebrochen, führte aber auf dem Marsche alle seine Wagen, selbst die leeren, mit sich. Sie bildeten eine Kolonne von zwei Meilen Länge, sieben Bataillone mußten zum Schutz neben der Straße marschiren, und die den Schluß bildende Brigade konnte erst um 10 Uhr folgen. Sehr bald kam dieser Zug in Berührung mit der preußischen Kavallerie, wurde von Artillerie beschossen und zum Aufmarsch veranlaßt. Erst um 1 Uhr ließ sich der Marsch auf La Besace fortsetzen, und da lebhafter Kanonendonner von Beaumont her erschallte, so glaubte General Douay die Richtung auf Monzon verlassen und ebenfalls die auf Remilly einschlagen zu sollen.

Dem V. Korps mußte voraussichtlich die Aufgabe zufallen, den Abmarsch der beiden anderen zu decken. Die Truppen hatten erst morgens 4 Uhr die Gegend von Beaumont erreicht und waren durch Gefechte und Nachtmärsche aufs Aeußerste ermüdet.

General de Failly beschloß daher, in den Vormittagsstunden abzukochen und erst dann aufzubrechen. Obwohl man nun den Feind in großer Nähe wußte, scheinen Sicherungsmaßregeln so gut wie nicht getroffen worden zu sein, und als um $1^1/_2$ Uhr Offiziere und Mannschaften noch mit ihrer Mahlzeit beschäftigt waren, schlugen preußische Granaten in dies sorglose Treiben ein.

Die beiden Korps des rechten deutschen Flügels mußten auf vom Regen durchweichten Wegen eine Waldzone in vier völlig getrennten Kolonnen durchziehen. Der Kronprinz von Sachsen hatte daher angeordnet, daß keine derselben zum Angriff schreiten solle, bevor nicht auch die Nachbarkolonne einzugreifen bereit sein werde.

Das IV. Korps war sehr zeitig aufgebrochen und hatte nach kurzer Rast um 10 Uhr den Marsch fortgesetzt. Als dann mittags die 8. Division aus dem Walde hervortrat, erblickte sie von der Höhe aus das feindliche Lager in dem geschilderten Zustande auf 800 Schritt vor sich. General v. Schöler glaubte eine so vollständige Ueberraschung nicht unbenutzt lassen zu sollen; ohnehin konnte seine Anwesenheit dem Gegner nicht lange verborgen bleiben. Er gab sie durch seine Artillerie kund.

Freilich zog diese Division nun weit überlegene Kräfte auf sich. Die Franzosen traten sofort unter Gewehr und gingen in dichten Tirailleur=schwärmen vor, welche mit ihrer weittragenden Waffe namentlich den preußischen Batterien schwere Verluste bereiteten. Inzwischen rückte das Gros der 8. Division der Avantgarde zu Hülfe, und bald erschien zur Rechten auch die 7. Division. Gegen diese richten nun ebenfalls die Franzosen einen lebhaften Angriff, welcher erst mit dem Bajonett zurück=gewiesen werden kann. Dann aber dringen die vordersten Bataillone beider Divisionen in das Lager vorwärts Beaumont, in die Stadt selbst und endlich auch in ein nördlich derselben befindliches zweites Lager ein. Sieben Geschütze, deren Bespannungen nicht zur Hand sind, die aber bis zum letzten Augenblick im Feuern beharren, eine Anzahl von Mannschaften, Fahrzeugen und Pferden fallen in die Hände der Anstürmenden.

Während nun um 2 Uhr eine Pause im Gefecht der Infanterie ein=trat, setzten gegen die Artillerie der Franzosen auf dem Höhenzuge nördlich Beaumont 14 Batterien des IV. Korps den Kampf fort. Bald wurden sie rechts durch die sächsische, links durch die bayerische Artillerie verstärkt. Dieser gewaltigen Geschützlinie gegenüber, welche staffelweise immer weiter vorrückte, verschwanden zunächst die Mitrailleusen, dann aber um 3 Uhr auch die übrigen französischen Geschütze.

Links vom preußischen IV. Korps war das II. Bayerische gegen La Thibaudine vorgegangen, als es sich ganz unerwartet von Westen her durch eine starke feindliche Abtheilung angegriffen sah.

Es war dies die Division Conseil Dumesnil des VII. französischen Korps, welche irrthümlich, den früheren Anordnungen entsprechend, im Marsch nach Mouzon verblieben war. Selbst höchlich überrascht und in Front und Flanke angegriffen, gab sie die Hoffnung auf, sich dorthin durchzuschlagen, und zog um 4 Uhr eiligst in nördlicher Richtung ab, zwei Geschütze zurücklassend.

Inzwischen hatten die Bayern Ferme Thibaudine, die Preußen Harnoterie genommen. Die Waldhöhen verhinderten den Einblick in das vorliegende Gelände, der Feind war vollständig verschwunden.

Unter dem Schutze einer bei La Sartelle aufgestellten Arrieregarde war General de Failly bemüht gewesen, seine versprengten Truppen vor Mouzon zu sammeln, auch hatte zu seiner Unterstützung General Lebrun vom XII. Korps eine Infanterie=, eine Kavallerie=Brigade und drei Batterien wieder auf das linke Maas=Ufer zurückgehen lassen.

Gegen diese neue Vertheidigungsstellung rückte um 5 Uhr die 8. Division mit der 13. Brigade an der Spitze mühsam durch den dichten Wald von Givodeau vor. Beim Heraustreten sahen die durcheinander gerathenen Bataillone sich von nahem und lebhaftem Feuer empfangen. Wiederholte Versuche der Schützen, vorzugehen, scheiterten, geschlossene Massen hinter ihnen zu formiren, hinderte das dichte Unterholz. Nachdem das sächsische Korps unter den größten Schwierigkeiten sich aus dem Wald- und Sumpfgelände des Wamme-Baches hervorgearbeitet und Létanne erreicht hatte, ergab es sich als unthunlich, weiter im Thal der Maas vorzuschreiten, da zahlreiche französische Batterien in unangreifbarer Stellung jenseits des Flusses die ganze Niederung beherrschten. Dasselbe erstieg daher die Höhe, drang nun ebenfalls durch den Givodeau-Wald vor und vermehrte dort zwar die Zahl der am Nordsaum angesammelten Truppen, aber ihre Entfaltung in breiterer Front war unmöglich. So kam hier um 6 Uhr das Gefecht der Infanterie einstweilen zum Stehen.

Zur Linken der 13. Brigade war in gleicher Höhe die 14. vorgegangen und dieser die 8. Division in zwei Kolonnen gefolgt.

Das Regiment Nr. 93 hatte die Höhe nordöstlich von Yoncq erstürmt und war im Verfolgen des Feindes bis an den Fuß des Mont de Brune vorgedrungen. Vier Mitrailleusen und acht Geschütze, zum Theil mit voller Bespannung, fielen dabei in die Hände der Anhaltiner.

Nachdem die Artillerie herangezogen war, und auch das Regiment Nr. 27 eintraf, schritt um 5½ Uhr General v. Zychlinski zum umfassenden Angriff.

Die Franzosen hielten die ganz isolirte Bergkuppe stark besetzt, ihre Batterien standen östlich gegen das Bois de Givodeau gewendet, von wo ein Angriff drohte, sie machten aber schnell Front nach Süden und richteten ein heftiges Feuer gegen die Dreiundneunziger und das 2. Bataillon 27. Regiments, welche hier vorgingen, während das Füsilier-Bataillon von Westen her anrückte. Ohne der Verluste zu achten, stürmen diese Abtheilungen, Brigade- und Regimentskommandeur an der Spitze, den Abhang hinauf. Sechs französische Geschütze werden im Feuer trotz tapfern Widerstandes der Bedienungs- und Bedeckungs-Mannschaften erobert, und der Feind wird bis zur Römerstraße verfolgt. Dabei fallen noch vier vollständig bespannte, aber von der Mannschaft verlassene Geschütze in die Hände der Sieger.

Ohne die Unterstützung der nachrückenden 14. Brigade abzuwarten, schreiten die drei Bataillone weiter gegen Mouzon vor, sehen sich aber plötzlich durch einen Kavallerieangriff bedroht.

Marschall Mac Mahon hatte erkannt, daß es sich nur noch um die möglichst geordnete Räumung des linken Maas-Ufers handle, und bereits die vom rechten vorgesandten Verstärkungen wieder über den Fluß zurückgerufen. Nur das 5. Kürassier-Regiment war noch geblieben. Als dieses nun nördlich Faubourg de Mouzon von den Geschossen der anrückenden Preußen erreicht wird, wirft es sich mit voller Todesverachtung auf den Gegner.

Der Stoß trifft die 10. Kompagnie 27. Regiments. Ohne Zu=
sammenlaufen erwartet sie das Kommando ihres Führers, des Hauptmanns
Helmuth, und giebt dann auf kürzeste Entfernung eine Salve, welche
11 Offiziere und über 100 Mann, den tapferen Kommandeur der Reiter=
schaar 15 Schritt vor der Front, niederstreckt. Die Ueberbliebenen jagen
gegen die Maas zurück und suchen, da alle Brücken verfahren sind,
schwimmend das andere Ufer zu erreichen.

Noch standen beträchtliche Massen des Feindes vor Mouzon, und
gegen sie richtete sich nun das Feuer der nach und nach eintreffenden
Batterien des IV. Korps. Zwei bayerische nahmen die weiter unterhalb
belegene Brücke bei Villers unter Feuer und hinderten ihre Benutzung.
Dann wurde die Vorstadt unter lebhaftem Häuserkampf genommen und
auch hier die Maasbrücke besetzt. Der jedes Rückzugs beraubte Gegner
empfing die aus dem Yoncq=Thal vorrückende 8. Division mit lebhaftem
Feuer, wurde aber mehr und mehr gegen den Fluß zurückgedrängt. Ebenso
hoffnungslos standen noch die französischen Abtheilungen vor dem Bois
de Givodeau: sie wurden durch die 7. Division und das XII. Korps an=
gegriffen und nach hartnäckigem Kampfe zersprengt. Bei einbrechender
Dunkelheit hatte der Widerstand der Franzosen diesseits der Maas auf=
gehört. Viele der dort Zurückgebliebenen geriethen in Gefangenschaft,
andere verbargen sich in Gehöften und Waldstücken oder suchten sich
schwimmend zu retten.

Auch in dieser Schlacht hatte der Angriff sehr viel größere Opfer
gekostet als die Vertheidigung. Die Maas=Armee büßte 3500 Kombattanten
ein, und dieser Verlust fällt überwiegend auf das IV. Korps. Die Fran=
zosen geben den ihrigen auf 1800 Mann an, sie ließen aber im Laufe
des Tages und am folgenden Morgen 3000 größtentheils unverwundete
Gefangene, 51 Geschütze, 33 Munitions= und viele andere Wagen, auch
eine Kriegskasse mit 150 000 Frcs. in den Händen der Sieger. Vor
Allem aber waren sie durch diese Schlacht in eine äußerst ungünstige
Lage gedrängt.

Während hauptsächlich das IV. Korps den Kampf des Tages durch=
geführt hatte, war die sächsische Kavallerie am rechten Ufer der Maas
vorgegangen und beobachtete gegen Mouzon und Carignan. Die Garde
erreichte Beaumont, General von der Tann war mit dem I. bayerischen
Korps unter leichten Gefechten über La Besace nach Raucourt vormarschirt,
das II. sammelte sich bei Sommauthe, das V. gelangte nach Stonne, das
XI. nach La Besace, so daß nun sieben Korps zwischen Maas und Bar
eng versammelt standen.

Nach Beendigung der Schlacht war der König, da man alle näheren
Ortschaften mit Verwundeten belegt fand, nach Buzancy zurückgeritten.
Wie schon in Clermont machte sich hier die schwere Belästigung geltend,
welche aus Hunderten von hohen Gästen und ihrem Gefolge erwuchs,
wenn das Hauptquartier nicht immer nach großen Städten, sondern auch
einmal nach den militärisch wichtigen kleineren Orten verlegt wurde. Nur
mit größter Mühe gelang es, spät in der Nacht ein Unterkommen für

diejenigen zu erlangen, welche für den folgenden Tag die nöthigen Befehle vorzubereiten hatten.

Diese bestimmten, daß am 31. zwei Korps der Maas=Armee auf das rechte Ufer des Flusses übergehen hätten, um ein etwaiges weiteres Vordringen der Franzosen über Montmédy auf Metz zu verhindern. Zwei Korps der Einschließungsarmee standen überdies in dieser Richtung bei Etain und Briey bereit. Die III. Armee sollte die Bewegung in nörd= licher Richtung fortsetzen.

Wie die Verhältnisse sich gestaltet hatten, war bereits ins Auge gefaßt, daß die Armee von Châlons genöthigt werden könne, auf neutrales Gebiet überzutreten, und auf diplomatischem Wege wurde die belgische Regierung aufgefordert, in diesem Falle für die Entwaffnung Sorge zu tragen, die Truppen aber angewiesen, unverzüglich ebenfalls die Grenze zu über= schreiten, wenn dort der Gegner die Waffen nicht niederlege.

Noch während das V. französische Korps bei Beaumont kämpfte und die übrigen die Maas überschritten, hatte Marschall Mac Mahon die Versammlung der Armee bei Sedan befohlen. Es lag nicht in seiner Absicht, dort eine Schlacht zu liefern, aber eine kurze Rast der Truppen, ihre Versorgung mit Lebensmitteln und Schießbedarf waren unabweislich geboten. Dann sollte der Rückzug über Mézières angetreten werden, wo eben jetzt General Vinoy mit dem neu formirten XIII. Korps anrückte. Das I. Korps, welches schon nachmittags bei Carignan eingetroffen war, hatte abends zwei seiner Divisionen bei Douzy aufgestellt, um ein Nach= drängen des Gegners zu verhindern.

Obwohl nun jede Verfolgung unmittelbar nach der Schlacht durch den Fluß durchaus verhindert war, nahm dennoch der Rückzug der Fran= zosen bald einen bedenklichen Charakter der Auflösung an. Die Truppen waren durch Anstrengung bei Tag und Nacht unter beständigem Regen und bei mangelhafter Verpflegung aufs Aeußerste erschöpft. Scheinbar zwecklose Hin= und Hermärsche hatten das Vertrauen auf die Führung, eine Reihe unglücklicher Gefechte die Zuversicht auf sich selbst erschüttert. Tausende von Flüchtlingen drängten, nach Brot rufend, auf den von Fuhrwerk verfahrenen Wegen vorwärts, um die kleine Festung zu erreichen, die so unerwartet der Mittelpunkt einer großen Heeresversammlung geworden war.

Dort traf spät abends auch Kaiser Napoleon von Carignan her ein, dann im Laufe der Nacht zum 31. das VII. Korps bei Floing und erst am Morgen das XII. bei Bazeilles. Tief erschüttert sammelte sich das V. Korps bei der östlichen Vorstadt der Festung. Nachmittags folgte dann auch das I. Korps, aber schon unter Nachhutgefechten mit der deutschen Kavallerie, und nahm Stellung hinter dem Givonne=Thal. An eine Fort= setzung des Marsches nach Mézières an diesem Tage war sonach nicht zu denken. Wohl aber hatte schon am Abend das XII. Korps bei Bazeilles Front zu machen, wo der Donner der Geschütze bereits die Ankunft der Deutschen verkündete. Die Zerstörung der Brücken dort und bei Donchery war angeordnet, aber der Befehl bei der übergroßen Ermattung Aller unausgeführt geblieben.

(31. August.) Bei der Maas=Armee hatten die Garde und die 12. Kavallerie=Division bei Pouilly und auf einer Pontonbrücke bei Létanne die Maas überschritten und das Gelände zwischen diesem Fluß und dem Chiers durchzogen. Indem sie sich dem abmarschirenden Feinde anhingen und unter kleinen Gefechten bis an seine neue Stellung folgten, brachten sie zahlreiche Nachzügler als Gefangene ein. Das Gardekorps ging dann bei Carignan noch über den Chiers und machte bei Sachy Halt, das XII. rückte bei Douzy an die Maas heran, schob aber seine Avantgarde jenseits bis Francheval vor. Das IV. Korps blieb bei Mouzon.

Von der III. Armee streifte die 4. Kavallerie=Division in der Rich= tung auf Sedan vor, warf die französischen Feldwachen aus Wadelincourt und Frénois zurück und nahm von letzterem Orte aus die Eisenbahn unter das Feuer ihrer Artillerie. Auf dem linken Flügel ging die 6. Kavallerie= Division in der Richtung auf Méziéres bis Poix vor.

Als schon am Vormittage das I. bayerische Korps Remilly erreicht hatte, wurde es vom jenseitigen Flußufer aus beschossen und fuhr deshalb Artillerie am diesseitigen Thalhange auf. Es entspann sich eine lebhafte Kanonade, während welcher schließlich 60 bayerische Geschütze ins Feuer traten. Jetzt erst versuchte man auf französischer Seite, die Eisenbahnbrücke südlich Bazeilles zu sprengen. Das kräftige Feuer des 4. Jäger=Bataillons vertrieb aber den Gegner und seine Arbeiter, die Jäger warfen die Pulverfässer ins Wasser und überschritten bald nach Mittag die Brücke. Trotz heftigen Kugelregens drang das Bataillon in Bazeilles ein und besetzte den Nordrand dieser ausgedehnten Ortschaft.

So sah sich nun das französische XII. Korps gedrungen, zwischen Balan und La Moncelle aufzumarschiren und, verstärkt durch Batterien des I. Korps, mit beträchtlichem Aufwand von Kräften der verwegenen kleinen Schaar entgegenzutreten.

Indeß hielt General von der Tann es nicht für zweckmäßig, mit seinem Korps vereinzelt schon heute jenseits der Maas in ein ernstes Gefecht gegen den eng versammelten Feind zu treten, und da sonach die schwache Abtheilung in Bazeilles eine Unterstützung nicht zu hoffen hatte, zog sie sich, ohne verfolgt zu werden, um 3½ Uhr wieder zurück.

Inzwischen waren ungestört zwei Pontonbrücken bei Allicourt ge= schlagen worden. Alle drei Uebergänge wurden für die Nacht ungangbar gemacht, während 84 Geschütze das Wiedervorgehen über dieselben sicherten. Das I. bayerische Korps bezog Biwaks bei Angecourt, das II. bei Raucourt.

Zur Linken der Bayern marschirte das XI. Korps, gefolgt vom V., in der Richtung auf Donchery vor. Die Avantgarde fand den Ort unbesetzt und breitete sich jenseits des Flusses aus. Zwei andere Brücken nahe unterhalb wurden bis 3 Uhr vollendet, die der Eisenbahn oberhalb, gleichfalls unbewacht gefunden, wurde zerstört.

Auf dem äußersten linken Flügel geriethen die württembergische und die 6. Kavallerie=Division in Berührung mit dem eben bei Méziéres ein= getroffenen französischen XIII. Korps.

Der König verlegte sein Hauptquartier nach Vendresse.

Trotz einer Reihe von zum Theil sehr starken Märschen bei ungünstiger Witterung und hinsichtlich der Ernährung meist auf Requisition angewiesen, waren jetzt im Osten die Maas=Armee, im Süden die III. unmittelbar an die Heeresversammlung der Franzosen herangerückt. Marschall Mac Mahon wird schwerlich verkannt haben, daß die allein noch mögliche Rettung seiner Armee, oder doch eines Theiles derselben, in der unver= züglichen Fortsetzung des Rückzuges noch am 1. September bestand. Freilich würde dann der Kronprinz von Preußen, in Besitz aller Uebergänge über die Maas, sofort in dem wenig mehr als eine Meile breiten Raum bis zur Grenze diesem Abmarsch in die Flanke gerückt sein. Wenn aber das Wagniß nicht dennoch versucht wurde, so erklärt sich dies nur aus dem inneren Zustande der abgehetzten Truppen. Die Armee war auch an diesem Tage noch nicht fähig, einen geordneten Kriegsmarsch aus= zuführen, sie konnte sich nur schlagen, wo sie eben stand.

Auf deutscher Seite glaubte man an den Zug nach Mézières. Die Maas=Armee wurde angewiesen, den Feind in seiner Stellung anzugreifen, um ihn festzuhalten, die III. Armee, unter Belassung nur eines Korps am linken Ufer der Maas, auf dem rechten vorzugehen.

Die Stellung der Franzosen bei Sedan war im Rücken durch die Festung gedeckt. Die Maas und die Thäler des Givonne= und Floing= Baches gewährten gute Hindernisse. Doch mußte dieser äußerste Umzug beharrlich festgehalten werden. Ein wichtiger Punkt war dabei der Kalvarien=Berg von Illy, verstärkt durch das dahinter liegende Bois de la Garenne, von wo ein Höhenrücken mit vielen Deckung gewährenden Thalsenkungen bis Bazeilles herabzieht. Ueber Illy führte der Weg, wenn man sich äußerstenfalls auf neutrales Gebiet zurückziehen wollte. Bazeilles hingegen, der örtlich sehr starke Stützpunkt der Givonne=Front, bildet eine hervorspringende Spitze, welche nach Verlust der Maasbrücken von zwei Seiten angreifbar war.

Schlacht von Sedan.
(1. September.)

Um, mit der Maas=Armee zusammenwirkend, den Feind in seiner Stellung festzuhalten, schickte General von der Tann schon um 4 Uhr früh im dichten Morgennebel seine 1. Brigade über die Pontonbrücken gegen Bazeilles vor. Sie drang in den Ort ein, fand aber nun die Straßen barrikadirt und wurde aus allen Häusern beschossen. Unter großen Verlusten zwar drang die vorderste Kompagnie bis an den Nordausgang vor, während die übrigen, in heftigem Häuserkampfe begriffen, durch das Hinzutreten einer zweiten Brigade des französischen XII. Korps aus dem westlichen Theile von Bazeilles verdrängt wurden. Sie behaupteten sich aber in den Baulichkeiten am Südausgange und schritten von dort zu erneuten Angriffen. Da von beiden Seiten immer frische Truppen herbei= geführt wurden, auf französischer Seite sogar eine Brigade des I. und eine des V. Korps, so dauerte das hin= und herwogende blutige Gefecht, besonders gegen die dem Ausgange vorliegende und die Hauptstraße der Länge nach beherrschende Villa Beurmann, Stunden lang fort. Die Ein= wohner betheiligten sich lebhaft an dem Kampfe, und so mußten denn auch gegen sie die Waffen gekehrt werden.

Die starke Artillerie vom linken Thalrand der Maas hatte natürlich gegen das dicht angefüllte zum Theil schon brennende Bazeilles nicht wirken können; nachdem aber um 8 Uhr die preußische 8. Division bei Remilly eingetroffen war, warf General von der Tann seine letzten Brigaden in das Gefecht. Der ummauerte Park des Schlosses Monvillers wurde erstürmt und der Eingang zur Villa Beurmann gewonnen. Um 9 Uhr ging dann die Artillerie über die Brücke vor, und die 8. Division wurde ersucht, den Kampf zu unterstützen, in welchen der rechte Flügel der Bayern auch nördlich Bazeilles bei Moncelle eingetreten war.

In dieser Richtung hatte bereits um 5 Uhr früh Prinz Georg von Sachsen von Douzy aus sieben Bataillone als Avantgarde vor= geschickt. Sie vertrieben die Franzosen aus dem Ort, drangen nach Platinerie und der dortigen Brücke vor und besetzten, troh heftigen Feuers des Gegners, die jenseits des Givonne=Baches belegenen Häuser, welche sofort zur Vertheidigung eingerichtet wurden. Die Verbindung mit den Bayern war hergestellt und die Avantgarden=Batterie am östlichen Thal= hang aufgefahren, aber weitere Unterstützung durch Infanterie konnte dem kühnen Vorstoß vorerst nicht gewährt werden.

Marschall Mac Mahon war schon um 6 Uhr früh bei Moncelle durch einen Granatsplitter verwundet worden. Er hatte, mit Uebergehung von zwei älteren Korpsführern, den General Ducrot zu seinem Nach= folger im Oberbefehl bestimmt. Hiervon um 7 Uhr benachrichtigt, ertheilte dieser General die nöthigen Befehle, um noch jetzt die Armee bei Illy zu versammeln und dann sofort den Rückzug auf Mézières anzutreten. Bereits hatte er von seinem Korps die Division Lartigue zur Sicher= stellung des Ueberganges bei Daigny abgeschickt, den Divisionen Lacretelle und Vassoigne befohlen, die Offensive gegen die Sachsen und Bayern zu ergreifen, um Zeit für den Rückzug der übrigen Abtheilungen zu ge= winnen. Die in zweiter Linie stehenden Divisionen brachen sogleich in nördlicher Richtung auf.

Nun hatte aber der Kriegsminister dem kürzlich aus Algier ein= getroffenen General v. Wimpffen das Kommando des V. Korps an Stelle des Generals de Failly ertheilt und ihm zugleich eine Vollmacht mitgegeben, nach welcher er, im Fall einer Behinderung des Marschalls, den Oberbefehl der Armee übernehmen sollte.

General v. Wimpffen wußte, daß die Truppen des Kronprinzen bis Donchery heran standen. Er hielt den Rückzug nach Mézières für völlig unausführbar und wollte im geraden Gegentheil nach Carignan durchdringen, nicht zweifelnd, daß er die Bayern und Sachsen überrennen und so zum Anschluß an den Marschall Bazaine werde gelangen können. Als er daher die Anordnungen des Generals Ducrot erfuhr, auch ein

Angriff auf Moncelle anscheinend günstigen Verlauf nahm, machte er — zu seinem Unstern — die ihm ertheilte Vollmacht geltend.

General Ducrot fügte sich ohne Weigern, es mochte ihm vielleicht nicht unlieb sein, sich einer schweren Verantwortung entledigt zu wissen. Alsbald wurden die abziehenden Divisionen der zweiten Linie zurück= beordert, und unter dem Vorstoß der bereits zum Angriff vorschreitenden der ersten geriethen nun die weit vorgeschobenen schwachen bayerischen und sächsischen Abtheilungen in schwere Bedrängniß.

Schon morgens 7 Uhr, als das eine Regiment der sächsischen Avant= garde in Moncelle eindrang, hatte das andere sich rechts gegen das von Daigny drohende Vorgehen der Division Lartigue wenden müssen. Gegen dasselbe entspann sich alsbald ein lebhaftes Feuergefecht. Das Regiment hatte beim Abmarsch die Tornister zurückgelassen und versäumt, die Patronen herauszunehmen. Seine Taschenmunition erschöpfte sich bald, und die wiederholten heftigen Angriffe der Zouaven, besonders gegen den un= gedeckten rechten Flügel, mußten mit dem Bajonett zurückgewiesen werden.

Zur Linken hingegen hatte sich nach und nach eine starke Artillerie= linie gebildet, welche um 8½ Uhr auf 12 Batterien anwuchs. Jetzt aber war auch die Division Lacretelle an den Givonne=Grund heran= gerückt, und dichte Tirailleurschwärme nöthigten um 9 Uhr die deutschen Batterien, abzufahren. Doch nahmen sie in etwas größerer Entfernung wieder Stellung, trieben durch ihr Feuer den Gegner in das Thal zurück und gingen dann in die frühere Position aufs Neue vor.

Bei Moncelle war inzwischen die bayerische 4. Brigade eingetroffen, und auch die sächsische 46. Brigade rückte heran, so daß den geringen Fortschritten der Division Vassoigne ein Ziel gesetzt werden konnte.

Auch auf dem hart bedrängten rechten Flügel der Sachsen war die dringend nöthige Unterstützung von der 24. Division angelangt, und nun hier die Offensive ergriffen worden. Die Franzosen wurden auf Daigny zurückgeworfen, wobei sie fünf Geschütze einbüßten. Mit den im Thal nördlich vorrückenden Bayern gemeinsam wurden nach erbittertem Kampf dies Dorf, die Brücke und die Gehöfte von La Rapaille genommen.

Um diese Zeit — 10 Uhr — war das Gardekorps an der oberen Givonne eingetroffen.

Bereits in der Nacht aufbrechend, marschirte es in zwei Kolonnen vor, indem es bei dem von Bazeilles herüberschallenden Kanonendonner die Schritte möglichst beschleunigte. Um auf dem kürzesten Wege Hülfe zu leisten, hätte die linke Kolonne zwei tiefe Schluchten und den wegelosen Wald Chevallier durchschreiten müssen, sie zog daher den Umweg über Villers Cernay vor, über welchen Ort die Spitze der rechten Kolonne eben noch zeitig genug anlangte, um sich an dem Kampfe der Sachsen gegen die Division Lartigue zu betheiligen und dieser zwei Geschütze ab= zunehmen.

Die von General Ducrot zurückbeorderten Divisionen hatten ihre frühere Stellung am westlichen Thalhang bereits wieder eingenommen, und gegen sie eröffneten vom östlichen 14 Garde=Batterien das Feuer.

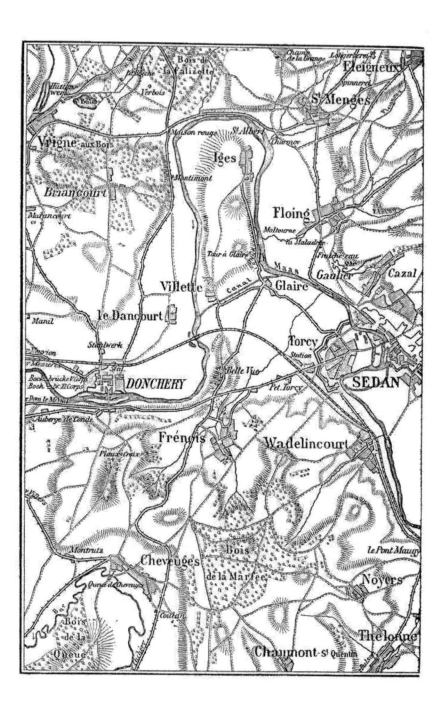

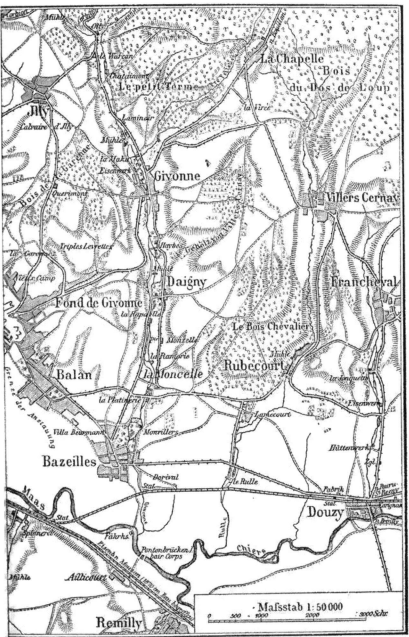

Zur selben Zeit — 10 Uhr — war auch das IV. Korps hinter Bazeilles mit der 7. Division bei Lamécourt, mit der 8. bei Remilly angelangt, und letztere hatte ihre Spitze bis zum Bahnhof vorgeschoben.

Der erste Versuch der Franzosen, östlich nach Carignan durchzubrechen, war gescheitert, aber auch der Rückzug westlich nach Mézières bereits verlegt. Von der III. Armee nämlich hatten das V. und XI. Korps nebst der württembergischen Division den Auftrag, nördlich nach der dorthin führenden Straße vorzumarschiren. Die Truppen waren schon in der Nacht aufgebrochen und hatten um 6 Uhr bei Donchery und auf den drei Pontonbrücken weiter abwärts die Maas überschritten. Die vorauseilenden Patrouillen fanden jene Straße völlig frei, und die heftige Kanonade, welche von Bazeilles erschallte, machte es wahrscheinlich, daß die Franzosen die Schlacht in ihrer Stellung bei Sedan angenommen hatten. Der Kronprinz befahl daher, daß beide bereits in der Höhe von Brigne angelangte Korps rechts abschwenken und auf St. Menges vorrücken sollten, während die Württemberger zur Beobachtung gegen Mézières stehen blieben. General v. Kirchbach bezeichnete schon jetzt seiner Avantgarde Fleigneux als Zielpunkt der weiteren Bewegung, um ein Ausweichen des Feindes auch nach Belgien zu verhindern und um mit dem rechten Flügel der Maas-Armee in Verbindung zu treten.

Der 2000 Schritt lange Engpaß zwischen Berg und Fluß, durch welchen die Straße nach St. Albert führt, war von den Franzosen unbesetzt und unbewacht geblieben. Erst beim Einrücken in St. Menges stieß die Avantgarde auf eine feindliche Abtheilung, welche bald abzog, und entwickelte sich dann gegen Illy. Zwei Kompagnien drangen zur Rechten in Floing ein, wo sie sich gegen wiederholte Angriffe während der nächsten zwei Stunden ohne Unterstützung vertheidigten.

Die zuerst eintreffenden preußischen Batterien hatten einen schweren Stand gegen die weit überlegenen bei Illy aufgefahrenen französischen. Anfangs nur durch Kavallerie und durch wenige Kompagnien gedeckt, je nachdem diese sich aus dem Engpaß von St. Albert herauswinden konnten, bildeten sie ein verlockendes Angriffsziel für die auf der genannten Höhe haltende Kavallerie-Division Marguerite. Es war 9 Uhr, als General Gallifet mit drei Regimentern Chasseurs d'Afrique und zwei Lancier-Schwadronen in drei Treffen formirt zur Attacke anritt. Der Stoß trifft zunächst zwei Kompagnien Regiments Nr. 87, welche denselben auf 60 Schritt Entfernung mit Schnellfeuer empfangen. Noch dringt das erste Treffen eine Strecke weiter vor, schwenkt dann aber aus der Mitte nach beiden Seiten ab und geräth in das Feuer der in den Büschen eingenisteten Unterstützungstrupps. Die preußischen Batterien schleudern ihre Granaten in das Gewühl der französischen Reiter, welche unter großen Verlusten schließlich umkehren und Schutz im Bois de Garenne suchen.

Um 10 Uhr, also um die Zeit, wo in Bazeilles und bei Daigny die Angriffe der Franzosen abgeschlagen wurden, fuhren bereits 14 Batterien des XI. Korps auf und neben dem Höhenrücken südöstlich St. Menges auf, zu welchen dann noch die des V. Korps hinzutraten. Starke

Infanterie-Kolonnen befanden sich im Anmarsch gegen Fleigneux, und so war um diese Stunde der Ring um Sedan beinahe schon geschlossen. Das eine bayerische Korps nebst der Artillerie-Reserve am linken Ufer der Maas genügte, um jeden Durchbruch des Feindes nach dieser Seite zu verhindern, am rechten aber standen fünf Korps bereit zu konzentrischem Angriff.

Unterstützt durch die Spitze des IV. Korps, rückten Bayern und Sachsen aus dem brennenden Bazeilles und von Moncelle her vor und trieben trotz heftiger Gegenwehr die östlich Balan stehenden Abtheilungen des französischen XII. Korps bis gegen Fond de Givonne zurück.

So in Besitz der Südspitze des von Illy sich herabsenkenden Höhenzuges und in Erwartung erneuter Angriffe des Gegners, wurde als das Dringendste erkannt, die durcheinander gerathenen Truppen verschiedener Korps erst wieder zu sammeln und zu ordnen. Sobald dies erreicht, ging die 5. bayerische Brigade gegen Balan vor. Im Orte selbst stieß sie auf geringen Widerstand, aber erst nach heftigem Kampf gelang es, den am äußersten Ende belegenen Schloßpark in Besitz zu nehmen. Von dort breitete sich bald nach Mittag das vorderste Bataillon dicht vor den Festungswällen aus und wechselte Schüsse mit der Besatzung. Es entstand nun ein stehendes Feuergefecht gegen den bei Fond de Givonne sich wieder festsetzenden Feind. Sichtlich verstärkt, schritt derselbe bald nach 1 Uhr zu einer kräftigen, durch Geschütz- und Mitrailleusenfeuer vorbereiteten Offensive. Die 5. bayerische Brigade wurde eine Strecke weit zurückgedrängt, unterstützt jedoch durch die 6., gelangte sie nach einstündigem Gefecht wieder in den vollen Besitz ihrer Stellung.

Während dessen hatte das sächsische Korps sich im Thal nördlich gegen Givonne ausgebreitet. Dort und in Haybes waren schon die vordersten Abtheilungen des Gardekorps eingedrungen. Die preußische Artillerie nöthigte die feindlichen Batterien zu mehrfachem Stellungswechsel und veranlaßte bereits einige derselben zum Abfahren. Um sich hier Luft zu machen, versuchten die Franzosen wiederholt mit starken Tirailleurschwärmen vorzugehen, wobei aber zehn Geschütze, die in das schon besetzte Givonne hineinfuhren, noch bevor sie abprotzen konnten, genommen wurden. Schon erreichten — zwar auf große Entfernung, aber wirksam — die preußischen Granaten auch das Bois de la Garenne, in welchem Bewegungen starker Truppenmassen wahrgenommen waren.

Nachdem die Franctireurs de Paris aus Chapelle vertrieben, rückte die Garde-Kavallerie durch Givonne, dem Thal aufwärts folgend, vor, und um Mittag hatten die Husaren die unmittelbare Verbindung mit dem linken Flügel der III. Armee hergestellt.

Von dieser war nämlich die 41. Brigade von Fleigneux aus in das obere Thal der Givonne hinabgestiegen, und schon hatte der Rückzug der Franzosen von Illy in südlicher Richtung begonnen. Dreißig bespannte Fahrzeuge, Hunderte von herrenlos umherirrenden Kavalleriepferden fielen in die Hände der Siebenundachtziger, welche acht Geschütze im Feuer nahmen. Ebenso brachte die Kavallerie der Avantgarde des V. Korps den General Brahaut mit seinem Stabe, zahlreiche versprengte Infanteristen, 150 Beutepferde und 40 Munitions= und Gepäckwagen ein.

Auch in der Richtung auf Floing hatten die Franzosen versucht, durchzubrechen. Dort war aber nach und nach die anfangs so schwache Infanterie=Postirung verstärkt worden, und der schon in den Ort ein= gedrungene Feind wurde wieder vertrieben. Und nun kreuzte sich das Feuer von 26 Batterien der Maas = Armee mit dem der am östlichen Thalhang der Givonne auffahrenden Garde=Batterien. Die Wirkung war überwältigend. Die französischen Geschütze wurden zertrümmert, und viele Munitionswagen flogen in die Luft.

General v. Wimpffen hatte anfangs das Vorgehen der Deutschen von Norden her nur für eine Demonstration gehalten, gegen Mittag aber an Ort und Stelle sich von dem Ernst dieses Angriffes überzeugt. Er befahl daher, daß die beiden in zweiter Linie hinter der Givonnefront des I. Korps haltenden Divisionen nun doch wieder nach der Höhe von Illy zur Verstärkung des Generals Douay abrücken sollten. Als er dann zum XII. Korps zurückkehrte, fand er dieses in vollem Rückzug nach Sedan und forderte nun den General Douay dringend auf, Unterstützung in der Richtung auf Bazeilles abzusenden. Wirklich gingen auch die Brigade Maussion und selbst die Division Dumont dorthin ab, indem letztere in vorderster Linie durch die Division Conseil Dumesnil abgelöst wurde. Alle diese sich kreuzenden Märsche vollzogen sich auf dem von zwei Seiten durch die deutsche Artillerie beherrschten Raum südlich des Waldes von Garenne. Die zurückweichende Kavallerie steigerte die Ver= wirrung, und mehrere Bataillone kehrten in den unsicheren Schutz des Waldes zurück. Zwar besetzte General Douay, unterstützt durch Ab= theilungen des V. Korps, den Calvaire aufs Neue, mußte denselben aber um 2 Uhr räumen, und nun wurde der dahinter liegende Wald von 60 Geschützen der Garde unter Feuer genommen.

Nur die Division Liébert hatte sich bisher in ihrer sehr starken Stellung auf den Höhen nördlich Casal behauptet. Erst nach und nach waren auf deutscher Seite bei Floing ausreichende Kräfte vom V. und XI. Korps zu versammeln gewesen. Diese erstiegen aber nun nach 1 Uhr theils den unmittelbar vorliegenden Berghang, theils wendeten sie sich südlich gegen Gaulier und Casal, während andere Abtheilungen von Fleigneux her anrückten. Die starke Mischung der Truppen schloß jede einheitliche Leitung aus, und längere Zeit wogte ein verlustreicher Kampf hin und her. Von zwei Seiten bedrängt und mit Granaten überschüttet, erlahmte aber endlich die französische Division in ihrer Widerstandskraft, und da die Reserven des VII. Korps bereits nach anderen Theilen des Schlachtfeldes abberufen waren, so warf sich nun auch hier wieder die französische Kavallerie opferwillig in den Kampf.

Mit fünf leichten und zwei Lancier=Regimentern eilt vom Bois de Garenne her General Margueritte zur Hülfe herbei. Als derselbe gleich anfangs schwer getroffen fällt, übernimmt General Gallifet die Leitung. Der Angriff führt über eine zumeist ungünstige Bodengestaltung, und vor der eigentlichen Attacke geht im heftigen Flankenfeuer der preußischen Batterien früh schon die innere Geschlossenheit verloren. Mit gelichteten Reihen, aber mit voller Entschiedenheit stürmen die Schwadronen einzeln an die zum Theil gedeckt liegende, zum Theil in Schwärmen und Knäueln an den Abhängen freistehende 43. Infanterie=Brigade und gegen die von Fleigneux anrückenden Verstärkungen heran. Die vorderste Linie der ersteren wird an mehreren Punkten durchbrochen, aus Casal dringen kühne Reiter zwischen acht mit Kartätschen gegen sie feuernde Geschütze ein, aber die rückwärts stehenden Kompagnien hemmen den weiteren Lauf. Kürassiere brechen aus Gaulier hervor, attackiren im Rücken des Gegners, stoßen aber in der Maas = Ebene auf preußische Husaren und sprengen nördlich weiter. Andere Abtheilungen gelangen durch die Infanterie bis an den Engpaß von St. Albert, wo sie von den dort debouchirenden Bataillonen empfangen werden, oder dringen in Floing ein und fallen den Jägern Nr. 5 zum Opfer, welche nach vorwärts und rückwärts Front zu machen haben. Der Angriff der Franzosen wiederholt sich in den verschiedenen Treffen, und eine halbe Stunde dauert das heftige Getümmel, aber mit immer mehr abnehmendem Erfolg. Das auf kurze Entfernung sicher ab= gegebene Feuer der Infanterie bedeckt das ganze Feld mit verwundeten und todten Reitern. Viele sind in die Steinbrüche oder die steilen Ab= hänge hinabgestürzt, wenige mögen die Maas durchschwommen haben, und kaum mehr als die Hälfte der Tapfern gelangt in den Schutz des Waldes zurück.

Auch diese großen Opfer ruhmvollen Kampfes der französischen Kavallerie vermochten das Schicksal des Tages nicht mehr zu wenden. Die preußische Infanterie hatte durch Hieb= und Stichwunden im Einzel= kampf nur geringe Einbuße gehabt und setzte nun sogleich den Angriff gegen die Division Liebert fort. Ihr Vordringen zog große Verluste nach sich, so z. B. wurden alle drei Bataillone des Regiments Nr. 6 durch Lieutenants geführt. Aber nachdem Casal erstürmt, zogen auch hier nach lebhaftem Widerstande die Franzosen sich um 3 Uhr nach ihrem letzten Zufluchtsort, dem Walde von Garenne, zurück.

Zu der Zeit, als zwischen 1 und 2 Uhr das Gefecht in Bazeilles einen anfangs günstigen Verlauf genommen hatte, war General v. Wimpffen auf seinen ursprünglichen Plan zurückgekommen, die nun im Kampf ermatteten Bayern über den Haufen zu werfen und sich mit dem I., V. und XII. Korps Bahn nach Carignan zu brechen, während das VII. diese Bewegung im Rücken sichern sollte. Aber die nöthigen Befehle gingen den Korps zum Theil gar nicht, zum Theil spät und unter Umständen zu, wo sie nicht mehr ausführbar waren.

Infolge der schon früher erwähnten Anordnungen standen noch indeß außer der Division Vassoigne die Divisionen Goze und Grandchamp ver= fügbar. Jetzt in der dritten Nachmittagsstunde drangen beide letztere von Fond de Givonne aus über die Höhe östlich vor, und die sächsische 23. Division, welche sich im Marsch thalaufwärts am linken Ufer der Givonne befand, sah sich ganz unerwartet durch geschlossene Bataillone

und Batterien angegriffen. Unterstützt durch den linken Flügel des Garde=
korps und das Artilleriefeuer vom östlichen Thalhang, gelang es jedoch
bald, die feindlichen Massen zurückzuweisen und selbst vorübergehend in
Fond de Givonne einzudringen. Die Thatkraft der Franzosen scheint
erschöpft gewesen zu sein, sie ließen sich zu Hunderten gefangen nehmen.
Sobald fester Fuß auf den Höhen westlich der Givonne gefaßt war, fuhr
auch die Artillerie dort auf, und um 3 Uhr bildeten 21 Batterien eine
von Bazeilles bis vor Haybes reichende Geschützlinie.

Noch blieb der Wald von Garenne zu nehmen, in welchem Abthei=
lungen aller Korps und aller Waffen umherirrten. Nach einer Geschütz=
salve erstieg von Givonne aus die 1. Garde=Division die Höhe, sächsische
Bataillone schlossen sich an, während von Illy her der linke Flügel der
III. Armee anrückte. Es entstand ein wirres Durcheinander, bei welchem
einzelne Abtheilungen der Franzosen sich lebhaft zur Wehr setzten, andere
sich zu Tausenden ergaben, aber erst um 5 Uhr gelangten die Deutschen
in vollständigen Besitz dieses Waldes.

Inzwischen sah man bereits lange Kolonnen von den Höhen rings=
umher nach Sedan herabströmen. In und dicht um den Platz bildeten
sich immer dichtere, regellose Haufen von Truppen, und in dies dichte
Gewirr schlugen nun die Granaten der deutschen Batterien von beiden
Ufern der Maas ein. Bald stiegen Feuersäulen aus der Stadt auf, und
die bayerischen Schützen, welche über Torcy vorgegangen waren, schickten
sich an, die Pallisaden am Thor zu übersteigen, als etwa um $^1/_2$5 Uhr
weiße Fahnen auf den Thürmen sichtbar wurden.

Kaiser Napoleon hatte es abgelehnt, dem General v. Wimpffen
auf seinem Durchbruchsversuch zu folgen, ihn vielmehr aufgefordert, in
Unterhandlung mit dem Gegner zu treten. Auf erneuten Befehl schwieg
dann plötzlich das Feuer der Franzosen.

Auf der Höhe südlich Frénois, von wo der König seit dem frühen
Morgen den Gang der Schlacht beobachtet hatte, erschien General Reille
mit einem eigenhändigen Schreiben des Kaisers, dessen Anwesenheit in
Sedan bisher nicht bekannt gewesen war. Derselbe legte seinen Degen
in die Hand des Königs, aber da er sich hierdurch nur persönlich als
Gefangenen erklärte, wurde in der Beantwortung gefordert, daß ein bevoll=
mächtigter Offizier abgesandt werde, um mit dem General v. Moltke über
die Kapitulation der französischen Armee zu verhandeln.

Dieser schmerzliche Auftrag wurde dem General v. Wimpffen zu
Theil, welcher an der verzweifelten Lage, in welche die französische Armee
gebracht worden war, durchaus keinen Theil hatte.

Die Verhandlungen fanden in der Nacht zum 2. September in
Donchery statt. Auf deutscher Seite mußte man sich sagen, daß man
einem mächtigen Feinde wie Frankreich gegenüber die gewonnenen Vor=
theile nicht aus der Hand geben dürfe. Hatten die Franzosen schon den
Sieg deutscher Waffen über Nichtfranzosen als Beleidigung empfunden, so
konnte keine unzeitige Großmuth sie die eigene Niederlage vergessen machen.
Es blieb nur übrig, auf der Waffenstreckung und Gefangennahme der

ganzen Armee zu bestehen, doch wurde Entlassung der Offiziere auf Ehren=
wort nachgegeben.

General v. Wimpffen erklärte, daß er so harte Bedingungen nicht
annehme, die Verhandlungen wurden abgebrochen, und die französischen
Offiziere kehrten um 1 Uhr nach Sedan zurück, wobei ihnen jedoch erklärt
wurde, daß, falls das Abkommen nicht bis morgens 9 Uhr abgeschlossen,
die Artillerie das Feuer wieder eröffnen werde.

So wurde denn auch die Kapitulation bei der offenbaren Unmög=
lichkeit ferneren Widerstandes vom General v. Wimpffen am Vormittage
des 2. September unterzeichnet.

Für den Marschall Mac Mahon war es ein besonderer Glücksfall,
daß er schon am Anfang der Schlacht verwundet worden war, sonst wäre
unausbleiblich er der Unterzeichner gewesen, und obwohl er nur die Befehle
ausgeführt hatte, die ihm von Paris aus aufgedrungen waren, würde er
schwerlich später über den Waffengefährten zu Gericht gesessen haben,
dessen Befreiung ihm nicht gelungen war.

Schwer zu verstehen ist, weshalb wir Deutschen den zweiten Sep=
tember feiern, an welchem nichts Denkwürdiges geschah, als was unaus=
bleibliche Folge war des wirklichen Ruhmestages der Armee, des ersten
September.

Der glänzende Sieg an diesem Tage hatte den deutschen Armeen
460 Offiziere, 8500 Mann gekostet. Viel größer ist dagegen der Verlust
der Franzosen, 17 000 Mann, hauptsächlich verursacht durch die volle
Entwickelung der deutschen Artillerie.

Schon während des Kampfes fielen   21 000 und
        durch die Kapitulation   83 000
                     zusammen 104 000 Mann in Gefangenschaft.

Diese wurden zunächst auf der von der Maas umflossenen Halbinsel
Iges versammelt. Da Lebensmittel für sie gänzlich fehlten, gab der
Kommandant von Mézières die Heranführung auf der Bahn bis Donchery
frei. Zwei Armeekorps mußten die Bewachung und Begleitung auf dem
Transport übernehmen. Letzterer erfolgte in Abtheilungen zu 2000 Mann
auf zwei Straßen, nach Etain und über Clermont nach Pont à Mousson,
wo die Gefangenen von der Einschließungsarmee von Metz übernommen
und nach den verschiedensten Theilen von Deutschland weitergeführt wurden.

Auf belgischem Gebiet waren 3000 Mann entwaffnet worden.

An Kriegsbeute wurden erobert: 3 Fahnen, 419 Feld= und 139
Festungsgeschütze, 66 000 Gewehre, über 1000 Fahrzeuge und 6000 noch
brauchbare Pferde.

Mit der völligen Vernichtung dieses Heeres brach das Kaiserthum
in Frankreich zusammen.

II.

Während des siegreichen Vorschreitens der einen Hälfte der deutschen Heere war die andere vor Metz gebannt geblieben.

Die vorderste Postenkette der Einschließung hatte eine Entwickelung von über sechs Meilen. Durchbruchsversuchen des versammelt stehenden Gegners konnten daher im ersten Augenblick überall nur schwache Kräfte entgegentreten. Um so nöthiger war es, die Einzelpositirungen fortifikatorisch zu verstärken. Diese Arbeiten, die Aufräumung der nahen Schlachtfelder, stete Aufmerksamkeit auf jede Bewegung des Feindes, Anlegung einer alle Stabsquartiere verbindenden Telegraphenlinie, endlich die Herrichtung von Unterkunftsräumen nahmen die Kräfte der Truppen und ihrer Führer voll in Anspruch. Außer Pflege der Verwundeten war für die Kranken zu sorgen, welche durch ungewöhnlich rauhe Witterung und Mangel an schützendem Obdach sich erheblich mehrten. Dagegen erleichterte der Stillstand die Verpflegung der Truppen, welchen ohnehin reichliche Liebesgaben aus der Heimath zuflossen.

Die ersten Tage der Einschließung verliefen, ohne daß die Franzosen nach außen etwas unternommen hätten. Auch sie waren beschäftigt, sich zu ordnen, die Munition zu ergänzen und sich einzurichten.

Unter dem 20. August hatte Marschall Bazaine nach Châlons geschrieben: „Ich werde von meinem Marsch Nachricht geben, wenn ich einen solchen überhaupt antreten kann." Am 23. berichtete er an den Kaiser, „er wolle, wenn die Nachricht von erheblicher Verminderung des Einschließungsheeres sich bestätigen solle, den Abmarsch, und zwar über die Nordfestungen, antreten, um nichts aufs Spiel zu setzen."

Ausfall aus Metz.
(26. August.)

Wirklich zog schon am 26. August, wo die Armee von Châlons noch 15 Meilen entfernt vom Ardennen-Kanal stand, auch ihr Heranrücken an Metz überhaupt noch nicht bekannt war, der Marschall seine Hauptmacht auf dem rechten Mosel-Ufer zusammen.

Diese Bewegung war den deutschen Beobachtungsposten nicht ent=
gangen und wurde durch den Feldtelegraphen sogleich weitergemeldet.

Um die 3. Reserve=Division bei Malroy zu unterstützen, rückten
10 Bataillone des X. Korps vom linken auf das rechte Ufer nach Argancy
herüber. Die 25. Division hielt sich an der Brücke von Hauconcourt
bereit, und das I. Korps faßte seine Streitkräfte enger um Servigny zu=
sammen. Selbst wenn der Durchbruch gegen Norden gelang, konnten das
III., X. und ein Theil des IX. Korps sich dem Weitermarsch des Gegners
noch bei Diedenhofen vorlegen.

Das Ueberschreiten der von der Insel Chambière aus geschlagenen
Feldbrücken hatte das Vorgehen der Franzosen erheblich verzögert; um
Mittag jedoch standen ihr III., II., IV. und VI. Korps zwischen Metz und
Grimont eng konzentrirt. Vorgeschobene Abtheilungen drängten die deutschen
Postirungen im Südosten von Metz bereits an einzelnen Punkten zurück,
aber anstatt nun zum allgemeinen Angriff zu schreiten, versammelte der
Marschall sämmtliche Korpsführer zu einer Besprechung in Grimont. Der
Kommandant von Metz machte geltend, daß die vorhandene Artillerie=
munition nur für eine Schlacht ausreiche, nach Verbrauch derselben werde
die Armee sich wehrlos zwischen den feindlichen Heeren befinden; auch sei
die Festung noch nicht genügend in Vertheidigungsstand gesetzt und könne
einer Belagerung nicht widerstehen, wenn der Platz von der Armee ver=
lassen werde. Dies Alles hätte man freilich schon in Metz übersehen
können, oder vielmehr man mußte es wissen, bevor man von dort abrückte.
Ganz besonders aber wurde betont, „daß die Erhaltung der Armee der
beste Dienst sei, welchen man dem Lande erweisen könne, wichtig besonders,
wenn Friedensunterhandlungen angeknüpft werden sollten." Sämmtliche
Generale sprachen sich gegen die Fortsetzung der eingeleiteten Bewegung
aus, und der Oberfeldherr, welcher sich jeder Meinungsäußerung ent=
halten, ertheilte um 4 Uhr den Befehl zum Rückmarsch.

Die ganze Unternehmung am 26. August kann nur als ein Parade=
manöver angesehen werden. Dem Kriegsminister meldete der Marschall,
daß es aus Mangel an Artilleriemunition „unmöglich" sei, die Linien
des Gegners zu durchbrechen, wenn nicht Angriffsbewegungen von außen
her „den Gegner zum Rückzuge zwängen". Dringend wurden Nachrichten
aus Paris über „die Stimmung im Volke" erbeten.

Es ist zweifellos, daß Marschall Bazaine nicht bloß nach militärischen,
sondern auch nach politischen Rücksichten gehandelt hat, aber es fragt sich,
ob er bei der in Frankreich eingetretenen Verwirrung anders handeln
konnte. Aus der eben erwähnten Korrespondenz wie schon aus seinem
Verhalten in den Schlachten vor Metz geht eine entschiedene Abneigung
hervor, sich von diesem Platz zu trennen. Unter seinen Mauern vermochte
er eine bedeutende Heeresmacht bis zum gegebenen Augenblick ungeschwächt
zu bewahren. An der Spitze der einzigen noch nicht zertrümmerten
Armee Frankreichs konnte ihm eine Machtstellung zufallen wie keinem
Anderen im Lande. Freilich mußte diese Armee erst von dem Banne
befreit sein, welcher sie zur Zeit gefesselt hielt. Der gewaltsame Durch=

bruch) hätte sie, selbst wenn er gelang, erheblich geschwächt, und ganz un=
denkbar war es nicht, daß der Marschall als stärkste Autorität im Lande
einen Preis werde bieten können, welcher den Gegner bestimmte, den
Abzug zu gestatten. Denn wenn es endlich zum Friedensschlusse kam,
mußte man auf deutscher Seite fragen: „Wo ist in Frankreich die Macht,
mit welcher nach Zusammensturz des Kaiserreiches verhandelt werden kann,
und welche in ihrer Stärke die Bürgschaft dafür leistet, daß übernommene
Verpflichtungen auch gehalten werden?" Daß der Marschall, wenn seine
Pläne zur Ausführung gelangt wären, anders als im Interesse Frankreichs
gehandelt haben würde, ist weder bewiesen noch vorauszusetzen.

Bald aber trat in Paris eine Anzahl von Männern zusammen,
welche, ohne die Nation zu befragen, aus eigenem Auftrag sich als die
Regierung des Landes hinstellten und die Leitung seiner Angelegenheiten
in die Hand nahmen. Diesen gegenüber freilich konnte der Marschall,
gestützt auf seine Armee, rivalisirend, ja sogar feindlich auftreten, er konnte,
und das war in den Augen der Pariser Regierung sein Verbrechen, die
Autorität des Kaisers, dem er Treue geschworen, wieder herstellen. Ob
er dadurch dem Lande nicht längere Leiden und größere Opfer erspart
hätte, mag dahingestellt bleiben. Wenn man ihn aber nachmals des
Verraths beschuldigte, so geschah dies wohl, weil die nationale Eitelkeit
der Franzosen durchaus eines „Verräthers" bedarf, um erklärlich zu machen,
daß sie unterliegen konnten.

Bald nach dem nur demonstrativen Auftreten der eingeschlossenen
Armee erfolgte eine wirkliche Schwächung der einschließenden, indem auf
Anfordern der obersten Heeresleitung am 29. die Entsendung des II. und
III. Korps nach Briey und Conflans stattfand. Freilich konnten diese
von dort nach Umständen gegen den einen wie den anderen der französischen
Marschälle eingreifen, auch befand sich das XIII. Korps, aus der bisher
zum Schutz der Küste zurückgehaltenen 17. Division und aus Landwehren
neu formirt, bereits im nahen Anmarsch auf Metz.

Marschall Bazaine mochte inzwischen erkannt haben, daß er sich
hinsichtlich Freilassung durch Verhandlungen einer Täuschung hingegeben,
und beschloß nunmehr doch, sich mit den Waffen Bahn zu brechen. Die
Truppen wurden mit dreitägigem Mundvorrath versorgt, die Intendantur
mit eisernem Bestand aus den Festungsmagazinen versehen. Daß aber=
mals der Versuch auf dem rechten Mosel = Ufer gemacht wurde, ist be=
greiflich. Am linken stand der bei Weitem größere Theil der feindlichen
Streitmacht verschanzt. Das von tiefen Schluchten durchsetzte Bergland
wäre schwer zu durchschreiten gewesen, und schließlich hätte der Marsch
nach Paris immer auf die Armee des Kronprinzen stoßen müssen. Oestlich
Metz dagegen fand man Raum zur vollen Entwickelung der Korps.
Wendeten diese sich dann gegen Süden, so trafen sie in einer offenen,
dem Vertheidiger keinen festen Abschnitt bietenden Gegend auf den am
schwächsten besetzten Theil der Einschließungslinie. Ernstere Gefahr und
größere Schwierigkeiten bot der Marsch nach Norden längs der belgischen
Grenze, aber gerade diesen hatte der Marschall ausdrücklich als den von

ihm beabsichtigten bezeichnet. Dorthin war das Vorgehen der Armee von Chálons gerichtet, auch ihre Annäherung bereits bekannt geworden, und am 31. August, wo sie freilich unter bedenklichsten Verhältnissen Stenay erreichte, brach auch die Armee aus Metz hervor.

Schlacht bei Noisseville.
(31. August.)

Von den am rechten Mosel=Ufer befindlichen Korps sollte das III. das Vorgehen der übrigen in der rechten Flanke decken, mit einer Division früh schon in südöstlicher Richtung den Gegner alarmiren, mit den drei anderen Stellung gegen Noisseville nehmen. Für das Vorgehen des Restes der Armee waren drei Schiffbrücken geschlagen, auch Aufgänge nach der Höhe vor St. Julien vorbereitet. Der Uebergang des IV. und VI. Korps hatte um 6 Uhr zu beginnen, sie sollten dann im Anschluß rechts an das III. von Metz über Grimont eine Stellung bis zur Mosel nehmen, hinter welcher das nachrückende II. und Gardekorps in zweiter Linie sich versammeln würden. Mit der Artillerie=Reserve der Kavallerie hoffte man bis 10 Uhr den Moselübergang beendet zu haben; die Trains hielten auf der Insel Chambière. Es wären so um Mittag fünf Korps zum Angriff auf den 1½ Meilen langen und von nur zwei deutschen Divisionen besetzten Theil der Einschließungslinie Retonfay—Arganey verfügbar gewesen.

Schon um 7 Uhr schritt die Division Montaudon von Fort Queuleu aus in östlicher Richtung vor und drängte die entgegenstehenden Vor=posten auf Aubigny zurück. Aber auf deutscher Seite ließ man sich durch diese Demonstration nicht täuschen. Die Bewegung im feindlichen Lager war früh erkannt, und die großen Truppenmassen, welche sich, nachdem die Morgennebel gesunken, vorwärts Fort St. Julien zeigten, ließen sicher genug einen Versuch zum Durchbruch in nördlicher Richtung erwarten. Diesem zu begegnen, wurden die nöthigen Anordnungen alsbald getroffen. Vom VII. Korps rückte die 28. Brigade zur Unterstützung nach Courcelles, so daß dann auch die 3. Brigade des I. Korps näher an Servigny herangezogen werden konnte. Die in der eigenen Vertheidigungs=front am linken Flußufer entbehrlichen Truppen des X. Korps wurden abermals nach dem rechten in Marsch gesetzt, das IX. zum eventuellen Nachrücken versammelt. Auch das III. Korps nebst der 1. Kavallerie=Division wurde von Briey wieder näher herangezogen und nach der Hoch=fläche von St. Privat dirigirt, das II. hatte sich zum Abrücken bereit zu halten.

Der Aufmarsch der Franzosen gelang an diesem Tage noch weniger als am 26.; das IV. und VI. Korps kreuzten sich an den Brücken und erreichten die ihnen vorgezeichneten nur eine halbe Meile entfernten Rendezvous=Stellungen erst um 1 Uhr, verzichteten auf sofortigen Angriff und richteten sich zum Abkochen ein. Auch die kleinen Nebengefechte östlich Aubigny und nördlich gegen Rupigny verstummten. Erst um 3 Uhr traf das Gardekorps ein, die Artillerie und Kavallerie waren noch zurück.

Da sonach völlige Ruhe eingetreten, konnte man auf deutscher Seite glauben, daß der vorbereitete Angriff erst am folgenden Tage beabsichtigt sei. Um die Kräfte der Truppen zu schonen, war bereits ein Theil der heranbeorderten Verstärkungen zurückgesandt, als um 4 Uhr die Franzosen plötzlich ein heftiges Geschützfeuer eröffneten.

Der Marschall hatte sämmtliche Führer wieder nach Grimont ent- boten, diesmal, um seine Angriffsdisposition mitzutheilen.

Offenbar mußte dem Vorgehen der Franzosen gegen Norden durch eine Offensive gegen Osten erst Luft gemacht und die rechte Flanke ge- sichert werden. Denn selbst wenn es gelang, die Linie Malroy—Charly zu durchbrechen, konnte der Marsch nicht fortgesetzt werden, solange der Gegner bei Servigny stand und mit seinem Feuer das nur 5000 Schritt breite Gelände bis zur Mosel beherrschte. Keinenfalls durfte der Marschall darauf rechnen, dann die Artillerie-Reserve durchzubringen, welche erst um 6 Uhr auf dem Gefechtsfelde eintraf, oder gar die auf der Insel Cham- bière zurückgebliebenen Trains. Auch das Kavallerie-Korps befand sich noch im Defiliren und konnte erst um 9 Uhr abends anlangen.

Dieser Anschauung entsprachen auch vollkommen die Anordnungen des französischen Heerführers.

Zwei Korps, das III. und II. unter Marschall Le Boeuf, erhielten den Auftrag, zu beiden Seiten des Thals von St. Barbe vorschreitend, von Süden her die preußische 1. Division bei Servigny zu umfassen, das IV. Korps, sie in der Front anzugreifen. Das VI. sollte gegen die Reserve-Division bei Charly—Malroy vorbrechen. Beide letzteren Korps wurden dem Marschall Canrobert unterstellt, die Garde aber als Re- serve zurückbehalten.

Hiernach hatte General v. Manteuffel zunächst mit schwachen Kräften den Kampf gegen große Ueberlegenheit aufzunehmen. Es konnte dies geschehen entweder bei St. Barbe in einer nicht so leicht zu um- fassenden Stellung, oder in der mehr exponirten Servigny—Poix—Failly, welche aber ein sehr viel günstigeres Schußfeld darbot. Auf den Rath des Artillerie-Kommandeurs, Generals v. Bergmann, wurde letztere ge- wählt, auch dorthin die Landwehr-Brigade aus Antilly beordert, welche durch die 25. Division ersetzt war. Zehn Batterien fuhren 1000 Schritt vorwärts der von der Infanterie besetzten Dörfer auf. Ihre mächtige Feuerwirkung zeigte sich der des Gegners so überlegen, daß die feindlichen Batterien bald zum Schweigen gebracht wurden. Der auch von Rupigny durch drei Batterien flankirte Angriff des IV. französischen Korps kam auf längere Zeit zum Stehen, und da es noch nicht gelungen war, die Preußen auf St. Barbe zurückzuwerfen, wurde auch ein ernstlicher Angriff des VI. Korps auf die Reserve-Division bei Malroy—Charly vorerst nicht unternommen, vielmehr erhielt Marschall Canrobert Befehl, zunächst nur gegen das Dorf Failly, den nördlichen Stützpunkt der Stellung von Servigny, zu detachiren.

Demgemäß brach um 7½ Uhr abends die Division Tixier aus Villers l'Orme vor, stieß aber in Failly auf den hartnäckigsten Widerstand. Von zwei Seiten angegriffen und mit Projektilen überschüttet, behaupteten die Ostpreußen zum Theil im Handgemenge den Besitz des Orts, bis die Landwehr=Brigade aus Bremy zu ihrer Unterstützung herankam.

Ungleich günstiger für die Franzosen als in diesem eingehenden Winkel zwischen zwei feindlichen Stellungen hatten sich schon zuvor die Verhältnisse südlich Servigny gestaltet, wo dem III. und II. Korps nur die 3. Brigade des preußischen I. Korps von Retonsay aus entgegentrat. Im Thal des Vallières=Baches waren die Divisionen Montaudon und Metman über Nouilly vorgedrungen, die Brigade Clinchant erstürmte trotz heftiger Gegenwehr die Brasserie und nöthigte um 7 Uhr die Vertheidiger von Noisseville zum Rückzug. Montoy und Flanville wurden besetzt und weiter südlich auch die Postirungen der 4. Brigade über Coincy und Château Aubigny zurückgeworfen. Auch die schon seit längerer Zeit aus der Thalschlucht südlich durch starke Tirailleurschwärme beschossenen Batterien der 1. Division mußten um 7 Uhr auf die Infanteriestellung Poix—Servigny staffelweise zurückgehen, zum Theil mit Kartätschen sich des nachdrängenden Gegners erwehrend.

In dieser Stellung harren nun aber die Preußen, obwohl in der linken Flanke völlig umfaßt, standhaft aus. Schon ersteigt die Brigade Potier den nördlichen Hang des Vallières=Thales, vermag jedoch nicht bis Servigny heranzugelangen. Gleich darauf stürmt die Brigade Cissy von Westen her vor und setzt sich in Besitz des Kirchhofes außerhalb des Dorfes. Auch das französische IV. Korps hat sich gegen die Front der Stellung in Bewegung gesetzt, aber ohne Erfolg. Dem Versuch, zwischen Poix und Servigny durchzubrechen, begegnen die letzten in Reserve gehaltenen Bataillone der 2. Brigade durch einen Offensivstoß, dem sich alle nächsten Kompagnien anschließen. Unter Trommelschlag werfen sie sich auf den Feind, zwingen ihn, den Kirchhof wieder zu räumen, und treiben ihn hinter den Abhang zurück.

Um hier den heftigen Kampf zu unterstützen, war die 3. Brigade noch abends 8½ Uhr gegen Noisseville vorgegangen und hatte die augenblicklich nur schwache Besatzung vertrieben, mußte aber dann der Uebermacht weichen und zog sich nach Pt. Marais zurück.

Das Gefecht verstummte nun an allen Punkten und schien beendet. Die Infanterie der 1. Division richtete sich in den Dörfern ein, die Artillerie rückte in Biwaks, als ganz unvermuthet noch um 9 Uhr eine starke Masse, aus der Dunkelheit hervortretend, gegen Servigny anrückte. Es war die Division Aymard, welche, ohne einen Schuß zu lösen, in das Dorf hineingelangte und im heftigen Handgemenge die überraschte Besatzung verdrängte. Selbst von den nächsten Abtheilungen war dieser Vorgang eine Zeitlang unbemerkt geblieben, aber schnell griffen diese dann zu den Waffen und, von allen Seiten anstürmend, warfen sie den Gegner bis über den Kirchhof zurück, der nun besetzt gehalten wurde.

Es war 10 Uhr geworden. Die 1. Division hatte gegen alle Uebermacht ihre Stellung behauptet, aber in die Lücke zwischen der 3. und 4. Brigade waren die Franzosen eingedrungen und bedrohten von Noisseville aus Servigny immer noch in der Flanke.

(1. September.) Mittels Nachtmarsches war morgens früh 4 Uhr die 18. Division vom linken auf dem rechten Mosel-Ufer eingetroffen und verstärkte mit je einer Brigade beide Flügel der Linie Malroy—Charly—Bois de Failly. Die 25. Division konnte nun von Antilly nach St. Barbe abrücken und bildete dort mit der 6. Landwehr-Brigade eine Reserve für die Stellung Poix—Servigny.

Noch bedeckte am 1. September ein dichter Morgennebel das Gelände, als alle Truppen unter Waffen standen.

Marschall Bazaine bezeichnete auch jetzt seinen Korpskommandanten die Wegnahme von St. Barbe als erstes Ziel, um den Marsch nach Norden zu ermöglichen; „anderenfalls werden wir die eigene Stellung behaupten". Darunter konnte wohl nur diejenige unter den Kanonen von Metz verstanden sein, und wenig Zuversicht auf Erfolg spricht sich in dieser Weisung aus.

Um das weitere Vordringen des Feindes in der linken Flanke der 1. Division zu hindern, hatte sich schon um 5 Uhr die 3. Brigade an der Straße von Saarlouis entwickelt. Sie nahm das Gelände gegen Montoy mit 20 Geschützen unter Feuer, und nachdem Noisseville eine Zeitlang durch die Artillerie der 2. Brigade beschossen, stürmte gegen 7 Uhr das Regiment Nr. 43 in das Dorf hinein. Es entspann sich ein heftiger Häuserkampf, aber zwei französische Brigaden griffen ein, und nach längerem Ringen wurde das Regiment wieder verdrängt. Dieser Angriff war bereits gescheitert, als die Bataillone der dritten Brigade herangelangten, und wurde nicht wieder erneuert.

Nachdem die Richtung des französischen Durchbruchsversuches nicht mehr zweifelhaft war, hatte auch die 28. Brigade von Courcelles früh 6 Uhr den Marsch zur Unterstützung des I. Korps angetreten. Ihre beiden Batterien brachten die bei Montoy stehenden französischen zum Schweigen und richteten dann das Feuer gegen Flanville. Bald begann der Gegner das brennende Dorf zu räumen, in welches dann um 9 Uhr von Süden die Rheinländer, von Norden die Ostpreußen eindrangen. Zwar schickte Marschall Le Boeuf die Division Bastoul wieder über Montoy vor, aber das äußerst wirksame Feuer der preußischen Artillerie bewog sie zur Umkehr.

Inzwischen hatte die 3. Brigade in Höhe von Retonfay Stellung genommen, an welche sich nun die 28. anschloß. Zu der 3. Kavallerie-Division stieß hier noch die hessische Reiter-Brigade, und nachdem die Artillerie auf 114 Geschütze verstärkt worden, bildete sich eine Schranke, welche jedes weitere Vordringen des III. und II. Korps verhinderte.

Auf dem rechten Flügel des französischen Heeres verstummte der Kampf, aber gerade sein Vorgehen abzuwarten, war das IV. Korps angewiesen, bevor es gegen die Artilleriefront und die Dorfstellung von

Servigny—Poix den Angriff erneuere, dessen Schwierigkeit tags zuvor sich gezeigt hatte. Nun aber rückte südlich der Stellung gegen 11 Uhr, nachdem Noisseville unter verheerendes Feuer genommen, die 3. preußische Brigade, unterstützt durch die Landwehr, selbst angriffsweise gegen diesen Punkt vor, und die Franzosen räumten das brennende Dorf.

Auf der nördlichen Angriffsfront hatte Marschall Canrobert um 8½ Uhr seine Batterien bei Chieulles auffahren lassen, ihr Feuer, unterstützt durch die Festungs-Artillerie, veranlaßte vorübergehend die Räumung von Rupigny, doch wurde dies Dorf alsbald wieder besetzt. Zwei sodann versuchte Angriffe der Division Tixier gegen Failly blieben ohne Erfolg, vielmehr ergriff die dort eingetroffene 18. Division mit ihrer 36. Brigade unter Mitwirkung der Reserve-Division die Offensive und drängte um 10 Uhr die Franzosen über den Bach von Chieulles zurück. Auch ein erneuter Angriff auf Failly wurde durch flankirendes Feuer zum Scheitern gebracht.

Wegen des Auftretens der preußischen 3. Brigade in seiner rechten Flanke glaubte Marschall Le Boeuf, obwohl er gegen dieselbe noch über zwei Divisionen verfügte, den Rückzug antreten zu müssen, und auf die hierüber erstattete Meldung befahl dann um Mittag Marschall Bazaine den Abbruch der Gefechte auf allen übrigen Punkten.

Den von der Rhein-Armee am 31. August aus Metz hervorgetretenen 137 000 Mann hatten nur 36 000 Preußen gegenübergestanden.

Zum ersten Mal war in dieser Schlacht den Franzosen der Angriff, den Deutschen die Vertheidigung zugefallen. Wenn dabei der Verlust der Ersteren nur 3000 Mann betrug, mithin geringer war als 3400 beim Gegner, so erklärt sich dies aus der besseren Beschaffenheit ihres Infanteriegewehrs. Ganz entscheidend hatte aber überall die preußische Artillerie gewirkt und den unerschütterten Widerstand des Generals v. Manteuffel ermöglicht.

Fortan verblieb das VII. Korps am rechten Mosel-Ufer, auch wurde hier die Einschließung durch das Eintreffen des XIII. Korps verstärkt, mit welchem eben der Großherzog von Mecklenburg anlangte. Am linken Ufer konnten jetzt das II. und III. Korps wieder herangezogen werden. An demselben Tage und zur selben Stunde, wo sich die Vernichtung des einen französischen Heeres bei Sedan vollzog, kehrte das andere in nunmehr ziemlich hoffnungslose Gefangenhaltung nach Metz zurück. Entschieden war ohne Zweifel schon jetzt nach zweimonatlicher Dauer der Feldzug, wenn zwar keineswegs beendigt.

Regierungswechsel in Paris.

Als in der Nacht zum 4. September die Kunde von der Niederlage bei Sedan und der Gefangennahme des Kaisers in Paris bekannt geworden, hatte sich der gesetzgebende Körper in schnell aufeinander folgenden Sitzungen versammelt, um über einen Regierungsausschuß zu beschließen.

Eindringende Volkshaufen kürzten diese Berathungen ab, indem sie hier wie im Stadthaus unter dem Jubel der Menge die Republik ausriefen. Obwohl die Truppen in den Kasernen bereit standen, wurde irgend ein Widerstand von den bisherigen Machthabern nicht geleistet, die Kaiserin verließ Paris, General Trochu' und einige Mitglieder der Kammer= minorität traten zu einer Regierung zusammen, welche sich als die „der nationalen Vertheidigung und des Kampfes" ankündigte. „Krieg bis aufs Aeußerste" war die Losung, und die ganze Nation wurde zu den Waffen gerufen. Nicht einen Zollbreit Landes, nicht einen Stein der Festungen werde man dem Feinde abtreten.

Eine Regierung, die jeder legitimen Grundlage entbehrte, bedurfte nothwendig der Erfolge und konnte wenig geneigt sein, den Kampf friedlich zu beenden.

Trotz des bisher unglücklichen Verlaufs des Krieges war auch das an Hülfsquellen so reiche Frankreich nichts weniger als wehrlos. Noch stand General Vinoy im Felde. Ihm konnten Versprengte aller Korps, Marinetruppen und Gendarmerie sich anschließen. Der umsichtigen, nur zu früh unterbrochenen Reorganisation des Marschalls Niel verdankte das Land eine Territorial=Miliz von 468 000 Mann. Verfügbar waren ferner das neu ausgehobene Rekruten=Kontingent von 100 000 Mann und die Garde Nationale. Auch wenn Franktireurs und Freischaaren nicht ein= gerechnet werden, ergiebt sich, daß Frankreich noch eine Million Männer aufzustellen vermochte.

Ein Vorrath von 2000 Geschützen und 400 000 Chassepotgewehren sicherte die Bewaffnung, aus deren Vervollständigung die Werkstätten des neutralen England bereitwillig ein Geschäft machten.

Solche Streitmittel, getragen von der regen Vaterlandsliebe der Nation, konnten langen Widerstand leisten, wenn ein kräftiger Wille sie in Thätigkeit setzte.

Und ein solcher fand sich in der Person Gambettas.

Als Kriegsminister fiel ihm nach dem in Frankreich geltenden System zugleich die Leitung der Operationen zu, und freilich durfte er den Ober= befehl nicht aus der Hand geben. Denn in der Republik wäre ein sieg= reicher General an der Spitze des Heeres alsbald an seiner Statt Diktator geworden. Unter ihm amtete gewissermaßen als Chef des Generalstabs ein zweiter Nichtmilitär, Herr de Freycinet, und ihre nachdrückliche, aber dilettantische Befehlsführung ist Frankreich theuer zu stehen gekommen. Mit seltener Thatkraft und unerschütterlicher Beharrlichkeit wußte Gam= betta die ganze Bevölkerung des Landes zu bewaffnen, nicht aber die ins Leben gerufenen Schaaren nach einheitlichem Plane zu lenken. Ohne ihnen Zeit zu lassen, sich zu kriegstüchtigen Truppen heranzubilden, schickte er sie mangelhaft ausgerüstet mit rücksichtsloser Härte in unzusammen= hängende Unternehmungen gegen einen Feind, an dessen fester Fügung ihre Tapferkeit und ihre Hingebung zerschellen mußten. Er verlängerte den Kampf mit allen Opfern auf beiden Seiten, ohne das Schicksal zu Gunsten Frankreichs zu wenden.

Jedenfalls blieben der deutschen Heeresleitung noch große Schwierig=
keiten zu besiegen.

Die bisherigen Kämpfe hatten schwere Verluste gekostet, namentlich
war der an Offizieren unersetzbar. Die eine Hälfte der Armee war vor
Metz und Straßburg festgehalten. Der Transport und die Bewachung
von bereits mehr als 200 000 Gefangenen nahm einen großen Theil der
in der Heimath sich bildenden Formationen in Anspruch. Die zahlreichen
Festungen hatten den Einmarsch der deutschen Heere zwar nicht verhindert,
aber sie mußten eingeschlossen oder doch beobachtet werden, um die rück=
wärtigen Verbindungen, den Nachschub und die Ernährung der Truppen
zu sichern, und jedes weitere Vorrücken im feindlichen Lande forderte
gesteigerte Waffenentfaltung. Nur 150 000 Mann waren nach der Schlacht
von Sedan noch verfügbar, um die Operationen im freien Felde wieder
aufzunehmen. Es konnte nicht zweifelhaft sein, daß sie gegen Paris, als
den Sitz der neuen Regierung und den Schwerpunkt des Landes, zu
richten seien. Auch waren noch am Tage der Kapitulation alle An=
ordnungen für den erneuten Vormarsch getroffen.

Diese Bewegung durfte zur Schonung der Truppen in breitester
Front ausgeführt werden, denn das französische XIII. Korps allein hätte
nicht vermocht, sie aufzuhalten. Ohnehin stand von demselben nur die
Division Blanchard noch bei Mézières, die beiden anderen hatten, im
Anmarsch begriffen, bereits Befehl zur Umkehr erhalten.

Rückzug des Generals Vinoy.

General Vinoy war mit Recht vor Allem nur darauf bedacht,
möglichst ungeschädigt Paris zu erreichen. Nicht eben leicht konnte dies
gelingen, denn das preußische VI. Korps, welches an der Schlacht von
Sedan keinen Theil genommen hatte, stand in Attigny so, daß es bis
Laon hin, der Entfernung nach, jede Rückzugslinie des Gegners früher
als dieser oder gleichzeitig mit ihm zu erreichen vermochte. Bereits am
Abend des 1. September hatte General v. Tümpling Rethel durch die
12. Division besetzen lassen und so die gerade Straße nach Paris gesperrt.

Nur eine außergewöhnliche Marschleistung und glückliche Umstände
konnten die Division Blanchard, welche in kleinen Gefechten ihre Munition
bereits erschöpft hatte, vom Untergange retten.

General Vinoy versah die Truppen mit mehrtägiger Portion,
empfahl die strengste Marschordnung und rückte schon in der Nacht zum
2. September auf der Straße nach Rethel ab, wo er die Division Exéa
zu finden erwartete, welche aber, den nicht zerstörten Theil der Eisenbahn
benutzend, bereits auf Soissons zurückgegangen war.

Schon früh morgens gerieth die französische Marschkolonne in Be=
rührung mit Abtheilungen der preußischen 5., dann der 6. Kavallerie=
Division, ohne jedoch ernstlich angegriffen zu werden. Erst um 10 Uhr
anderthalb Meilen vor Rethel erfuhr der französische General, daß dieser

6*

Ort vom Gegner besetzt sei, und entschloß sich nun, westlich auf Novion-Porcien auszubiegen. Der reitenden Artillerie des Gegners gegenüber ließ er seine Arrieregarde aufmarschiren, welche aber, da sie fast nur Kavallerie vor sich sah, bald dem Marsche folgen konnte. Um 4 Uhr nachmittags wurde Novion erreicht und ein Biwak bezogen.

General v. Hoffmann hatte bei Rethel Stellung genommen und den Gegner erwartet, dessen Anmarsch ihm gemeldet war. Persönlich vorreitend, überzeugte er sich jedoch von der Seitwärtsbewegung der Franzosen und marschirte nachmittags 4 Uhr nach Ecly, wo er spät abends eintraf. Ein Theil seiner Truppen streifte noch gegen Château Porcien vor.

Benachrichtigt, daß ihm auch diese Straße verlegt sei, verließ General Vinoy bereits um 1½ Uhr nachts wieder sein Biwak, dessen Feuer unterhalten blieben, und setzte unter strömendem Regen und bei tiefer Dunkelheit in einem zweiten Nachtmarsche die Bewegung fort.

Zunächst wich er in nördlicher Richtung aus, um dann auf Umwegen wenigstens nach Laon zu gelangen. Auf grundlos gewordenen Straßen, unter vielfachen Störungen, aber ohne vom Gegner erreicht zu sein, traf er morgens 7½ Uhr in Chaumont Porcien ein, wo ein zweistündiger Halt gemacht wurde. Die Beschaffenheit der Wege zwang nun aber, wieder die südliche Richtung einzuhalten, und als die Tete Séraincourt erreichte, verkündeten Kanonenschüsse, daß die Queue vom Feinde angegriffen sei.

Die preußische Kavallerie hatte früh morgens den Abmarsch der Franzosen entdeckt, aber diese wichtige Meldung traf den General v. Hoffmann nicht mehr in Ecly. Derselbe war bereits von dort aufgebrochen, um den Gegner in Novion-Porcien aufzusuchen, wo man ihn nach seinem ersten nächtlichen Marsch allerdings vermuthen durfte, fand nun aber um 9½ Uhr den Ort geräumt. Die deutsche und die französische Division waren sonach am Vormittage auf Entfernung von einer Meile in entgegengesetzter Richtung aneinander vorbeimarschirt. Die trübe Witterung hatte beide verhindert, sich zu erblicken. General Vinoy erreichte, in welchem Zustand läßt sich denken, noch an diesem Tage Montcornet. Die 12. Division schlug zwar auch noch die westliche Richtung ein, erreichte aber nur den Nachtrab des eilig abziehenden Feindes und bezog Alarmquartiere in Chaumont Porcien.

Nicht unbemerkt und nicht ungehindert hätte dieser Marsch des Gegners angesichts zweier Kavallerie-Divisionen bleiben dürfen, aber freilich waren diese im ungünstigsten Augenblick abberufen worden.

Unter dem Eindruck nämlich einer Meldung, wonach bedeutende Streitkräfte des Gegners in Reims versammelt sein sollten, hatte das Oberkommando der III. Armee das unverzügliche Abrücken des VI. Korps und beider Kavallerie-Divisionen dorthin befohlen. Letztere ließen sogleich vom Feinde ab, und General v. Tümpling ordnete den sofortigen Marsch seiner beiden Infanterie-Divisionen in der Richtung auf Reims an. Die 11., welche Rethel besetzt hatte, brach dementsprechend auf. General v. Hoffmann hingegen nahm es auf seine Verantwortung, den Feind erst so weit zu verfolgen, wie eine Möglichkeit vorhanden war, ohne Kavallerie ihn noch zu erreichen. Erst am folgenden Tage rückte die 12. Division nach der Suippe ab.

(4. September.) General Vinoy holte am 4. September noch nördlich über Marle aus, wo ihm Kenntniß von der Gefangennahme des Kaisers und von dem Ausbruch der Revolution in Paris zuging. Sein Erscheinen dort war von der äußersten Wichtigkeit, und am 13. versammelte er aus Laon und Soissons auch die beiden anderen Divisionen seines Korps in der französischen Hauptstadt.

Marsch der III. und der Maas-Armee auf Paris.

Während dieser Vorgänge war auf deutscher Seite am 4. September der Marsch nach Paris angetreten. Zunächst kam es darauf an, die bei Sedan auf engstem Raum versammelten Massen zu entwirren. Die III. Armee, von welcher das XI. und I. bayerische Korps noch dort verblieben, hatte zwei starke Märsche nach vorwärts zu machen, damit die Maas-Armee hinter derselben weg sich rechts wieder auf ihre Etappenlinie setzen konnte.

Die Nachricht von großen Truppenansammlungen bei Reims stellte sich sehr bald als unbegründet heraus. Schon am 4. sprengten preußische Reiter-Abtheilungen in die feindlich aufgeregte Stadt, nachmittags rückte die 11. Division ein, und folgenden Tags langte das Hauptquartier des Königs in der alten französischen Krönungsstadt an.

Am 10. September hatte die III. Armee eine Linie Dormans—Sézanne erreicht und das VI. Korps bis Château Thierry vorgeschoben. Die Maas-Armee war, nachdem ein Handstreich gegen Montmédy mißglückt, zwischen Reims und Laon eingerückt. Weit vorgeschobene Kavallerie sicherte den in so bedeutender Breite ausgeführten Marsch. Sie fand überall die Landbevölkerung in feindseligster Stimmung, die Franktireurs traten mit großer Keckheit auf und mußten aus mehreren Ortschaften durch abgesessene Mannschaften vertrieben werden. Die Straßen waren an vielen Punkten durch Aufreißen des Steinpflasters unterbrochen, die Brücken gesprengt.

Beim Heranrücken der 6. Kavallerie-Division hatte Laon kapitulirt. Schwache Abtheilungen Linientruppen wurden gefangen abgeführt, 25 Geschütze, 100 Gewehre und Munitionsvorräthe erbeutet, 2000 Mobilgarden unter Versprechen, sich nicht weiter am Kriege zu betheiligen, in ihre Heimath entlassen. Während Freund und Feind noch zahlreich auf dem Hofe der Citadelle versammelt waren, flog das Pulvermagazin, wahrscheinlich durch absichtliche Brandlegung, auf und richtete dort und in der Stadt große Verwüstungen an. Die Preußen hatten an Todten und Verwundeten 15 Offiziere und 99 Mann, unter den Verwundeten den Divisionskommandeur und seinen Generalstabsoffizier, die Franzosen verloren 300 Mann. Auch der Kommandant des Platzes war tödtlich verletzt worden.

Am 16. ſtand die Maas=Armee zwiſchen Nanteuil und Lizy am Ourcq, die 5. Kavallerie=Diviſion nach Dammartin, die 6. über Beaumont vor= geſchoben, letztere bis vor St. Denis ſtreifend. Die III. Armee überſpannte den Raum von Meaux bis Comte Robert. Bei Trilport und Lagny wurden ſtatt der geſprengten feſte Kriegsbrücken über die Marne geſchlagen, und ſchon am 17. erreichte das V. Korps die obere Seine.

Zur Sicherung des Brückenſchlages bei Villeneuve St. Georges wurde die 17. Brigade am rechten Ufer gegen Paris vorgeſchoben und begegnete bei Mont Mesly der Diviſion Exéa, welche General Vinoy abgeſandt hatte, um bedeutende Vorräthe zurückzuſchaffen oder zu vernichten. Das ſich hier entwickelnde Gefecht endete damit, daß die Franzoſen bis in den Schußbereich von Fort Charenton zurückgeſchlagen wurden.

Auch das II. bayeriſche Korps rückte an dieſem Tage an die Seine heran und überbrückte den Fluß bei Corbeil. Die 2. Kavallerie=Diviſion beobachtete von Saclay aus gegen Paris. Das Hauptquartier des Königs ging über Château Thierry nach Meaux. Die Einſchließung der fran= zöſiſchen Hauptſtadt ſtand unmittelbar bevor.

Die unter Louis Philipp erbauten Werke gewährten volle Sturm= freiheit. An Geſchützen verfügte der Platz über 2627 Stück, davon aus Marinebeſtänden 200 ſchwerſten Kalibers. Für jedes waren 500 Schuß vorhanden, ferner 3 Millionen Kilogramm Pulver. Was die aktiven Streitkräfte betrifft, ſo war außer dem von Mézières zurückgelangten XIII. Korps ein neues XIV. in Paris ſelbſt gebildet worden. Dieſe 50 000 Mann Linientruppen, 14 000 beſonders tüchtige und zuverläſſige Marineſoldaten und Matroſen, dann etwa 8000 Gendarmen, Zollwächter und Förſter bildeten den Kern der Beſatzung. Ihnen ſchloſſen ſich 115 000 Mobilgarden an, welche bereits früher von außerhalb heran= gezogen waren. An Nationalgarden wurden 130 Bataillone aufgeſtellt, die jedoch, mangelhaft bewaffnet und wenig diszipliniert, nur zur Ver= theidigung des inneren Hauptwalles verwendet werden konnten. Ganz unbrauchbar zeigten ſich die meiſten der zahlreich zuſammentretenden Freikorps.

Im Ganzen waren über 300 000 Vertheidiger, doppelt ſo viele wie Angreifer, zur Stelle, davon nach außen verwendbar etwa 60 000 mit 5000 Mann Kavallerie und 124 Feldbatterien. Auf der Seine lagen 5 ſchwimmende Batterien und 9 urſprünglich für den Rhein beſtimmte zerlegbare Kanonenboote, auch befanden ſich auf den Eiſenbahnen einige Geſchütze in gepanzerten Waggons.

Beſondere Schwierigkeiten bot die Verſorgung mit Lebensmitteln für zwei Millionen Menſchen auf lange Zeitdauer, indeß war es gelungen, 3000 Ochſen, 6000 Schweine, 180 000 Hammel und ſo bedeutende ſonſtige Vorräthe aller Art nach Paris heranzuführen, daß man ſich auf 6 Wochen wenigſtens vollkommen geſichert fühlte.

Die aus dem Hauptquartier zu Meaux erlaſſenen Befehle übertrugen der Maas=Armee die Einſchließung des ſo ausgerüſteten Platzes am rechten Ufer der Seine und Marne, der III. die am linken. Im Allgemeinen

ſollten die Truppen nicht bis in den Feuerbereich der Feſtung hinein=
rücken, doch ſo nahe wie danach angänglich, um die Einſchließungslinie
möglichſt abzukürzen. Die Verbindung beider Armeen war oberhalb Paris
durch mehrere Brücken über die Flüſſe zu ſichern, unterhalb durch die
Kavallerie über Poiſſy herzuſtellen. Die III. Armee hatte gegen Orléans
aufzuklären. Falls von dort Entſatzverſuche gemacht würden, ſollte ſie
ſolche auf kurze Entfernung herankommen laſſen und dann, die Einſchließung
ſchwächeren Abtheilungen überlaſſend, mit ihren Hauptkräften ſich auf den
Gegner werfen.

Zwar mußte ohne Entſatz von außen die bloße Einſchließung Paris
zu Fall bringen, vorausſichtlich aber erſt nach Wochen oder Monaten.
Von weiteren Zwangsmitteln war der artilleriſtiſche Angriff das Nächſt=
liegende.

Zu der Zeit, wo Paris befeſtigt wurde, ahnte man nicht, daß die
Verbeſſerung des Geſchützweſens die Schußweiten verdoppeln und ver=
dreifachen würde. Die Außenwerke, namentlich vor der Südfront, lagen
ſo nahe dem Hauptplatz, daß dieſer von dem Feuer ſchwerer Batterien
unmittelbar erreicht werden konnte.

Man hat getadelt, daß dies Mittel der Beſchießung nicht früher als
geſchehen in Anwendung gebracht wurde, dabei aber wohl die Schwierig=
keiten nicht in Anſchlag gebracht, welche ſich der Ausführung entgegenſtellten.

Es darf behauptet werden, daß der Angriff eines großen Kriegs=
platzes im Innern feindlichen Landes geradezu unmöglich wird, ſolange
man nicht Herr der dahin führenden Eiſenbahnen oder Waſſerſtraßen iſt,
um das erforderliche, unermeßliche Material heranzuführen. Die Fort=
ſchaffung deſſelben auf gewöhnlichen Landwegen iſt ſelbſt auf kurze Ent=
fernungen eine Rieſenarbeit. Nun verfügte die deutſche Armee zur Zeit
erſt über eine Eiſenbahn auf franzöſiſchem Boden, und dieſe war voll in
Anſpruch genommen, um für die Ernährung der Feldarmee Lebensmittel,
ferner Erſatz und Ausrüſtung heran, Verwundete, Kranke und Gefangene
zurück zu ſchaffen. Aber ihre Benutzung endete ſchon bei Toul, und der
Verſuch, dieſen Platz durch Schienenlegung zu umgehen, fand in der Boden=
geſtaltung unbeſiegbare Schwierigkeiten.

Weiterhin bildete ein kaum geringeres Hinderniß die gründliche Zer=
ſtörung des Eiſenbahntunnels bei Nanteuil, deſſen Wiederherſtellung voraus=
ſichtlich erſt nach Wochen gelingen konnte.

Selbſt dann waren für den Weitertransport von 300 ſchweren
Geſchützen nebſt 500 Schuß von Nanteuil bis Paris 4500 vierrädrige,
mithin nicht landesübliche Wagen und 10 000 Pferde erforderlich. An
ein Bombardement war daher zunächſt nicht zu denken, überhaupt konnte
ein ſolches nicht den Zweck haben, Paris zu zerſtören, ſondern einen letzten
Druck auf die Bevölkerung zu üben, welcher wirkſamer als im erſten Anfang
werden mußte, wenn eine längere Einſchließung die Standhaftigkeit der
Eingeſchloſſenen zuvor erſchüttert hatte.

(18. September.) Den ertheilten Direktiven entſprechend, ordneten die
Armeekommandos ihren Vormarſch gegen die feindliche Hauptſtadt an.

Am 18. September erreichte, links einschwenkend, die Maas=Armee mit dem XII. Korps Claye, dem Gardekorps Mitry, dem IV. Dammartin, einen Marsch von Paris entfernt.

Alle Ortschaften vorwärts St. Denis waren von den Franzosen besetzt; es schien, daß sie sich der Einschließung der Nordfront von Paris entgegenstellen würden, und der Kronprinz von Sachsen traf Anordnung, um folgenden Tages das an der Spitze marschirende IV. Korps durch die nachrückenden unterstützen zu können. Der gegen Pontoise voreilenden 5. und 6. Kavallerie= Division wurden 2 Kompagnien Jäger und 1 Feld=Brückentrain beigegeben, und nachdem eine Kriegsbrücke hergestellt, überschritten sie die Oise.

Von der III. Armee ging das V. Korps bei Villeneuve St. Georges über die Seine und rückte bis Palaiseau und an die obere Bièvre vor. Die Avantgarde stieß auf die französische Kavallerie=Brigade Bernis. Sofort ging das Regiment Nr. 47 angriffsweise vor und erstürmte die mit Mauern umgebenen Gehöfte Dame Rose und Trivaux. Aber am Südrande des Waldes von Meudon stand das ganze XIV. Korps auf= marschirt und links von demselben noch eine Division des XIII. Das Regiment ging auf Petit Bicêtre zurück, ohne verfolgt zu werden, und richtete sich dort zur Vertheidigung ein.

Das II. bayerische Korps marschirte von Corbeil über Longjumeau bis in gleiche Höhe mit dem V., und zur rechten besetzte das VI. beide Ufer der Seine. Auch diese Korps traten mehrfach in Berührung mit dem Feinde.

Die württembergische Division bei Lagny und Gournay hatte alsbald Uebergänge über die Marne und so die Verbindung zwischen beiden Armeen herzustellen.

Einschließung von Paris.
(19. September.)

Am 19. September fand beim Marsch auf St. Brice das IV. Korps nirgend Widerstand, trieb die feindlichen Abtheilungen aus den nächsten Ortschaften bis in den Bereich der schweren Geschütze von St. Denis zurück und rückte bis zur unteren Seine vor.

Das Gardekorps folgte bis Dugny und besetzte den Morée=Bach, welcher an seiner Mündung angestaut wurde und eine gute Deckung der Einschließungslinie auf beträchtliche Erstreckung bildete. Weiter links nahm das XII. Korps Stellung bis zur Marne, auf deren linkem Ufer die württembergische Division nach Champigny vorging.

Von der III. Armee rückte an diesem Tage das V. Korps in zwei Kolonnen gegen Versailles vor. Die Deckung des Marsches längs der feindlichen Front übernahm abermals das Regiment Nr. 47. Augen= scheinlich wollten die Franzosen die wichtigen Höhen vor der Befestigung von Paris behaupten, und früh morgens schon rückten aus dem nahen Walde von Meudon zwei Divisionen des französischen XIV. Korps gegen

Petit Bicêtre und Villacoublay vor. Unterstützt durch zahlreiche Artillerie, welche das erstgenannte Gehöft in Brand schoß, trieben sie die deutschen Postirungen zurück, bei Villacoublay aber trafen bald Verstärkungen des V., bei Abbaye aux Bois des II. bayerischen Korps ein.

Die linke Flügelbrigade des letzteren hatte sich im Bièvre-Thal mit der nach Versailles marschirenden Kolonne gekreuzt, aber der vom Gefechts= felde herüberschallende Kampf bestimmte Oberst v. Diehl, mit seinen Abtheilungen, wie sie einzeln anlangten, zu beiden Seiten der Straße von Bicêtre vorzugehen. Im gemeinsamen Anlauf mit den im Bois de Garenne noch kämpfenden Preußen gelang es, die Franzosen bei Pavé blanc zurückzuwerfen. Inzwischen hatten diese um 8¹/₂ Uhr eine Front von 50 Geschützen entwickelt, und drei Marschregimenter schritten zu erneutem Angriff auf Petit Bicêtre und Bois de Garenne. Sie wurden durch ein vernichtendes Gewehrfeuer empfangen, und selbst der persönlichen Ein= wirkung des Generals Ducrot gelang es nicht, die junge Mannschaft vorzubringen. Die bei Tribaux Ferme aufgestellten Zouaven vollends wurden durch einige einschlagende Granaten so in Verwirrung gebracht, daß sie in wilder Flucht nach Paris zurückeilten.

Der General mußte sein Unternehmen aufgeben. Unter dem Schutz der Artillerie und der im Feuer standhaft ausharrenden Kavallerie zogen seine Divisionen in sichtbarer Unordnung auf Clamart und Fontenay ab, von den Deutschen auf dem Fuß gefolgt. Die Bayern erstürmten im heftigsten Geschützfeuer Pavé blanc, die Preußen nahmen nach leichtem Gefecht Dame Rose wieder und drangen über Tribaux Ferme in den Wald von Mendon ein. Noch behaupteten aber die Franzosen auf der für sie so wichtigen Höhe das sehr vertheidigungsfähige Plessis Piquet und die Schanze bei Moulin de la Tour, zunächst welcher neun Feld= batterien auffuhren, deren Feuer das ganze westliche Angriffsfeld beherrschte.

Inzwischen war aber im Süden das Gros des bayerischen Korps angelangt und seit 9 Uhr im Vorrücken auf Fontenay aux Roses, es wurde mit lebhaftem Feuer von der Höhe sowohl wie seitwärts aus einer Schanze bei Hautes Bruyères empfangen. Von der Gefechtslage auf der Hochfläche von Bicêtre unterrichtet, schickte General v. Hartmann sogleich eine Verstärkung an Artillerie dorthin und befahl der 5. Brigade, über Malabry den Anschluß nach links aufzusuchen. Sobald dieselbe unter dem heftigsten Chassepot= und Artilleriefeuer sich zwischen Pavé blanc und Malabry entwickelt hatte, schritt General v. Walther zum Angriff auf Plessis Piquet. Die Artillerie ging auf kurzen Abstand an die Park= mauer heran, dann brach aus dem Walde von Verrières die Infanterie vor und setzte sich unter kurzem, aber heftigem Kampf in Besitz der südlich gelegenen Mühle. Nach halbstündigem Feuergefecht drangen nun die Bayern sprungweise vorgehend in den Park Hachette und Plessis Piquet ein. Zwar richteten die Franzosen von der Schanze Moulin de la Tour her ein heftiges Feuer auf die ihnen entrissenen Oertlichkeiten, durch welches die bayerischen Feldbatterien große Verluste erlitten, dennoch unterstützten diese aufs Wirksamste das weitere Vorgehen der Infanterie, welche ſich nun vor jener Schanze einniſtete. Bereits befand ſich übrigens die Beſatzung derſelben auf dem Abzug, und als um 3 Uhr eine bayeriſche Kompagnie vorbrach, fand ſie die Stellung geräumt und die Geſchütze in Stich gelaſſen.

Die Diviſion Cauſſade war von Clamart nach Paris abmarſchirt, die Diviſion Mauſſion hatte — angeblich infolge irrthümlichen Befehls — die Höhe von Bagneux verlaſſen, und die Diviſion Hugues wurde nur mit Mühe beim Fort Montrouge zum Stehen gebracht.

Das bayeriſche Korps richtete ſich nun auf der gewonnenen Hoch= ebene von Bicêtre zur Rechten des V. ein. Im Ganzen hatte das Gefecht dem erſteren 265, dem letzteren 178, dem Gegner 661 Mann und über 300 Gefangene gekoſtet.

Der Zuſtand, in welchem das franzöſiſche XIV. Korps nach Paris zurückkehrte, verbreitete dort eine ſolche Beſtürzung, daß General Trochu ſich veranlaßt ſah, eine Diviſion des XIII. von Vincennes zur Ver= theidigung des Hauptwalles herbeizuziehen.

Man hat nachträglich daraus geſchloſſen, daß es möglich geweſen wäre, ſich ſchon an dieſem Tage eines der Forts durch Eindringen mit dem Feinde zugleich zu bemächtigen und ſo die ganze Einſchließung weſentlich abzukürzen. Aber die Forts brauchten ihre Thore den Flücht= lingen nicht zu öffnen, welchen ja die von Paris offen ſtanden. Ein Er= klettern der 18 Fuß hohen Futtermauern konnte niemals ohne beſondere Vorbereitungen gelingen. Dergleichen Wagniſſe ſind überhaupt nicht von oben her zu befehlen, ſondern können nur unter Benutzung des Augenblicks von den Nächſtſtehenden verſucht werden. Hier hätte das vorausſichtliche Mißlingen den wichtigen Erfolg des Tages wieder in Frage geſtellt.

Das V. Korps ſetzte inzwiſchen ſeinen Marſch auf Verſailles fort, einige an den Eingängen der Stadt verſammelte Nationalgarden ließen ſich von den Huſaren verjagen oder entwaffnen. Die 9. Diviſion beſetzte die Oſtausgänge der Stadt, die 10. lagerte bei Rocquencourt, und ſtarke Vorpoſten wurden in der Linie Bougival—Sèvres ausgeſtellt. Die 18. Brigade, welche zu eventueller Unterſtützung der Bayern bei Villa= coublay belaſſen war, wurde erſt abends herangezogen.

Von dem bayeriſchen Korps verblieb die 3. Diviſion auf der Höhe vor Pleſſis Piquet, ſtellte ihre Vorpoſten gegen den Wald von Meudon aus, wo das Schloß noch von den Franzoſen beſetzt war, und richtete die Schanze la Tour du Moulin ungeſäumt durch die Pioniere mit Front gegen Norden her. Die 4. Diviſion lagerte bei Fontenay und rückwärts bis Châtenay.

Das VI. Korps hatte mit dem Gros bei Orly Stellung genommen, ſeine Vorpoſten erſtreckten ſich von Choiſy le Roi über Thiais bis Chévilly. Der Verſuch der Diviſion Maud'huy, die Poſtirung bei letzterem Ort zurückzuwerfen, blieb erfolglos. Bei Limeil am rechten Ufer der Seine plänkelte eine Brigade des Korps mit dem Gegner bei Créteil.

Im weiteren Anſchluß nach rechts beſetzte die württembergiſche Diviſion das Marne=Ufer von Ormeſſon bis Noiſy le Grand, hinter

welchem Ort die Pontonbrücke bei Gournay Verbindung mit den Sachsen
herstellte.

Sonach war am 19. September die Einschließung von Paris von
allen Seiten vollständig bewirkt. Sechs Armeekorps standen in elf Meilen
langer Entwickelung unmittelbar vor dem feindlichen Platz, zum Theil
selbst im Bereich seiner Geschütze, im Rücken bewacht von zahlreicher
Kavallerie.

Erste Friedensunterhandlung.

In Erwartung eines Gefechts vor der Nordfront von Paris war
der König zum Gardekorps geritten und verlegte abends sein Hauptquartier
nach Ferrières.

Hier erschien bereits jetzt Herr Jules Favre, um auf Grund
seines Programms „ohne einen Fußbreit Landes" über Frieden zu unter=
handeln. Er glaubte, nach allen Siegen und Opfern der Deutschen, sie
durch eine Geldsumme abfinden zu können. Selbstverständlich konnten
solche Vorschläge nicht in Betracht gezogen werden, und wurde nur die
Eventualität eines Waffenstillstandes ernstlicher erwogen.

Es lag durchaus im politischen Interesse auch der Deutschen, der
französischen Nation die Möglichkeit zu gewähren, durch freie und ordnungs=
mäßige Wahl sich eine Regierung zu geben, mit welcher überhaupt ein
völkerrechtlicher Friede geschlossen werden konnte; denn die selbstgeschaffene
de facto-Regierung zu Paris war aus der Revolution hervorgegangen
und konnte jeden Tag durch Revolution wieder beseitigt werden.

In militärischer Hinsicht aber bot jede Unterbrechung der Operationen
nur Nachtheile. Sie gewährte dem Gegner Zeit, seine Rüstungen fort=
zusetzen, und gab, indem sie die eben bewirkte Einschließung von Paris
aufhob, der Hauptstadt die Freiheit, sich aufs Auskömmlichste zu ver=
proviantiren.

Der Waffenstillstand konnte daher nur gegen entsprechenden Ausgleich
bewilligt werden.

Um die Ernährung des eigenen Heeres zu sichern, mußten Straß=
burg und Toul, welche noch die Eisenbahnen sperrten, übergeben werden.
Vor Metz sollte der Kriegszustand fortdauern, vor Paris aber entweder
die Einschließung fortbestehen, oder bei Aufhebung derselben eins der be=
herrschenden Forts von den Deutschen besetzt werden. Die Volksvertretung
würde sich zu Tours in voller Freiheit versammeln.

Diese Bedingungen, insbesondere die Uebergabe von festen Plätzen,
wurden von französischer Seite durchaus verworfen und die Verhandlungen
abgebrochen. Acht Tage später befanden sich Toul und Straßburg in
Händen der Deutschen.

Einnahme von Toul.
(23. September.)

Nachdem die heimische Küste durch eine französische Landung nicht mehr bedroht erschien, war auch die dort zurückgelassene 17. Division zur Armee in Frankreich herangezogen worden. Sie traf am 12. September vor Toul ein.

Der völlig sturmfreie, aber von nahen Höhen beherrschte Platz war bisher von Etappentruppen der III. Armee eingeschlossen gewesen und mit den in Marsal erbeuteten, sowie mit Feldgeschützen ohne sonderliche Wirkung beschossen worden. Dagegen hatte die Infanterie sich hinter dem Eisenbahndamm und in den Vorstädten bis dicht an den Fuß des Glacis eingenistet und so Ausfälle der Besatzung fast unmöglich gemacht. In Betracht dieses Umstandes wurde bald noch die Hälfte der Division nach Châlons überwiesen, wo bei der äußerst feindlichen Haltung der Bevölkerung 16 Bataillone und 15 Eskadrons kaum ausreichten, die Etappenstraßen zu besetzen und die Verbindungen mit der Heimath zu sichern. Demnach verblieben vor Toul nur 7 Bataillone, 4 Eskadrons und 4 Feldbatterien.

Am 18. trafen per Bahn von Nancy zehn 15= und sechzehn 12 cm= Kanonen ein. Es war beabsichtigt, die vom Mont St. Michel her enfilirte Westfront anzugreifen und deren südliches Bastion in Bresche zu legen, doch sollte der Versuch gemacht werden, schon durch ein abkürzendes artilleristisches Vorgehen den Platz zu Fall zu bringen.

In der Nacht zum 23. wurden durch Infanterie die Geschützstände für die Belagerungsartillerie erbaut, drei auf dem Mont St. Michel, sieben auf den Höhen am linken Mosel=Ufer und einer am rechten. Am Morgen eröffneten 62 Geschütze das Feuer, und um 3½ Uhr erschien auf der Kathedrale die weiße Fahne.

Die Uebergabe des Platzes erfolgte am 23. September unter denselben Bedingungen, wie sie bei Sedan gewährt worden waren. 109 Offiziere wurden auf Ehrenwort entlassen, 2240 Mann gingen in Gefangenschaft. Noch abends besetzten sechs Kompagnien die Stadt, welche im Ganzen wenig gelitten hatte. An Beständen wurden 71 schwere Geschütze, über 3000 Gewehre und reiche Vorräthe an Lebensmitteln und Fourage erbeutet.

Einnahme von Straßburg.
(28. September.)

Schon gleich nach dem Siege bei Wörth war die Bezwingung von Straßburg ins Auge gefaßt worden. Der mächtige Kriegsplatz bildete als Brückenkopf über den Rhein eine beständige Bedrohung Süddeutschlands.

Als Marschall Mac Mahon das Elsaß geräumt, waren dem Kommandanten von Straßburg nur drei Linien=Bataillone geblieben. Aus

den bei Wörth Versprengten verschiedener Regimenter, aus mehreren
vierten Bataillonen und Ersatzabtheilungen, endlich aus Mobil= und
Nationalgarden wuchs indessen die Stärke der Garnison auf 23 000 Mann.
An Geniemannschaft mangelte es gänzlich, dagegen bildeten 130 Marine=
soldaten eine treffliche Kerntruppe; auch war die Ausrüstung der Festung
an Geschütz reichlich.

Bereits am 11. August war die badische Division zur Beobachtung
vor Straßburg erschienen. Ungeachtet ihrer geringen Stärke ging sie,
ohne vom Gegner daran verhindert zu werden, auf der Ruprechts=Au
bis zum Rhein—Ill=Kanal vor, besetzte das nur auf Gewehrschußweite
von den Werken entfernte Dorf Schiltigheim, welches sogleich zur Ver=
theidigung eingerichtet wurde, und drang in die Vorstadt Königshofen ein.

Im Laufe von acht Tagen traten hinzu unter Befehl des Generals
v. Werder die Garde=Landwehr und die 1. Reserve=Division nebst einer
Kavallerie Brigade, 46 Bataillone, 24 Eskadrons und 18 Feldbatterien;
ferner ein Belagerungstrain von 200 gezogenen Kanonen und 88 Mörsern
mit 6000 Fußartilleristen und 10 Festungs=Pionier=Kompagnien, zu=
sammen 40 000 Mann.

Am 18. August begann auf dem Bahnhof von Vendenheim durch
die Feldeisenbahn = Abtheilung Nr. 3 die Ausladung der von Magdeburg,
Coblenz und Wesel eintreffenden Geschütze.

Das Ingenieurdepot wurde bei Hausberge, ein Fuhrpark bei Lamperts=
heim eingerichtet, auch für stehende Magazine gesorgt. Die völlige Ein=
schließung trat ein, und der Feldtelegraph stellte die Verbindung zwischen
allen Postirungen her.

Um in kürzester Frist zum Ziel zu gelangen, wurde gegen den Rath
des Ingenieurgenerals Schulz, aber mit Genehmigung des großen
Hauptquartiers, der Versuch gemacht, den Platz durch Bombardement
zur Uebergabe zu zwingen. Der Antrag, Frauen und Kinder zu ent=
fernen, mußte abgelehnt werden.

Der Bau der Bombardements=Batterien war in den regnerischen,
finsteren Nächten auf große Schwierigkeiten gestoßen. Einstweilen richtete nur
die Feldartillerie ihr Feuer gegen die Stadt; in der Nacht zum 25. aber
traten die Batterien in Thätigkeit, deren Armirung mit schwerem Geschütz
fertig geworden war, und bald leuchtete eine helle Feuersbrunst auf. Anderer=
seits ging bei dem Geschützkampf am rechten Ufer auch Kehl in Flammen auf.

Der Bischof von Straßburg war bei den Vorposten in Schiltigheim
erschienen, um Schonung für die Einwohner zu erbitten. So sehr nun
auch die Beschädigung dieser deutschen Stadt zu beklagen, mußte, da der
Prälat zu Unterhandlungen nicht ermächtigt war, die Beschießung in der
Nacht zum 26. fortgesetzt werden, wo sie ihre höchste Steigerung erreichte.
Dennoch konnte man sich im Hauptquartier zu Mundolsheim nicht ver=
hehlen, daß mit dem eingeschlagenen Verfahren das Ziel nicht zu erreichen
sei, und mußte zu dem zeitraubenden methodischen Angriff schreiten. Dabei
leitete General v. Mertens die Ingenieurarbeiten, General v. Decker
die Verwendung der Artillerie.

In der Nacht zum 30. August wurde die erste Parallele sehr nahe am Glacis eröffnet und demnächst vom Rhein—Marne=Kanal über den Kirchhof von St. Helena bis zum Judenkirchhof bei Königshofen erweitert.

Bald wuchs auch die Zahl der Batterien am linken Rhein=Ufer auf 21, am rechten auf 4 an, so daß 124 Geschütze schwersten Kalibers in gedeckter Stellung bereit standen, den Kampf mit der Festungsartillerie aufzunehmen.

Die weiteren Angriffsarbeiten richteten sich gegen die Bastionen 11 und 12 an der nach Nordwest vorspringenden Spitze der Festung. In der Nacht zum 2. September kam nicht ohne Störung die zweite Parallele zu Stande. Ein größerer Ausfall von 14 Kompagnien der Festungs= besatzung bei Tagesanbruch wurde auf der Insel Waken sowie vor Kron= burg und Königshofen zurückgewiesen.

Sodann eröffnete der Platz ein heftiges Feuer und überschüttete das Arbeitsfeld dergestalt mit Projektilen, daß es geräumt werden mußte, bis um 9 Uhr die Artillerie des Angriffs die der Festung zum Schweigen gebracht hatte.

Am 3. September erfolgte ein abermaliger Angriff, der erst in der zweiten Parallele zurückgewiesen werden konnte.

Auf Antrag des Kommandanten trat ein kurzer Waffenstillstand ein, um die vor den Werken liegenden Todten zu begraben. Noch an diesem Tage kündigte ein allgemeines Viktoriaschießen der Garnison den Sieg von Sedan an.

Anhaltender Regen hatte die 2400 Schritt lange zweite Parallele fußhoch mit Wasser gefüllt, und erst am 9. gelang es, sie vollständig her= zustellen. Fünf Batterien wurden aus der ersten Parallele vorverlegt. Gegen die alle Arbeiten flankirende Lünette 44 mußten besondere Batterien erbaut werden, welche dieselbe zum Schweigen brachten. Sie wurde von der Besatzung verlassen.

Nunmehr wirkten aus größerer Nähe 96 gezogene Kanonen und 38 Mörser. Jedes Geschütz hatte bei Tage 20 Granaten, bei Nacht 10 Schrapnels zu verfeuern. Die großen Finkmatt=Kasernen gingen in Flammen auf, und das Steinthor wurde so beschädigt, daß es mit Sand= säcken zugesetzt werden mußte. Der Vertheidiger zog seine Kanonen hinter die Brustwehr zurück und feuerte nur noch mit Wurfgeschützen. Dennoch mußte für das Fortschreiten der Arbeiten der Wälzkorb in An= wendung gebracht werden.

Nachdem entdeckt worden, daß vor Lünette 53 sich Minengänge be= fanden, ließ Hauptmann Ledebour sich an Stricken in den Graben hinab und entfernte mit Hülfe seiner Pioniere die Pulverladungen.

In der Nacht zum 14. wurde der Kamm des Glacis vor beiden Lünetten 52 und 53 erreicht, die Krönung mittelst der doppelten Traversen= Sappe begonnen und in vier Tagen beendet.

Der weitere Angriff richtete sich nun ausschließlich gegen Bastion 11.

Um den Abfluß des Wassers in den Festungsgräben zu bewirken, mußte die Schleuse am Judenthor zerstört werden. Sie war von keinem

Punkt des Angriffsfeldes sichtbar, und auf Entfernung von einer Viertel=
meile konnte diese Aufgabe von der Artillerie nur in beschränktem Maße
gelöst werden. Abtheilungen des Füsilier=Regiments Nr. 34 aber gingen
am 15. unter dem heftigsten Gewehrfeuer der Belagerten gegen die
Schleuse vor und beseitigten das Stauwerk.

Um diese Zeit war auch die Sporen=Insel durch die Badenser besetzt.

Nachdem die Mörser=Batterien größtentheils in die zweite Parallele
verlegt, die Kanonen=Batterien näher herangezogen, bewirkte die Wallbüchsen=
Abtheilung durch ihr sicheres Treffen, daß der Vertheidiger sich bei Tage
nirgends mehr zeigen durfte.

Die Futtermauer von Lünette 53 konnte nur durch den indirekten
Schuß getroffen werden, 1000 Granatwürfe legten sie in Bresche, und
zwei Minen warfen am Abend des 19. September die Kontre=Eskarpe
bis an den Wasserspiegel nieder. Alsbald wurde mit dem Bau eines
Faschinendammes durch den Graben begonnen. In Nachen übersetzende
Mannschaften fanden das Werk verlassen. Unter dem heftigsten Gewehr=
feuer vom Hauptwall wurde die Kehle geschlossen und die Brustwehr
gegen den Platz hergerichtet.

Die nebenliegende Lünette 52 war ein bloßes Erdwerk, der Angriff
bereits bis an den Grabenrand vorgeschritten, aber es mußten erst Erd=
masken mit Eisenbahnschienen eingedeckt werden, um sich gegen die dicht
einschlagenden Bomben des Bastions 12 zu schützen. Der Bau eines
Faschinen= oder Erddammes über den 60 Schritt breiten und mit fast
mannstiefem Wasser gefüllten Graben hätte sehr viel Zeit gekostet, es
wurde daher beschlossen, aus in Schiltigheim vorgefundenen Bierfässern
eine Brücke herzustellen. Diese Arbeit begann am 21. bei einbrechender
Dunkelheit ohne weiteren Schutz als eine die Einsicht verhindernde Bretter=
wand und war schon um 10 Uhr beendet. Auch hier hatte der Ver=
theidiger das Ersteigen des Walles nicht abgewartet, und auch diese Lünette
wurde sogleich zur weiteren Behauptung eingerichtet. Beide Lünetten
nahmen nun Mörser= und Kanonen=Batterien auf, um die Geschütze der
Raveline und Kontregarden der Angriffsfront vollends niederzukämpfen, gegen
welche außerdem fünf Demontir= und Kontre=Batterien ihr Feuer richteten.

Nachdem in der Nacht zum 23. theils mit der flüchtigen Sappe,
theils mit der Erdwalze aus Lünette 52 vorgebrochen, erfolgte die Krönung
des Glacis vor Kontregarde 51. Zugleich begann das Brescheschießen
gegen die Ostseite von Bastion 11 und die Westseite von Bastion 12.
Steinsplitter zwangen den Vertheidiger, die Kontregarden zu verlassen.
Schon am 24. stürzte nach 600 Schuß das Mauerwerk von Bastion 11
ein, das Oeffnen des stehengebliebenen Erdkniees wurde bis zum Beginn
des Sturmes vorbehalten.

Schwieriger war die Breschelegung gegen Bastion 12 wegen be=
schränkter Möglichkeit, die Schüsse zu beobachten. Erst am 26. wurde
der Einsturz der Mauer in 36 Fuß Breite durch 467 Langgranaten
erzielt. Noch aber blieb, um zum wirklichen Sturm zu gelangen, der
tiefe Wassergraben vor dem Bastion zu überschreiten.

In Straßburg hatte sich die Kunde von dem Sturz des Kaiserreichs zwar verbreitet, General Uhrich wies jedoch alle Bitten der Einwohner um Beendigung ihrer Leiden zurück. Die Republik wurde proklamirt.

Die Belagerung hatte 30 Tage gedauert, aber der Platz war mit Lebensmitteln und Vorräthen noch reichlich versehen, die Besatzung durch den Verlust von 2500 Mann nicht wesentlich geschwächt, nur die bunte Zusammensetzung derselben verhinderte ihre Verwendung in größeren Massen außerhalb der Werke. Gleich anfangs hatte man die schwache Einschließung bis dicht an dieselben herankommen lassen, und der Zeitpunkt, wo die Artillerie einer Festung stets im Vortheil gegen die des Angriffs steht, war wenig ausgenutzt worden.

Ganz entschieden überlegen hatte sich die deutsche Artillerie bewährt, sowohl was das Material betrifft wie dessen richtige Verwendung. Unter ihrer mächtigen Wirkung schritten die Arbeiten der Pioniere und der Infanterie mit ebensoviel Kühnheit wie Umsicht unaufhaltsam dem einmal gewählten Zielpunkte zu. Die Erstürmung des Hauptwalls stand jeden Augenblick zu erwarten, und ein Entsatz von außen war in keiner Weise zu hoffen.

Am 27. September nachmittags 5 Uhr erschien die weiße Fahne auf dem Thurm des Münsters; das Feuer verstummte, und die Sappeur= arbeiten wurden eingestellt.

Nachts um 2 Uhr erfolgte unter den Bedingungen von Sedan in Königshofen die Kapitulation. 500 Offiziere und 17 000 Mann traten in Kriegsgefangenschaft, doch durften die ersteren gegen Verpfändung ihres Ehrenwortes frei abziehen. Nationalgarden und Franktireurs wurden nach Ablieferung der Waffen gegen Versprechen, weiter keine Feindselig= keiten zu üben, in die Heimath entlassen. Die Baarbestände der Staats= bank, 1200 Geschütze, 200 000 Handfeuerwaffen und beträchtliche Vor= räthe bildeten die reiche Kriegsbeute.

Morgens 8 Uhr am 28. besetzten preußische und badische Kompagnien das National=, das Fischer= und das Austerlitz=Thor. Aus ersterem marschirte sodann die französische Besatzung ab, an ihrer Spitze General Uhrich. Der Vorbeimarsch erfolgte nur anfangs in guter Ordnung, bald traten zahlreiche Berauschte aus den Reihen, welche den Gehorsam verweigerten oder ihre Waffen zerschlugen. Die Gefangenen wurden von zwei Bataillonen und zwei Schwadronen zunächst nach Rastatt geleitet.

Die alte Reichsstadt, welche vor fast 200 Jahren mitten im Frieden von Frankreich geraubt worden war, war durch deutsche Tapferkeit dem deutschen Vaterlande wiedergewonnen.

Die Belagerung hatte den Deutschen 39 Offiziere und 894 Mann gekostet. Der Stadt hatten freilich Leiden dabei nicht erspart werden können. 450 Häuser waren vollständig zerstört, 10 000 Menschen ohne Obdach, fast 2000 todt oder verwundet. Museum und Gemäldesammlung, Stadthaus und Theater, die neue Kirche, das Gymnasium, die Komman= dantur und leider auch die Bibliothek mit 200 000 Bänden waren ein Raub der Flammen geworden.

Der herrliche Münster zeigte an mehreren Stellen die Spuren der Geschosse, und die Citadelle glich einem Trümmerhaufen. Unter dem Schutt der angegriffenen Werke der Westfront lagen die zerschossenen Geschütze begraben.

Mit dem Fall von Toul und Straßburg trat eine nicht unerhebliche Veränderung der Kriegslage ein. Beträchtliche Streitkräfte wurden zu anderweiter Verwendung frei, und die Eisenbahntransporte konnten näher an die Armeen herangeführt werden.

Zum artilleristischen Angriff auf Paris war das bei Straßburg entbehrlich gewordene Material freilich noch nicht verfügbar, es bedurfte einer bedeutenden Ergänzung und sollte einstweilen zur Bezwingung mehrerer kleiner Plätze verwendet werden.

Die Garde-Landwehr-Division wurde unter Benutzung der neu er-öffneten Bahn zur Einschließungsarmee vor Paris herangezogen. Aus der badischen Division, einer aus den preußischen Regimentern Nr. 30 und 34 kombinirten Brigade und einer Kavallerie-Brigade wurde ein XIV. Armee-korps gebildet, welches unter Befehl des Generals v. Werder nach der oberen Seine abrückte. Die 1. Reserve-Division hingegen verblieb als Besatzung in Straßburg.

Vorgänge bei Paris bis zum 15. Oktober.

Aus der vom Feinde eng eingeschlossenen Hauptstadt konnte die Regierung ihren Willen im übrigen Frankreich nicht zur Ausführung bringen. Sie entschloß sich daher zur Delegation von zwei ihrer Mit-glieder in die Provinz, mit dem Sitz in Tours. Schon jetzt vermochten diese Paris nur im Luftballon zu verlassen. Einer derselben war Herr Gambetta, dessen rastlose Thätigkeit sich bald und für die ganze Dauer des Feldzuges in bedeutsamster Weise geltend machte.

Inzwischen bereiste Herr Thiers die europäischen Höfe, um sie zum Einschreiten zu Gunsten Frankreichs zu bestimmen.

In Paris hatte man nach dem Mißerfolge am 19. September auf größere Offensivunternehmungen vorerst verzichtet, doch verblieben die Linientruppen unter dem Schutz der vorgeschobenen Forts außerhalb des Hauptwalles. Die Divisionen des XIII. Korps bezogen Lager vor der Südfront und auf der Ebene von Vincennes, das XIV. stand hinter dem Bogen der Seine in Boulogne, Neuilly und Clichy mit dem Mont Valérien vor sich. Dieser wurde durch zwei Linien-Bataillone besetzt, nachdem noch am 20. die Mobilgarden aus dem unersteiglichen Fort in voller Auflösung nach Paris entwichen waren. Die Nordfront der Stadt blieb den Mobilgarden anvertraut.

Auf deutscher Seite erstreckten sich die jedenfalls zu behauptenden und zu befestigenden Postirungen der Maas-Armee von Chatou längs der Seine über die Höhen bei Montmorency, dann der Morée und dem Saum des Waldes von Bondy entlang bis zur Marne. Ihnen schlossen sich die Sicherungsanlagen der Württemberger von Noisy le Grand und, die Halbinsel Joinville abschneidend, bis Ormesson an. In den Raum von dort bis Villeneuve St. Georges rückte am 23. von Sedan her das XI. Korps ein, das I. bayerische aber nach Longjumeau zur Sicherung gegen Orléans. Das VI. Korps konnte nun ganz auf das linke Seine=Ufer übertreten, wo dann die Vertheidigungslinie über die bewaldeten Höhen südlich Paris bis Bougival hinzog.

Das Hauptquartier des Königs und der III. Armee wurde nach Versailles, das der Maas=Armee nach Bert Galant verlegt. Zahlreiche Brücken stellten die Verbindung zwischen allen Heerestheilen her, Telegraphen und Fanale sicherten ihre schnelle Versammlung, und von geeigneten Be=obachtungspunkten wurde jede Bewegung des Gegners im Auge behalten.

An Unterkunftsräumen fehlte es nicht, in allen Ortschaften standen die Häuser leer; um so schwieriger gestaltete sich die Ernährung. Die entflohenen Einwohner hatten ihr Vieh fortgetrieben, ihre Vorräthe zer=stört, nur die Weinkeller schienen unerschöpflich zu sein. Während der ersten Tage mußte die ganze Verpflegung aus den Proviantkolonnen entnommen werden, bald aber lieferte die Kavallerie beträchtliche Bestände ab. Hohe Preise und gute Mannszucht sicherten den Markt. Nur die Vortruppen biwakirten oder bauten sich Baracken, viele allerdings im Bereich der Festungsgeschütze, einige selbst in dem des Kleingewehrs des Feindes. In der Nähe von St. Cloud z. B. durfte sich Niemand sehen lassen, ohne das Feuer der Chassepots aus den Jalousien der gegenüber=liegenden Häuser auf sich zu ziehen. Die Feldwachen wurden hier nur des Nachts abgelöst und blieben zuweilen zwei, auch drei Tage lang stehen. Sehr ausgesetzt standen ferner die Postirungen der Bayern auf Moulin de la Tour, denen jeder Besuch eines Vorgesetzten eine lebhafte Kanonade zuzog. Besonders einer Ueberraschung ausgesetzt befand sich das vor der Ueberschwemmungslinie belegene Le Bourget. Dieses Dorf war am 20. von einem Garde=Bataillon besetzt worden, bei dessen Anrücken 400 Mobil=garden unter Zurücklassung ihres Gepäcks entflohen. Wegen des lebhaften Granatfeuers der nahen Forts wurde nur eine Kompagnie dort belassen.

Kleine Ausfälle aus St. Denis blieben ohne Erfolg, vergeblich aber versuchten Abtheilungen des VI. Korps, sich in dem Dorfe Villejuif und der Schanze Hautes Bruyères festzusetzen. Sie drangen mehrmals ein, mußten aber jedesmal unter dem Feuer der nahen Forts Bicêtre und Jvry der Ueberlegenheit der Division Maud'huy weichen. Die Franzosen armirten sodann die Schanze mit schwerem Geschütz.

(30. September.) Am 30. September früh verkündete eine andert=halbstündige Kanonade aus den südlichen Forts und Batterien einen Aus=fall in dieser Richtung. Schon bald nach 6 Uhr entwickelten sich zwei Brigaden des französischen XIII. Korps gegen Thiais und Choisy le Roi. Starke Tirailleurschwärme drängten die Vorposten des VI. Korps zurück und zwangen die zwischen beiden Orten aufgestellten Geschütze zum Ab=fahren, aber das Feuer der Infanteriebesatzung ließ den Gegner hier bald von weiteren Angriffen abstehen. Weiter westlich drang eine dritte Brigade

in Chevilly und in das Fabrikgebäude an der Straße nach Belle Epine ein, jedoch gelang es ihrem entschlossen ausgeführten Angriff nicht, das ganze Dorf in Besitz zu nehmen. Die 11. Division war in den rückwärtigen Quartieren alarmirt worden und rückte zur Unterstützung der 12. heran. Die von den Franzosen besetzte Fabrik wurde wieder genommen, und die nun in Wirksamkeit tretenden preußischen Batterien fügten dem auf Saussaye zurückweichenden Feind solche Verluste zu, daß er, dem Angriff der Infanterie ausweichend, in großer Unordnung auf Hautes Bruyères und Villejuif abzog. Ebenso wurde eine in L'Hay eingedrungene Brigade zurückgewiesen, welche 120 meist unverwundete Gefangene zurückließ. Nur in dem Gehöft am Nordeingang von Chevilly behaupteten sich noch die Franzosen mit großer Hartnäckigkeit. Völlig umzingelt und erst nach mißlungenem Durchbruchsversuch ergaben sich endlich die etwa 100 Mann starken Vertheidiger.

Der ganze Angriff war bereits um 9 Uhr zurückgeschlagen, und vergebens bemühte sich General Vinoy, bei Hautes Bruyères die gelichteten Bataillone zu einem erneuten Angriff vorzuführen.

Die wenigen Morgenstunden kosteten dem VI. Korps 28 Offiziere und 413 Mann, den Franzosen aber das Mehrfache dieses Verlustes.

Zwei gleichzeitige Scheinangriffe gegen Sèvres und am rechten Seine-Ufer gegen Mesly blieben ohne Folgen. Die anfangs verdrängten Vorposten der Deutschen nahmen schon um 9 Uhr ihre früheren Stellungen wieder ein.

Nachdem es nicht gelungen, durch diesen Ausfall sich gegen Süden Luft zu machen, schritten die Belagerten dazu, den von ihnen noch behaupteten Raum durch Verschanzungen zu sichern. Sie befestigten Villejuif und dehnten ihre Linien von Hautes Bruyères über Arcueil nach der Mühle Pichon aus, so daß hier die bayerischen Feldwachen näher an Bourg la Reine zurückgenommen werden mußten.

Im Uebrigen beschränkte sich dann die Besatzung von Paris während fast der ganzen ersten Hälfte des Monats Oktober auf tägliche Kanonaden. Man schoß mit dem schwersten Kaliber auf die kleinsten Gegenstände. Es war eine Munitionsverschwendung, als ob es darauf ankäme, mit den vorhandenen Beständen aufzuräumen. Schlug eines der riesigen Langgeschosse zufällig in eine Feldwache ein, so richtete es dort freilich furchtbare Verwüstungen an, aber im Großen wurde damit durchaus nichts erreicht.

Abgesehen von diesem Lärm, an den man sich bald gewöhnte, konnte man in Versailles, wo die Einwohner nicht entflohen waren, glauben, im tiefen Frieden zu leben. Die treffliche Mannszucht der Truppen gestattete den Bürgern, ihren Geschäften in aller Ruhe nachzugehen, die Wirthe verdienten reichlich an der Einquartierung, und der Landmann bestellte ungestört seine Felder und Gärten. In St. Cloud zeigten sich alle Räume genau in der sauberen Anordnung, wie die Kaiserliche Familie sie verlassen hatte, bis die Geschosse vom Mont Valérien diesen reizenden Palast mit allen seinen Kunstschätzen in einen ausgebrannten Trümmerhaufen ver-

7*

wandelten. Ebenso verwüsteten französische Granaten das Schloß von
Meudon, die Porzellanfabrik von Sèvres und ganze Ortschaften der
nächsten Umgebung. Wohl ohne Noth wurde, ebenfalls von französischer
Hand, die Hälfte des Bois de Boulogne niedergelegt.

Wesentlich verstärkt wurde am 10. und 16. Oktober die Einschließungs=
linie, als von Toul die 17. Division die 21. bei Bonneuil ablöste, diese
zwischen dem bayerischen und dem V. Korps in die Strecke Meudon—Sèvres
einrückte, und von Straßburg die Garde=Landwehr=Division eintraf und
St. Germain besetzte.

Diese Bewegungen waren in Paris wahrgenommen worden, und
um die Verhältnisse aufzuklären, ging General Vinoy am 13. Oktober
9 Uhr mit ungefähr 26 000 Mann und 80 Geschützen gegen die Stellung
des II. bayerischen Korps vor.

Unterstützt durch das Feuer der nächstgelegenen Forts und der Feld=
batterien, schritten vier Mobilgarden=Bataillone zum Angriff auf Bagneux
und drangen über die zusammengeschossenen Verschanzungen bis in die
Mitte des Ortes ein, dessen Vertheidiger, als um 11 Uhr auch das
französische 10. Linien=Regiment heranrückte, sich gegen Fontenay zurück=
zogen. Aufgenommen durch ein frisches Bataillon und unterstützt durch
wirksames Flankenfeuer aus Châtillon, leisteten sie nun so kräftigen Wider=
stand, daß hier der Gegner zwar ein weiteres Vorschreiten aufgab, Bagneux
aber zur Vertheidigung einzurichten begann. Inzwischen hatte sich die
4. bayerische Division versammelt, und um 1½ Uhr schritt General
v. Bothmer von Sceaux und von Fontenay her umfassend gegen Bagneux
vor. Die vom Gegner eben errichteten Barrikaden wurden erstiegen,
jedoch vertheidigte er sich noch aufs Hartnäckigste im nördlichen Theil
des Dorfes.

Auch in Châtillon war eine französische Brigade eingedrungen, doch
hatte das dort stehende bayerische Bataillon sich behauptet, bis Unter=
stützung herbeieilte und in heftigem Kampf den Gegner aus dem Orte
zurücktrieb.

Eine dritte Brigade hatte Clamart besetzt, welches damals noch nicht
in die deutsche Verschanzungslinie einbezogen war, es gelang ihr jedoch
nicht, den Berghang nach Moulin de la Tour zu ersteigen, obgleich die
Vertheidiger auf der dortigen Hochfläche von den Forts mit Geschossen
überschüttet wurden.

General Vinoy hatte sich überzeugt, daß auf allen Punkten aus=
reichende Kräfte ihm entgegentraten, und entschloß sich um 3 Uhr, das
Gefecht abzubrechen. Nach und nach verschwanden die französischen Ab=
theilungen hinter den Forts, bei Einbruch der Dunkelheit auch die letzten.
Die Bayern nahmen ihre bisherige Vorpostenstellung wieder ein, verstärkten
aber die Besatzung von Bagneux auf zwei Bataillone.

Mittlerweile war in ganz Frankreich aufs Eifrigste gerüstet worden.
Bei Rouen und Evreux, bei Besançon und besonders hinter der Loire
sammelten sich Heeresmassen von bedeutender Stärke, freilich aus den
verschiedensten Bestandtheilen, zu deren Schulung und Bildung es vor

Allem an Berufsoffizieren mangelte. Vorerst wollte man daher größere Entscheidungen vermeiden, in kleineren Gefechten aber den Gegner fort= während beschäftigen.

So drang denn auch schon Ende September von Evreux her General Delarue mit den Eclaireurs de la Seine bis in die Nähe von St. Germain vor. Die 6. Kavallerie=Division, unterstützt durch zwei bayerische Bataillone, trieb aber diese Abtheilungen auf Dreux hinter die Eure zurück.

Auch die Waldungen vor der Front der 5. Kavallerie=Division waren von feindlichen Abtheilungen angefüllt, welche jedoch ohne sonderliche Mühe über Rambouillet nach Epernon abgewiesen wurden.

Ernster gestalteten sich die Verhältnisse im Süden von Paris vor der 4. Kavallerie=Division, welche gegen die Loire beobachtete.

Um Orléans hatte sich das neugebildete XV. französische Korps zu drei Divisionen in der Stärke von 60 000 Mann versammelt und hielt die ganze Waldzone am rechten Ufer des Flusses besetzt. Um der Gefahr, welche von hier aus der Einschließung drohte, zu begegnen, waren, wie schon erwähnt, das I. bayerische Korps und die 22. Division des XI., sobald sie bei Sedan abkömmlich geworden, nach Arpajon und Montlhéry in Marsch gesetzt und am 6. Oktober nebst der 2. Kavallerie=Division unter Befehl des Generals von der Tann gestellt.

Gefecht bei Artenay.
(10. Oktober.)

Nachdem General von der Tann Befehl erhalten, die Offensive gegen Orléans zu ergreifen, war er, ohne ernsten Widerstand zu finden, am 9. Oktober bis in die Gegend von St. Péravy, am 10. gegen Artenay vorgerückt. Die 4. Kavallerie=Division deckte die rechte Flanke, die 2. blieb gegen Pithiviers stehen, wo starke feindliche Ansammlungen sich befanden.

Aber auch General La Motterouge war mit dem XV. französischen Korps an diesem Tage nach Artenay aufgebrochen, indem er den Wald im Rücken durch die Mobilgarden besetzt hielt, und so begegneten sich von zwei Seiten die Avantgarden nahe nördlich des beiderseitigen Marschziels.

Während die bayerischen Chevaulegers zur Rechten die feindliche Kavallerie vor sich hertrieben, entwickelte sich bei Dambron die Infanterie rittlings der Straße. Die 22. Division rückte an Dambron heran, beide Kavallerie=Divisionen zur Seite. Die Franzosen hatten sich unter dem Feuer der bayerischen Batterien nach Artenay gewendet, wo eine Auf= nahmestellung vorbereitet war. In der Front angegriffen und durch Reitermassen bedroht, traten sie um 2 Uhr, ihr Zeltlager im Stiche lassend, einen Rückzug an, welcher bald in Flucht ausartete. Die Kavallerie nahm ihnen dabei 4 Feldgeschütze und über 250 Gefangene ab. Andere 600 Mann, welche Croix Briquet erreicht hatten, ergaben sich dort der an= rückenden bayerischen Infanterie.

Die deutschen Abtheilungen hatten einen weiten Anmarsch gehabt. General von der Tann ließ sie daher in und um Artenay Halt machen und nur die Avantgarde bis Chevilly vorgehen, um erst am folgenden Tage den Zug nach Orléans fortzusetzen.

Treffen bei Orléans.
(11. Oktober.)

Am 11. Oktober trat die zur Zeit nur 6000 Mann starke 22. Division auf den rechten Flügel des Vormarsches und verdrängte den Feind aus mehreren zum Theil zur Vertheidigung eingerichteten Ortschaften, stieß aber um 10 Uhr auf den ernsten Widerstand einer verschanzten Stellung bei Ormes.

Der französische Kommandirende hatte nämlich nach dem Mißerfolge bei Artenay den Rückzug hinter die Loire beschlossen, um denselben aber zu sichern, die so äußerst vertheidigungsfähige Gegend am rechten Ufer durch etwa 15 000 Mann besetzt gehalten.

Gegen die Stellung bei Ormes ließ nun General v. Wittich zunächst seine 44. Brigade aufmarschiren und das Feuer aus sieben Batterien eröffnen. Nur allmählich drangen die Abtheilungen seines linken Flügels, unterstützt durch den rechten der Bayern, in dem Gelände östlich der feindlichen Stellung vor, wobei verschiedene Gehöfte und Baulichkeiten erst mit stürmender Hand genommen werden mußten. Indeß erschütterte diese Bedrohung der rechten Flanke die Standhaftigkeit der Vertheidigung, und nach mehrstündigem Widerstande leiteten die Franzosen ihren Rückzug ein. Sobald dies auf deutscher Seite bemerkt wurde, fuhren zwei Batterien auf 800 Schritt heran, und das Regiment Nr. 83 erstürmte, obwohl unter erheblichen Verlusten, um 2 Uhr nachmittags die Schanzen. Abtheilungen der 43. Brigade hatten inzwischen bereits die Straße hinter Ormes erreicht und nahmen dem Gegner 800 Gefangene ab.

Aber die Ortschaften, Gärten und Weinberge, welche eine Meile weit die Straße bis Orléans zu beiden Seiten begleiten, erschwerten das weitere Vordringen in hohem Maße, und erst um 3 Uhr erreichte die Division Petit St. Jean, wo die vordersten Baulichkeiten erstürmt wurden.

Das bayerische Korps, welches schon bei Saran auf lebhaften Widerstand gestoßen war, drang unter erheblichem Verlust, namentlich der Artillerie, nach Bel Air vor. Hier gestattete der Anbau die Entwickelung von Geschützen nicht, der weitere Angriff kam zum Stehen, und noch um 4½ Uhr behauptete der Feind sich hartnäckig in Les Aides, bis das Vorgehen der 4. bayerischen Brigade nach Murlins seinen Rückzug bedrohte. Erneute Gegenwehr leistete er dann hinter dem Eisenbahndamm, 1000 Schritt vor der Stadt, und auch der Bahnhof und die Gasfabrik mußten im Sturm genommen werden.

Es war bereits 5 Uhr, als General von der Tann seine Reserve, die 1. bayerische Brigade, zur letzten Entscheidung nach Grand Ormes heranzog. Das preußische Regiment Nr. 32 überschritt den Bahndamm

in der linken Flanke der Vertheidiger, welche sich nun in die Vorstadt
St. Jean zurückzogen. Noch wurde das 1. bayerische Regiment, welches
nacheilte, am Eingangsthore der Stadt durch lebhaftes Feuer empfangen,
aber indem sämmtliche Offiziere an die Spitze traten, wurde um 7 Uhr
der Marktplatz erreicht.

Die Franzosen eilten der Loirebrücke zu, die preußische 43. und die
bayerische 1. Brigade besetzten die Hauptgebäude und die Flußübergänge,
standen aber bei bereits eingetretener Dunkelheit von weiterem Vorgehen
ab und bezogen Biwaks auf den Plätzen der Stadt.

Der Tag hatte den Deutschen einen Verlust von 900 Mann gekostet,
welcher vornehmlich die 3. bayerische Brigade traf. Aber eine Beunruhigung
des Einschließungsheeres war zunächst durch den unter sehr schwierigen
Verhältnissen errungenen Sieg völlig beseitigt. 5000 Gewehre, 10 Loko-
motiven und 60 Eisenbahnwagen bildeten eine willkommene Beute.

Die französische Nachhut hatte in den Einzelgefechten und Rückzügen
allein an Gefangenen 1800 Mann verloren, aber den Abzug des Gros
der Süd-Armee gegen überlegene Kräfte einen ganzen Tag mit anerkennens-
werther Standhaftigkeit geschützt. Im freien Felde, wo es auf geschickte
Leitung der Massen ankommt, waren sie tags zuvor bald unterlegen, im
Häuserkampf dagegen bedarf es nur des beharrlichen Muthes der Vertheidiger, und dieser fehlte auch den erst eben neu geschaffenen französischen Heerestheilen nicht.

Am folgenden Tage besetzte die 1. bayerische Division jenseits der
Loire die Vorstadt St. Marceau und ging bis an den Loiret-Bach vor.
Die 2. Kavallerie-Division streifte durch die Sologne, die 4. am rechten
Ufer gegen Westen.

Das französische XV. Korps hatte seinen Rückzug bis Salbris und
Pierrefitte hinter die Sauldre fortgesetzt.

Gewiß mochte es erwünscht sein, wenn die Verfolgung gegen Vierzon
und Tours ausgedehnt worden wäre, um hier große Waffenvorräthe zu
zerstören, dort die Regierungsdelegation zu vertreiben. Jedoch durfte
nicht unbeachtet bleiben, daß das französische Heer zwar bei Artenay
unterlegen, begünstigt aber durch die Oertlichkeit, sich einer Niederlage
durch den Rückzug entzogen hatte. General von der Tann verfügte
über verhältnißmäßig wenig Infanterie, und feindliche Streitkräfte zeigten
sich auf allen Seiten. In Blois unterhalb und in Gien oberhalb
Orléans war ein neues, das XVI. französische Armeekorps erschienen,
am Walde von Marchénoir und vor Châteaudun die Kavallerie auf
Widerstand gestoßen, und überall traten Einwohner und Freischaaren mit
solcher Zuversicht auf, daß nahe Unterstützung vermuthet werden konnte.

So mußte man sich darauf beschränken, hauptsächlich nur Orléans
und die Loirelinie besetzt zu halten, und für diesen Zweck schien das
bayerische Korps mit der 2. Kavallerie-Division ausreichend stark zu sein.
Die 22. Infanterie- und die 4. Kavallerie-Division wurden zur III. Armee
zurückberufen, sollten aber auf dem Marsche dorthin die bei Châteaudun
und Chartres auftretenden Freischaaren zersprengen.

General von der Tann ließ die Brücken über den Loiret und die Loire zum Abbruch vorbereiten, eine Etappenlinie nach Longjumeau wurde eingerichtet, und die bayerische Feldeisenbahn=Abtheilung arbeitete an Wiederherstellung der Bahn nach Villeneuve.

Einnahme von Soiffons.
(15. Oktober.)

Noch verhinderte Soiffons die Weiterbenutzung der seit dem Fall von Toul bis Reims in Betrieb gesetzten Eisenbahn.

Ohne Erfolg war der Platz durch Feldbatterien beschoffen worden, als die Maas=Armee auf dem Hinmarsch nach Paris an demselben vor= beirückte, und seitdem nur beobachtet geblieben, bis am 6. Oktober 8 Land= wehr=Bataillone, 4 Eskadrons, 2 Batterien, 2 Pionier= und 4 Festungs= Artillerie=Kompagnien die völlige Einschließung bewirkten.

Soiffons war durch 8 Meter hohe Mauern völlig sturmfrei und durch Anstauung des Crise=Baches im Süden unangreifbar. Dagegen zeigte die Südwestfront trockene Gräben ohne gemauerte Kontre=Eskarpe, auch wurde hier der Platz auf Entfernung von weniger als einer Viertel= meile um 90 Meter durch den Mont Marion überhöht. Gegen diese Seite der Festung richtete sich daher der abgekürzte artilleristische Angriff, als am 11. Oktober von Toul 26 preußische Belagerungsgeschütze mit 170 Schuß und 10 französische Mörser eintrafen und der Großherzog von Mecklenburg den Befehl übernahm.

In heller Mondscheinnacht wurde durch die Artillerie mit Aushülfe von Infanterie auf den Höhen bei Ste. Généviève, bei Belleu und auf dem Mont Marion der Bau der Batterien ausgeführt und deren Ar= mirung bewirkt. Am 12. Oktober 6 Uhr früh eröffneten sie gleichzeitig das Feuer.

Der Belagerte antwortete mit großer Heftigkeit, aber geringem Erfolg, und bald gelang es der Treffsicherheit der preußischen Artillerie, die des Gegners an der eigentlichen Angriffsfront niederzukämpfen.

Dort wurde am folgenden Tage eine schmale Bresche sichtbar, das Feuer des Gegners war merklich vermindert, aber der Kommandant lehnte die Aufforderung zur Uebergabe entschieden ab. Er verstärkte am 14. die Zahl seiner Geschütze auf der Südfront, so daß die Batterien bei Ste. Généviève einen schweren Stand bekamen. Auch auf der Angriffs= front arbeiteten die Franzosen eifrig an Wiederherstellung der stark be= schädigten Werke, schafften neue Geschütze auf den Wallgang und sperrten die Bresche durch Verhau.

Indeß wurden am 15. Oktober diese Arbeiten bald durch die An= griffsartillerie wieder zerstört und eine 40 Schritt breite mit Erde reichlich bedeckte Bresche hergestellt. Da der Platz immer noch ein lebhaftes Feuer unterhielt, wurde beschlossen, die Feldartillerie auf die Nähe von 900 Schritt heranzubringen. Als aber abends 8 Uhr dieser Bau be=

gonnen, ließ der Kommandant Verhandlungen anbieten und übergab die Festung auf die Bedingungen von Sedan. Größtentheils berauscht, rückte am anderen Morgen die Garnison aus dem Platz ab. Tausend Mobil= garden wurden gegen Versprechen entlassen, 3800 Mann in Gefangenschaft genommen.

Der Angriff hatte 120 Mann gekostet, 128 Geschütze und 8000 Ge= wehre waren die Kriegsbeute, außerdem bedeutende Vorräthe an Lebens= mitteln.

Erstürmung von Châteaudun.
(18. Oktober.)

Infolge des ihm ertheilten Auftrages war am 18. Oktober nach= mittags General v. Wittich mit der 22. Division vor Châteaudun ein= getroffen. Die französischen Linientruppen hatten bereits Befehl erhalten, auf Blois zurückzugehen, aber etwa 1800 Nationalgarden und Freischaaren standen noch hinter Mauern und Barrikaden bereit zum Empfang des Gegners. Auch stieß der Angriff der Infanterie auf örtliche Schwierig= keiten, und vier Batterien mußten längere Zeit hindurch in Thätigkeit gesetzt werden.

Erst bei einbrechender Dunkelheit wurde zum allgemeinen Sturm geschritten. Im Innern der Stadt leistete der Gegner verzweifelten Widerstand. Haus für Haus mußte erobert werden, der Kampf dauerte bis tief in die Nacht, und ein großer Theil des Ortes ging in Flammen auf. Die Freischärler entwichen schließlich unter Zurücklassung von 150 Gefangenen, die Einwohner ihrem Schicksal überlassend, doch kamen diese wegen Betheiligung am Kampfe mit einer Geldbuße davon.

Am 21. mittags erschien sodann die Division vor Chartres, wo 10 000 Franzosen versammelt sein sollten. Hier schritten Marine=Infanterie und Mobilgarden angriffsweise vor, wurden aber durch das Feuer von sieben Batterien zurückgewiesen. Der Kommandirende hatte beide Brigaden südlich der Stadt entwickelt und dieselbe durch die Kavallerie, zu welcher auch noch die 6. Division gestoßen, rings umstellt.

Das Schicksal von Châteaudun hatte die städtischen Behörden ge= warnt, und um 3 Uhr kam ein Vertrag zu Stande, nach welchem die Truppen abzuziehen, die Nationalgarden die Waffen niederzulegen, die Stadt ihre Thore zu öffnen hatten.

General v. Wittich erhielt Befehl, einstweilen in Chartres zu bleiben, die 6. Kavallerie=Division, Maintenon zu besetzen und so die Einschließungsarmee gegen Westen zu sichern.

Nicht weniger eifrig war im Norden, in der Picardie und Nor= mandie, gerüstet worden. Die sächsische Kavallerie=Division, unterstützt durch Abtheilungen der Maas=Armee, hatte Anfang Oktober Franktireurs und Mobilgarden von der Oise und Epte bis gegen Amiens zurück= getrieben und einige Hundert Gefangene gemacht. Immer aber kehrten

neue Schwärme wieder, die in Breteuil, Montdidier und Etrepagny an=
gegriffen werden mußten, so daß in dieser Richtung zur Sicherung der
Einschließung nach und nach 11 Bataillone, 24 Schwadronen und
4 Batterien beschäftigt waren. Gegen Ende des Monats aber traten
französische Abtheilungen planmäßig geführt und in solcher Stärke auf,
daß man sich zunächst auf vertheidigungsweise Behauptung der Epte=
Linie beschränken mußte.

Aber auch im Südosten, aus der Waldgegend von Fontainebleau,
wurden Feindseligkeiten durch Freischaaren geübt, besonders gegen die Re=
quisitionskommandos der Kavallerie, und von Nangis aus der Transport
der Belagerungsgeschütze bedroht. Eine schwache Abtheilung Württemberger
besetzte das zwar verbarrikadirte, aber nicht vertheidigte Montereau, dessen
Bürger die Waffen auslieferten, und zog dann vor Nogent. In diesem
Ort standen starke Abtheilungen von Mobilgarden. Nachdem aber die
Mauer des Kirchhofs in Bresche gelegt, drangen trotz lebhaften Feuers
die Württemberger in die Stadt ein. Die Franzosen leisteten im Innern
noch kräftigen Widerstand, zogen aber schließlich auf Troyes ab, 600 Ver=
wundete und Todte zurücklassend. Das kleine Streifkommando langte,
nachdem es in 6 Tagen 27 Meilen zurückgelegt, wieder bei seiner
Division an.

Ausfall gegen Malmaison.
(21. Oktober.)

Die französische Hauptstadt war bereits über vier Wochen ein=
geschlossen, und es schien nicht unmöglich, daß bei längerem unthätigen
Verharren der Hunger sie zu Fall bringen könne. Die bisherigen Aus=
fälle hatten nur bezweckt, den Gegner aus der beengenden Nähe zu ver=
treiben, eine neue Unternehmung steckte sich ein größeres Ziel. Man
wollte die Seine unterhalb Paris bei Bezons und Carrières überschreiten,
dann die Postirungen des preußischen IV. Korps auf den Höhen bei
Argenteuil von Süden und aus St. Denis zugleich von Osten her an=
greifen. Ueber Pontoise sollte der Marsch auf Rouen in ein an Hülfs=
quellen noch nicht erschöpftes Gebiet fortgesetzt, dorthin auf der Eisenbahn
über Le Mans auch die Loire=Armee herangezogen und so ein Heer von
250 000 Mann versammelt werden.

Freilich stand dem Vorgehen über die Seine das preußische V. Korps
unmittelbar in der Flanke, dessen Vorposten schon mehrfach in Rueil er=
schienen waren. Diesen Gegner vor Allem erst zurückzudrängen, übernahm
General Ducrot mit 10 000 Mann und 120 Feldgeschützen. Sodann
sollten Verschanzungen vom Valérien bis Carrières die Halbinsel gegen
Süden absperren.

Vielleicht war es der gefürchteten „öffentlichen Meinung" und den
wachsenden Umtrieben der Parteien in Paris gegenüber mehr der Drang,
nur überhaupt etwas zu thun, als daß es mit einem so weit aussehenden
Plane wirklich Ernst gewesen wäre. Erhebliche Schwierigkeiten stellten

sich schon dem Angriff auf die feindliche Linie entgegen, die größeren mußten entstehen, wenn er gelang. Unmöglich konnte man hoffen, die meilenlangen Trains mit durchzubringen, welche zur Ernährung einer Armee unentbehrlich sind. Ernste Verlegenheiten mußten eintreten, wenn die dreitägige Ration, welche die Truppen tragen konnten, aufgezehrt war. Um vom Lande zu leben, hätte die Armee sich ausbreiten müssen, wenn aber der Gegner folgte, war man genöthigt, die Kräfte eng zusammenzuhalten. Ueberhaupt sieht man nicht recht, welchen Zweck es haben sollte, die Streitkräfte von Paris wegzuziehen, welche zum Schutze der Hauptstadt versammelt worden waren. Ein Erfolg war immer nur abzusehen, wenn eine Armee von außen so nahe herangerückt war, daß sie der aus dem Platz heraustretenden unmittelbar die Hand reichen konnte.

Indeß schritt General Ducrot am 21. Oktober, nachdem Mont Valérien während des ganzen Vormittags ein ziemlich nutzloses Feuer unterhalten hatte, um 1 Uhr zum Angriff auf die Stellung der preußischen 19. Brigade, welche mit ihren Vorposten die Linie Bougival—Jonchère—Fohlenkoppel besetzt hatte. Vierzehn französische Feldbatterien entwickelten sich zu beiden Seiten von Rueil und am Südfuß des Valérien, während hinter dieser Artilleriefront die Infanterie in fünf Kolonnen vorrückte.

Auf deutscher Seite konnten vorerst nur zwei Batterien den ungleichen Geschützkampf aufnehmen, von welchen die eine bei Villa Metternich sehr bald zurückgenommen werden mußte. Die des Gegners gingen zur Rechten auf 1400 Schritt an Bougival heran, und um 3 Uhr brachen vier Zouaven-Kompagnien aus Rueil dorthin vor. Mit lebhaftem Feuer empfangen, warfen sie sich seitwärts in den Park von Malmaison und besetzten ungehindert Schloß Buzanval und den östlichen Hang der tief eingeschnittenen Cucufa-Schlucht. Hier fuhr eine ihrer Batterien bis in die Schützenlinie ein, um diese zu unterstützen.

Während das Gros der 9. Division von Versailles nach Baucresson heranrückte, entwickelte sich die 10. an der Schlucht und bei Villa Metternich. Das Feuergefecht der Infanterie dauerte nun eine ganze Stunde und fügte den Franzosen große Verluste zu. Als sie um 4 Uhr genugsam erschüttert schienen, auch eine Verstärkung durch Garde-Landwehr aus St. Germain am linken Flügel eingetroffen war, ging der linke Flügel der Deutschen von Bougival und über die Höhe von Jonchère vor, drang trotz heftiger Gegenwehr in Malmaison ein und verfolgte die abziehenden Zouaven bis Rueil. Gleichzeitig war der rechte, die Cucufa-Schlucht an ihrem Ursprung umgehend, gegen deren Osthang vorgeschritten, vertrieb dort den Feind, nahm der Batterie zwei Geschütze ab und besetzte Schloß Buzanval.

Die Franzosen zogen sich nun überall zurück, gegen 6 Uhr verstummte das Feuer, und die 10. Division, welche allein schon und ohne weitere Hülfe den feindlichen Vorstoß ausgehalten hatte, bezog ihre bisherigen Vorposten wieder.

Der Kampf hatte ihr 400 Mann gekostet. Die Franzosen hingegen büßten in dem verunglückten Unternehmen 500 Todte und Verwundete und 120 Gefangene ein.

Bald darauf fingen die Franzoſen an, Erdſchanzen in Nähe von 800 Schritt vor der Linie des Gardekorps aufzuwerfen, und am 28. Oktober früh brach unter dem Schuß der Dunkelheit General Bellemare mit einer Abtheilung von mehreren Bataillonen gegen Le Bourget vor.

Die dort ſtehende völlig überraſchte Kompagnie mußte der Ueber- macht auf Pont Jblon und Blanc Mesnil ausweichen. Die Franzoſen verbarrikadirten ſich ſogleich im Ort und richteten denſelben zur dauernden Vertheidigung her. Vergeblich verſuchte noch am Abend ein Bataillon, ſie wieder zu vertreiben, daſſelbe mußte unter großem Verluſte zurückgehen. Ebenſowenig gelang dies am folgenden Tage dem Feuer von 30 Feld- geſchützen, welche bei Pont Jblon auffuhren. Der Kronprinz von Sachſen ertheilte aber dem Gardekorps den beſtimmten Befehl, Le Bourget unverzüglich wieder zu nehmen.

Erſtürmung von Le Bourget.
(30. Oktober.)

Demnach verſammelten ſich am 30. Oktober unter Befehl des General- lieutenants v. Budrißki 9 Bataillone der 2. Garde-Diviſion nebſt 5 Batterien bei Dugny, Pont Jblon und Blanc Mesnil zu umfaſſendem Angriff.

Nachdem um 8 Uhr die Artillerie vom Morée-Bach her den Kampf eröffnet, brach die Infanterie vor. Sie empfing in dem völlig freien Gelände nicht nur das Feuer aus Le Bourget, ſondern auch des ſchweren Geſchützes aus den Forts. Dennoch drangen an der Spitze der mittleren Kolonne die Grenadier-Bataillone Königin Eliſabeth um 9 Uhr in kräftigem Anlauf über die Barrikaden des nördlichen Ausganges und durch von den Pionieren ſchnell hergeſtellte Maueröffnungen in das Dorf ein. Gegen die weſtliche Seite deſſelben rückten die Grenadiere des Kaiſer Franz- Regiments heran und ſetzten ſich in Beſitz des Parks. Beim weiteren Vorſchreiten im Ort entwickelte ſich nun ein heftiger Häuſerkampf, in welchem beide Regimentskommandeure, Oberſt v. Zaluskowski und Graf Waldersee, fielen. Die mit Mauern umgebenen Gehöfte links der Straße wurden trotz hartnäckiger Gegenwehr eines nach dem anderen erſtürmt, die hoch über dem Erdboden angebrachten Fenſter der Kirche erſtiegen und der Kampf von Mann gegen Mann in derſelben fortgeſetzt. Vom Park aus drangen die Garde-Schützen in die Glasfabrik ein.

Um 9½ Uhr verſuchten die Franzoſen, Verſtärkungen von Auber- villers und Drancy nach Le Bourget heranzuführen; inzwiſchen hatte aber die linke Kolonne den Eiſenbahndamm erſtürmt, denſelben mit Abtheilungen des Kaiſer Alexander-Regiments beſetzt und war in den ſüdlichen Theil des Ortes eingedrungen. Zwei Batterien hatten am Mollette-Bach Stellung genommen, ihr Feuer trieb den Gegner zurück und veranlaßte ihn ſogar, Drancy zu räumen.

Noch um 10 Uhr behaupteten die Franzosen sich in den Baulichkeiten nördlich der Mollette. Diese wurden nun auch von Süden her angegriffen. Die vierte Kompagnie des Alexander=Regiments überschritt den Bach und drang durch eine von den Pionieren durchgebrochene Oeffnung in das Gehöft ein, in welchem der Feind seine Hauptkräfte versammelt hielt. Dieselben mußten mit Kolben und Bajonett überwältigt werden, und der französische Oberst de Baroche fand hier seinen Tod.

Obwohl nun, 11 Uhr, alle drei Angriffskolonnen sich im Innern von Le Bourget die Hand reichten, setzte der Feind den Kampf in einzelnen Häusern und Gärten mit gesteigerter Erbitterung noch bis in die Nach=mittagsstunden fort, während sämmtliche Forts der Nordfront von Paris den Ort mit ihren Granaten überschütteten. Erst von 1¹⁄₂ Uhr an konnten die Angriffstruppen kompagnieweise in ihre Quartiere zurückgezogen werden. Zwei Bataillone verblieben fortan in Le Bourget als Besatzung.

Der verzweifelte Widerstand der Franzosen zeigte, welchen Werth sie auf den Besitz dieses Postens legten. Der 2. Garde=Division hatte ihr Sieg 500 Mann gekostet. Der Verlust des Gegners ist nicht bekannt, aber über 1200 Gefangene waren ihm abgenommen.

Dieses neue Mißgeschick steigerte die Unzufriedenheit der Bevölkerung von Paris. Parteien des Umsturzes, welche die französische Hauptstadt zu allen Zeiten birgt, traten drohend hervor.

Schön gefärbte Berichte konnten den gänzlichen Mangel an Erfolg nicht mehr verbergen, mehr und mehr schwand das Ansehen der Regierung. Man beschuldigte sie der Unfähigkeit, des Verraths. Lärmende Volks=haufen forderten Waffen, und selbst ein Theil der Nationalgarde schloß sich diesen Unordnungen an. Das Stadthaus wurde umringt unter dem Ruf: „Es lebe die Kommune!" Und wenn zwar andere Truppen diese Aufläufe vertrieben, so blieben doch die eigentlichen Anstifter, obgleich wohl gekannt, völlig straflos.

Schon am 31. Oktober zogen denn auch aufs Neue tobende Massen durch die Straßen. Da General Trochu den Posten vor dem Stadt=haus verboten hatte, von der Waffe Gebrauch zu machen, drangen die Meuterer dort ein. Die Regierungsmitglieder waren ihre Gefangenen, bis endlich abends einige treu gebliebene Bataillone sie wieder befreiten.

Herr Thiers, welcher von seiner erfolglosen Bereisung der europäischen Höfe zurückgekehrt war, hielt es an der Zeit, die Verhandlungen in Ver=sailles wieder anzuknüpfen. Zur Bewilligung eines Waffenstillstandes war man dort auch jetzt noch geneigt, aber die Bedingung, welche von fran=zösischer Seite gefordert wurde — Verproviantirung der Hauptstadt — konnte natürlich nicht angenommen werden, und so mußten denn die Feind=seligkeiten ihren Fortgang nehmen.

Um diese Zeit, gegen Ende Oktober, hatten an der Mosel die Ver=hältnisse sich in einer Weise entwickelt, welche demnächst die ganze Kriegs=lage beeinflussen mußte.

Durch die Auswechselung deutscher Gefangener gegen französische, die bei Sedan gefochten, war die Nachricht von der dort erfolgten Nieder=

lage in Metz allgemein bekannt geworden. Marschall Bazaine aber erklärte, daß die Rhein=Armee auch ferner das Land gegen den Feind, die öffentliche Ordnung gegen die schlechten Leidenschaften vertheidigen werde, welcher Schlußsatz allerdings in sehr verschiedenem Sinne ausgelegt werden konnte.

Der deutschen Politik mochte es willkommen sein, wenn außer der anspruchsvollen, aber schwachen Regierung zu Paris noch eine Macht in Frankreich vorhanden war, mit welcher man sich möglicherweise über Abschluß des Krieges verständigen konnte. So wurde denn auch der Eintritt in Metz einem angeblichen Unterhändler der vertriebenen kaiserlichen Familie gestattet. Da indessen derselbe seine Eigenschaft als solcher dem Marschall gegenüber nicht zu beurkunden vermochte, so erhielt General Bourbaki die Erlaubniß, durch die deutschen Vorposten sich nach London zu begeben, wo aber die Kaiserin Eugenie jede Einmischung in die schon so schwierige Lage Frankreichs ablehnte. Der General stellte sich dann in Tours der Regierung der nationalen Vertheidigung zur Verfügung.

Einstweilen verhielt sich die in Metz eingeschlossene Armee seit dem Tage von Noisseville in völlig abwartender Haltung.

Die nöthigen Lebensmittel für 70 000 Einwohner, einschließlich der in die Stadt geflüchteten Landleute waren ursprünglich auf 3½, für die vorschriftsmäßige Garnison auf 5 Monate vorhanden gewesen, für die Rhein=Armee aber Ernährung nur auf 41, Hafer auf 25 Tage noch vorräthig.

Zwar wurden die Bestände der Truppen durch Ankäufe aus den reichlichen Vorräthen der Bürger ergänzt, aber bald mußten kleinere Brotportionen angeordnet und, um Fleisch zu verschaffen, Pferde geschlachtet werden, so daß die meisten Kavallerie=Regimenter nur noch mit zwei Eskadrons antreten konnten.

Auch auf deutscher Seite unterlag die Ernährung von 197 326 Mann und 33 136 Pferden großen Schwierigkeiten. Die in der Heimath ausgebrochene Rinderpest beschränkte die Zufuhr von lebendem Vieh auf Ankäufe in Holland und Belgien. Der Bedarf an Fleischnahrung mußte durch Konserven ergänzt werden. Erhöhte Haferrationen ersetzten den Mangel an Heu und Stroh.

Zwar waren die bisherigen Verluste der Armee durch das Eintreffen von Ersatzmannschaften gedeckt, aber allein der Transport der Gefangenen von Sedan nahm 14 Bataillone des Einschließungsheeres in Anspruch. Noch war es nicht gelungen, neben dem weiten Ausbau der Verschanzungen Wohnräume in hinreichender Zahl herzustellen. Bei der frühzeitig eingetretenen rauhen, regnerischen Witterung blieb ein Viertel der Mannschaft ohne Obdach, und allmählich mehrte sich die Zahl der Kranken in den Lazarethen auf die beunruhigende Zahl von 40 000 Mann.

Obwohl 50 schwere Geschütze aus der Heimath anlangten, erwies sich doch eine Beschießung von Metz wirkungslos, da sie wegen des überlegenen Kalibers der Festungsartillerie nur nachts, unter mehrfachem Wechsel der Stellung, ausgeführt werden konnte. Sonach mußte man das Beste von der Zeit erwarten und sich in Geduld fassen.

Bereits hatten die Belagerten während vier Wochen von ihren Vor=
räthen gezehrt. Bei starker Abnahme derselben und zugleich, um durch
Thätigkeit den Geist der Truppe neu zu beleben, beschloß der Ober=
kommandirende, unter dem Schutze von Waffenentfaltung alle Vorräthe
aus den Ortschaften innerhalb der deutschen Einschließungslinie abzuholen.

Am 22. September mittags hatte das Fort St. Julien ein lebhaftes
Feuer auf die Vorposten des I. Korps eröffnet. Starke Infanterie=
Abtheilungen rückten dann gegen die östlich gelegenen Dörfer vor, ver=
trieben die Feldwachen des Gegners und kehrten mit den vorgefundenen
Lebensmitteln nach Metz zurück. Eine ähnliche Unternehmung am folgenden
Nachmittag gegen die nördlich vorliegenden Ortschaften gelang weniger.

Unter dem Feuer der schnell bereitgestellten preußischen Batterien
mußten die meisten der mitgeführten Wagen leer wieder abfahren. Endlich
fand auch am 27. September ein Ausfall zu gleichem Zweck gegen Süden
statt, welcher zu mehreren kleinen Gefechten und zur Gefangennahme
einer in Peltre von weit überlegenen Kräften umzingelten Kompagnie
führte. Ein gleichzeitiger Ausfall am linken Mosel=Ufer scheiterte an dem
Feuer der herbeieilenden Artillerie der Einschließungskorps.

Im Norden von Metz war Diedenhofen bisher nur durch eine
schwache Abtheilung beobachtet worden, die nicht verhinderte, daß die Be=
satzung das Gelände bis zur nahen Grenze durchstreifte, Gefangene machte,
50 beladene Proviantwagen erbeutete und sogar auf der von ihr wieder=
hergestellten Eisenbahn von Luxemburg einen vollen Verpflegungszug in
die Festung führte.

In der That konnte dort die Rhein=Armee auf Entfernung eines
Marsches eine wichtige Stütze finden, wenn ihr der Durchbruch gelang.
Prinz Friedrich Karl traf daher Sorge, die nördliche Einschließung
auf dem rechten Mosel=Ufer zu verstärken. Am 1. Oktober rückte das
X. Korps in die Stellung der Reserve=Division Kummer ein, welche auf
das linke Ufer übertrat. Das I., VII. und VIII. schlossen enger rechts
zusammen, und das II. übernahm den Abschnitt zwischen Seille und Mosel,
auch wurden die Truppen vor Diedenhofen verstärkt.

Wirklich hatte der Marschall nochmals beschlossen, sich nach Norden
durchzuschlagen, und zwar auf beiden Flußufern. Hinter St. Julien und
von der Insel Chambière wurden neue Brücken über den Strom geschlagen
und in mehrtägigen kleinen Gefechten die nächsten deutschen Postirungen
westlich und nördlich des Platzes verdrängt. Unterstützt durch das Feuer
der Forts, setzten die Franzosen sich in Lessy und Ladonchamps fest. Die
Truppen, welche in Metz zurückbleiben sollten, waren ausdrücklich bezeichnet,
die übrigen hinsichtlich ihrer Marschfähigkeit untersucht. Mit Diedenhofen
wurden Leuchtsignale ausgetauscht und alle Maßregeln für den Aufbruch
am 7. Oktober getroffen.

Da plötzlich änderte der französische Feldherr seinen Sinn, und das
geplante Unternehmen lief auf eine bloße Fouragirung hinaus.

Allerdings wurden für diese sehr große Streitkräfte in Bewegung
gesetzt: die Garde=Voltigeur=Division, das VI. Korps und in den Wäldern

von Woippy das IV. Außerdem sollte die Bewegung auch auf dem rechten Flußufer durch das III. Korps unterstützt werden.

Vierhundert Wagen wurden bereit gehalten, um die Vorräthe aus den großen Pachthöfen nördlich Ladonchamps mitzuführen.

Ausfall aus Metz gegen Bellevue.
(7. Oktober.)

Obwohl sich der um 11 Uhr beabsichtigte Aufbruch von Woippy bis 1 Uhr verzögert hatte, mußten die auf Vorposten stehenden preußischen Landwehr-Kompagnien der Uebermacht weichen und verloren, indem sie sich bis zur Erschöpfung ihrer Munition in den Gehöften vertheidigten, eine ansehnliche Zahl von Gefangenen. Die Artillerie der Landwehr-Division verhinderte aber die Abfuhr der Bestände, von Norroy aus rückte die 5. Division in die linke Flanke des französischen Angriffs vor und trieb den Feind gegen Bellevue zurück, wo sich ein stehendes Feuergefecht entwickelte.

Auf dem rechten Mosel-Ufer war das französische III. Korps gegen Malroy und Noisseville vorgegangen. Auch hier zogen sich die Vorposten zurück, aber hinter denselben standen das X. und das I. Korps gefechtsbereit. Beide Kommandirende erkannten bald, daß es sich nur um einen Scheinangriff handle. Obwohl selbst bedroht, ließ General v. Voigts-Rhetz schon um 2½ Uhr seine 38. Brigade bei Argancy die Mosel überschreiten, um der Landwehr-Division Hülfe zu leisten, und, da ihm General v. Manteuffel Unterstützung nach Charly zusandte, auch noch die 37. folgen.

Sobald die erste Verstärkung eingetroffen war, schritt General v. Kummer seinerseits zum Angriff, nahm nach lebhaftem Gefecht die Pachthöfe dem bereits im Abzuge begriffenen Gegner wieder ab und drang, unterstützt von rechts her durch die Abtheilungen der 5. Division, gegen 6 Uhr abends in Bellevue ein. Aber noch war Ladonchamps im Besitz der Franzosen geblieben. Gegen diesen Punkt rückten spät abends die 19. und die Reserve-Division vor. Das Schloßgehöft, von Wassergräben umgeben, war sorgfältig verschanzt und mit Infanterie und Geschütz stark besetzt. Bei eingetretener Dunkelheit mußte auf die Wirkung der eigenen Artillerie verzichtet werden, und der Angriff mißlang. Im Uebrigen waren alle früher innegehabten Punkte wieder besetzt.

Der Tag hatte den Preußen 1700 Todte und Verwundete, außerdem 500 Vermißte gekostet. Der Verlust der Franzosen wird auf nur 1193 Mann angegeben.

Das Unternehmen der Franzosen konnte als ein Versuch, als die Einleitung zu einem wirklichen Durchbruch gelten und war vielleicht auch so gemeint. Die deutschen Truppen verblieben daher in den Stellungen, welche sie zu Ende des Gefechtes eingenommen hatten, um die Erneuerung am folgenden Morgen abzuwarten.

Wirklich eröffneten am 8. Oktober früh die Forts ein lebhaftes Feuer gegen die Pachthöfe, während deutsche Batterien ihre Geschosse gegen Ladonchamps richteten. Sodann gingen starke Kolonnen am rechten Mosel=Ufer vor, schritten aber nirgends zu einem ernsten Angriff. Die preußischen Truppen kehrten daher bald in ihre Quartiere zurück.

Noch dauerte der Artilleriekampf während der nächsten Tage fort, aber mit abnehmender Heftigkeit. Anhaltendes Regenwetter erschwerte alle Unternehmungen im Felde und steigerte die Leiden auf beiden Seiten. In Metz machte sich der Mangel an Lebensmitteln in immer höherem Grade fühlbar. Schon am 8. hatte der Kommandant gemeldet, daß seine Bestände nur noch für 12 Tage ausreichten. Ein am 10. berufener Kriegsrath war jedoch der Ansicht, daß weiteres Ausharren der größte Dienst sei, welchen die Rhein=Armee dem Vaterlande leisten könne, indem sie ferner ein feindliches Heer unter den Mauern von Metz festhalte.

Der Marschall entsendete jetzt den General Boyer als Unterhändler nach Versailles, aber dieser sollte freien Abzug der Armee fordern und eine Kapitulation wie die von Sedan ausdrücklich ablehnen.

Nun waren die Zustände in Metz auf deutscher Seite keineswegs unbekannt. Täglich wuchs die Zahl der Mannschaften, welche beim Kartoffelsuchen sich freiwillig gefangen nehmen ließen. Man erfuhr, daß Unruhen in der Stadt ausgebrochen, daß auch Soldaten an den Zusammen= rottungen theilnahmen, und daß der Kommandirende gedrängt worden sei, die Republik anzuerkennen. Nachdem auch die Kaiserin erklärt, daß sie niemals in eine Schmälerung des französischen Ländergebietes ein= willigen werde, konnte von politischen Unterhandlungen mit dem Ober= feldherrn der Rhein=Armee nicht mehr die Rede sein.

Wirklich hörten mit dem 20. die Lieferungen aus den Festungs= vorräthen auf, und die Truppen lebten vielfach nur noch von Pferdefleisch. Die ursprüngliche Zahl von 20 000 Pferden minderte sich täglich um tausend. Besonders empfindlich wurde der Mangel an Brot und Salz, und der lehmige, tief aufgeweichte Boden machte den Aufenthalt in den Lagern fast unerträglich.

Nach dem Scheitern der Verhandlungen in Versailles wurde in einem am 24. versammelten Kriegsrath die Nothwendigkeit anerkannt, deren mit dem Oberkommando des Einschließungsheeres anzuknüpfen.

Die ersten Besprechungen blieben erfolglos, da der Marschall noch immer freien Abzug, nöthigenfalls nach Algier, oder Waffenstillstand mit Verproviantirung verlangte. Auf deutscher Seite wurde Uebergabe der Festung und Kriegsgefangenschaft der Armee gefordert, und auf diese Bedingung erfolgte endlich am 27. Oktober abends die Unterzeichnung der Kapitulation.

Kapitulation von Metz.
(27. Oktober.)

Am 29. morgens wurden die preußischen Fahnen auf den großen Außenwerken von Metz aufgepflanzt. Um 1 Uhr rückte die französische Besatzung in lautloser Stille und guter militärischer Haltung auf sechs Straßen aus dem Platz. An jeder stand ein preußisches Armeekorps zur Empfangnahme der Gefangenen, welche sogleich in vorbereitete und mit Vorräthen versehene Biwaks abgeführt wurden. Die Offiziere durften den Degen behalten und einstweilen nach Metz zurückkehren, wohin nun auch alsbald Lebensmittel geschafft wurden.

Marschall Bazaine reiste nach Cassel ab.

Noch im Laufe des Tages rückte die 26. Brigade in Metz ein. In der Stadt bemerkte man keine Zerstörungen, aber der Zustand der Lager zeugte von den Leiden, welche die Truppen während 72 tägiger Ein-schließung ertragen hatten.

Die Deutschen hatten in dieser Zeit 240 Offiziere und 5500 Mann an Todten und Verwundeten verloren.

Vom Gegner gingen 6000 Offiziere und 167 000 Mann, außerdem 20 000 zur Zeit noch nicht transportable Kranke, zusammen gegen 200 000 Mann, in Gefangenschaft. In die Hände der Deutschen fielen 56 Kaiserliche Adler, 622 Feld-, 876 Festungsgeschütze, 72 Mitrailleusen und 260 000 Gewehre.

Die Gefangenen wurden über Trier und Saarbrücken durch Land-wehr-Bataillone transportirt, waren dann aber auch in der Heimath durch letztere zu bewachen, so daß auf deren Rückkehr nicht gerechnet werden durfte.

Neu-Eintheilung der Armee.

Durch die Kapitulation von Metz, welche Prinz Friedrich Karl unter so schwierigen Umständen erzwungen, war die gesammte Kriegslage wesentlich gebessert.

Schon vor Eintritt der Katastrophe, aber in sicherer Voraussicht derselben, wurde im großen Hauptquartier Bestimmung über die dadurch verfügbar werdenden Heerestheile getroffen und den Oberbefehlshabern im Voraus mitgetheilt.

Danach bildeten das I., VII. und VIII. Korps nebst der 3. Kavallerie-Division fortan die I. Armee und traten unter Befehl des Generals v. Manteuffel. Ihr Auftrag war, nach der Gegend von Compiègne zu marschiren und die Einschließung von Paris gegen Norden zu sichern. Außerdem lagen derselben freilich noch verschiedene Leistungen ob. Sie hatte Metz zu besetzen, Diedenhofen und Montmédy zu belagern.

Das II., III., IX. und X. Korps nebst der 1. Kavallerie-Division traten aufs Neue als II. Armee unter Befehl des Prinzen Friedrich Karl und waren bestimmt, nach der mittleren Loire abzurücken.

Operationen des XIV. Korps im Südosten.
(Oktober.)

Seit dem Fall von Straßburg hatte dem neugebildeten XIV. Korps obgelegen, die Verbindungen der vor Metz und Paris festgehaltenen deutschen Armeen zu sichern.

Nicht sowohl große Schlachten als vielfache kleinere Kämpfe in den verschiedensten Richtungen hatte General v. Werder zu gewärtigen. Um seine vier Infanterie=Brigaden zur selbständigen Führung solcher Gefechte zu befähigen, rüstete er jede mit Artillerie und Kavallerie aus.

In dieser Formation durchschritt das Korps die Vogesen auf den beiden Straßen über Schirmeck und Barr, wobei feindliche Franktireur= schwärme ohne sonderlichen Aufenthalt aus den Engpässen vertrieben wurden. Beim Austritt aus dem Gebirge aber stieß man alsbald auf ernste Gegenwehr.

Schon seit Anfang Oktober stand der französische General Cambriels mit etwa 30 000 Mann bei Epinal, unter deren Schutz zahlreiche Bataillone von National= und Mobilgarden sich im südlichen Frankreich sammelten.

Am 6. Oktober marschirte General v. Degenfeld mit der badischen Avantgarde an beiden Ufern der Meurthe in der Richtung auf St. Dié vor. Die schwache Kolonne wurde durch weit überlegene Kräfte von allen Seiten bedrängt, dennoch gelang es in wiederholten Angriffen, die vom Gegner besetzten Dörfer zu nehmen.

Der siebenstündige Kampf endete mit dem exzentrischen Rückzuge des Feindes nach Rambervillers und Bruyères. Er hatte den Deutschen 400, den Franzosen aber 1400 Mann gekostet. Die badische Abtheilung biwakirte auf dem Gefechtsfelde und fand demnächst St. Dié von den Franzosen geräumt.

General Cambriels hatte nämlich alle verfügbaren Streitkräfte in verschanzten Stellungen bei Bruyères versammelt. Gegen diese gingen am 11. Oktober die badischen Brigaden vor, vertrieben Mobilgarden und Freischaaren aus den vorliegenden Ortschaften, erstiegen die Höhen zu beiden Seiten der Stadt und drangen ohne sonderlichen Verlust in die= selbe ein. Die Franzosen zogen südlich auf Rémiremont ab.

Bei dem geringen Widerstande, den trotz überlegener Zahl dieser Gegner bisher geleistet, vermuthete General v. Werder, daß derselbe dieffeits Besançon kaum noch Stand halten werde, gab die bereits an= geordnete weitere Verfolgung, wohl etwas zu frühzeitig, auf und kon= zentrirte seine Streitkräfte um Epinal, welchen Ort die Deutschen nach leichtem Gefecht in Besitz nahmen. Von hier wurden Etappenstraße und Telegraphenlinie nach Lunéville und Nancy eingerichtet, Magazine an= gelegt und die Trains, welche dem Korps von Zabern über Blamont nach Baccarat gefolgt waren, herangezogen. Dagegen blieb die Eisen=

8*

bahn längs der Mosel wegen der vom Gegner bewirkten Zerstörungen auf längere Zeit hinaus nicht benutzbar.

General v. Werder wollte nun, wie ihm unter dem 30. September befohlen, über Neufchâteau an die obere Seine marschiren, ein Telegramm aus dem großen Hauptquartier aber wies ihn an, zuvor noch den ihm zunächst stehenden Feind, den General Cambriels, vollends zurückzuwerfen.

Dementsprechend setzte sich das Korps alsbald über Conflans und Luxeuil in Marsch auf Vesoul, auch erfuhr man, daß in der That der Gegner schon am Ognon Halt gemacht, Quartiere bezogen und Verstärkungen erhalten habe.

General v. Werder beschloß sofort den Angriff. Für den 22. Oktober ordnete er die Besitznahme der Uebergänge über den Fluß an, behielt sich aber weitere Bestimmungen bis zum Eingange von Meldungen vor.

Schon um 9 Uhr erreichte zur Rechten die 1. badische Brigade, ohne auf den Feind zu stoßen, Marnay und Pin, besetzte die dortigen Brücken, machte dann aber befohlenermaßen abwartend Halt.

Auf dem linken Flügel vertrieb die 3. Brigade Franktireurschwärme aus den Waldungen, erstürmte Perrouse und bemächtigte sich um 2½ Uhr der Ognon-Brücke in Voray. Auch im Centrum drang nach leichtem Gefecht die Spitze der Avantgarde der 2. Brigade in Etuz ein, sah sich aber durch einen Flankenangriff des Gegners aus den Wäldern am nördlichen Ufer um 11 Uhr zurückgewiesen. Nachdem dann das Gros herangerückt und die Artillerie gewirkt, wurde um 1 Uhr der Ort zum zweiten Male besetzt. Es entspann sich aber nun ein mehrstündiges Feuergefecht mit den Franzosen, welche vorwärts des Flußüberganges bei Cussey hartnäckig Stand hielten.

Freilich war bereits an die 1. Brigade Befehl abgeschickt, von Pin am südlichen Ufer in Flanke und Rücken dieses Gefechtes vorzugehen. Sie konnte nun aber erst um 6 Uhr eintreffen, wo der Kampf beendet war. Nachdem zwei Batterien die Ognon-Brücke unter lebhaftes Feuer genommen, hatte der Feind zwar, von den Badensern verfolgt, sich eilends abgezogen, wurde dann auch noch aus rückwärtigen Stellungen vertrieben, verblieb aber bei eintretender Dunkelheit doch in Besitz mehrerer Punkte vorwärts Besançon.

Der Tag hatte den Deutschen 120, den Franzosen 150 Mann gekostet, ihnen aber außerdem über 200 Gefangene. Gambetta gegenüber, welcher selbst in Besançon erschien, lehnte General Cambriels jede Aufforderung zu erneutem Vorgehen entschieden ab und wollte sich nur zur Behauptung seiner starken Stellung unter den Mauern der Festung verstehen.

Zur Rechten entsendete Abtheilungen meldeten die Anwesenheit französischer Streitkräfte bei Dôle und Auxonne, angeblich die Vorhut einer „Vogesen-Armee" unter Garibaldi, welche sich am Doubs versammelte. General v. Werder ließ sie unbeachtet und führte sein Korps am 26. nach Dampierre und Gray.

Jenseits der Saône fand man alle Wege unterbrochen, die Wälder durch Verhaue gesperrt und die ganze Bevölkerung zum Widerstande bereit. Aber die Franktireurs und Mobilgarden wurden unschwer zer= sprengt, und eine Kolonne, welche ohne jede Sicherung marschirte, sah sich gegen den Vingeanne=Bach gedrängt, wo 15 Offiziere und 430 Mann die Waffen streckten.

Fernere Meldungen und die Aussage der Gefangenen ergaben, daß Dijon stark besetzt sei. In Erwartung eines Angriffs von dieser Seite versammelte sich das XIV. Korps hinter der Vingeanne, von wo aus am 30. Oktober früh General v. Beyer mit der 1. und 3. Brigade gegen Dijon in Marsch gesetzt wurde.

Unter dem Eindruck der jüngsten Vorgänge hatten die National= garden in Dijon bereits die Waffen abgelegt, Mobilgarde und Linien= besatzung waren südlich abgezogen, die Einwohner aber setzten es durch, daß die Truppen zu ihrer Vertheidigung wieder herangezogen wurden. Etwa 8000 Mann standen dazu verfügbar, ihr Befehlshaber mußte sich jedoch verpflichten, das Gefecht außerhalb der Stadt zu liefern.

Schon durch die badische Avantgarde wurden die gegen die Tille vorgeschobenen Postirungen verdrängt, das Dorf St. Apollinaire und die anstoßenden Höhen trotz lebhaften Feuers um Mittag in kräftigem An= laufe genommen. Inzwischen war das Gros angelangt, und um 3 Uhr nachmittags traten sechs deutsche Batterien in Wirksamkeit. Die Wein= gärten und mehrere Gehöfte in der Umgebung von Dijon, besonders der verbarrikadirte Park südlich der Stadt, gewährten der Vertheidigung große Vortheile. Dennoch blieb die badische Infanterie in stetigem Vor= schreiten und drang mit umfassendem Angriff in die nördliche und östliche Vorstadt ein.

Hier entstand nun unter lebhafter Betheiligung der Einwohner ein erbitterter Kampf. Haus für Haus wurde gestürmt, dann aber kam der Angriff vor dem tief eingeschnittenen Suzon=Bach zum Stehen, welcher die eigentliche Stadt östlich umgrenzt. Es war 4 Uhr geworden und vor Einbruch der Dunkelheit der noch bevorstehende Kampf nicht zu be= enden. General v. Beyer ließ daher das Gefecht abbrechen. Die Bataillone wurden zurückgenommen und bezogen Quartiere in den nächsten Ortschaften, nur die Artillerie setzte ihr Feuer fort.

Die Deutschen hatten gegen 150, die Franzosen etwa 100 Mann verloren, letztere aber außerdem 200 Gefangene.

Noch in der Nacht erschienen Abgesandte, welche um Schonung der Stadt baten. Sie erklärten sich bereit, Lebensmittel für 20 000 Mann zu liefern, und stellten Bürgschaft für das Verhalten der Einwohner.

Am 31. Oktober besetzten die badischen Truppen Dijon.

Inzwischen waren neue Instruktionen beim General v. Werder eingegangen. Es galt, den Vormarsch der II. Armee nach der Loire in der linken Flanke zu sichern, zugleich das Elsaß und die Belagerung von Belfort zu schützen, wo nunmehr zwei Reserve=Divisionen angelangt waren. Es sollte das XIV. Korps, unter Besetzthaltung von Dijon, nach Besoul abrücken und von dort die feindlichen Truppenansammlungen um Besançon sowohl wie bei Langres im Zaum halten. Selbst offensives Vorgehen gegen Châlons und Dôle wurden gefordert.

Die Lage des Generals v. Werder war schwieriger, als man sie in Versailles ansah. Allein schon bei Besançon standen 45 000 Mann, welche unter Befehl eines neuen Führers, des Generals Crouzat, traten. Zwischen Dôle und Auxonne versammelte Garibaldi 12 000 Mann, weiter abwärts im Saône-Thal bildete sich ein neues Korps von 18 000 Mann, und 12 000 Mann National- und Mobilgarden bedrohten von Langres aus die Flanke des vereinzelten deutschen Korps.

Aber anstatt die schwachen, von Lure bis Dijon und Gray auf zwölf Meilen auseinandergezogenen Abtheilungen desselben mit erdrücken- der Uebermacht anzugreifen, gab man sich auf französischer Seite der Besorgniß hin, der Gegner könne, verstärkt von Metz aus, einen Angriff auf Lyon beabsichtigen. General Crouzat marschirte daher, nach Hinter- lassung einer starken Besatzung in Besançon, nach Chagny, wo er sich bis zum 12. November durch Zuzüge aus dem Süden auf 50 000 Mann verstärkte. Auch die Garibaldischen Freischaaren setzten sich nach Autun in Bewegung, um Bourges zu sichern.

Inzwischen richtete General v. Werder sich in Besoul ein und ließ die Südseite der Stadt zur Vertheidigung vorbereiten.

Unter den Vorgängen im Laufe des Oktober bleibt endlich noch der Angriff auf die im Rücken der deutschen Heere liegenden französischen Festungen zu erwähnen.

Zu Anfang des Monats war die neuformirte 4. Reserve-Division in Stärke von 15 Bataillonen, 8 Eskadrons, 36 Geschützen und einer Festungs-Pionier-Kompagnie in Baden versammelt und setzte bei Neuen- burg über den Rhein.

Zunächst wurde die Gegend von Franktireurschaaren gesäubert, Mül- hausen besetzt und dort — auf Wunsch der städtischen Behörden selbst — die Entwaffnung der aufgeregten Fabrikbevölkerung durchgeführt.

General v. Schmeling hatte den Auftrag, Neu-Breisach und Schlett- stadt zu belagern, und verfügte zunächst ihre Einschließung durch je eine seiner Brigaden. Die von Breisach wurde am 7. Oktober durch ost- preußische Landwehr bewirkt und der Platz sofort, aber ohne Erfolg, durch die Feldbatterien beschossen. Die andere Brigade langte nach den nöthigen Detachirungen in sehr geringer Stärke vor Schlettstadt an, fand aber Unterstützung durch Etappentruppen, so daß der Platz durch 8 Bataillone, 2 Eskadrons, 2 Batterien umstellt werden konnte. Zu- gleich langten dort von Straßburg her 12 Festungsartillerie- und 4 Pionier-Kompagnien nebst dem erforderlichen Belagerungsmaterial an. Ein Park für 56 schwere Geschütze wurde in St. Pilt, der Ingenieur- Park bei Kinzheim eingerichtet.

Einnahme von Schlettstadt.
(24. Oktober.)

Schlettstadt mit 10 000 Einwohnern zeigte sich bei Beginn der Einschließung gegen Osten, Süden und zum Theil auch gegen Norden durch Ueberschwemmung und Versumpfung unzugänglich. Der Platz selbst war durch hohes Mauerwerk und nasse Gräben völlig sturmfrei, mit 120 Geschützen ausgerüstet, aber nur durch etwa 2000 Mann, meist Mobilgarden, besetzt. Diesen fehlte es an gesicherten Unterkunftsräumen, auch begünstigten vor der Westfront Weinpflanzungen und Hecken das nahe Herangehen des Angriffs, wie denn der Eisenbahndamm einen bereits vorhandenen Schutzwall für Anlegung der ersten Parallele bildete.

Um die Aufmerksamkeit der Vertheidigung von dieser gegebenen Angriffsfront abzulenken, wurde am 20. Oktober eine Batterie bei der im Südosten gelegenen Kappel-Mühle erbaut, welche ihr Feuer gegen die Kasernen und Magazine der Stadt und gegen eine die Ueberschwemmung haltende Stauschleuse richtete.

Nachdem am Abend des 21. Oktober die Infanterieposten bis auf 400 Schritt an das Glacis vorgegangen, wurde in der Nacht zum Bau der ersten Parallele dicht hinter der Eisenbahn und von sechs Batterien auf nur 1000 Meter Abstand vom Hauptwall geschritten.

Der Vertheidiger beschoß zwar während der Dunkelheit das ganze Angriffsfeld, aber fast ohne alle Wirkung. Am Morgen waren die Laufgräben 2 Fuß breit, 3½ Fuß tief ausgehoben, 20 schwere Kanonen und 8 Mörser standen schußbereit.

Es entspann sich nun ein heftiger Artilleriekampf mit der kräftig antwortenden Festung. Die Batterie an der Mühle nahm die Westfront unter empfindliches Rückenfeuer, und mehrere Geschütze und Scharten wurden stark beschädigt. Die Stadt brannte an verschiedenen Punkten, und das Feuer des Vertheidigers erlosch mehr und mehr.

Während der folgenden stürmischen Nacht blieben die Angriffsbatterien in Thätigkeit, die Parallele wurde erweitert und der Bau von zwei neuen Geschützständen begonnen.

Bei Tagesanbruch am 24. Oktober zeigte sich jedoch schon die weiße Fahne der Belagerten, und sogleich wurde eine Kapitulation geschlossen, nach welcher sich Schlettstadt mit Besatzung und Kriegsmaterial ergab. Der Kommandant bat um beschleunigtes Einrücken, da in der Stadt die größte Zuchtlosigkeit herrsche. Volkshaufen und berauschte Soldaten plünderten die öffentlichen Gebäude und steckten sogar ein Pulvermagazin in Brand. Drei deutsche Bataillone stellten schnell die Ordnung wieder her, löschten die Brände und führten die Gefangenen ab.

Außer den Festungsgeschützen fielen 7000 Gewehre und beträchtliche Vorräthe in die Hände der Deutschen, denen die Eroberung dieses Platzes nur 20 Mann gekostet hatte.

Schlettstadt wurde durch die Etappentruppen besetzt, und die dort entbehrlich gewordenen Bataillone zogen nach dem südlichen Elsaß; drei davon verstärkten die nun vollständigere Einschließung von Breisach.

Einnahme von Breisach.

(10. November.)

Diesem in der Ebene belegenen, ganz symmetrisch erbauten Platz war bei zwar trockenen, aber gemauerten Gräben durch Handstreich nicht beizukommen. Die über 5000 Mann starke Besatzung fand größtentheils gesicherte Unterkunft in den bombenfesten Kasematten der Raveline. Das nahe am Rhein belegene und zur selbstständigen Vertheidigung eingerichtete Fort Mortier bestrich wirksam das Feld, über welches der beabsichtigte Angriff gegen die Nordwestfront der Festung geführt werden mußte. Es wurden daher zwölf schwere Geschütze aus Rastatt nach Alt-Breisach herangezogen, wo das rechte Ufer das Fort in wirksamer Nähe überhöht.

Erst in den letzten Tagen des Oktober traf das Belagerungsgeschütz von Schlettstadt vor Neu-Breisach ein, und nachdem die Infanterie näher an den Platz herangeschoben, auch alle Vorbereitungen getroffen, wurde am 2. November von Wolfganzen, Biesheim und Alt-Breisach her das Feuer aus 24 schweren Geschützen gegen die Festung eröffnet.

Schon am 3. stand ein großer Theil der Stadt in Flammen, und Infanterie-Abtheilungen plänkelten am Fuß des Glacis mit den feindlichen Posten. Ganz besonders hatte das Fort Mortier gelitten. Ein Sturmversuch auf dasselbe wurde zwar abgeschlagen, am 6. aber ergab sich das fast ganz in Trümmern liegende Werk. Nur ein Geschütz desselben befand sich noch in brauchbarem Zustande.

Gegen den Hauptplatz waren zwei neue Mörser-Batterien erbaut, die Widerstandskraft des Gegners erlahmte sichtlich, und am 10. November kapitulirte Breisach unter den Bedingungen von Schlettstadt, doch wurde der Ausmarsch mit kriegerischen Ehren bewilligt.

Die Werke des Platzes waren fast unversehrt, die Stadt aber großentheils niedergebrannt oder stark beschädigt.

Der Verlust der Deutschen bei dieser Eroberung betrug nur 70 Mann. 108 Geschütze, 6000 Gewehre und beträchtliche Vorräthe fielen in ihre Hände.

Während so die festen Plätze in Elsaß-Lothringen in Besitz genommen wurden, hielt Verdun noch immer die Straße gesperrt, welche die kürzeste Verbindung mit der deutschen Heimath bildete.

Einnahme von Verdun.

(9. November.)

Auch diesem Platz verliehen hohe Mauern und tiefe Wassergräben gänzliche Sturmfreiheit, dagegen war derselbe rings von Höhen umgeben und eingesehen, an deren Fuße Dörfer und Weingärten das Herannahen bis dicht an die Außenwerke begünstigten.

Die Festung war mit 140 Geschützen und hinreichenden Lebensmitteln ausgerüstet, und die Besatzung, besonders durch entwichene Gefangene, bis auf 6000 Mann gestiegen.

Eine Beschießung bloß durch Feldgeschütz hatte sich bereits früher als ganz erfolglos herausgestellt. Längere Zeit blieb Verdun nur von Kavallerie, später von schwachen gemischten Abtheilungen beobachtet. Ende September versammelten sich unter General v. Gayl das Regiment Nr. 65 und 12 Landwehr-Kompagnien vor der Ostseite des Platzes. Erst am 9. Oktober langte mit zwei Festungsartillerie-Kompagnien französisches schweres Geschütz aus Toul und Sedan an. Nun ging die Infanterie bis auf wenige Hundert Schritte gegen die West- und Nordfront des Platzes vor und setzte sich dort fest. Unter ihrem Schutz wurde am Abend des 12. Oktober mit dem Batteriebau begonnen.

Der vom Regen aufgeweichte Boden und der fast zu Tage tretende Felsgrund erschwerten ungemein die Arbeit, dennoch konnten am folgenden Morgen 52 Geschütze das Feuer eröffnen. Die Festung antwortete aber mit solchem Nachdruck, daß schon um Mittag zwei Batterien auf der westlich gelegenen Côte de Hayvaux ihre Thätigkeit einstellen mußten. Während des drei Tage fortgesetzten Kampfes wurden auf deutscher Seite 15 Geschütze außer Gefecht gesetzt, die Artillerie verlor 60, die Infanterie 40 Mann. Auf den Wällen beschädigte Geschütze des Gegners waren stets durch neue ersetzt worden.

Jetzt schritt die den Angreifern weit überlegene Besatzung selbst zur Offensive. In der stürmischen Nacht zum 20. Oktober wurden die Feld-wachen auf dem Hayvaux überfallen, die Geschütze in der dortigen Batterie vernagelt. Ein größerer Ausfall fand am 28. statt. Die Franzosen erstiegen den nördlich gelegenen Mont St. Michel und zerstörten Brust-wehr und Unterkunftsräume der Batteriestände, aus welchen jedoch die Geschütze zurückgezogen waren. Eine andere Abtheilung drang nochmals auf den Hayvaux vor und machte die Geschütze, welche wegen des auf-geweichten Bodens nicht hatten abgefahren werden können, gründlich unbrauchbar. Auch blieben nun die nächsten Dörfer in dem Besitz der Belagerten.

Man mußte sich überzeugen, daß die bisher verfügbaren Mittel für den Angriff auf Verdun vollkommen unzureichend seien. Nachdem aber Metz gefallen, konnten von der I. Armee Verstärkungen abgesandt werden. Ende Oktober trafen 5 Bataillone, 2 Pionier-, mehrere Artillerie-Kom-pagnien und nun auch preußisches Material ein.

Der Belagerungspark zählte 102 Geschütze, war mit reichlicher Munition versehen, und es wurden alsbald die Vorbereitungen zum förmlichen Angriff getroffen.

Diesen warteten jedoch die Vertheidiger nicht mehr ab. Nach Be-willigung von Waffenstillstand kam am 8. November eine Kapitulation zu Stande, wonach die Besatzung, mit Ausnahme der seßhaften National-garden, in Gefangenschaft ging. Die Offiziere wurden auf Ehrenwort mit Waffen und Eigenthum entlassen, auch wurde bewilligt, daß das vorgefundene Kriegsmaterial beim endlichen Friedensschluß zurückgegeben werden solle.

Vormarsch der I. und II. Armee bis Mitte November.

Nachdem der I. Armee nachträglich auch noch die Belagerung von Mézières übertragen war, rückte die 1. Infanterie=Division vor diesen Platz, die auf der Eisenbahn nach Soissons vorausgesandte 3. Brigade bewirkte am 15. November die Einschließung der kleinen Festung La Fère, der Rest des I. Korps erreichte am selben Tage Rethel, das VIII. Reims, die 3. Kavallerie=Division zwischen beiden Tagnon. Das VII. Korps war noch durch Bewachung der Gefangenen sowie durch Einschließung von Diedenhofen und Montmédy in Anspruch genommen. Die II. Armee erreichte schon am 10. mit dem IX. Korps und der 1. Kavallerie=Division Troyes, dem III. Bendeuvre, dem X. Neufchâteau und Chaumont. Die wichtigen Eisenbahnknoten dort und bei Bologne werden besetzt und die Zerstörungen an der Bahn nach Blesme beseitigt, um so eine neue Ver= bindungslinie zu eröffnen. Bei kurzen Märschen auf guten Straßen und bei reichlicher Verpflegung hatte sich der Gesundheitszustand der Truppen sichtlich gebessert, bald aber forderte ein Telegramm aus Versailles ein beschleunigtes Vorgehen.

War die Regierung in Paris ohnmächtig, so entwickelte ihre Dele= gation in Tours um so größere Wirksamkeit.

Dort übte als Minister gleichzeitig des Innern und des Krieges Gambetta eine nahezu diktatorische Macht, vermöge deren es dem Feuer= eifer dieses außerordentlichen Mannes gelang, binnen wenigen Wochen 600 000 Bewaffnete mit 1400 Geschützen ins Feld zu stellen.

In den Arrondissements wurden die Nationalgarden kompagnie= oder bataillonsweise formirt, dann für jedes Departement in Brigaden vereint und endlich mit den noch vorhandenen Linientruppen und Mobilgarden zu größeren Heereskörpern versammelt.

So war noch im Laufe des Oktober unter dem Schutz der über die Loire zurückgegangenen Truppen des Generals D'Aurelle de Paladines ein XVII. Korps bei Blois, ein XVIII. bei Gien aufgestellt worden, ein anderes unter Admiral Jaurès bei Nogent le Rotrou. Starke Ab= theilungen standen in der Picardie unter General Bourbaki, in Rouen unter Briand und am linken Seine=Ufer unter Fiéreck.

Die von der Einschließungsarmee bereits nach Süden, Westen und Norden vorgeschobenen Abtheilungen stießen in allen diesen Richtungen auf starke feindliche Streitkräfte, welche sie in zahlreichen kleineren Ge= fechten zwar zurückzudrängen, aber nicht bis an ihre Ursprungsstelle zu ver= folgen vermocht hatten. Dazu bedurfte es des Anlangens der vor Metz frei gewordenen Armee, welches jedoch nicht früher als im Laufe des November erwartet werden durfte, während schon im Oktober ein all= gemeines Vordringen der französischen Streitkräfte gegen Paris drohte.

In Betracht der geringen Stärke der Abtheilung des Generals von der Tann in Orléans war in einem Kriegsrath zu Tours beschlossen worden, jene wichtige Stadt wieder in Besitz zu nehmen. Der Angriff sollte hauptsächlich von Westen her erfolgen. Dennach versammelte sich das französische XV. Korps, zwei Divisionen und die 1. Kavallerie= Division, am nördlichen Ufer der unteren Loire bei Mer, die Haupt= stärke des XVI. hinter dem Walde von Marchénoir. Die übrigen Theile beider Korps sollten das Unternehmen über Gien von der oberen Loire aus unterstützen. Zunächst war dann das weitere Vorgehen freilich noch nicht in Aussicht genommen, vielmehr erhielt General D'Aurelle Befehl, ein verschanztes Lager für 200 000 Mann bei Orléans herzustellen.

Die Rekognoszirungen des Generals von der Tann gegen Westen waren überall auf feindliche Abtheilungen gestoßen, welche zwar in wieder= holten Gefechten meist ohne sonderliche Anstrengung nach dem Walde von Marchénoir zurückgeworfen wurden, aber doch die Nähe bedeutender Streitkräfte des Gegners bekundeten. Ueberhaupt erschien ein Angriff auf das Einschließungsheer vor Paris von Südwesten her am wahr= scheinlichsten, da ein solcher sowohl das Hauptquartier in Versailles wie den Belagerungspark in Villacoublay bedrohte und am längsten der Ein= wirkung der von Osten heranrückenden deutschen Verstärkungen entzogen blieb.

Bereits zeigten sich auch im Westen von Orléans die französischen Streitkräfte in der weiten Ausdehnung von Beaugency bis Châteaudun. Immer dreister traten die Freischärler, immer feindseliger die Land= bewohner auf.

Um endlich Genaueres zu erfahren, führte am 7. November Graf Stolberg eine größere Rekognoszirung aus. Drei Regimenter der 2. Kavallerie=Division, zwei Batterien und einige Kompagnien bayerischer Infanterie gingen über Ouzouer vor und vertrieben den Feind aus Marolles, fanden aber den Waldrand von starken Kräften besetzt.

General Chanzy hatte alle zunächst verfügbaren Theile seines Korps nach St. Laurent des Bois vorgeführt. Es entstand ein halbstündiges, für die bayerische Infanterie verlustreiches Feuergefecht, und da die große Ueberlegenheit des Gegners genugsam erkannt war, wurde der Kampf abgebrochen.

In der That befanden sich beide französische Korps bereits in vollem Vorrücken gegen Orléans, sie erreichten am 8., den Wald besetzt haltend, mit dem rechten Flügel Messas und Meung, mit dem linken Ouzouer. Das XV. Korps sollte demnächst rechts gegen den Maube=Bach, das XVI. links gegen Coulmiers vorgehen. Ihre Spitzen zeigten sich bei Bardon und Charsonville. Beide französische Kavallerie=Divisionen dirigirten sich nördlich nach Prénouvellon, um mit 10 Regimentern, 6 Batterien und zahlreichen Freischaaren den rechten Flügel der Bayern zu umfassen und ihnen den Rückzug auf Paris abzuschneiden.

Demgegenüber brach die bayerische Kürassier=Brigade nach St. Péravy, die 2. Kavallerie=Division nach Baccon auf, und weiter südlich besetzte die 2. bayerische Infanterie=Division von Orléans aus das Gelände bei Huisseau und St. Ay.

Aber auch von Gien her drohte im Rücken der Angriff beträchtlicher feindlicher Maſſen. Es war der äußerſte Zeitpunkt gekommen, um ſich einer ſo gefährlichen Lage zu entziehen, und General von der Tann traf noch am Abend die dafür nöthigen Anordnungen. So wünſchenswerth es war, Orléans zu behaupten, durfte er doch die Schlacht in der dortigen Waldzone nicht annehmen, welche die Wirkſamkeit ſeiner verhältnißmäßig ſtarken Artillerie und Kavallerie beeinträchtigt hätte, und wo er vollſtändig umzingelt werden konnte. Demnach entſchloß ſich der General, im freien Gelände von Coulmiers dem am unmittelbarſten drohenden Feinde ent= gegenzutreten, wobei er ſich zugleich der 22. Diviſion in Chartres näherte, welche zum Beiſtande aufgefordert wurde.

Schon zuvor hatte aus eigenem Antriebe General v. Wittich die Erlaubniß nachgeſucht und erhalten, auf Orléans abzurücken, aber er konnte am 9. erſt Voves und mit ſeiner Kavallerie Orgères erreichen, ſonach bei einem Geſechte an dieſem Tage unmittelbar nicht eingreifen.

Auch die II. Armee befand ſich in vollem Anmarſch von Metz, war aber, wie wir geſehen, um dieſe Zeit mit ihrer Spitze erſt bei Troyes eingetroffen.

Treffen bei Coulmiers.
(9. November.)

Auf ſich ſelbſt angewieſen, brach das I. bayeriſche Korps noch in der Nacht auf und ſtand am Morgen des 9. November eng verſammelt am Waldrande zwiſchen Château Montpipeau und Roſières, das Dorf Coulmiers vor ſich. Die bayeriſchen Küraſſiere hielten zur Deckung der Rückzugsſtraße auf dem rechten Flügel bei St. Sigismond, die 2. Kavallerie= Diviſion auf der ganzen Front brigadeweiſe vertheilt, mit weit vorgeſchobenen Abtheilungen, zu deren Aufnahme Infanteriepoſtirungen bereit ſtanden. In Orléans verblieb, nachdem die Brücken über den Loiret abgebrochen, nur ein ſchwaches Detachement zum Schutze der zahlreichen Kranken und Verwundeten in den Feldlazarethen und um, bis zu einer Entſcheidung wenigſtens, den Beſitz der Stadt zu behaupten.

Die erſten am Morgen einlaufenden Meldungen berichteten das Vorrücken ſtarker feindlicher Kolonnen von Cravant auf Fontaines und Le Bardon. Es war die franzöſiſche Brigade Rébillard, welche, wie es ſchien, den linken Flügel der Bayern umgehend, direkt gegen Orléans vordrang. General von der Tann entſandte, um demgegenüber an der Mauve Widerſtand zu leiſten, um 9 Uhr die 3. Brigade ſüdlich nach dem allerdings eine halbe Meile entfernten Préfort und, da ſich gleich= zeitig ein lebhaftes Geſecht der Vorpoſten bei Baccon entwickelte, die erſte Brigade nach La Renardière vor. Der Reſt des Korps blieb in und hinter Coulmiers verſammelt. Von hier aus beabſichtigte der Kommandirende, offenſiv gegen die linke Flanke des Gegners vorzugehen, wenn dieſer, wie es den Anſchein hatte, ſeinen Hauptangriff über den Mauve=Bach hinaus richtete. Zu dem Zweck erhielt auch die Kavallerie des rechten Flügels Befehl, sich an Coulmiers heranzuziehen.

Aber die überlegene Stärke der Franzosen gestattete ihnen, sehr viel weiter links auszuholen. Während General D'Aurelle mit dem XV. Korps südlich der Straße Ouzouer—Orléans die Bayern festhielt, rückte General Chanzy mit der Division Barry gegen ihr Centrum, mit der Division Jauréguiberry nördlich gegen ihren rechten Flügel vor; die unter General Reyau versammelten Kavalleriemassen endlich schlugen die Richtung auf Patay ein, so die Verbindung mit Paris bedrohend.

Dies Vorgehen des französischen XVI. Korps nöthigte den General von der Tann, schon zu Anfang des Gefechtes seine in Reserve stehende 2. Brigade zur Verlängerung des rechten Flügels in der Richtung auf Champs nördlich vorzuziehen, wobei sich die 4. Kavallerie-Brigade anschloß. Die befohlenermaßen von St. Péravy südlich abrückenden bayerischen Kürassiere stießen schon um 11 Uhr auf die Kavallerie Reyau, welche sich aber auf eine bloße Kanonade beschränkte.

Inzwischen hatten nach lebhaftem Widerstande die vorgeschobenen Postirungen der Bayern der Uebermacht des Gegners weichen müssen. Das 1. Jäger-Bataillon in Baccon zog sich, nachdem die reitenden Batterien das Vorgehen des Feindes über Champdry längere Zeit verzögert hatten, auf La Rivière zurück, wo es durch das 2. aufgenommen wurde. Für letzteres gestalteten sich aber bald die Verhältnisse sehr ungünstig. Die Division Peytavin war über Baccon unmittelbar gefolgt, umstellte La Rivière mit fünf Batterien und drang dann von drei Seiten gegen das brennende Dorf vor. Nach kräftigen Gegenstößen erst gingen die Jäger in guter Haltung zur 1. Brigade in Renardière zurück, wo General v. Dietl zur Vertheidigung eingerichtet stand.

Als nach Räumung von Baccon die Division Barry den Vormarsch über Champdry fortgesetzt hatte, entwickelte sie Coulmiers gegenüber vorwärts Saintry ihre Batterien und bereitete sich zum Angriff durch starke Tirailleurlinien vor.

Die 4. bayerische Brigade hielt den westlich vorspringenden Park und weiter vorwärts die Steinbrüche mit zwei Bataillonen besetzt, zwei andere waren rechts nach den Gehöften Ormeteau und Baurichard entsendet, um nur einigermaßen die Verbindung mit der 2. Brigade aufrecht zu erhalten. Eine Batterie südlich und vier nördlich Coulmiers wurden durch die 5. Kavallerie-Brigade geschützt.

So stand um Mittag das bayerische Korps mit nur drei Brigaden von Renardière bis vorwärts Gémigny in der unverhältnißmäßigen Ausdehnung von über einer Meile. Da aber der französische rechte Flügel sich völlig unthätig verhielt, so wurde jetzt die nach Préfort entsendete Brigade nach Renardière wieder herangeordnet.

Nachdem die französischen Korps der dünnen bayerischen Linie gegenüber festen Fuß gefaßt hatten, schritten sie um 1 Uhr zum ernsten Angriff.

Zwar hatten in Renardière die Jäger einen ersten Anlauf des Feindes abgeschlagen, aber mit nur vier Bataillonen war diese Postirung gegen die gesammte Division Peytavin nicht länger zu behaupten. Um 1 Uhr zog General v. Dietl sich unter dem Schutze einer Zwischen= stellung unbehelligt nach dem Wald von Montpipeau zurück und besetzte den Saum desselben. Hier schloß sich ihm die 3. Brigade an, welche, von Préfort anrückend, Renardière bereits verlassen gefunden hatte. Die Franzosen waren von dort nur zögernd gefolgt, traten dann in das Feuer von sechs Batterien zwischen der Waldspitze bei La Planche und Coulmiers und machten mit ihrem rechten Flügel keine weiteren Fortschritte.

Im Centrum hatte ebenfalls um 1 Uhr die Division Barry die bayerischen Jäger aus den Steinbrüchen vor Coulmiers verdrängt. Erst um 3 Uhr schritt dieselbe zu einem erneuten umfassenden Angriff auf die 4. Brigade, welcher jedoch durch das Feuer der Artillerie und unter mehrmaligem Anreiten der 5. Kavallerie-Brigade zurückgewiesen wurde.

Inzwischen war nun auch noch die Brigade d'Aries des XV. Korps, nachdem sie bei Renardière abkömmlich geworden, südlich Coulmiers ein= getroffen und verstärkte durch ihre Batterien das Feuer gegen diesen Ort. Die bayerischen Geschütze sahen sich beim Anlauf der französischen Tirailleurs genöthigt, weiter zurückzugehen, traten jedoch bald aufs Neue in Thätig= keit, während die Infanterie den in den Park eingedrungenen Feind mit dem Bajonett wieder vertrieb.

Aber nur mühsam widerstand nach vierstündigem Kampf diese eine Brigade drei französischen. Vom ganzen Korps waren bei Bonneville als intakte Reserven nur noch zwei Bataillone vorhanden, eine Unter= stützung von auswärts stand nicht zu erwarten, und auf dem rechten Flügel bedrohte der Feind die Verbindung mit Chartres wie mit Paris.

So ertheilte um 4 Uhr nachmittags General von der Tann Be= fehl, das Gefecht abzubrechen und brigadeweise vom linken Flügel den Rückzug auf Artenay anzutreten.

Eben jetzt drangen frische Kräfte des Gegners in den Park von Coulmiers ein. Oberst Graf v. Ysenburg besetzte die östlichen Aus= gänge des Dorfes und führte seine Truppen unter wechselseitiger Auf= nahme in guter Ordnung über Gémigny zurück.

Von größter Wichtigkeit war es nun, ob vorwärts dieses Ortes die 2. Brigade, den weiteren Abzug deckend, sich habe behaupten können.

Schon um Mittag hatte dort General v. Orff bei seinem Eintreffen Champs und Cheminiers durch die französische Brigade Deplanque besetzt gefunden. Zunächst brachte seine Artillerie die feindliche zum Schweigen, dann entwickelte er seine vier Bataillone zum Gefecht, die 4. Kavallerie= Brigade auf dem rechten Flügel.

Zwischen beiden genannten Ortschaften erschien bald darauf auch noch die Kavallerie Reyau, nachdem sie ihre zweistündige Kanonade gegen die bayerischen Kürassiere aufgegeben hatte und aus St. Sigismond durch abgesessene Husaren vertrieben war. Aber bald entzog sich diese Reiter= masse dem Feuer der bayerischen Geschütze und enteilte in westlicher Richtung, angeblich weil man das weiter nördlich umherschwärmende Freikorps Lipowski für heranrückende deutsche Unterstützung hielt. Als dann auch von Nordosten her die bayerischen reitenden Batterien Champs unter Feuer nahmen, räumten um 2 Uhr die Franzosen in großer Auf= lösung diesen Ort.

General v. Orff ließ nun die Artillerie auf 500 Schritt nahe an Cheminiers herangehen und führte durch deren Zwischenräume die Infanterie vor.

Dem Admiral Jauréguiberry gelang es jedoch durch sein persön= liches Einschreiten, die schon weichenden Abtheilungen wieder zum Stehen zu bringen, und dieser Angriff mißlang. Sodann nöthigten die fran= zösischen Batterien die bayerischen reitenden zum Abfahren.

Als nun um 3 Uhr noch die Brigade Bourdillon und die Reserve= Artillerie des XVI. Korps bei Champs eintrafen, auch Nachrichten von der Gefechtslage bei Coulmiers eingingen, beschloß General v. Orff, weitere Angriffe aufzugeben, sich aber vorwärts Gémigny bis aufs Aeußerste zu behaupten.

Unerschüttert durch das Feuer der zahlreichen Batterien des Gegners, wies die schwache Brigade seine vereinzelten Vorstöße zurück.

Sonach konnten die 4. Brigade von Coulmiers über Gémigny und St. Péravy, die 1. von Montpipeau weiter östlich Coinces unangefochten erreichen. Dorthin folgte die 2. Brigade, während die 3. schließlich als Nachhut bei St. Sigismond Halt machte, wo sie Biwaks bezog. Ueberall hatte die Kavallerie den Abmarsch gedeckt.

Nach kurzer Rast wurde dann noch in der Nacht der Rückzug des Gros fortgesetzt und auf grundlosen Wegen morgens Artenay erreicht. Orléans war geräumt, wo die dort zurückgelassene Besatzung stieß wieder zum Korps. Die Bestände wurden auf der Eisenbahn nach Toury zu= rückgeschafft, jedoch fielen eine Munitionskolonne, 150 Gefangene und die nicht transportfähigen Kranken in die Hände des Feindes.

Der Kampf von 20 000 Deutschen gegen 70 000 Franzosen kostete an Todten und Verwundeten ersteren 800 Mann, letzteren fast doppelt so viel.

In Artenay übernahm am 10. November die 2. Brigade den Schutz des Weitermarsches bis Toury, wo enge Quartiere bezogen werden konnten. Dorthin rückte nun auch die 22. Division aus Chartres heran und nahm dicht neben den Bayern Aufstellung bei Janville.

General von der Tann hatte sich mit Geschick und Glück einer mißlichen Lage entzogen. Eine Verfolgung fand überhaupt nicht statt, General D'Aurelle beschränkte sich darauf, in fester Stellung vor Orléans weitere Verstärkungen abzuwarten.

Thätiger erwiesen sich die französischen Rüstungen am oberen Loir und an der Eure.

Andererseits war am 5. November das II. Armeekorps vor Paris angelangt. Von demselben wurde die 3. Division in die Einschließungs= linie zwischen Marne und Seine eingereiht, die 4. aber nach Longjumeau verlegt.

Nachdem die Garde-Landwehr die Halbinsel Argenteuil besetzt hatte, konnte eine Brigade des IV. Korps im Norden der Hauptstadt verfügbar gemacht werden, im Süden endlich wurden die 17. Division in Rambouillet, die 22. in Chartres und das nach Ablis herangezogene bayerische Korps, nebst der 4. und 6. Kavallerie-Division, als eine gesonderte Armee-Abtheilung der III. Armee, dem Befehl des Großherzogs von Mecklenburg unterstellt und diesem zunächst das Vorgehen gegen Dreux empfohlen.

Operationen des Großherzogs.

Am 17. November marschirte über Maintenon die 17. Division vor. Zur Linken wurden feindliche Abtheilungen über die Blaise zurückgeworfen, und nachdem auf der großen Straße der Widerstand einiger Marine-Kompagnien beseitigt war, rückte General v. Tresckow abends in Dreux ein. Das Gefecht hatte den Deutschen 50, dem Gegner 150 Mann und 50 Gefangene gekostet.

Prinz Friedrich Karl, dessen Streitkräfte sich erst gegenüber dem Feinde vor Orléans versammelten, sprach den Wunsch aus, die Armee-Abtheilung möge über Le Mans auf Tours vorrücken. Dementsprechend schlug der Großherzog die Richtung auf Nogent le Rotrou ein, welcher Ort als Hauptsammelplatz der feindlichen Abtheilungen galt und wo auf lebhaften Widerstand gerechnet wurde.

Unter mehrfachen kleinen Gefechten langte die Armee-Abtheilung an, fand aber, als sie sich am 22. anschickte, den Ort von drei Seiten zu erstürmen, denselben bereits vom Gegner geräumt. Gleichzeitig traf hier ein Befehl aus dem großen Hauptquartier ein, welcher den Großherzog anwies, unverzüglich nach Beaugency abzurücken, um sich dem rechten Flügel der II. Armee anzuschließen, deren Verstärkung dem weit überlegenen Feind gegenüber dringend erforderlich war. „Vor Orléans werden die noch erst sich versammelnden Streitkräfte jeden Angriff bis zum Eintreffen der Abtheilung verschieben. Der geringe Widerstand der Franzosen an der Eure und Huisne zeige deutlich genug, daß von dort eine ernste Gefahr nicht drohe; der Gegner sei in dieser Richtung nur durch Kavallerie zu beobachten." Selbst ein Ruhetag wurde abgeschlagen und die äußerste Beschleunigung des Marsches gefordert.

Nachdem am 23. die Divisionen erst nach der Tete aufgeschlossen, setzte sich am 24. zwar der Großherzog auf Châteaudun und Vendôme in Bewegung, doch gelangte nur das bayerische Korps bis Vibraye, die beiden preußischen Divisionen zogen sich noch aus dem schwierigen Gelände der Perche heraus; und die Kavallerie fand die ganze Linie des Loir besetzt.

Auf französischer Seite war nämlich zum speziellen Schutze der Regierung in Tours von den hinter dem Walde von Marchénoir versammelten Streitkräften eine Brigade auf der Eisenbahn nach Vendôme

Albert
Kronprinz von Sachsen

Friedrich Franz
Großherzog von Mecklenburg

befördert worden, General de Sonis aber mit dem Rest des XVII. Korps nach Brou vorgerückt. Hier stießen am 25. seine Spitzen auf eine Munitions-Kolonne und den Brückentrain des bayerischen Korps. Nur die 10. Kavallerie-Brigade konnte sich zunächst dem Feinde entgegenwerfen, nachdem aber bald zwei Kompagnien und acht Geschütze die Loir-Brücke bei Yèvres besetzt, gelang es, alles Fuhrwerk durch Brou durchzubringen, und die Franzosen rückten dort erst ein, nachdem die Kavallerie ihren Marsch fortgesetzt hatte.

Inzwischen war das bayerische Korps nach Mondoubleau und St. Calais marschirt, jedenfalls nicht die kürzeste Richtung auf Beaugency, sondern immer noch auf Tours; die beiden Divisionen erreichten erst die Gegend von Vibraye und Authon.

Das Auftreten feindlicher Streitkräfte bei Brou wurde für bedeutend genug gehalten, um sich dorthin zu wenden und den befohlenen Marsch an die Loire vorerst noch zu verschieben. Als aber am 26. die 22. Division vor Brou anlangte, fand sich, daß der Feind bereits in der Nacht zuvor abgezogen sei. Die Regierung in Tours hatte angeordnet, daß das ganze XVII. Korps zu ihrem Schutz bei Vendôme versammelt werden solle. Nachdem jedoch die deutsche Kavallerie sich bereits bei Cloyes und Fréteval gezeigt hatte, glaubte General Sonis, diesen Marsch nicht mehr längs des Loir ausführen zu können, und schlug den Umweg über Marchénoir ein. Zwei Nachtmärsche erschütterten aber die eben erst zu-sammengestellte Truppe in dem Maße, daß ganze Schwärme von Nach-züglern tagelang in der Gegend umherirrten und nur mit Mühe bei Beaugency zum Stehen gebracht werden konnten.

Inzwischen war vom großen Hauptquartier aus, um Einheit in die Operationen zu bringen, der Großherzog dem Befehl des Prinzen Friedrich Karl unterstellt, auch General v. Stosch abgeschickt worden, um die Ge-schäfte als Chef des Stabes bei der Armee-Abtheilung zu übernehmen. Diese wurde nun vom Prinzen angewiesen, möglichst bald bei Janville einzutreffen, wo derselben Truppen des IX. Korps über Orgères ent-gegengeschickt werden würden.

Demgemäß rückte nun der Großherzog am 27. mit beiden Divisionen auf Bonneval ab, wo sie bereits eine Schwadron der 2. Kavallerie-Division fanden. Das bayerische Korps, welches nach der Räumung von Brou noch nach Courtalain dirigirt worden war, marschirte nach Châteaudun.

Nachdem so die Vereinigung mit der II. Armee erreicht, erhielten die sehr ermüdeten Truppen der Abtheilung am 28. einen Ruhetag in Quartieren am Loir.

Die Verhältnisse bei der II. Armee.
(Zweite Hälfte des November.)

Prinz Friedrich Karl hatte den Vormarsch seiner Korps nach Möglichkeit beschleunigt, derselbe war aber auf vielfache Hindernisse ge-stoßen. Die Straßen waren unterbrochen, Nationalgarden und Franktireurs setzten sich zur Wehr, und auch die Einwohner hatten die Waffen ergriffen; dennoch erreichte schon am 14. November das IX. Korps mit der 1. Kavallerie=Division Fontainebleau und setzte den Marsch auf Anger= ville fort. Das III. Korps folgte nach Pithiviers. Vom X. verblieb die 40. Brigade bei Chaumont, um Verbindung mit dem XIV. Korps zu halten, die 36. erreichte am 21. Montargis und Beaune la Rolande. Die beiden nachfolgenden hatten aber am 24. schon ein lebhaftes Gefecht bei Ladon und Maizières. In demselben wurden den Franzosen 170 Gefangene abgenommen, und zwar gehörten sie einem Korps an, welches, wie General v. Werder bereits gemeldet, unter Befehl des Generals Crouzat von Chagny auf der Eisenbahn nach Gien herangeführt worden war; die Ordre de Bataille wurde bei einem gefangenen Offizier vorgefunden.

Daß während des Anmarsches der Armee=Abtheilung die sich erst versammelnde II. Armee sehr bedeutenden Kräften des Feindes dicht gegenüber gestanden, war durch mehrfache Rekognoszirungen genugsam außer Zweifel gestellt.

Am 24. November waren Truppen des IX. Korps auf der großen Hauptstraße vorgegangen. Einige Granatschüsse bestimmten den Gegner, Artenay zu räumen, und die Kavallerie verfolgte bis Croix Briquet. Früh schon am selben Tage hatte eine ebenfalls aus allen Waffen ge= mischte Abtheilung des III. Korps Neuville aux Bois erreicht. Zwei Detachements der 38. Brigade waren gegen Bois Commun und Belle= garde angerückt, aber überall traten solchem Eindringen bald weit über= legene Massen des Feindes entgegen.

Es ergab sich, daß die französische Aufstellung vorwärts Orléans in Ausdehnung von acht Meilen vom Conie=Bach bis zum Loing reichte, und die Anhäufung von Streitkräften, besonders auf ihrem Flügel, machte ein Vorgehen über Fontainebleau gegen die Einschließungsarmee in hohem Grade wahrscheinlich. Dennoch ließen sich die Verhältnisse nicht so klar übersehen, daß Prinz Friedrich Karl die große Hauptstraße von Orléans nach Paris völlig hätte freilassen dürfen. Um indessen auf alle Fälle seinen linken Flügel rechtzeitig unterstützen zu können, zog er vom III. Korps die 5. Infanterie= und die 1. Kavallerie=Division nach Boynes näher an das schwache X. Korps, die 6. Division statt ihrer nach Pithiviers heran. Die Quartiere der letzteren um Bazoches wurden dem IX. Korps zugewiesen. Endlich erhielt noch der Großherzog Befehl, bis zum 29. mindestens mit seinen Spitzen bei Toury einzutreffen. Diese Maßregeln waren gerade noch zur rechten Zeit getroffen.

Gleich nach dem Erfolge von Coulmiers war die Loire=Armee nur darauf bedacht gewesen, sich gegen einen Rückschlag zu sichern. Sie ging nach Orléans zurück, legte ausgedehnte Verschanzungen an, für welche selbst Marine=Artillerie aus Cherbourg herangeschafft wurde, und wartete das Eintreffen weiterer Verstärkungen ab. Zu dem XV., XVI. und XVII. stießen das oben erwähnte XX. Korps, 40 000 Mann stark, bei Gien, außerdem eine Division des bei Nevers neu zusammentretenden XVIII. Korps, endlich die Freischaaren Cathelineau und Lipowski.

Das französische Heer bei Orléans zählte demnach 200 000, das ihm gegenüberstehende deutsche zur Zeit an Infanterie nur erst 45 000 Mann.

Bald drang denn auch der Minister Gambetta auf neue Angriffs= unternehmungen. Da General D'Aurelle Schwierigkeiten gegen ein Vorrücken über Pithiviers und Malesherbes erhob, nahm der Diktator die Sache selbst in die Hand. In der Nacht zum 23. erging telegraphisch der Befehl aus Tours, sofort das XV. Korps bei Chilleurs aux Bois zu versammeln, am 24. sollte dasselbe Pithiviers, das XX. Beaune la Rolande erreichen, sodann werde über Fontainebleau gegen Paris vor= gedrungen werden. Der General machte darauf aufmerksam, daß man dabei im freien Gelände nach seiner Schätzung 80 000 Deutsche zu be= kämpfen habe, und daß es rathsamer sei, ihren Angriff in verschanzter Stellung abzuwarten. Daraus konnte freilich der bedrängten Hauptstadt eine Hülfe nicht erwachsen, und einstweilen verblieb es bei der Verstärkung des rechten Flügels, wo das Anrücken des XVIII. und XX. Korps am 24. die erwähnten Gefechte bei Ladon und Maizières veranlaßt hatte.

Infolge einer am 26. aus Tours eingehenden Weisung befahl nun General Crouzat für den 28. das Vorgehen beider ihm unterstellten Korps, des XVIII. rechts über Juranville, des XX. links über Bois Commun zu umfassendem Angriff auf Beaune la Rolande. Außerdem rückten zur Unterstützung noch das XV. Korps nach Chambon, das Frei= korps Cathelineau nach Courcelles vor.

Wir haben gesehen, daß an eben diesem Tage die Armee=Abtheilung des Großherzogs auf dem äußersten rechten Flügel der II. Armee ein= getroffen war. Auf dem linken stand vom X. Korps die 38. Brigade bei Beaune, die 39. bei Les Côtelles, die 37. war nebst der Korps= Artillerie zwischen beiden bis Marcilly herangezogen.

Schlacht bei Beaune la Rolande.
(28. November.)

Der französische Angriff am 28. November zerfällt in zwei getrennte Handlungen, die sich gegenseitig wenig beeinflußten. Zur Rechten trafen früh schon die Spitzen des XVIII. Korps vor Juranville und Lorcy auf die Vorposten der 39. Brigade. Nicht ohne lebhaften Widerstand wichen diese um 9 Uhr nach Les Côtelles und hinter den Eisenbahndamm bei Corbeilles zurück, dessen Park sie besetzten.

Die Franzosen konnten sich jetzt in dem freien Gelände vorwärts Juranville entwickeln und schritten mit starken Tirailleurlinien rechts aus= holend vor, drangen in Corbeilles ein und trieben die Besatzung nördlich und westlich auseinander. In der Front war aber inzwischen eine Ver= stärkung aus der Reserve von Marcilly her bei Les Côtelles eingetroffen, und nun schritt Oberst v. Valentini mit dem Regiment Nr. 56 seiner= seits zum Angriff auf Juranville. Die Artillerie vermochte dabei nicht

9*

mitzuwirken, der Feind leistete hartnäckigen Widerstand, und erst um Mittag zog er von dort ab, doch dauerte der erbitterte Kampf um einzelne Häuser fort. Als dann sowohl von Maizières wie auch von Corbeilles her starke Kolonnen anrückten, mußte das eroberte Dorf wieder geräumt werden, wobei jedoch 300 Gefangene mitgenommen wurden.

Um 2 Uhr entwickelte sich bei Juranville der größte Theil des französischen Korps zum Angriff auf die Stellung der nach Long Cour zurückgegangenen 39. Brigade. Ohne jedoch durch Artillerie eingeleitet zu sein, scheiterte derselbe an dem Feuer der fünf preußischen Batterien

Auch in Les Côtelles wurde der erste Angriff abgewiesen; als derselbe aber eine Stunde später sich wiederholte, mußte der Ort geräumt werden, und 50 Mann fielen dabei in Gefangenschaft. Ein Geschütz, welches sieben von seinen Bedienungsmannschaften verloren hatte, war so tief in den aufgeweichten Boden eingesunken, daß es von den wenigen übrig gebliebenen nicht mehr fortgeschleppt werden konnte.

Weiter drang indeß das französische XVIII. Korps nicht vor, sondern begnügte sich bis zur früh eintretenden Dunkelheit mit einer wirkungslosen Kanonade, so daß schließlich die 39. Brigade sich in gleicher Höhe mit Beaune behauptete.

Auf dem linken Flügel der französischen Schlachtlinie konnte der Angriff ebenfalls gleich anfangs in umfassender Weise eingeleitet werden, indem vom XX. Korps die 2. Division gegen Beaune, die erste gegen Batilly vorging. Dennoch dauerte es bis Mittag, bevor unter Heranziehung noch eines Theiles der in Reserve behaltenen 3. Division die deutschen Postirungen vom Bois de la Leu nach dem Straßenkreuz nordwestlich Beaune zurückgedrängt wurden. Bald aber sah die 38. Brigade sich auch hier durch den immer weiter ausholenden Feind von Norden her, aus Pierre percée, durch Artillerie und Infanterie unter Feuer genommen. Der Rückzug mußte auf der Cäsarstraße fortgesetzt werden, wobei ein Geschütz, dessen Pferde und Bedienungsmannschaften größtentheils gefallen, in die Hände des Gegners gerieth. Um dieselbe Zeit erstieg die französische 2. Division die Höhe östlich Beaune, und Oberst v. Cranach konnte das Regiment Nr. 57 weiter rückwärts erst bei La Rue Boussier wieder sammeln, wobei die von Marcilly herbeieilenden Batterien den Abzug deckten und dann das weitere Andringen des Gegners hemmten. Auch stellte dieser das weitere Vorgehen ganz ein, als er plötzlich von der preußischen aus Boynes heranrückenden 1. Kavallerie-Division in der eigenen Flanke bedroht und durch deren reitende Batterien unter Feuer genommen wurde.

Inzwischen befand sich das Regiment Nr. 16 in Beaune selbst völlig isolirt und auf drei Seiten vom Feinde umgeben.

Die Stadt mit Resten einer hohen Mauerumfassung und der Kirchhof waren, soweit möglich, zur Vertheidigung eingerichtet worden. Nachdem die ersten Anläufe starker Schützenschwärme zurückgewiesen, schritt der Gegner zur Beschießung der Stadt. Seine Granaten durchschlugen die

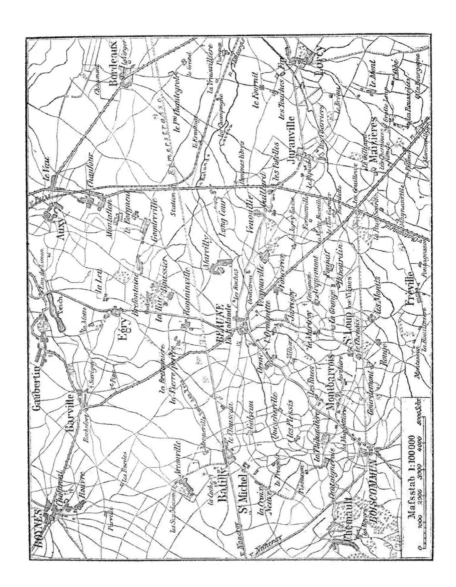

Kirchhofsmauer und entzündeten einige Gebäude, aber auch die dann wiederholten Sturmversuche wurden standhaft abgeschlagen.

Inzwischen hatte General v. Woyna seine Batterien mit neuer Munition versehen, und indem er zur Rechten Romainville besetzte, auch Stellung gegen die Büsche von Pierre percée nahm, gelang es ihm um 3 Uhr, sieben Kompagnien bis an die Ostseite von Beaune wieder vorzuführen.

Um diese Zeit traf nun auch Hülfe durch das III. Armeekorps ein. Während die 6. Division nach Pithiviers noch heranrückte, war die 5. schon morgens vorwärts dieses Ortes versammelt. Indeß lauteten die ersten Nachrichten aus Beaune so wenig beunruhigend, daß die Korps-Artillerie wieder in ihre Quartiere einrückte. Als jedoch der zunehmende Geschützdonner und spätere Meldungen auf einen ernsten Zusammenstoß schließen ließen, befahl General v. Alvensleben den Vormarsch des Korps, welchen übrigens General v. Stülpnagel aus eigenem Antriebe mit der 5. Division bereits angetreten hatte. Die 6. folgte und entsendete ein Bataillon zur Beobachtung gegen Courcelles, von wo indeß das Freikorps Cathelineau nichts unternahm.

Ein Theil des Regiments Nr. 52, welches an der Spitze der Kolonne marschirte, wandte sich rechts und eröffnete um 4½ Uhr, durch Artillerie unterstützt, ein Feuergefecht gegen Arconville und Batilly. Ein anderer Theil drang ins Bois de la Leu und in das Gehölz bei La Pierre percée ein, wo das dort zuvor verlorene Geschütz wieder genommen wurde. Vier Batterien richteten an der Straße von Pithiviers, hinter der Fosse des Prés, ihr Feuer gegen den noch auf der Westseite von Beaune stehenden Feind, welcher sodann vom Regiment Nr. 12 vollends vertrieben und bis Mont Barrois verfolgt wurde.

Nach Eintritt der Dunkelheit lagerte das X. Korps bei Long Cour, Beaune und Batilly, die 5. Division hinter demselben, die 6. war bei Boynes verblieben, wo auch die 1. Kavallerie-Division untergebracht wurde.

In der Schlacht bei Beaune la Rolande hatte General v. Voigts-Rhetz mit 11 000 Mann gegen 60 000, mit drei Brigaden gegen sechs Divisionen des Gegners Stand halten müssen, bis ihm gegen Abend Hülfe kam. Der Kampf kostete 900, auf französischer Seite 1300 Mann an Todten und Verwundeten, aber 1800 unverwundete Gefangene fielen den Deutschen in die Hände.

Das französische XX. Korps war abends bis Bois Commun und Bellegarde zurückgegangen, das XVIII. hingegen hatte sich bei Vernouille und Juranville, also dicht vor der Front des X. Korps, auf dem diesem abgerungenen Boden behauptet. Man durfte daher mit Grund die Erneuerung der Schlacht am folgenden Tage erwarten.

Prinz Friedrich Karl wies daher das X. und III. Korps an, sich am 29. in Bereitschaftsstellung zu versammeln. Das IX. erhielt Befehl, mit zwei Brigaden nach Boynes und Bazoches heranzurücken, mit den übrigen Truppen aber zu folgen, sobald die Armee-Abtheilung des Großherzogs an der Straße nach Paris eintreffen werde. Von dieser erreichte auch im Laufe des Tages die Spitze, die 4. Kavallerie-Division, Toury, die Infanterie Allaines und Orgères. Die in der rechten Flanke mar= schirende 6. Kavallerie-Division war erst bei Tournoisis auf Widerstand gestoßen.

Inzwischen hatte General Crouzat auf seinen Bericht vom Abend des 28. die Weisung aus Tours erhalten, von einem nochmaligen Angriff vorläufig Abstand zu nehmen, und demnach zog sich denn auch der rechte französische Flügel weiter zurück. Am 30. führten beide Korps eine Linksschiebung aus, um sich dem XV. wieder zu nähern. Diese Seit= wärtsbewegung zu verschleiern, gingen Abtheilungen in nördlicher Richtung vor, wodurch es mit den Rekognoszirungen des X. und III. Korps zu Gefechten bei Maizières, St. Loup und Mont Barrois kam, bald aber machte sich ein Vorgehen der Franzosen, nunmehr mit ihrem linken Flügel, bemerkbar.

Bei der Regierung in Tours war nämlich aus Paris die Benach= richtigung des Generals Ducrot eingegangen, daß er am 29. mit 100 000 Mann und 400 Geschützen eine Durchbrechung der deutschen Einschließungslinie versuchen und die Verbindung mit der Loire-Armee in südlicher Richtung anstreben werde. Der Luftballon, welcher dieses Schreiben trug, hatte sich in Norwegen niedergelassen, von wo die weitere Mittheilung erfolgt war. Man konnte daher annehmen, daß der General bereits in vollem Kampf stehe, und mit der Hülfe durfte nicht gezögert werden. Im Auftrage Gambettas legte Herr Freycinet dem beim General D'Aurelle versammelten Kriegsrath den Plan zu einem Vor= rücken der gesammten Armee auf Pithiviers vor. Für den Fall der Ab= lehnung führte er das Absetzungsdekret des Oberkommandirenden bei sich.

Es wurde beschlossen, mit dem linken Flügel zunächst eine Rechts= schwenkung auszuführen, für welche Chilleurs aux Bois den Stützpunkt bildete. Nachdem so die Front gegen Pithiviers genommen, hatten die nun in gleicher Höhe stehenden Korps des rechten Flügels den Befehl zum Vorgehen ebendahin zu erwarten. Zur Sicherung der linken Flanke sollte das XXI. Korps nach Vendôme herangezogen werden.

Vormarsch der Loire-Armee zum Entsatz von Paris.

Demnach rückte am 1. Dezember das XVI. Korps in der Richtung der Eisenbahn gegen Orgères vor, das XVII. folgte bis Patay und St. Péravy.

Diesen gegenüber waren auf dem rechten Flügel der II. Armee von der Abtheilung des Großherzogs die 17. Division bei Bazoches, die 22. bei Toury und das bayerische Korps in der Gegend von Orgères eingetroffen. Der feindliche Stoß traf daher zunächst letzteres. Durch weit überlegene Kräfte in der Front angegriffen und durch die Kavallerie= Division Michel in der Flanke bedroht, mußte die 1. bayerische Brigade um 3 Uhr nach Villepion zurückgehen. Die von Orgères anrückende

2. Brigade machte westlich Nonneville Halt, und die 4. marschirte zwischen Villepion und Faverolles auf, in welcher Stellung die Bayern sich trotz großer Verluste eine Zeitlang behaupteten. Auf dem rechten Flügel brachte Prinz Leopold von Bayern mit den noch gefechtsfähigen vier Geschützen seiner Batterie das Andringen des Gegners auf Nonneville zum Stehen, aber unter persönlicher Führung des Admirals Jauréguiberry drangen die Franzosen in Villepion ein. Bei einbrechender Dunkelheit und fühlbarem Mangel an Munition gingen die 1. bayerische Brigade nach Loigny, die 2. aber erst um 5 Uhr nach Orgères zurück, wo abends auch die 3. Brigade eintraf, während die 4. sich in Loigny anschloß.

Das Gefecht kostete beiden Theilen etwa 1000 Mann, und nur die vordersten Abtheilungen der Bayern waren eine kurze Strecke zurückgedrängt worden.

In Tours erweckten dieser Erfolg und Nachrichten aus Paris neue lebhafte Siegeszuversicht. Wie weiter unten berichtet werden wird, war es am 30. November allerdings einem Ausfall aus Paris gelungen, auf kurze Zeit das Dorf Epinay in der nördlichen Einschließungslinie zu besetzen. Man nahm nun ohne Weiteres an, daß dies das gleichnamige Dorf südlich bei Longjumeau sei, und daß sonach die Vereinigung der Armee von Orléans mit der von Paris kaum noch ein Hinderniß finden werde. Der Freischaar Cathelineau wurde aufgegeben, schleunigst den Wald von Fontainebleau zu besetzen, dem Lande aber die bevorstehende Vernichtung der Deutschen verkündet.

Immerhin hatte die Spitze der Armee von Orléans erst einen halben Marsch in der Richtung auf Paris gewonnen, und die Rechtsschwenkung des linken Flügels mußte fortgesetzt werden. Das XVI. Korps sollte daher am 2. Dezember die Linie Allaines—Toury zu erreichen suchen, das XVII. folgen und das XV. von Chilleurs über Artenay sich zur Rechten anschließen. Auf die Nachricht von der bedeutenden Stärke, in welcher der Gegner anrückte, beschloß der Großherzog, ihm mit allen Kräften der Armee-Abtheilung entgegenzutreten. Die erforderlichen Befehle gingen den auf ihren Sammelplätzen bereitstehenden Divisionen um 8 Uhr morgens zu. Das bayerische Korps wurde angewiesen, gegen Loigny Stellung zu nehmen mit dem linken Flügel an Château Goury, die 17. Division, sofort von Santilly nach Lumeau, die 22., von Tivernon nach Baigneaux vorzumarschiren. Die Kavallerie hatte die Sicherung auf beiden Flügeln zu übernehmen.

Schlacht bei Loigny—Poupry.
(2. Dezember.)

Noch war das bayerische Korps im Anrücken von Maladerie begriffen, als die Franzosen die Höhen westlich Loigny erstiegen. Die 1. Division marschirte daher bei Villeprévost auf, die 2. besetzte die Linie Beauvilliers—Goury.

General **Chanzy** war morgens 8 Uhr von Terminiers mit der 2. und 3. Division gegen Loigny und Lumeau vorgegangen. Die 1. folgte als Reserve, und die Kavallerie-Division Michel deckte die linke Flanke. Trotz des lebhaften Feuers des Vertheidigers rückte die 2. Division um 9 Uhr bis dicht an Beauvilliers heran, mußte aber dann dem Vorstoß der Bayern weichen, welche nun ihrerseits angriffsweise gegen Loigny vorgingen. Als aber um 10½ Uhr das ganze französische Korps in breiter Entwickelung von Nonneville bis Neuvilliers anrückte, mußten sie unter großen Verlusten sich zurückziehen. Sie fanden jedoch Aufnahme bei Beauvilliers, wo das Feuer der Artillerie des Korps der feindlichen Bewegung Halt gebot.

Der Kampf wogte nun hin und her, bis um 11½ Uhr die 2. bayerische Brigade in denselben eingriff. Die 4. Kavallerie-Division trabte in der linken Flanke des Gegners vor, und die Division Michel zog sich auf das XVII. Korps zurück. Zahlreiche Gefangene fielen dabei in die Hände der deutschen Reiter. Inzwischen war die bayerische Infanterie zu erneutem Angriff auf Ferme Moräle geschritten und dort in ein so vernichtendes Feuer gerathen, daß sie umkehren mußte. Da aber jetzt die reitenden Batterien flankirend gegen den feindlichen Flügel wirkten, auch den Pachthof in Brand schossen, setzte sich General v. Orff dauernd in dessen Besitz.

Bei Beauvilliers hatte inzwischen die 2. Division nur mit Mühe dem heftigen Andringen der Franzosen widerstanden, deren Tirailleurschwärme bereits so nahe herangelangt waren, daß die Batterien sich genöthigt sahen, weiter zurückgelegene Stellungen zu nehmen. Der gute Erfolg des rechten Flügels aber übertrug sich auch auf den linken. Aus Beauvilliers wie aus Château Goury vorbrechend, trieben die Bayern die Division Jauréguiberry auf Loigny zurück.

Bald nach Mittag steigerte sich das Feuer der Franzosen, besonders gegen Château Goury, wieder zu besonderer Heftigkeit. Die Bataillone des linken bayerischen Flügels wurden gegen den Park zurückgedrängt.

Während dieser Vorgänge hatten die beiden preußischen Divisionen ihren Vormarsch fortgesetzt. Die Artillerie der 17. eilte voraus, um den Kampf mit der feindlichen aufzunehmen, und die Infanterie erreichte Lumeau mit ihren Spitzen eben noch zeitig genug, um dessen Besetzung durch den Gegner zu verhindern. Starke Schützenschwärme desselben drangen zwar bis dicht an den Ort heran, wurden aber durch gut gezieltes Gewehr- und Granatfeuer abgewiesen, worauf die Division in der rechten Flanke des französischen Angriffs vorging.

Auch die 22. Division war über Baigneaux nach Anneux herangerückt und schloß sich der Verfolgung des weichenden Feindes an. Zahlreiche Gefangene und eine Batterie wurden ihm abgenommen, vergebens suchte er bei Neuvilliers wieder festen Fuß zu fassen und eilte schließlich in voller Auflösung nach Terminiers zurück.

Nach diesem Ausgange des Kampfes bei Lumeau konnte nun auch General v. Trescow dem hart bedrängten linken Flügel der Bayern zu Hülfe kommen. Unterstützt durch das Feuer von 8 Batterien, rückte die 33. Brigade in die Flanke der eben auf Château Goury heftig an= stürmenden französischen Massen. Ueberrascht wichen diese auf Loigny zurück. Auch hier drangen die mecklenburgischen Bataillone gemeinsam mit den Bayern ein, und nur der am Westende des Dorfes hoch belegene Kirchhof wurde noch eine Zeitlang hartnäckig vertheidigt. In die bei Villepion zurückgehenden Franzosen schlugen dann die Geschosse von 80 bei Loigny versammelten Geschützen verheerend ein.

Um 2½ Uhr ließ General von der Tann seine gesammte erste Division, nachdem sie mit frischer Munition versehen, nochmals anrücken, doch kam diese Bewegung vor dem heftigen Feuer des Gegners zum Stehen.

Dem Vorgehen der Kavallerie des rechten Flügels trat außerdem auch die Division Michel entgegen, kehrte aber um, sobald sie in den Bereich der reitenden Batterien gelangt war.

Bei der Entblößung seines rechten Flügels hatte General Chanzy durch einige Bataillone bei Terre noire eine Hakenstellung nehmen lassen. Hinter derselben war eine Brigade des XVII. Korps bei Faverolles ein= getroffen, und zur Rechten von Villepion rückten die päpstlichen Zouaven gegen Villours vor.

Nunmehr setzte General v. Tresckow seine letzte Reserve ein. Zwei Bataillone Regiments Nr. 75 drangen im ersten Anlauf in den Ort ein und trieben in Verbindung mit allen in der Nähe kämpfenden Abthei= lungen die französische Kolonne auf Villepion zurück.

Die eintretende Dunkelheit machte hier dem Gefecht ein Ende.

Während so das XVI. französische Korps allein den ganzen Tag über mit großer Ausdauer gekämpft hatte, war das XV., wie befohlen, über Artenay auf der großen Straße von Paris vorgerückt. Dort stand demselben nur die 3. Kavallerie=Brigade gegenüber. Auf diese stieß schon um Mittag bei Dambron die 3. französische Division, welche die linke Flügelkolonne bildete, indeß die beiden anderen erheblich weiter rechts ausholten.

Sobald hierüber die Meldung der Kavallerie einging, rückte General v. Wittich mit der ganzen 22. Division von Anneux in der Richtung auf Poupry ab. Es gelang der im Laufschritt voreilenden Tete, den Ort zu erreichen und den daselbst und in den Waldstreifen nördlich bereits eingedrungenen Feind wieder zu vertreiben. Sechs Batterien fuhren sodann, südlich an Morâle angelehnt, auf. Die Franzosen ent= wickelten sich zwischen Dambron und Autroches und führten, während die übrigen Divisionen heranzogen, ein hinhaltendes Feuergefecht. Nach= dem sie einem Vorstoß aus Poupry begegnet, besetzten sie mit ihrem rechten Flügel die nahe vor dem nördlichen Waldstreifen liegenden kleinen Gehölze, fuhren Artillerie in deren Zwischenräumen auf und unternahmen um 3 Uhr von dort ihren Angriff. Derselbe scheiterte jedoch an dem Kartätschfeuer des Vertheidigers und an der Bedrohung mit einer Attacke der 3. Kavallerie=Brigade, welche General v. Colomb in dem freien Gelände westlich Dambron in Bewegung setzte. Ebenso mißlang ein

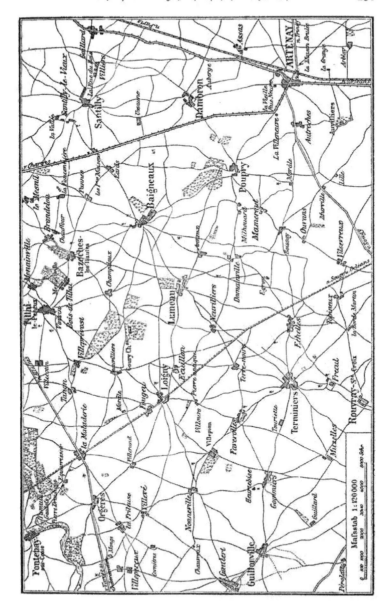

Angriff des linken Flügels von Autroches gegen Morâle. Dann aber gingen um 4 Uhr die Franzosen auf ihrer ganzen Front mit starken Tirailleurschwärmen vor. Sie wurden bei Poupry abgewiesen, ebenso bei Morâle, wo auch zwei Pionier-Kompagnien ins Gefecht traten, dagegen drangen sie mit ihrem rechten Flügel in den Waldstreifen ein und zwangen hier die Vertheidiger, sich zurückzuziehen. Von Poupry aus gingen aber die noch in Reserve stehenden preußischen Bataillone vor und trieben den Feind nach den Gehölzen zurück, wo derselbe sich noch gegen einen Angriff der Kavallerie zu vertheidigen hatte.

Die eintretende Dunkelheit endete auch hier den Kampf. Die 22.Division blieb bis abends 11 Uhr in der von ihr behaupteten Stellung kampfbereit stehen und ging erst dann nach Anneux zurück. Die 3. Kavallerie-Division wurde in Baigneaux untergebracht. Anschließend stand die 17. Division bei Lumeau und hielt vor ihrer Front Loigny gemeinsam mit den Bayern besetzt, welche weiter rechts sich bis Orgères ausdehnten.

Der Tag hatte den Franzosen 4000 Mann an Todten und Ver- wundeten gekostet, den Deutschen reichlich ebenso viel, aber in ihren Händen 2500 unverwundete Gefangene, 8 Geschütze, 1 Mitrailleuse und 1 Fahne des Gegners gelassen.

Auf französischer Seite ging das XV. Korps nach Artenay zurück und erhielt Befehl, unter dem Schutz einer dort zu belassenden Division die frühere Vertheidigungsstellung am Waldrande einzunehmen.

Sonach war das beabsichtigte weitere Vordringen des linken Flügels der Armee von Orléans nicht erreicht worden. Das XVI. Korps, vom XVII. nicht unterstützt, hatte vielmehr Terrain verloren, sich aber in vorderster Linie in Villepion, Faverolles und Terminiers behauptet. Dem General Chanzy wurde daher anheimgegeben, am folgenden Tage einen nochmaligen Vorstoß gegen den rechten Flügel der Deutschen zu versuchen.

Diese standen in der Stärke von fünf Korps dicht vor dem Feinde, weitere Verstärkungen konnten vorerst nicht gewährt werden, aber bei der oberen Leitung erachtete man den Augenblick für gekommen, der beständigen Bedrohung der Einschließungslinie von Süden her ein Ende zu machen.

Am 2. mittags war aus dem großen Hauptquartier der Befehl zum Angriff mit allen Kräften auf Orléans eingetroffen, und noch im Laufe dieses Tages ordnete Prinz Friedrich Karl das dafür Erforderliche an.

Es ist nöthig, in der Zeit zurückzugreifen, um die Verhältnisse zu überblicken, wie sie sich während des November an den verschiedenen anderen Punkten entwickelt hatten.

Paris im November.

Die am 14. November bekannt gewordene Nachricht von dem glücklichen Ausfall des Treffens am 9. November bei Coulmiers hatte in Paris alle Hoffnungen neu belebt. Man zweifelte nicht, daß der Gegner genöthigt sein werde, bedeutende Streitkräfte in dieser Richtung zu ent- senden und so namentlich die südliche Einschließung erheblich zu schwächen.

Um durch selbstthätiges Handeln dem nun zu erhoffenden Entsatz entgegenzukommen, wurden aus der Besatzung von Paris drei gesonderte Armeen gebildet.

Die erste unter General Clément Thomas bestand aus 226 Bataillonen Nationalgarde in Stärke von rund 130 000 Mann. Sie sollte zur Besetzung der Umwallung und zur Aufrechterhaltung der Ruhe in der Stadt dienen. Der zweiten Armee unter General Ducrot waren die zuverlässigsten Elemente, insbesondere die Truppen des bisherigen XIII. und XIV. Korps, zugetheilt. In drei Korps und eine Kavallerie-Division gegliedert, zählte diese Armee reichlich 100 000 Mann mit mehr als 300 Geschützen. Sie war für den eigentlichen Dienst im Felde und zu den Ausfällen gegen die Einschließung bestimmt. Die dritte Armee unter General Vinoy, 70 000 Mann stark, bestand aus sechs Mobilgarden- und einer Kavallerie-Division, auch war derselben die Linien-Division Maud'huy zugetheilt. Sie hatte die größeren Ausfälle durch Scheinangriffe auf den Nebenfronten zu unterstützen. Außerdem standen in den Forts 80 000 Mobilgarden und in St. Denis unter dem Admiral de la Roncière noch 35 000 Mann.

Die verfügbaren Streitkräfte betrugen sonach über 400 000 Mann.

Die Garnison entfaltete eine rege Thätigkeit in kleinen nächtlichen Unternehmungen. Die schweren Geschosse des Platzes reichten bis Choisy le Roi und selbst bis Beauregard nahe vor Versailles. Auf der Halbinsel Gennevilliers wurde lebhaft geschanzt und ein Brückenbau vorbereitet. Manche Zeichen deuteten auf ein beabsichtigtes Vorgehen der Franzosen gegen Westen. Da aber, solange die II. Armee sich noch erst versammelte, die größere Gefahr von Süden her drohte, so ordnete die deutsche Heeresleitung, wie schon erwähnt, die Aufstellung des II. Korps hinter der Yvette von Villeneuve bis Saclay an. Im Norden von Paris dehnte sich das Gardekorps links bis Aulnay aus, das XII. trat mit einer Brigade auf das südliche Ufer der Marne über, und die württembergische Division rückte in den vom II. Korps verlassenen Raum zwischen Marne und Seine ein.

Am 18. November ging in Paris aus Tours die Aufforderung ein, schleunigst der Loire-Armee die Hand zu reichen, wohl etwas vorzeitig, indem, wie wir wissen, diese Armee damals nur auf defensive Maßregeln Bedacht nahm.

Wirklich wurden auch in Paris alle Anstalten zu einem großen Ausfall getroffen. Aber da die früheren Angriffe gegen die Front des VI. Korps gezeigt hatten, daß diese durch Befestigungen bei Thiais und Chevilly erheblich verstärkt sei, so wurde beschlossen, zunächst die Hochfläche östlich Joinville zu erreichen und erst von dort aus sich gegen Süden zu wenden. Die Aufmerksamkeit der Deutschen sollte durch Angriffe in entgegengesetzter Richtung abgelenkt werden.

Am 28., dem Tage, an welchem die Armee von Orléans vergeblich nach Beaune la Rolande vorzudringen strebte, versammelte General Ducrot die zweite Pariser Armee in der Umgebung von Vincennes, und die dritte besetzte mit der Division Hugues am folgenden Morgen den Mont Avron.

Da sich aber der Bau der Brücken bei Champigny und Bry verzögerte, so wurde die Schlacht auf den 30. vertagt, den Führern der Neben=unternehmungen aber anheimgestellt, diese gleichzeitig oder selbst schon zuvor auszuführen. Dementsprechend versammelte sich bereits in der Nacht zum 29. hinter den Verschanzungen von Hautes Bruyères die Division Maud'huy und rückte noch vor Tagesanbruch gegen L'Hay vor.

Gewarnt durch das heftige Feuer der südlichen Forts, hatte General v. Tümpling die 12. Division zeitig in ihren Gefechtsstellungen unter Gewehr treten lassen und die 11. bei Fresnes versammelt.

Die Franzosen drangen, begünstigt von der Dunkelheit, durch die Weinberge in L'Hay ein; indeß gelang es, sie mit Bajonett und Kolben wieder zu vertreiben.

Nach längerem Feuergefecht schritt der Gegner um 8½ Uhr zu er=neutem, aber erfolglosem Angriff, und nun antworteten die aus der Reserve verstärkten Vertheidiger mit einem kräftigen Nachstoß. Um 10 Uhr zog sich der Feind auf Villejuif zurück.

Seineaufwärts war gleichzeitig Admiral Pothuau mit Marinetruppen und Nationalgarden vorgegangen. Eine Feldwache in Gare aux Boeufs wurde überrascht und gefangen genommen, Choisy le Roi durch Feld=geschütz, Festungsartillerie und durch auf der Seine erscheinende Kanonen=boote beschossen. Als indeß die Grenadiere des Regiments Nr. 10 im Begriff standen, ihrerseits zum Angriff zu schreiten, ließ General Vinoy das Gefecht abbrechen.

Diese Demonstration kostete den Franzosen 1000 Mann und 300 un=verwundete Gefangene, die gedeckt stehenden Preußen verloren nur 140 Mann. Noch bis Mittag setzte die Festung das Feuer fort, dann wurde dem Gegner eine kurze Waffenruhe bewilligt, um seine vielen Verwundeten fortzuschaffen.

Auch gegen die Front des V. Korps waren um 8 Uhr starke In=fanterie=Abtheilungen auf Garches und Malmaison vorgerückt und hatten einen Theil der Feldwachen vertrieben. Sie stießen aber bald auf den Widerstand geschlossener Bataillone und zogen sich um Mittag nach dem Valérien zurück.

Befreiungsversuch der Armee von Paris.
(30. November und 2. Dezember.)

Am 30. November brach die zweite Pariser Armee zu der Schlacht auf, welche das Schicksal der Hauptstadt entscheiden sollte.

Um Zuzüge der Deutschen nach der eigentlichen Angriffsfront zu ver=hindern, wurde ihre Einschließungslinie abermals an fast allen Punkten durch Ausfälle beschäftigt.

Zum Vorgehen gegen Süden bestimmte General Ducrot die Division Susbielle seines II. Korps. Dieselbe trat schon in der Nacht um 3 Uhr bei Rosny an, überschritt die Marne auf einer Feldbrücke bei Créteil und eröffnete von dort, lebhaft unterſtützt durch die nächſten Forts, das Feuer gegen die in Bonneuil und Mesly vorgeſchobenen Poſtirungen der württembergiſchen Diviſion.

General v. Obernitz hatte eine ausgedehnte Stellung zu behaupten. Seine 1. Brigade ſtand bei Villiers auf der Halbinſel von Joinville, die 2. bei Sucy en Brie, die 3. bei Brévannes. Die Diviſion war dem Kommando der Maas=Armee unterſtellt worden und letztere aus Verſailles angewieſen, ſie durch das XII. Korps oder ſelbſt durch Truppen des Gardekorps kräftig zu unterſtützen.

Bei der großen Anhäufung feindlicher Streitkräfte am Mont Avron glaubte aber das ſächſiſche Korps ſich am rechten Marne=Ufer unmittelbar ſelbſt bedroht und nahm Abſtand von ſofortigen Abſendungen auf das linke, doch verfügte der Kronprinz von Sachſen, daß am folgenden Tage die ganze 24. Diviſion dort verſammelt werden ſolle.

Einſtweilen konnte daher den Württembergern nur durch den bei Villeneuve ſtehenden Flügel des II. Korps Hülfe geleiſtet werden, von welchem die 7. Infanterie=Brigade neben Brévannes nach Valenton heranrückte.

Erſt das Feuer ihrer dort auffahrenden drei Batterien brachte das Vorrücken der franzöſiſchen Diviſion zum Stehen. Die Verſuche der Württemberger, Mont Mesly zu nehmen, ſcheiterten zwar anfangs; nach= dem aber die Artillerie kräftig gewirkt, gelang es ihnen um 12 Uhr, die Höhe zu beſetzen, und den preußiſchen Bataillonen, in Mesly einzudringen. Die württembergiſchen Reiter hieben mit großem Erfolge auf die ab= ziehenden Schützen des Gegners ein. Um 1½ Uhr verkündete das wieder eröffnete Feuer der Forts das Ende dieſes Ausfalls. Derſelbe koſtete den Deutſchen 350, den Franzoſen 1200 Mann.

Während deſſen war die Front des VI. Korps gar nicht beunruhigt worden. General Vinoy, von dem Vorgehen der Diviſion Susbielle nicht benachrichtigt, ließ jedoch, als ihr Zurückweichen bemerkt wurde, aus Jvry und den angrenzenden Werken ein lebhaftes Feuer eröffnen, welches noch von Kanonenbooten auf der Seine und von gepanzerten Batterien auf der Eiſenbahn unterſtützt wurde. Sodann rückte General Pothuau gegen Choiſy le Roi und Thiais vor. Nochmals ſetzten ſich ſeine Marine= truppen nach Verdrängung der preußiſchen Vorpoſten in Gare aux Boeufs feſt. Das weitere Vordringen aber mißlang, auch beorderte General Vinoy ſeine Truppen zurück, nachdem das Gefecht bei Mesly beendigt, und nur der Geſchützdonner dauerte noch bis 5 Uhr fort.

Gegen die Front des V. Korps waren nach einleitender Kanonade des Valérien ſchon um 7 Uhr Mobilgarden vorgegangen. Sie wurden jedoch ſchon von den Vorpoſten und den bereitſtehenden Unterſtützungs= truppen abgewieſen und zogen ſich um 11 Uhr zurück.

Ein lebhaftes Gefecht fand ferner auf der Nordfront von Paris ſtatt. Dort eröffnete um Mittag das Fort de la Briche, unterſtützt durch Feldgeſchütze und eine ſchwimmende Batterie, ein heftiges Feuer gegen das am rechten Seine=Ufer tief gelegene Dorf Epinay. Um 2 Uhr rückte dann die Brigade Hanrion vor, zwei Marine-Kompagnien drangen längs des Flußufers in den Ort ein und vertrieben die nur eine Kompagnie starke Besatzung. Auch eine zweite zog sich von den Befestigungsanlagen nördlich nach Ormesson zurück. Um 3 Uhr nachmittags gelangte der Ort, bis auf einige hartnäckig vertheidigte Gehöfte jenseits des Mühl-grabens, in den Besitz der Franzosen.

Inzwischen hatten sich aber die Truppen des IV. Armeekorps ver-sammelt und sieben Batterien auf den vorliegenden Höhen entwickelt. Die Infanterie stürmte unter Hurrahruf von allen Seiten gegen das Dorf vor und nahm nach erbittertem Häuserkampfe um 4 Uhr den ver-lorenen Posten wieder ein, dessen vorübergehende Besitznahme so große Hoffnungen in Tours erwecken sollte. Der Gefechtsverlust betrug auf beiden Seiten 300 Mann.

Dies Alles waren nur Scheinangriffe, um die Hauptaktion zu er-leichtern, und während dadurch die Truppen der Einschließung an allen Punkten beschäftigt und festgehalten wurden, überschritten von 6½ Uhr an zwei Korps der zweiten französischen Armee die in der Nacht fertig-gestellten Brücken bei Joinville und Nogent. Nachdem die deutschen Vor-posten verdrängt, entwickelten sich beide, die ganze Halbinsel überspannend, zwischen Champigny und Bry. Das III. Korps hatte am nördlichen Ufer der Marne die Richtung auf Neuilly eingeschlagen, um dort den Fluß zu überschreiten, und bedrohte dabei zugleich die Stellung des sächsischen Korps, welches deshalb auch die zur Unterstützung der Württem-berger bestimmte 47. Brigade am rechten Flußufer noch zurückbehielt. Sonach standen am linken Ufer den beiden französischen Korps nur zwei deutsche Brigaden in Ausdehnung von dreiviertel Meilen gegenüber, die sächsische 48. bei Noisy und die württembergische 1. von Villiers bis Chennevières.

Um 10 Uhr schritt die Division Maussion gegen den Park von Villiers vor. Durch sächsische Abtheilungen aus Noisy unterstützt, wiesen die Württemberger einen ersten Angriff ab, geriethen aber beim Ver-folgen in großen Verlust. Die Franzosen entwickelten die Batterien von zwei Divisionen und die der Reserve-Artillerie vor dem Park. Auf ihrem rechten Flügel war die Division Faron nicht ohne erhebliche Einbuße in den Besitz von Champigny gelangt und hatte sich vorwärts dieses Ortes zur Vertheidigung eingerichtet.

Die Absicht des Generals Ducrot war ursprünglich gewesen, auf der Halbinsel so lange ein hinhaltendes Gefecht zu führen, bis sein III. Korps bei Noisy mit eingreifen könne. Als aber Nachricht einlief, daß dasselbe sich um 11 Uhr noch jenseits der Marne befinde, befahl er den sofortigen allgemeinen Angriff der beiden anderen Korps.

Zur Linken wurde das Vordringen eine Zeitlang durch die zwischen Noisy und Villiers aufgefahrenen deutschen Batterien gehemmt, und als dann Oberst v. Abendroth mit sechs Kompagnien der 48. Brigade von beiden Orten aus zu einem entschlossenen Angriff vorbrach, wichen die Franzosen bis an die Weinberge am Westabfall der Hochfläche aus, unter

Zurücklassung selbst von zwei Geschützen, welche jedoch die Sachsen aus Mangel an Bespannung nicht mitführen konnten.

In der Mitte der Schlachtlinie versuchte die Division Berthaut, südlich an Villiers vorbeizudringen, wurde aber durch das Feuer von fünf dort und bei Coeuilly aufgestellten Batterien in ihren Reihen so stark gelichtet, daß sie dem Vorstoße eines sächsischen Bataillons auswich.

Auf dem rechten Flügel endlich waren die vorwärts Champigny in Stellung gebrachten Geschütze durch die deutsche Artillerie zum Wieder=abfahren genöthigt worden und hatten weiter nördlich bei den Kalköfen Deckung gesucht. Eine Infanterie=Abtheilung war längs des Flusses nach Maison blanche vorgerückt, inzwischen hatte aber die 2. württembergische Brigade, obwohl bei Sucy selbst angegriffen, zwei Kompagnien und eine Batterie zur Verstärkung nach Chennevières abgesandt. Vom Jägerhofe vorgehend, nahmen dann die Württemberger in Maison blanche den Franzosen 200 Gefangene ab, dagegen scheiterte der Versuch, mit den bei Coeuilly versammelten Kompagnien die Höhe vor Champigny zu er=steigen, unter großem Verlust. Dennoch bestimmte ein erneuter Flanken=angriff vom Jägerhof aus die bereits stark erschütterte Division Faron zum Rückzuge nach Champigny.

General Ducrot beschloß, sich für diesen Tag damit zu begnügen, festen Fuß auf dem linken Ufer der Marne gefaßt zu haben, und ließ, um den gewonnenen Abschnitt zu sichern, 16 Batterien vor seiner Front auffahren. Am folgenden Tage sollte dann mit allen drei Korps der Angriff erneuert werden.

Auf deutscher Seite mußte man zufrieden sein, sich gegen große Uebermacht behauptet zu haben. So erlosch in den Nachmittagsstunden allmählich das Gefecht, bis es im Norden von Neuem aufflammte.

Das III. französische Korps nämlich war am rechten Ufer der Marne aufwärts marschirt, hatte Neuilly stark besetzt und die Vorposten der sächsischen 47. Brigade vertrieben. Unter dem Schutze von sechs Batterien war um 10 Uhr der Bau von zwei Kriegsbrücken unterhalb Neuilly begonnen und um Mittag beendet worden. Eben um diese Zeit befanden sich aber, wie wir gesehen, die Franzosen auf der Hochfläche im Zurück=gehen, und so erfolgte der Uebergang erst um 2 Uhr nachmittags. Die Division Bellemare marschirte im Thale nach Bry, wo sie sich dem linken Flügel des II. Korps anschloß. Ein Zouaven=Regiment, welches von dort die Höhe zu ersteigen versuchte, verlor die Hälfte seiner Mannschaft und seine sämmtlichen Offiziere. Dennoch wollte General Ducrot die ihm zugewachsene Verstärkung sogleich zu erneutem Angriff auf Villiers verwenden.

Verstärkt durch vier Bataillone, rückte die Division in dieser Rich=tung vor, jedoch wollte es der Artillerie nicht gelingen, die Parkmauer niederzulegen, wiederholte Anläufe von Schützenschwärmen wurden ab=geschlagen und schließlich der Rückzug ins Thal angetreten. Auch das gleichzeitige Vorgehen der Divisionen Berthaut längs der Eisenbahn und Faron gegen den Jägerhof mißglückte. Erst mit Eintritt der Dunkelheit verstummte das Feuer auf beiden Seiten.

Bei der Richtung, welche das III. französische Korps vormittags eingeschlagen, hatte der Kronprinz von Sachsen die 23. Division bei Chelles versammelt, sobald aber die eigentliche Absicht des Gegners sich erkennen ließ, entsandte er einen Theil der 47. Brigade und eine Abtheilung der Korps-Artillerie nach der bedrohten Stellung der Württemberger. Nicht minder hatte General v. Obernitz, sobald das Gefecht bei Mesly beendet, drei Bataillone nach dem Jägerhof herangeführt. Noch in der Nacht erging aus dem großen Hauptquartier Befehl an das II. und VI. Korps, Verstärkungen nach dem gefährdeten Punkt der Einschließungslinie abzusenden, und es trafen die 7. und die 21. Brigade am folgenden Tage, dem 1. Dezember, bei Such ein.

Auf französischer Seite betrachtete man den Durchbruchsversuch ohne Hülfe von außen bereits als ziemlich hoffnungslos, und wohl nur die Besorgniß vor dem Volksunwillen veranlaßte das längere Verbleiben der III. Armee am linken Ufer der Marne. Statt anzugreifen, begannen die Franzosen sich zu verschanzen, und um das Schlachtfeld aufzuräumen, trat Waffenruhe ein. Der Donner der Geschütze vom Mont Avron mußte die Pariser einstweilen noch bei guter Laune erhalten. Auch die Deutschen arbeiteten an Verstärkung ihrer Stellung, verlegten aber bei der eingetretenen strengen Kälte wenigstens einen Theil der Truppen in Quartiere weiter rückwärts.

Der Befehl über sämmtliche deutschen Truppen zwischen Marne und Seine war dem General v. Fransecky übertragen worden. Bereits hatte das Oberkommando der Maas-Armee angeordnet, daß Prinz Georg mit allen verfügbaren Theilen des XII. Korps in der Frühe Bry und Champigny überfallen solle.

Demgemäß versammelten sich am 2. Dezember morgens die 24. Division bei Noisy, die 1. württembergische Brigade bei Villiers, die 7. preußische am Jägerhof.

Die vordersten Bataillone der sächsischen Division warfen in überraschendem Anlauf die Vorposten des Feindes zurück, nahmen 100 Mann gefangen und drangen nach Erstürmung einer Barrikade in Bry ein. Hier entspann sich dann aber ein erbitterter Häuserkampf, in welchem das 2. Bataillon Regiments Nr. 107 fast alle seine Offiziere verlor. Dennoch behauptete es sich trotz des heftigen Feuers der Forts im nördlichen Theile des Dorfes.

Ebenso drangen auch die Württemberger in Champigny ein, stießen aber bald auf heftigen Widerstand des Gegners, welcher sich in den Baulichkeiten vertheidigte. Auch das schon eroberte Bois de la Lande mußte wieder geräumt werden, und General Ducrot beschloß nun selbst zum Angriff zu schreiten. Die starke Artillerielinie vor seiner Front trat um 9 Uhr in Thätigkeit, und zwei Divisionen entwickelten sich hinter derselben.

Inzwischen war vom Jägerhof aus das Füsilier-Bataillon Colbergschen Regiments aufs Neue gegen Bois de la Lande vorgeschritten und hatte sich desselben im ersten Anlauf bemächtigt. Die vom Eisenbahndamm aus heftig feuernden Franzofen machten die Pommern mit Kolben und Bajonett nieder. Ein lebhafter Kampf entspann fich gleichzeitig um die Kalkgruben, wo um Mittag 160 Franzofen die Waffen ftreckten. Als nach und nach 6 württembergifche und 9 preußifche Batterien gegen Champigny in Wirkfamkeit getreten waren, gelang es auch dem General Hartmann, bis zu dem nach Bry führenden Wege vorzudringen. Da nun die Batterien durch die eigenen Truppen im Feuern behindert wurden, felbft aber unter den fchweren Gefchoffen der Forts litten, wurden fie in die Thalfenkung am Jägerhof zurückgenommen. Die 1. württembergifche und die 7. preußifche Brigade fetzten fich um 2 Uhr auf der Linie von Kirch= hof Champigny nach dem Bois de la Lande feft.

Inzwifchen waren die franzöfifchen Divifionen Bellemare und Sus= bielle vom rechten Marne=Ufer nach dem Schlachtfeld herangelangt. Die beiden Bataillone in Bry, welche bereits 36 Offiziere und 638 Mann verloren hatten, fahen fich bei dem Andringen fo weit überlegener Streit= kräfte des Feindes genöthigt, den Ort zu räumen und auf Noify zurück= zugehen, nicht ohne 300 Gefangene mitzuführen. Die übrigen fächfifchen Abtheilungen befetzten Villiers, wo auch die noch verfügbaren Batterien Stellung nahmen.

Als gegen diefen Punkt die Franzofen um 2 Uhr ftarke Artillerie= maffen auffuhren, rückten aus der Mulde beim Jägerhof vier Batterien des II. Korps im Galopp in ihre Flanke und eröffneten auf 2000 Schritt das Feuer. Schon nach 10 Minuten fuhren die franzöfifchen Batterien ab, und die preußifchen kehrten in ihre gefchützte Stellung zurück. Mehrere feindliche Bataillone, welche um 3 Uhr zu erneutem Angriff gegen Villiers vorgingen, wurden mit leichter Mühe abgewiefen, und um 5 Uhr erlofch der Kampf. Nur die franzöfifche Feld= und Feftungsartillerie fetzte das Feuer noch bis in die Finfterniß fort.

General Ducrot hatte im Laufe des Tages die Nachricht erhalten, daß die Loire=Armee auf Fontainebleau marfchire, und wollte daher ver= fuchen, fich in feiner Stellung außerhalb Paris noch ferner zu behaupten.

Während der Nacht zum 3. Dezember wurden Lebensmittel herbei= gefchafft, auch die Befpannung und Munition der Batterien ergänzt; aber das Anrücken einer Unterftützung von außen beftätigte fich in keiner Weife. Die Truppen waren durch die bisherigen verluftreichen Kämpfe völlig erfchöpft, und der Oberbefehlshaber mußte mit Recht beforgen, durch frifche Kräfte des Gegners gegen die Marne geworfen zu werden. Er befahl daher den Rückzug, wobei den Truppen mitgetheilt wurde, daß der Angriff erneuert werden folle, fobald ihre Schlagfertigkeit her= geftellt fei.

Schon bald nach Mitternacht wurden die Divifionen hinter den Vorpoften verfammelt und zunächft die Trains zurückgefchafft; um Mittag konnten die Truppen über die Brücken bei Neuilly, Bry und Joinville folgen. Nur eine Brigade blieb zur Deckung der Uebergänge ftehen.

Der Rückzug war in gefchickter Weife durch kleine Angriffe auf die deutfchen Vorpoften verdeckt worden. Franzöfifche Batterien hatten bei

10*

Le Plant und Bry ſchon mit Tagesanbruch das Feuer eröffnet, und der Abzug des feindlichen Heeres blieb bei dichtem Nebel völlig unbemerkt.

General Franſecky verſammelte die ſächſiſche und die württem=bergiſche Diviſion in Gefechtsſtellung bei Villiers und Coeuilly, die 7. Brigade mit der Korps=Artillerie des II. Korps nebſt zwei Regimentern des VI. bei Chennevières und wollte die für den 4. in Ausſicht ſtehenden Verſtärkungen abwarten, welche das VI. Korps bereitſtellte. Auch die 23. Diviſion ſollte auf Befehl des Kronprinzen von Sachſen auf das linke Marne-Ufer übertreten, während das Gardekorps ſeine Vorpoſten einſtweilen bis Chelles auszudehnen hatte.

So blieb es am 3. nur bei unbedeutenden Scharmützeln, und nach=mittags 4 Uhr konnten die Truppen wieder Quartiere beziehen. Als aber am 4. früh Patrouillen gegen Bry und Champigny vorgingen, fanden ſie dieſe Orte geräumt und die Halbinſel Joinville vom Gegner verlaſſen.

Die zweite franzöſiſche Armee war ſtark gelichtet und im inneren Halt erſchüttert nach Paris zurückgekehrt; ſie hatte nach eigener Angabe 12 000 Mann eingebüßt. Die Deutſchen hatten 6200 Mann verloren, nahmen aber ihre früheren Stellungen in der Einſchließungslinie wieder ein.

Das nachdrückliche Vorgehen des Generals Ducrot iſt der ernſt=lichſte Verſuch, den Paris zu ſeiner Befreiung gemacht hat. Derſelbe war gegen den augenblicklich ſchwächſten Punkt der Einſchließung gerichtet, hatte aber nur anfänglich einigen Erfolg gehabt.*)

Vormarſch der I. Armee im November.

Im Norden Frankreichs waren die neu formirten Heerestheile nicht unthätig geblieben. Sammelplätze für dieſelben bildeten hauptſächlich Rouen und Lille. Vorwärts letzteren Platzes gewährte die Somme mit ihren befeſtigten Uebergängen bei Ham, Péronne, Amiens und Abbeville einen Abſchnitt, gleich vortheilhaft für angriffsweiſes Vorbrechen wie für ge=ſicherten Rückzug.

Das vereinzelte Andringen des Gegners hatten zwar bisher Ab=theilungen der Maas-Armee zurückgewieſen, aber ſie waren zu ſchwach, um durch weitgehende Verfolgung ſich dieſer Beläſtigung dauernd zu entledigen.

Wir haben ſchon geſehen, daß nach dem Fall von Metz, wie die II. Armee nach der Loire, auch die I. nach den nördlichen Departements von Frankreich abrückte.

---

*) Es hat ſich ſpäter eine Legende gebildet, wonach auf deutſcher Seite in einem Kriegsrath die Stimme eines Generals gegen alle übrigen die Räumung von Verſailles durch das große Hauptquartier verhindert habe. Abgeſehen davon, daß im Laufe des ganzen Feldzuges ein Kriegsrath niemals berufen worden, iſt es in der militäriſchen Umgebung des Königs Niemand auch nur in den Sinn gekommen, der Armee ein ſo übles Beiſpiel zu geben.

Ein großer Theil dieser letzteren war aber zunächst noch an der Mosel festgehalten durch den Transport der zahlreichen Gefangenen und durch Bewachung der Festungen, welche die Verbindung mit der Heimath unterbrachen. Das ganze VII. Korps befand sich außer in Metz auch vor Diedenhofen und Montmédy. Vom I. Korps war die 1. Division nach Rethel abgerückt, die 4. Brigade auf der Eisenbahn über Soissons zur Einschließung von La Fère voraustransportirt und die 3. Kavallerie-Division nach dem Argonner Wald vorgeschickt worden. Die noch übrigen fünf Brigaden folgten am 7. November nebst der Artillerie.

In breiter Front marschirend, wurde bereits am 20. die Oise bei Compiègne und Chauny erreicht. Vorwärts des rechten Flügels stieß die durch ein Jäger-Bataillon verstärkte Kavallerie bei Ham und Guiscard auf Mobilgarden, vor der Front der Infanteriekolonnen zogen sich feindliche Abtheilungen auf Amiens zurück. Man erfuhr, daß dort 15 000 Mann ständen und daß Verstärkungen fortwährend einträfen.

Am 25. traf die 3. Brigade bei Le Quesnel ein. Vom VIII. Korps gelangte die 15. Division über Montdidier hinaus, die 16. nach Breteuil, von wo sie Verbindung mit den sächsischen Abtheilungen bei Clermont aufnahm. Am 26. schloß der rechte Flügel nach Le Quesnel auf, der linke nach Moreuil und Essertaur. Die Kavallerie streifte gegen die Somme, deren rechtes Ufer sie besetzt fand. Die Haltung des Feindes zeigte, daß er sich auf die Vertheidigung seiner Stellung beschränkte. General v. Manteuffel beschloß daher den Angriff, ohne auf die nachrückende 1. Division zu warten, deren Transport auf der Eisenbahn von Rethel sich außerordentlich verzögerte. Doch wollte er am 27. erst die verfügbaren Streitkräfte, welche in einer Front von vier Meilen standen, enger versammeln. Unbeabsichtigt entbrannte aber die Schlacht schon an dem genannten Tage.

Schlacht von Amiens.
(27. November.)

General Farre stand mit seinen in drei Brigaden gegliederten 17 500 Mann seitwärts Amiens auf dem südlichen Ufer der Somme bei Villers Bretonneux und bei Longueau, an der Straße nach Péronne, die Ortschaften und Gehölze vor der Front besetzt haltend. Außerdem befanden sich 8000 Mobilgarden eine halbe Meile vorwärts der Stadt in verschanzter Stellung.

Den von dem Oberkommando ertheilten Weisungen gemäß ordnete General v. Goeben für den 27. an, daß die 15. Division in Fouencamps und Sains, die 16. in Rumigny und Plachy, sowie in den Orten rückwärts, die Korps-Artillerie in Grattepanche Quartiere beziehen sollten. Sonach hatte sich das VIII. Korps vor Amiens zwischen der Celle und der Noye zu versammeln, stand dann aber in Abstand von reichlich einer halben Meile durch letzteren Bach und die Avre von dem I. Korps getrennt. General v. Bentheim andererseits hatte seine Avantgarde, die 3. Brigade, auf Unterkommen nördlich der Luce angewiesen.

Zeitig schon besetzte diese die Uebergänge des Baches bei Démuin, Hangard und Domart. Um 10 Uhr rückte sie weiter, um die für sie be= stimmten Quartiere einzunehmen, und da diese vom Feinde besetzt waren, entspann sich ein nach und nach immer weiter greifendes Gesecht.

Die Waldstücke auf den Höhen am nördlichen Ufer der Luce wurden ohne sonderlichen Widerstand genommen und trotz mehrfacher Gegenstöße der Franzosen behauptet. In ihren Zwischenräumen fuhr die Artillerie auf. Zur Linken bemächtigte sich das Regiment Nr. 4 des Dorfes Gentelles, zur Rechten ging das Regiment Nr. 44 sprungweise bis auf 300 Schritt an den linken Flügel der französischen Stellung heran und erstürmte dann in kühnem Anlauf die Erdwerke am Eisenbahneinschnitt östlich Villers Bretonneux. Bald nach Mittag stand so die 3. Brigade in der Ausdehnung von fast einer Meile, ihr dicht gegenüber aber mit starken Massen der Feind bei Bretonneux und in Cachy.

Auf dem linken deutschen Flügel hatte die 16. Division bereits um 11 Uhr die ihr bezeichneten Quartiere erreicht und den Gegner sowohl aus Hébecourt wie aus dem Walde nördlich dieses Ortes nach Durh zurückgeworfen. Die 15. Division war zur befohlenen Versammlung des VIII. Korps am linken Ufer der Noye von Moreuil, westlich über Ailly nach Dommartin, die in Hailles stehende Avantgarde direkt auf Fouen= camps abgerückt. So kam es, daß vormittags zwischen beiden Korps die Straßen von Noye und Montdidier auf deutscher Seite von Truppen völlig entblößt blieben, während an ihrer Gabelung bei Longueau eine französische Brigade hielt, freilich ohne irgend etwas zu unternehmen. Dies Vacuum wurde zunächst nur durch das zahlreiche Gefolge und die Stabswache des Oberkommandirenden verschleiert, dann durch das zur Bedeckung des Hauptquartiers bestimmt gewesene Bataillon einigermaßen ausgefüllt. Als aber nach 1 Uhr die Franzosen ihrerseits zum Angriff gegen die 3. Brigade schritten, befahl General v. Manteuffel der 15. Division, nach Möglichkeit in den Kampf des rechten Flügels ein= zugreifen.

Nach standhafter Gegenwehr waren die Kompagnien des Regiments Nr. 4 aus dem Bois de Hangard gegen den Absall der Höhe vor Démuin zurückgedrängt worden, auch mußten später, nach gänzlichem Verbrauch ihrer Munition, die Vertheidiger von Gentelles auf Domart zurückweichen.

General v. Strubberg, von der Gesechtslage vorwärts der Luce unterrichtet, hatte vier Bataillone in dieser Richtung abgeschickt, welche die Avre überschritten, aber aus dem Bois de Gentelles so lebhaft be= schossen wurden, daß sie, an weiterem Vordringen gehindert, Front gegen das Wäldchen machen mußten. Hinter ihnen fort drangen jedoch die übrigen Abtheilungen der 30. Brigade am rechten Ufer des Flusses in St. Nicolas, am linken in Boves ein und vertrieben in Gemeinschaft mit der 29. Brigade die Franzosen von dem dortigen Ruinenberg.

Maßstab 1:266666.

Inzwischen war ein Theil der nachrückenden 1. Division hinter der 3. Brigade eingetroffen. Die Artilleriestellungen derselben wurden erheblich verstärkt, das Geschützfeuer gegen die Erdaufwürfe südlich Bretonneux gerichtet. Zur nächsten Unterstützung ging das Regiment Kronprinz vor, und bald wurden die Franzosen aus dem Bois de Hangard wieder verdrängt. Die sie verfolgenden Ostpreußen nisteten sich vor den Erdaufwürfen ein, nach und nach sammelten sich dort aus den nächsten Waldstücken mehrere Abtheilungen der Regimenter Nr. 4 und 44 und warfen den Gegner aus dieser Stellung zurück. Dreizehn Batterien brachten nunmehr die französische Artillerie zum Schweigen, und nachdem sie ihr Feuer eine Zeitlang auf Bretonneux gerichtet, wurde der Ort um 4 Uhr durch die von allen Seiten unter Trommelschlag anrückenden Preußen besetzt. Nur an einzelnen Stellen im Innern leisteten die Franzosen einigen Widerstand, die meisten eilten im Schutz der Dunkelheit und unter Einbuße von 180 unverwundeten Gefangenen bei Corbie über die Somme.

Als später noch General Lecointe mit der Reserve-Brigade gegen Domart vorrückte, fand er diesen Uebergangspunkt durch die 1. Division bereits wieder besetzt und kehrte um. Nur in Cachy behaupteten die Franzosen sich bis spät abends.

Für die Nacht wurden die Truppen des I. Korps in den Ortschaften südlich der Luce untergebracht, die Vorposten aber auf dem nördlichen Ufer ausgestellt, auch blieb Bretonneux besetzt.

Auf dem linken Flügel des Gefechtsfeldes war die 16. Division noch nach Dury vorgegangen, hatte die Franzosen aus dem nahen Kirchhof vertrieben, aber von einem Angriff auf die ausgedehnte und stark besetzte Verschanzungslinie des Feindes Abstand genommen. Hinter Dury wurden Biwaks bezogen.

Erst in der Nacht gingen dem General v. Manteuffel Meldungen zu, welche die völlige Niederlage des Feindes bekundeten. Am frühen Morgen des 28. fanden die Patrouillen des I. Armeekorps das Gelände bis zur Somme völlig geräumt, alle Brücken über den Fluß zerstört. Um Mittag rückte General v. Goeben in Amiens ein, dessen Citadelle zwei Tage später mit 400 Mann Besatzung und 30 Geschützen kapitulirte.

Eine Eigenthümlichkeit der Schlacht am 27. November ist die im Hinblick auf die Zahl der dabei betheiligten Truppen unverhältnißmäßige Ausdehnung des Schlachtfeldes. General Farre stand mit rund 25 000 Mann von Pont de Metz südlich Amiens bis östlich Villers Bretonneux in einer Front von drei Meilen, noch dazu mit der Somme dicht im Rücken. Da die Deutschen ungefähr in derselben Breite angriffen, so war die Folge ein Zerreißen ihrer Linie in der Mitte. Die darin liegende Gefahr blieb vormittags durch die Unthätigkeit des Gegners ungenützt und wurde dann durch die Besetzung von St. Nicolas abgewendet.

Die Ueberlegenheit der Zahl war auf Seite der Deutschen, denn obwohl von der nachrückenden 1. Division nur das eine Regiment Kronprinz am Gefecht theilnehmen konnte, betrug ihre Stärke 30 000 Mann. Vor

Allem hatte die 3. Brigade den härtesten Kampf zu bestehen gehabt, auch büßte sie bei einem Gesammtverlust des Tages von 1300 Mann allein 34 Offiziere und 630 Mann ein. Die Franzosen verloren ebenfalls 1300 Mann, außerdem aber 1000 Vermißte.

Ein Theil der Nationalgarde hatte die Waffen zerschlagen und war nach der Heimath entflohen. Das Gros des französischen Korps ging nach Arras zurück.

Unmittelbar nach der Schlacht wuchs der I. Armee eine Verstärkung zu durch die vor La Fère ablömmlich gewordene 4. Brigade.

Einnahme von La Fère.
(27. November.)

Die kleine Festung war von Wichtigkeit geworden, weil sie die Eisenbahn über Reims ebenso nach Amiens wie nach Paris sperrte. In einer breiten wasserreichen Niederung gelegen, welche von der Somme und deren Zuflüssen durchzogen wird, ist der Platz schwer zugänglich, im Uebrigen aber beschränkte sich die Befestigung auf eine freistehende Mauer nebst einigen davorgelegten Erdwerken und war von der östlich gelegenen Höhe in Entfernung auf nur 1500 Meter völlig einzusehen.

Die Brigade hatte am 15. November La Fère vorläufig einge= schlossen, und als dann von Soissons der Belagerungstrain mit 32 schweren Geschützen eintraf, wurden in der Nacht zum 25. sieben Batterien auf der bezeichneten Höhe erbaut und armirt. Diese eröffneten am folgenden Morgen das Feuer, und am 27. kapitulirte der Platz. 2300 Mobil= garden wurden gefangen abgeführt und von den vorhandenen 113 Geschützen die brauchbarsten zur Armirung der Citadelle von Amiens verwendet.

Eine Verstärkung der I. Armee durch das VII. Korps stand einst= weilen nicht in Aussicht, indem es noch an der Mosel weitere Aufgaben zu lösen hatte. So war am 13. November von demselben der größte Theil der 14. Division vor Diedenhofen eingetroffen.

Einnahme von Diedenhofen.
(24. November.)

Diesem auf beiden Seiten von Höhen eingeschlossenen Platz fehlte es gänzlich an gedeckten Räumen, dagegen war die unmittelbare An= näherung im Süden durch angestaute Ueberschwemmung, im Westen und Norden durch Versumpfung erschwert. General v. Kameke beschloß daher, vor Beginn des förmlichen Angriffs den Erfolg einer kräftigen Be= schießung abzuwarten. Batterieestände wurden auf beiden Ufern der Mosel erbaut, und am 22. morgens eröffneten 85 Geschütze das Feuer. Die Festung antwortete anfangs lebhaft. In der folgenden Nacht rückte behufs Aushebens der ersten Parallele die Infanterie bis auf 600 Schritt an

die westliche Front heran, aber bei strömendem Regen und bei der Be=
schaffenheit des Bodens hatte diese Arbeit nur geringen Fortgang. Am
24. mittags jedoch trug der Kommandant auf Verhandlungen wegen der
Uebergabe des Platzes an. Die 4000 Mann starke Besatzung wurde mit
Ausnahme der ortsangesessenen Nationalgarde gefangen nach Deutschland
abgeführt, 199 Geschütze sowie bedeutende Vorräthe an Lebensmitteln,
Waffen und Munition fielen dem Sieger zu.

Nunmehr lag der 14. Division noch die Belagerung der nördlicheren
Grenzfestungen ob, welche sie auf längere Zeit beschäftigen mußte, die
13. Division aber war durch Anordnung des großen Hauptquartiers zu
den Operationen im Süden Frankreichs bestimmt worden.

Einschließung von Belfort im November.

Auf dem südöstlichen Kriegsschauplatz bildete Belfort den Stützpunkt
für beständige kleinere Unternehmungen französischer Streifpartien im Rücken
des unter General v. Werder bei Besoul stehenden XIV. Korps.

Nachdem indeß die bisher vor Straßburg stehenden Abtheilungen
durch Neuformationen aus der Heimath abgelöst, die Truppen vor Neu=
Breisach verfügbar geworden, wurden diese Streitkräfte nach dem oberen
Elsaß in Marsch gesetzt, und zwar rückte die 1. Reserve=Division am
3. November an Belfort heran und bewirkte am 8. die vorläufige Ein=
schließung des Platzes. Die 4. Reserve=Division marschirte zum größten
Theil zur Vereinigung mit dem XIV. Korps nach Besoul, ein Detachement
unter General v. Debschitz besetzte Montbéliard und das Regiment
Nr. 67 Mülhausen und Delle. Werfen wir einen Blick zurück auf die Erfolge im Monat November
und die gegen Ende desselben sich ergebende allgemeine Kriegslage, so
sehen wir den großen Ausfall aus Paris abgewiesen, im Norden die
Bedrohung der Einschließung durch den Sieg des Generals v. Man=
teuffel bei Amiens beseitigt, im Osten Diedenhofen, Breisach, Verdun
und La Fère genommen, Montmédy und Belfort eingeschlossen, und im
Süden Prinz Friedrich Karl bereit, das französische Heer vor Orléans
anzugreifen.

Schlacht von Orléans.
(3. und 4. Dezember.)

Als bei der II. Armee am 2. Dezember bald nach Mittag der
Befehl zum Angriff auf Orléans telegraphisch eingegangen war, ver=
sammelte der Prinz noch am selben Tage das X. Korps bei Beaune la
Rolande und Boynes, das III. bei Pithiviers, das IX. bei Bazoches les
Gallerandes. Noch abends wurden die Anordnungen für das Vorgehen
sämmtlicher Streitkräfte mitgetheilt.

Der Angriff war auf zwei Tage berechnet. Zunächst sollte das III. Korps über Chilleurs aux Bois gegen Loury vordringen, das X. bis Chilleurs nachrücken, das IX. aber um 9 1/2 Uhr Artenay angreifen. Die durch Infanterie verstärkte 1. Kavallerie-Division hatte auf dem linken Flügel gegen die Yonne zu beobachten, die 6. dem rechten zu folgen. Der Großherzog, welchem anheimgestellt blieb, seinen Vormarsch westlich der Pariser Straße selbst zu ordnen, befahl, daß die 22. Division den Angriff auf Artenay unterstützen, das bayerische Korps nach Lumeau heranrücken, die 17. Division zunächst in Anneux verbleiben solle. Die 4. Kavallerie-Division wurde mit Aufklärung in der rechten Flanke beauftragt.

Schon um 9 Uhr früh am 3. Dezember stieß das III. Korps auf 8 Bataillone, 6 Batterien des Gegners bei Santeau. Die 12. Brigade und die hinter den vordersten Bataillonen der Marschkolonne eingeschobene Artillerie der 6. Division entwickelten sich daher bei La Brosse. Nach wenig Schüssen mußte bei dem nun entstehenden Kampfe eine Batterie des linken Flügels zurückgenommen werden, dagegen traf nach und nach am rechten die Korps-Artillerie ein, und um Mittag standen 78 preußische Geschütze im Feuer.

Solcher Uebermacht weichend, zogen die Franzosen auf Chilleurs ab; nachdem aber die deutschen Batterien auf 2000 Schritt an diesen Ort herangerückt waren, und ein Angriff des Jäger-Bataillons ihre rechte Flanke bedrohte, setzten sie den Rückzug nach dem Walde fort, und um 3 Uhr folgte ein Theil der 5. Division durch das nach Süden führende Gestell, die 6. auf der großen Straße. Da diese an vielen Stellen ungangbar gemacht war, wurde erst abends 6 Uhr die Waldlichtung bei Loury erreicht.

Zur Rechten war lebhaftes Gewehrfeuer aus der Gegend von Neuville hörbar geworden, auch ging Meldung ein, daß zur Linken die Franzosen Nancray besetzt hätten.

Infolge dessen wurde Verstärkung von den in Chilleurs gebliebenen Reserven herangezogen, ein Regiment mit Front gegen Westen, ein zweites gegen Osten aufgestellt, und unter dem Schutze der südlich vorgeschobenen Vorposten bezogen die übrigen Truppen um Loury Biwaks und Quartiere.

Das IX. Korps hatte sich zunächst bei Château Gaillard an der großen Pariser Straße versammelt und rückte dann über Dambron auf der Chaussee und gegen Villereau vor.

Bei Assas stieß man auf den Feind, welcher, durch die Artillerie bald vertrieben, auf Artenay auswich. Gegen die hier entwickelten Batterien der 2. französischen Division entspann sich um 10 Uhr ein heftiger Geschützkampf, in welchen bald Theile der Korps-Artillerie, dann aber auch Batterien der bei Poupry eingetroffenen 22. Division eingriffen. Unter dem überwältigenden Feuer von 90 Geschützen ging General Martineau staffelweise, zuerst mit der Artillerie, auf La Croix Briquet und Arblay Ferme langsam zurück.

Die Deutschen besetzten um 12 Uhr Artenay und schritten nach halbstündiger Ruhe zu erneutem Angriff vor. Es kam nun zu einem länger dauernden Feuergefecht sowohl der Infanterie wie der Artillerie, während die 22. Division in der linken Flanke des Feindes weiter vorrückte. Um 2 Uhr fuhr seine Artillerie ab, die linke Flügelkolonne des IX. Korps nahm Arblay Ferme, und das Centrum trieb den Gegner auf der großen Straße unter lebhaftem Gefecht über La Croix Briquet bis Andeglou zurück, wo er, durch Marinegeschütze aufgenommen, bis zur Dunkelheit Widerstand leistete.

General v. Puttkamer hatte fünf Batterien bis auf 800 Schritt an Chevilly herangeführt, und die 22. Division rückte gegen den brennenden Ort vor, als durch höheren Befehl Halt geboten wurde, weil der Großherzog Bedenken trug, sich gegen den verschanzten Ort in ein Nachtgefecht einzulassen. Als aber bald darauf eine Husarenpatrouille meldete, daß derselbe vom Feinde bereits verlassen sei, ordnete General v. Wittich dessen Besetzung an.

Die Truppen bezogen nunmehr bei heftigem Schneegestöber Biwaks bei La Croix Briquet und rückwärts.

Gleich beim ersten Abrücken hatte das IX. Korps ein Detachement von vier hessischen Bataillonen links gegen St. Lyé entsendet. Dasselbe war bei La Tour auf Widerstand gestoßen, hatte den Gegner nach St. Germain zurückgedrängt, vermochte ihn aber nicht von dort zu vertreiben.

Als das X. Korps auf dem Umwege über Pithiviers unbehindert schon um 3 Uhr hinter dem III. die Gegend von Chilleurs erreichte, ging ein Theil der 20. Division noch in der Richtung des abends auch in Loury gehörten Gefechts gegen Neuville vor. Die bereits eingetretene Dunkelheit verhinderte die Wirkung der Artillerie, die Infanterie brach zwar an einigen Stellen in den Ort ein, stieß aber in den verbarrikadirten Straßen auf entschiedenen Widerstand, ja daß der weitere Angriff auf den folgenden Tag verschoben werden mußte.

Der Stoß von drei preußischen Korps hatte das XV. französische allein getroffen. Die rechts und links desselben stehenden starken Massen der Armee von Orléans machten im Laufe des Tages nur geringe Anstrengungen, um zu unterstützen. Nur General Chanzy beorderte, obwohl er bereits morgens den Rückzug auf St. Péravy und Boulay angetreten hatte, als das lebhafte Gefecht bei Artenay hörbar wurde, um 2 Uhr vom XVI. Korps die 2. Division vor. Dieselbe begegnete aber sowohl der preußischen 17. Division, welche, von Anneux angerückt, im Begriff stand, in den Kampf für Andeglou einzugreifen, wie auch dem von Lumeau aus vormarschirenden bayerischen Korps. Die von beiden bei Chameul und Sougy entwickelte starke Artillerie brachte den Gegner bald zum Weichen. Donzy, dann auch Huêtre, wurden genommen, und von der 17. Division Schloß Chevilly besetzt. Auch hier beendete die Dunkelheit das Gefecht. Die Truppen des rechten Flügels lagerten bei Provenchères, Chameul und rückwärts.

Die deutsche Heeresmacht war somit unter nicht sehr ernsten Kämpfen Orléans bis auf zwei Meilen Entfernung nahe gerückt. Zwar hatten die Franzosen sich bis zum Abend in der Gegend von Neuville behauptet, aber die dort stehenden Abtheilungen wurden noch in der Nacht zurück-beordert. Sie sollten über Rebréchien die Straße von Pithiviers ge-winnen und dann auf dem Umwege über Orléans nach Chevilly vorgehen. Dabei geriethen sie aber in das Feuer des bei Loury lagernden III. Korps, flohen in Auflösung in den Wald zurück und suchten dann truppweise ihr Marschziel zu erreichen.

Es stand zu vermuthen, daß die Franzosen am folgenden Tage ihre Verschanzungen bei Gidy und Cercottes nachdrücklich vertheidigen würden, wenn auch nur, um den Abzug über Orléans zu ermöglichen. Prinz Friedrich Karl befahl daher der Armee-Abtheilung und dem IX. Korps, am 4. Dezember beide Punkte umfassend anzugreifen. Das III. Korps sollte von Loury auf Orléans vorrücken, das X., abermals die Reserve bildend, nach Chevilly folgen.

General D'Aurelle hatte sich abends nach Saran zurückbegeben. Hier sah er die 2. Division des XV. Korps in voller Auflösung vorbei-ziehen und erfuhr, daß auch die 1. sich in Chilleurs nicht habe behaupten können. Die Korps des rechten Flügels waren seit der Schlacht von Beaune, die des linken durch die Kämpfe bei Loigny in ihrem inneren Halt erschüttert. Der französische Oberbefehlshaber mußte befürchten, in ungeordneten Massen gegen die Loire und den einzigen Uebergang bei Orléans gedrängt zu werden. So entschied er sich für einen exzentrischen Rückzug. Nur das XV. Korps sollte über Orléans abziehen, General Crouzat bei Gien, General Chanzy bei Beaugency die Loire über-schreiten. Hinter der Sauldre blieb dann die Wiedervereinigung an-zustreben. Die nöthigen Anordnungen wurden noch während der Nacht getroffen und an die Regierung gemeldet. Zwar lief morgens aus Tours, vom grünen Tisch, der Befehl ein, in der Stellung von Orléans Stand zu halten, welche thatsächlich bereits durchbrochen war; der General verblieb aber bei dem von ihm gefaßten Entschluß.

Am 4. Dezember 9 Uhr marschirte das III. Armeekorps von Loury in zwei Kolonnen auf der großen Straße und dem Wege über Vennecy vor. Beide Theile erreichten, nur auf Versprengte stoßend, um Mittag Boigny.

Zur Rechten war ein Detachement nach Neuville entsendet, welches sieben stehengebliebene Geschütze und zahlreiche Gewehre erbeutete, ein anderes Detachement besetzte zur Linken Chézy an der Loire.

Nach kurzer Rast brachen die Hauptkolonnen wieder auf, und die 6. Division fand um 2 Uhr Baumainbert durch Abtheilungen des fran-zösischen XV. Korps besetzt. Obwohl in dem bedeckten Gelände auf Mit-wirkung der Artillerie verzichtet werden mußte und trotz hartnäckigen Widerstandes der feindlichen Marine-Infanterie, wurde der Ort von den Märkern genommen und nun das Feuer der Batterien von der Höhe nördlich St. Loup gegen die Vorstadt von Orléans gerichtet.

Im Rücken der 6. Division war unterdeß die 5. ins Gefecht getreten.

Das XX. französische Korps, welches noch bei Chambon im östlichen Theil des Waldes Beaune la Rolande gegenüber stand, hatte nachts 4 Uhr direkten Befehl aus Tours erhalten, auf Orléans zu marschiren. Auf Vorstellung des Generals D'Aurelle war dann zwar ein Gegen= befehl erlassen, aber nicht mehr angekommen. General Crouzat hatte vorsorglich seine Trains über Jargeau auf das andere Loire=Ufer geschickt und rückte dann in der ihm bezeichneten Richtung ab. Indem er um 2½ Uhr bei Pont aux Moines auf die nach Chézy entsendete Abtheilung stieß, beschloß er, sich mit Waffengewalt den Weg zu bahnen, gab aber, als General v. Stülpnagel seine beiden Bataillone durch die übrigen Theile der Division verstärkte, diesen Versuch auf und zog sich, ebenfalls bei Jargeau, über den Fluß zurück.

Auf deutscher Seite blieb ein Angriff auf St. Loup ohne Erfolg, und da von dem Stande des Gefechts der anderen Korps keine Nachricht eingegangen, auch die Dunkelheit eingetreten war, verschob General v. Alvensleben das weitere Vorgehen gegen die Stadt selbst auf den folgenden Tag.

Im Norden von Orléans war das IX. Armeekorps aus La Croix Briquet gegen die verschanzte Stellung von Cercottes vorgerückt. Um 1 Uhr drangen die vordersten Abtheilungen der Infanterie in den Ort ein. Unter dem Feuer der Artillerie wich die 2. Division des feindlichen XV. Korps in die Weingärten vor der Stadt zurück. Hier mußte die Infanterie den Kampf allein weiter führen. Die Franzosen vertheidigten jede haltbare Oertlichkeit und leisteten, namentlich auf dem Bahnhof dicht vor Orléans, nachhaltige Gegenwehr. Derselbe war neben der tief ein= geschnittenen Straße durch Barrikaden und Schützengräben verstärkt und mit Marinegeschützen besetzt. Erst bei eingetretener Dunkelheit wurde um 5½ Uhr diese Postirung geräumt, dagegen neuer Widerstand weiter rückwärts geleistet. Um ein nächtliches Straßengefecht zu vermeiden, brach General v. Manstein um 7 Uhr abends auch hier den Kampf für heute ab.

Von der Armee=Abtheilung des Großherzogs hatte die Avantgarde der 17. Division Gidy verschanzt und stark besetzt getroffen. Das Vor= gehen des IX. Korps bestimmte jedoch die Franzosen, um 11 Uhr unter Zurücklassung von acht Geschützen ihre Stellung zu räumen. Die Division schlug nun, um den Wald zu vermeiden, die Richtung westlich auf Boulay ein, wohin die 22. und die 2. Kavallerie=Division als Reserve folgten.

Hier trafen sie das bayerische Korps und die 4. Kavallerie=Division, nachdem diese den Gegner aus Brich und Janvry vertrieben, bereits im Kampf. Als die Artillerie eine Zeitlang gewirkt, schritt um 12 Uhr General von der Tann zum Sturm. Die Franzosen warteten diesen jedoch nicht ab, sondern zogen sich eilends zurück, wobei ein Theil ihrer Geschütze in den Verschanzungen stehen blieb.

Jetzt trat die 2. Kavallerie=Division die Verfolgung an. Von der 5. Brigade warfen sich, über Montaigu vortrabend, die 4. Husaren auf

eine abprotzende französische Batterie und nahmen deren sämmtliche Ge=
schütze, eine andere bei Ormes wurde durch die reitende Batterie zum
Abfahren veranlaßt. Von dort aus erschien plötzlich eine feindliche
Reitermasse in der linken Flanke der 4. Brigade, als diese die Straße
nach Châteaudun überschritt. Die Blücher=Husaren aber, sogleich ein=
schwenkend, trieben den Gegner durch den Ort bis Ingré zurück.

In der rechten Flanke der Armee=Abtheilung beobachtete die 4. Ka=
vallerie=Division. Hier ritten die Husaren des 2. Leib=Regiments 250 Mann
Bedeckung einer auf der Straße nach Châteaudun abziehenden Wagen=
kolonne nieder und nahmen sie gefangen.

Während so die Deutschen von Osten und Norden gegen Orléans
vordrangen, standen im Westen noch das XVII. französische Korps und
die 1. Division des XVI. bei Patay und St. Péravy im Felde. Letztere
hatte General Chanzy bei Coinces versammelt, und zur Abwehr des
von dort her drohenden Flankenangriffs ließ nun General von der Tann
seine 3. Infanterie=Brigade, die Küraffiere und die Reserve=Artillerie bei
Bricy Front machen. Die 4. Kavallerie=Division ging gegen Coinces
vor, wo General v. Bernhardi mit vier Schwadronen Ulanen, einen
breiten Graben überspringend, feindliche Reiterabtheilungen, nachdem diese
sich auf eine Karabinersalve beschränkt, gegen St. Péravy zurücktrieb.
Andere Schwadronen der 9. Brigade ritten die französischen Tirailleurs
nieder und verfolgten die Kavallerie, bis diese von größeren Infanterie=
Abtheilungen aufgenommen wurde. Die 8. Brigade beobachtete gegen
Patay, und nachdem der Ort unter Feuer einer Batterie genommen und
geräumt worden, verzichtete General Chanzy auf weitere Angriffe und
zog sich bis hinter den Wald von Montpipeau zurück.

Die 2. Kavallerie=Division wandte sich jetzt gegen die Loire dicht
unterhalb Orléans. Ihre Artillerie zerstörte eine Brücke bei Chapelle,
auf welcher Fuhrwerk über den Strom zurückging, und veranlaßte
Truppenabtheilungen, welche am jenseitigen Ufer in der Richtung auf
Cléry marschirten, nach Orléans zurückzufliehen. Zwei Militärzüge von
dort ließen sich durch das Feuer nicht aufhalten, ein Zug hingegen von
Tours, auf welchem sich der Minister Gambetta befand, kehrte schleunigst
dorthin zurück.

Das bayerische Korps war inzwischen auf der Chaussee, die 22. Division
in Fühlung mit dem IX. Korps auf der alten Straße von Châteaudun
vorgerückt, die 17. Division zwischen beiden auf La Borde.

Letztere hatte um 3½ Uhr zunächst das ernstlich vertheidigte Dorf Heurdy
zu nehmen und schritt, als die Bayern von Ormes aus sich rechts auf
Ingré gewendet, auf der Chaussee gegen St. Jean de la Ruelle vor.
Nachdem auch dort der Widerstand überwunden, langte um 6 Uhr die
Spitze der Division am Thore von Orléans an.

General v. Treskow verhandelte mit der dortigen Militärbehörde
wegen ordnungsmäßiger Besetzung der Stadt. Eine Uebereinkunft wurde
abends 10 Uhr geschlossen, und bald nach Mitternacht rückte der Groß=

herzog mit der 17. Division ein, der sodann noch die 2. bayerische Brigade folgte.

Man versicherte sich vor Allem der Brücke über die Loire, welche der Gegner zu sprengen nicht Zeit gefunden hatte. Die übrigen Truppen fanden Quartier für die Nacht westlich und nördlich der Stadt.

Bei der so dringlichen Aufforderung der Regierung, Orléans zu behaupten, war General D'Aurelle in seinem ursprünglichen Beschluß doch schwankend geworden. Als vormittags der größte Theil des XV. Korps dort eintraf, wollte er noch einmal Widerstand versuchen. Aber die nöthigen Befehle konnten an die Korps des rechten Flügels nicht durchgebracht, bei denen des linken nicht mehr ausgeführt werden, und um 5 Uhr nach= mittags überzeugte sich der Kommandirende von der Unmöglichkeit längerer Gegenwehr. Zunächst wurde nun die Artillerie des XV. Korps nach La Ferté St. Aubin fortgeschafft, dann folgte die Infanterie. Das XX. Korps war, wie wir gesehen, bei Jargeau, das XVIII. bei Sully über die Loire zurückgegangen, das XVI. und das XVII. Korps wichen westlich in der Richtung auf Beaugency aus, verblieben aber auf dem rechten Ufer des Stromes.

Die zweitägige Schlacht hatte den Deutschen 1700 Mann gekostet, die Franzosen verloren 20 000, davon 18 000 Gefangene. Ihre große vor Orléans versammelt gewesene Armee war in drei Theile auseinander= gesprengt.

Nachrücken gegen Süden, Osten und Westen.

Bei der sehr großen Ermüdung der Truppen fand eine unmittelbare Verfolgung in keiner dieser drei Richtungen statt.

Es wurde angeordnet, daß gegen Süden nur die 6. Kavallerie= Division, verstärkt durch eine Infanterie=Abtheilung der 18. Division, dem abziehenden Gegner nachrücken, seinen Verbleib konstatiren und die bei Vierzon zusammenlaufenden Eisenbahnen von Bourges, Orléans und Tours unterbrechen solle. Diese Kavallerie stand in Quartieren nördlich Orléans, das französische XV. Korps gewann einen bedeutenden Vorsprung und hatte mit seinem Gros Salbris erreicht, als zwei Tage nach der Schlacht, am 6. Dezember, General v. Schmidt in sehr starkem Marsch bei La Ferté St. Aubin anlangte. Er traf hier ein Kommando der 18. Division, welches bereits die feindliche Nachhut bis La Motte Beuvron zurückgedrängt hatte, nun aber nach dem Loiret zurückbeordert war. Nur zwei Kompagnien Regiments Nr. 36 und eine Pionier=Kompagnie schlossen sich dem weiteren Zuge an und folgten der Kavallerie zum Theil auf Wagen und auf den Protzen der Batterien.

Am 7. verließ das französische Korps auf direkten Befehl aus Tours die große Straße nach Süden und führte einen Flankenmarsch von vier Meilen in östlicher Richtung nach Aubigny Ville aus. Die Kavallerie= Division, bestens unterstützt durch ihre Artillerie und die schwache Infanterie=

Abtheilung, hatte ein lebhaftes Gefecht mit der feindlichen Arrieregarde bei Nouan le Fuzelier, dann abends bei Salbris, wo sich der Gegner schließlich behauptete. In der ortsarmen Gegend mußte die Division in der Nacht nach Nouan zurückgehen, um während der strengen Winternacht ein Unterkommen zu finden.

Schon lange vor Tagesanbruch am 8. hatte die französische Nachhut auch Salbris geräumt, um eine neue Berührung mit dem Feinde zu vermeiden, dessen Stärke sie weit überschätzte.

Nach kleinen Plänkeleien rückte abends die Kavallerie-Division in Vierzon ein. Telegraphen und Eisenbahnen wurden an mehreren Stellen unterbrochen, 70 Güterwagen mit Beschlag belegt, die Richtung des feindlichen Rückzuges angegeben und Offensivunternehmungen seinerseits von dort als zunächst unwahrscheinlich bezeichnet.

Die Aufgabe der Division war gelöst; sie erhielt Befehl, eine Brigade zur Beobachtung noch stehen zu lassen, mit dem Rest aber in der Richtung auf Blois abzurücken. General von der Groeben behauptete sich noch bis zum 14. bei Vierzon und Salbris.

Der winterliche Zug der 6. Kavallerie-Division ist ein besonders mühsamer gewesen. Es war fast unmöglich, sich außerhalb der großen Straßen zu bewegen, und auf denselben mußten der Glätte wegen die Pferde öfters an der Hand geführt werden. Die Einwohner der Sologne zeigten sich äußerst feindselig, in allen Ortschaften wurde auf die zuerst hineinsprengenden Reiter geschossen. Dagegen leisteten die französischen Truppen nur schwachen Widerstand. Zahlreiche Gefangene und viel stehen gebliebenes Armeematerial zeugten von einem übereilten Rückzug, der zum Theil in wilde Flucht ausgeartet war. Und dennoch gelang es bei planlosen Hin- und Hermärschen erst am 13. Dezember, die Korps des rechten Flügels der Orléans-Armee bei Bourges zu versammeln.

Der Zustand, in welchem sie dort anlangten, läßt sich aus der telegraphischen Correspondance urgente der Regierung mit dem General Bourbaki entnehmen, welcher, nachdem General D'Aurelle seines Oberbefehls enthoben, das Kommando der drei Korps übernommen hatte.

Der Delegirte Freycinet, welcher durch die Ortseinwohner wohl unterrichtet war, versichert dem General Bourbaki, daß er nur eine schwache Kavallerie vor sich habe, und fordert ihn wiederholt und in dringendster Weise auf, gegen Blois vorzugehen. Der General erwidert, wenn er diesen Zug jetzt unternehme, würde er von seinen drei Korps kein Geschütz, keinen Mann wieder zu sehen bekommen. Er beabsichtigte, unverweilt von Bourges auf St. Amand und wenn nöthig noch weiter zurückzugehen; nur sei zu befürchten, daß er vorher schon angegriffen und so in eine Katastrophe verwickelt werde.

Der Kriegsminister selbst verfügte sich nach Bourges, aber auch er verzichtete auf jede ernste Offensive, nachdem er die Auflösung gesehen, in welcher die Truppen sich befanden: „C'est encore ce que j'ai vu de plus triste." Nur mit Mühe kann er durchsetzen, daß die Korps nicht zurückgehen, sondern unter dem Schutze einer gegen Vierzon vorzuschiebenden Abtheilung den Verlauf der Dinge abwarten.

Am Tage, wo General v. Schmidt in Vierzon einrückte, stand das XV. Korps in der Gegend von Henrichemont in ungefähr gleichem Abstande wie er von Bourges. Das XVIII. und XX. Korps befanden sich in Aubigny Ville und Cernay noch zwei bis drei Märsche entfernt. Es kann kaum bezweifelt werden, daß, wenn die 18. Division dem Vorgehen der 6. Kavallerie-Division folgte, man in Besitz von Bourges und der dortigen großen Militär-Etablissements gelangt wäre.

Im Osten von Orléans war das III. Korps über Châteauneuf stromaufwärts marschirt. Dasselbe stieß nur auf Versprengte, bis am 7. zwei Divisionen des XVIII. französischen Korps den Versuch machten, bei Gien wieder auf das rechte Ufer der Loire überzutreten. Es kam bei Nevoy zu einem Avantgardengefecht, infolge dessen diese Divisionen noch in der Nacht über die Brücke zurückgingen und den Marsch nach Bourges fortsetzten.

Der Kampf des Großherzogs.
(7., 8., 9. und 10. Dezember.)

Im Westen stand die Armee-Abtheilung des Großherzogs dem zurückweichenden linken Flügel des Feindes zunächst. Hier hatte, im Gegensatz zu der Auflösung des rechten, General Chanzy, wohl der tüchtigste von allen Führern, welche die Deutschen im Felde zu bekämpfen gehabt haben, in kurzer Frist den inneren Halt der geschlagenen Truppen in dem Maße wiederhergestellt, daß sie nicht nur Stand zu halten, sondern selbst angriffsweise vorzugehen vermochten. Allerdings hatte er erhebliche Verstärkungen erhalten durch das neu errichtete XXI. Korps und die Division Camô. Letztere bildete eine Avantgarde bei Meung, hinter dieser standen das XVI. Korps bei Beaugency, das XVII. bei Cravant und das XXI. bei St. Laurent am Walde von Marchénoir.

Den Truppen des Großherzogs war tags nach der Schlacht ein Ruhetag gewährt worden, nur die Kavallerie folgte dem Feinde. Die 4. Kavallerie-Division erreichte Ouzouer, die 2. traf hinter Meung auf bedeutende Infanteriemassen.

Am 7. rückte die Armee-Abtheilung in sehr breiter Front vor. Auf dem linken Flügel marschirte die 17. Division nach Meung, wo ihre Artillerie in Kampf gegen die feindliche trat. Die Franzosen hielten die geschlossene Dorfreihe besetzt, welche weiter westlich die große Straße nach Beaugency sperrte. Ein mecklenburgisches Bataillon erstürmte gegen 4 Uhr Langlochère, sah sich aber durch Andringen feindlicher Kolonnen zu beiden Seiten bedroht. Links wurde jedoch bald Foinard besetzt und dabei ein Geschütz genommen, rechts rückte die 1. bayerische Brigade gegen La Bourie vor. Dort traf auch fast gleichzeitig, auf dem Umwege über Renardière, die 2. Kavallerie-Division ein, nachdem sie durch ihre Batterien den Feind aus Le Bardon vertrieben hatte. Gegen die von Grand Chatre anrückenden Maſſen des Gegners mußten nun die Bayern aufmarſchiren. Sie traten bis Einbruch der Dunkelheit, unterſtützt durch die reitenden Batterien, in ein lebhaftes Gefecht, welches mit dem Rückzuge der Franzoſen auf Beaumont endete.

Während dieſer Kämpfe des linken Flügels der Armee-Abtheilung war in bedeutender Entfernung rechts die 1. bayeriſche Diviſion nach Baccon, die 22. Diviſion nach Ouzouer marſchirt, und bei dem hartnäckigen Widerſtande, welchen die Franzoſen geleiſtet hatten, beſchloß der Groß= herzog, ſeine Kräfte enger nach links zuſammenzufaſſen.

(8. Dezember.) Die 22. Diviſion ging zu dem Ende am 8. Dezember von Ouzouer ſüdlich über Villermain vor. Nachdem die in ihrer linken Flanke aus dichtem Nebel hervortretenden Tirailleurſchwärme zurückgewieſen, ſchlug General v. Wittich die Richtung auf Cravant ein, um ſich dem rechten Flügel der bereits in lebhaftem Kampfe ſtehenden Bayern anzuſchließen. Dieſe hatten einen Angriff des aus Villechaumont vorbrechenden Feindes abgeſchlagen und waren mit der 2. Diviſion an die Straße Cravant— Beaugency herangerückt; als aber drei franzöſiſche Diviſionen aufs Neue anſtürmten, ging die Diviſion auf Beaumont zurück. Dort wurde ſie von der 1. Diviſion aufgenommen, und 17 Batterien fuhren nach und nach in der Gefechtslinie auf. Ihrer Wirkung und dem kräftigen Vorſtoß von drei bayeriſchen Brigaden wich der Gegner endlich, und die Stellung an der Chauſſee wurde wieder eingenommen.

Die Franzoſen brachten nun ihrerſeits eine zahlreiche Artillerie vor und ſchickten ſich an, mit dem XVII. Korps gegen Cravant vorzugehen. Hier war aber um 1 Uhr nach Wegnahme von Beauvert und Layes eben die 22. Diviſion eingetroffen, rechts von ihr die 4., links die 2. Kavallerie-Diviſion. Als dann um 3 Uhr dichte Kolonnen des Gegners auf Cravant vorrückten, wurden dieſe durch kräftigen Gegenſtoß der 44. Brigade, der ſich die Bayern anſchloſſen, zurückgewieſen und auch aus Layes, wo ſie vorübergehend eingedrungen, bald wieder vertrieben. Indeß hatten die fünf Cravant zunächſt ſtehenden Batterien ſo ſehr ge= litten, daß ſie zurückgezogen werden mußten. Als endlich nach 4 Uhr die bayeriſchen Bataillone die Höhe vor ihrer Front hinaufſtürmten, ſtießen ſie auf friſche Streitkräfte des Feindes und mußten, großentheils ihrer Offiziere beraubt, ſich auf die Artillerieſtellung bei Beaumont zurückziehen. Schließlich aber räumten die Franzoſen doch Villechaumont.

Auf dem linken Flügel der Armee-Abtheilung war die 17. Diviſion dem abziehenden Feinde über Vallées und Villeneuve gefolgt und dann, 12½ Uhr, zum Angriff auf Meſſas geſchritten. Sie traf auf hart= näckigen Widerſtand, und erſt bei Eintritt der Dunkelheit gelang es, den Ort vollſtändig in Beſitz zu nehmen. Die Artillerie richtete ihr Feuer auf dichte Maſſen, welche bei Vernon ſtanden, die Infanterie erſtürmte die Höhe von Beaugency und drang endlich auch in die Stadt ſelbſt ein, wo eine franzöſiſche Batterie in ihre Hände fiel. Die Diviſion Camó ging dann bis Tavers zurück, und noch um Mitternacht ließ General

v. Tresckow Vernon überfallen, von wo der völlig überraschte Feind auf Bonvalet entwich.

Das Oberkommando der II. Armee hatte beabsichtigt, von Gien, Orléans, dann auch von Blois her das III., X. und IX. Korps gegen Bourges in Marsch zu setzen. Nun war aber die Armee-Abtheilung bei ihrem Vorgehen gegen Blois am rechten Loire-Ufer auf einen nicht vermutheten zweitägigen Widerstand gestoßen. Im großen Hauptquartier zu Versailles hielt man für dringend geboten, daß vor Allem der Großherzog mindestens durch eine Division direkt unterstützt werde. Der Befehl dazu lief telegraphisch am 9. Dezember 10 Uhr ein. Das IX. Korps, welches bereits am linken Ufer in Marsch gesetzt war und dort keinen Feind vor sich hatte, konnte diese Hülfe nicht leisten, da es alle Brücken über den Strom gesprengt fand. Es wurde daher nun dem III. Korps die Weisung ertheilt, bei Gien nur eine Abtheilung zur Beobachtung zu belassen, selbst aber nach Orléans zurückzukehren. Das X. Korps aber sollte seine ostwärts der Stadt stehenden Abtheilungen an sich ziehen und nach Meung vorrücken. So blieb freilich auch noch am 9. die Armee-Abtheilung ohne Unterstützung und stand thatsächlich mit vier Infanterie-Divisionen gegen elf französische. Schon morgens ergriff denn auch General Chanzy die Offensive.

(9. Dezember.) Die beiden preußischen Divisionen erwarteten bei Beauvert und Messas stehenden Fußes den Angriff des Feindes. Beide bayerische waren wegen sehr großer Verluste nach Cravant in Reserve gestellt, mußten aber bald ebenfalls in die Gefechtslinie mit vorgezogen werden, als schon um 7 Uhr morgens starke Kolonnen des Feindes gegen Le Mée anrückten.

Dichte Tirailleurschwärme wurden dort wie vor Vernon zurückgewiesen und scheiterten auch jetzt wieder an der Wirkung der opferwilligen Artillerie der Deutschen, welche die feindliche zum Schweigen brachte und ihr Feuer dann gegen Villorceau richtete. Dieser Ort wurde trotz heftiger Gegenwehr um 10½ Uhr von der bayerischen Infanterie genommen und behauptet. Auch das Vorgehen weit überlegener Streitkräfte gegen Villechaumont wurde mit Unterstützung von drei Bataillonen und zwei Batterien der 22. Division zurückgewiesen. Die Thüringer erstürmten dann Cernay, wo 200 Franzosen die Waffen streckten und eine ihrer Batterien Pferde und Protzen einbüßte.

Auf dem rechten Flügel der Armee-Abtheilung waren Layes und Beauvert mißverständlich geräumt und von den Franzosen besetzt worden. Unter Beistand der 2. bayerischen Brigade trieb die 44. den Gegner aus beiden Orten wieder hinaus. Weiter nördlich beobachtete die 4 Kavallerie-Division gegen feindliche Abtheilungen, welche sich Villermain näherten.

Erneute Anstrengungen machten die Franzosen, indem sie um Mittag mit starken Kolonnen gegen Cravant vorrückten. Dieser Bewegung ging aber General v. Tresckow von Messas aus in die Flanke. Er beließ nur eine schwache Abtheilung in Beaugency und sicherte sich gegen Tavers in den Ortschaften zur Linken. Das Gros der 17. Division rückte nach

Bonvalet vor, verstärkte die hartbedrängten Bayern in Villorceau und besetzte vor denselben Villemarceau. Hier hatte die Division um 3 Uhr einen harten Kampf mit dichten Kolonnen des französischen XVI. und XVII. Korps zu bestehen. Der mit Hurrah vorstürmenden Infanterie gelang es jedoch, den Gegner zurückzuwerfen und troß heftigen Feuers sich gegen ihn zu behaupten. Zur selben Zeit waren von Cravant aus drei bayerische Bataillone, begleitet von Kavallerie und Artillerie, vor= gegangen und hatten den Feind aus Villejouan vertrieben. Noch weiter rechts setzte ein Bataillon der Zweiunddreißiger sich in Besitz von Ourcelle. Eine Linie von dort nach Tavers bezeichnet den dem Gegner mühsam abgerungenen Terrainabschnitt.

Das Gefecht endete mit dem Rückzuge der Franzosen nach Josnes und Dugny.

Das III. Korps befand sich an diesem Tage noch auf dem Marsche nach Orléans. Das IX. hatte sich an dem Kampfe nur durch Artillerie= feuer vom linken Ufer her gegen Meung und Beaugency betheiligen können. Erst nahe vor Blois stieß es auf französische Abtheilungen. Fünfzig Mann eines hessischen Bataillons erstürmten das seitwärts gelegene befestigte Schloß Chambord, machten dort 200 Gefangene und erbeuteten 12 Munitionswagen nebst Bespannung.

Auch das X. Korps hatte nur erst mit der Spitze seiner Infanterie Meung erreicht, jedoch ein Husaren=Regiment mit acht Batterien voraus= geschickt, welche schon um 3 Uhr nachmittags bei Grand Chatre angelangt waren.

Nach Anordnung des Oberkommandos der II. Armee sollte nun das bayerische Korps zur Wiederherstellung seiner großen Verluste nach Orléans zurückgeschickt werden. Aber selbst nach Hinzutritt des X. Korps stand der Großherzog immer noch vor einem doppelt so starken Feinde, und mehr als auf Verfolgung kam es darauf an, sich defensiv nur ihm gegenüber zu behaupten.

(10. Dezember.) Schon im Morgendunkel des 10. Dezember erneute General Chanzy seinen Angriff, welchem sehr bald auch die Bayern entgegenzutreten hatten.

Um 7 Uhr nämlich stürmte das französische XVII. Korps in dichten Massen gegen Origny vor, nahm dort 150 Mann gefangen und drang in Villejouan ein. Diesem Vorgehen traten in der Front die 43. Brigade bei Cernay, die 4. bayerische mit sechs Batterien bei Villechaumont entgegen, in der rechten Flanke aber rückte General v. Tresckow nach Villorceau und Villemarceau heran. In letzterem Ort widerstanden zwei seiner Bataillone, unterstützt durch vier Batterien, allen Angriffen des Gegners von Origny und Toupenay her. Um Mittag schritt sodann das Gros der 17. Division zur Wegnahme von Villejouan. Hier leisteten die Franzosen hartnäckigen Widerstand. Ein erbitterter und verlustreicher Häuserkampf dauerte bis 4 Uhr, und dann rückten neue Massen des Feindes vor, um den in einem einzelnen Gehöft noch behaupteten Posten wieder zu gewinnen. Südlich Villemarceau war jedoch die gesammte Artillerie der preußischen Division entwickelt, ihr schlossen sich zwei reitende

Batterien des X. Korps an, und auch von Cernay her traten die Batterien der 22. Division in Wirksamkeit. An dem konzentrischen Feuer dieser Artillerie scheiterten die weiteren Angriffe des französischen XVII. Korps.

Beaugency war jetzt durch Abtheilungen des X. Korps besetzt worden. Schon während der vorangegangenen Tage hatte der linke Flügel der deutschen Gesechtsstellung an der Loire sichere Anlehnung gehabt, eine solche aber dem rechten gänzlich gefehlt. Dennoch hatten bisher die Franzosen nicht versucht, hier ihre Uebermacht durch breitere Entfaltung zur Geltung zu bringen. Erst an diesem Tage gingen sie gegen die ungedeckte Flanke ihres Gegners vor. Dieser gegenüber hatte der größte Theil des XXI. Korps sich zwischen Poizly und Mézières entwickelt, und um 10¹/₂ Uhr rückten starke Kolonnen auf Villermain vor. Die Bayern waren genöthigt, mit der 2. Brigade eine Hakenstellung Jouy—Coudray zu nehmen. Sieben Batterien rückten in diese Linie ein, und auf ihrem rechten Flügel hielt die 4. Kavallerie-Division sich in Bereitschaft. Bis um 2 Uhr langten noch zwei reitende und von Cravant vier Batterien des X. Korps an, welches sich dort mit drei Brigaden als Reserve sammelte. Das Feuer von mehr als hundert deutschen Geschützen veranlaßte die Franzosen, um 3 Uhr zunächst die Artillerie zurückzuziehen, und vereinzelte schwache Vorstöße ihrer Infanterie wurden ohne Schwierigkeit von den hier streng in der Vertheidigung beharrenden Deutschen zurückgewiesen.

Die Verluste der Franzosen während des viertägigen Kampfes sind nicht bekannt. Der Armee-Abtheilung kostete er 3400 Mann, wovon die größere Hälfte auf die beiden bayerischen Divisionen fällt.

Wenn es dem Großherzog gelungen war, sich bis zum Eintreffen der ersten Hülfe gegen drei feindliche Korps zu behaupten, so verdankte er es der Tapferkeit aller seiner Truppen und nicht zum wenigsten den Leistungen der Artillerie. Diese verlor allein 255 Mann und 356 Pferde. Ihr Material war dergestalt in Anspruch genommen worden, daß schließlich die stählernen Rohre fast sämmtlicher leichten Batterien der 22. Division und die meisten bayerischen durch Ausbrennen der Keillochfläche unbrauchbar geworden waren.

Das III. Korps war an diesem Tage erst bis St. Denis, das IX. nach Vienne, Blois gegenüber, gelangt, aber auch hier fand es die Loire-Brücke gesprengt.

Auf französischer Seite hatte General Chanzy aus der telegraphischen Korrespondenz der Regierungsdelegirten mit dem General Bourbaki entnommen, daß von diesem nichts geschehe, um einen Theil der deutschen II. Armee auf sich abzulenken. Ein Angriff ihrer Gesammtmacht stand bei längerem Verweilen täglich zu befürchten, der General mußte sich daher zum Rückzug entschließen, welcher dann auch die Verlegung der Regierung von Tours nach Bordeaux zur Folge hatte.

Im Hauptquartier des Großherzogs hatte man sich auf erneute Angriffe am 11. Dezember gefaßt gemacht. Die Ortschaften vor der Front waren stark besetzt geblieben, und erst um Mittag wurde der Abmarsch des Feindes erkannt. Diesem folgte nun zur Linken das X. Korps, zur Rechten, südlich des Waldes von Marchénoir, die Armee-Abtheilung. Nördlich desselben streifte die 4. Kavallerie-Division.

Nach der strengen Kälte war Thauwetter eingetreten, welches für Freund und Feind das Marschiren erschwerte. Die Deutschen fanden die Straßen bedeckt mit stehengebliebenen Wagen und fortgeworfenen Waffen, auf den Feldern lagen die Leichen von Menschen und Pferden unbeerdigt, in den Dörfern die Verwundeten zu Hunderten ohne Pflege. Mehrere Tausend Nachzügler wurden aufgegriffen.

Die aus Versailles eingegangenen Direktiven des Chefs des General-stabes forderten zunächst eine Verfolgung, welche den Gegner auf längere Zeit außer Thätigkeit setzen würde, doch nicht über Tours hinaus. Die II. Armee sollte dann bei Orléans, die Armee-Abtheilung bei Chartres versammelt und den Truppen die nöthige Ruhe gewährt werden. Von ersterem Punkt sei die Armee des Generals Bourbaki dauernd und sicher zu beobachten und zu dem Ende mit General v. Zastrow in Verbindung zu treten, welcher mit dem VII. Korps am 13. in Châtillon s. S. eintreffe; doch seien die Operationen auch hier nicht über Bourges und Nevers hinaus auszudehnen.

Dem entsprechend wurde nun zunächst der Vormarsch der II. Armee gegen den Loir fortgesetzt. Dieselbe erreichte am 13. die Linie Oucques—Conan—Blois, welche Stadt geräumt gefunden wurde.

Am 14. rückte die 17. Division nach Morée und bei Fréteval an den Loir heran. An beiden Punkten kam es zum Gefecht. Waren die Franzosen bis dahin gewichen, so schienen sie am Loir, wo sie Cloyes und Vendôme mit Massen besetzt hatten, ernstlichen Widerstand zu beabsichtigen.

Um mit Erfolg anzugreifen, wollte Prinz Friedrich Karl zuvor alle Kräfte versammeln. Dazu mußte das III. Korps, welches in Gewaltmärschen der Armee nacheilte, noch erst in die Lücke zwischen der Abtheilung und dem X. Korps einrücken, dieses aus Blois und Herbault gegen Vendôme herangezogen werden.

Als am 15. das X. Korps die befohlene Richtung einschlug, stieß das Gros nahe vor Vendôme auf so lebhaften Widerstand, daß derselbe vor Einbruch der Dunkelheit nicht bewältigt werden konnte. Die Truppen bezogen daher Quartiere rückwärts Ste. Anne. Ein linkes Seiten-detachement hatte St. Amand von starken Massen besetzt gefunden und bei Gombergean Halt gemacht. Das III. Korps war an diesem Tage bis Coulommiers in die Nähe von Vendôme vorgerückt, hatte unter Gefechten bei Vel Effort die Franzosen über den Loir zurückgeworfen und die Verbindung hergestellt. Der Großherzog verhielt sich befohlener-maßen einstweilen noch defensiv. Das IX. Korps konnte endlich nach Wiederherstellung der Brücke von Blois, unter Belassung einer Brigade dort, der Armee nachrücken.

Es waren nunmehr weit überlegene Streitkräfte vor der feindlichen Stellung versammelt und ein allgemeiner Angriff beschlossen, dieser jedoch,

um den sehr ermüdeten Truppen einige Ruhe zu gönnen, erst auf den
17. anberaumt, und inzwischen marschirte General Chanzy am 16. ab.

Allerdings war es seine Absicht gewesen, den Loir-Abschnitt noch
ferner zu halten; seine Generale aber erklärten, daß der Zustand der
Truppen eine Fortsetzung des Kampfes nicht gestatte. Dennach ordnete
er an, daß noch vor Tagesanbruch die Armee über Montoire, St. Calais
und Vibraye den Marsch nach Le Mans antreten solle

So fand das X. Korps bei Tagesanbruch die Stellung der Gegner
vorwärts Vendôme geräumt und rückte, ohne Widerstand zu finden, in
die Stadt ein. Nur auf dem linken französischen Flügel, wo der Rück-
zugsbefehl nicht mehr rechtzeitig eingetroffen war, schritt General Jaurès
noch zu einem Angriff auf Fréteval, folgte aber abends der Bewegung
der übrigen Korps.

Unterbrechung der größeren Offensiv-Operationen im Dezember.

Aus Versailles waren unter dem 17. Dezember allgemeine Direktiven
für beide Armeen im Norden und im Süden von Paris erlassen worden.

Nachdem General v. Manteuffel bereits über die Somme, Prinz
Friedrich Karl bis an den Loir vorgedrungen, hielten die Deutschen
fast ein Drittel des französischen Gebietes besetzt. Der Feind war
überall zurückgeworfen, und um die Kräfte nicht zu zersplittern, wurde
es für zweckmäßig erachtet, sie nunmehr in drei Hauptgruppen enger zusammenzufassen. Dem entsprechend sollten die I. Armee sich bei Beauvais,
die Armee-Abtheilung bei Chartres, die II. Armee um Orléans versammeln,
dort den Truppen die nöthige Ruhe gewährt, ihre volle Schlagfertigkeit
durch Heranziehung von Ersatz und Ausrüstung wiederhergestellt werden.
Ginge der Gegner zu neuen Unternehmungen vor, so sollte man ihn auf
kürzeste Entfernung heranlassen und ihn erst dann durch kräftige Offensive
zurückweisen.

Für die II. Armee bot sich wenig Aussicht, jetzt noch die Franzosen
jenseit des Loir einzuholen; auch nöthigten Nachrichten von der oberen
Loire, dieser Richtung eine gesteigerte Aufmerksamkeit zuzuwenden. Aus
Gien kamen Meldungen, wonach die dort belassene Positirung nach Ouzouer
zur Loire zurückgedrängt sei, und nicht unwahrscheinlich war, daß General
Bourbaki die Gelegenheit benutze, um über Montargis gegen Paris oder
wenigstens gegen Orléans vorzugehen, welchen wichtigen Punkt zur Zeit
nur ein Theil des I. bayerischen Korps besetzt hielt.

Prinz Friedrich Karl hatte sich seines Gegners auf voraussichtlich
längere Zeit entledigt und beschloß, den Direktiven aus Versailles entsprechend, nunmehr seine Streitkräfte in abwartender Stellung bei Orléans
zu versammeln. Nur das X. Korps sollte zur Beobachtung am Loir zurückbleiben. Um dem bayerischen Korps für alle Fälle sogleich ausgiebige
Unterstützung zu sichern, erhielt das IX. Korps, als es am 16. Dezember

eben von Blois in La Chapelle Vendômoise eintraf, Befehl, noch am selben Tage bis Beaugency), am folgenden bis Orléans zu marschiren. Es legte unter den ungünstigsten Witterungsverhältnissen in 24 Stunden elf deutsche Meilen zurück. Das III. Korps folgte.

Bald stellte sich jedoch heraus, daß die bei Gien erschienene feind= liche Abtheilung einem größeren Truppenkorps nicht angehöre und sich zur eigenen Sicherung bei Briare verschanze. Es wurden daher bequeme Ruhequartiere bezogen, das I. bayerische Korps in Orléans, das III. dort und bis Beaugency, das IX. im Gelände der Loire aufwärts bis Châteauneuf mit starker Postirung in Montargis.

Demnächst wurde das bayerische Korps nach Etampes befördert, um dort sich ungestört zu erholen, sich zu ergänzen, Armatur und Bekleidung wieder herzustellen.

Auch die Armee=Abtheilung des Großherzogs von Mecklenburg hatte sich nicht in der Lage befunden, den General Chanzy über den Loir hinaus zu verfolgen. Sie war sechs Wochen durch tägliche Märsche und Gefechte aufs Aeußerste in Anspruch genommen worden. Bei den Unbilden der Witterung und dem Zustande der Wege befanden sich Be= kleidung und Schuhzeug im übelsten Zustande. Eine Rekognoszirung über den Loir hinaus zeigte, daß der Feind nur durch weit ausholende Märsche erreicht werden könne. Der Großherzog gewährte daher den Truppen vom 18. ab eine mehrtägige Ruhe in den Ortschaften am linken Ufer des Flusses.

Dagegen stand von der III. Armee General v. Rheinbaben mit den drei Brigaden der 5. Kavallerie=Division in Courtalin, Brou und Chartres, verstärkt durch fünf Garde = Landwehr = Bataillone und vier Batterien. Ein Schreiben des Chefs des Generalstabes aus Versailles hatte darauf hingewiesen, wie sich dieser Kavallerie voraussichtlich durch Angriffe in Flanken und Rücken der weichenden Kolonnen des Feindes sehr günstige Erfolge darbieten dürften, auch war vom Kronprinzen bereits Befehl an dieselbe ergangen, am 15. mit allen Kräften über Brou hinaus vorzustoßen. Dementgegen folgte am 16. die Division einer ihr über= mittelten Weisung des Großherzogs, dessen Befehl die Division nicht unterstellt war, am Yères=Bach Stellung zu nehmen.

Patrouillen hatten an diesem Tage die Straßen nach Montmirail und Mondoubleau frei, nur vor Cloyes französische Infanterie gefunden, welche nach kurzem Gefecht auswich. Zur Linken war die Verbindung mit der 4. Kavallerie=Division hergestellt. Am 17. rückte die 12. Kavallerie= Brigade in dem bereits vom Feind geräumten Cloyes ein, die 13. nach Arrou heran, und nur General v. Barby ging mit einer Abtheilung aller Waffen nach Droué vor, wo er die Franzosen beim Abkochen über= raschte und reiche Beute machte.

Dort nahm am 18. zwar die 12. Brigade noch einige Nachzügler gefangen, die beiden anderen Brigaden aber machten nur einen kurzen Marsch in westlicher Richtung nach La Bazoche=Gouet und Arville, wo sie keinen Feind mehr fanden. Südlich von letzterem Ort vertrieb ein Garde-Landwehr-Bataillon französische Infanterie aus St. Agil.

Damit endete am 19. die Verfolgung. Die Division rückte auf Wunsch des Großherzogs nach Nogent le Rotrou ab und übernahm später bei Vernon und Dreux die Beobachtung am linken Seine-Ufer.

Die Armee-Abtheilung selbst brach am 21. aus den Quartieren am Loir auf. Sie besetzte bis zum 24. mit der 22. Division Nogent le Roi, mit der 17. Chartres. Die 4. bayerische Brigade kehrte zu ihrem Korps nach Orléans zurück.

Es kam nun im Laufe des Dezember nur noch zu Gefechten beim X. Korps, welchem in Blois und Vendôme die Beobachtung über den Loir hinaus oblag.

Am 20. waren zwei Brigaden gegen Tours in Marsch gesetzt worden. Jenseits Monnaie stießen sie auf das neu formirte Truppen-korps des Generals Ferri Pisani, 10 000 bis 15 000 Mann, welches von Angers aus über Tours vorgeschoben war.

Der aufgeweichte Boden erschwerte aufs Äußerste die Entwickelung von Artillerie und Kavallerie. Letztere konnte den weichenden Feind nur auf der großen Straße in tiefer Kolonne verfolgen, erlitt dabei aber er-hebliche Verluste durch das auf kürzesten Abstand abgegebene Feuer des Gegners.

Am folgenden Tage rückte General v. Woyna, ohne Widerstand zu finden, mit sechs Bataillonen bis an die Brücke von Tours heran. Eine leichte Batterie fuhr am Flußufer auf und zerstreute die vom jenseitigen feuernde Menge, jedoch würde es schwere Opfer gekostet haben, die Stadt zu erstürmen, welche nach Verlegung des Regierungssitzes eine größere Bedeutung nicht mehr hatte. Das Detachement wurde nach Monnaie zurückberufen, und das Korps bezog Quartiere mit der 19. Division bei Blois, der 20. bei Herbault und Vendôme.

Von dort ging am 27. ein Detachement von zwei Bataillonen, einer Eskadron, zwei Geschützen über Montoire bis Songé vor an den Brahe-Bach, wo dasselbe auf weit überlegene Streitkräfte stieß. General Chanzy hatte nämlich, um die Preußen von Tours abzuziehen, eine Division des XVII. Korps gegen Vendôme vorgeschickt. Hinter St. Quentin sah sich das schwache preußische Detachement, eingeklemmt zwischen Fluß und Bergwand, auf allen Seiten umschlossen und unter Feuer genommen. Dennoch ge-lang es Oberstlieutenant v. Boltenstern, sich durchzuschlagen. Ohne einen Schuß zu lösen, warfen sich die beiden hannoverschen Bataillone auf die dichten Tirailleurschwärme, die ihnen den Rückweg verlegten, und brachen sich im Handgemenge Bahn. Durch die so entstandene Lücke sprengten dann nach einer Kartätschlage die Geschütze nach und langten trotz Verlustes an Bespannung glücklich nach Montoire zurück. Auch die Schwadron durchbrach zwei Schützenlinien und schloß sich der Infanterie wieder an.

Infolge dieser Vorkommnisse beschloß General v. Kraatz, nachdem er die übrigen Theile der 20. Division aus Herbault an sich gezogen hatte, am 31. Dezember durch eine neue Rekognoszirung die Verhältnisse aufzuklären. Vier Bataillone sollten von Vendôme vorgehen, die erste Kavallerie-Brigade von Fréteval gegen Epuisay streifen. An eben diesem Tage aber schritt seinerseits General de Jouffroy mit zwei Divisionen zum Angriff auf Vendôme selbst.

Als gegen 10 Uhr die von dort vorgehende Rekognoszirungs=abtheilung den Azay-Bach erreichte, wurde sie vom jenseitigen Thalhang lebhaft beschossen. Bald darauf rückten sechs feindliche Bataillone von Süden her in ihre Flanke, und wiederholte Meldungen bestätigten, daß beträchtliche Truppenmassen des Gegners von nördlich Azay über Espéreuse geradeswegs auf Vendôme vorrückten. General v. Kraatz erkannte, daß er dem geplanten Angriff weit überlegener Kräfte gegenüber stehe, und beschloß, sich auf die örtliche Vertheidigung von Vendôme zu beschränken. Unter dem Schutze eines bei Huchepie sich standhaft behauptenden Ba=taillons vollzog sich in bester Ordnung der Rückzug des Detachements, welches sodann den Eisenbahndamm westlich der Stadt besetzte.

Weiter nördlich hatte die über Espéreuse vordringende Kolonne des Feindes bereits Bel Air erreicht. Ein aus Vendôme herbeieilendes Bataillon nahm das Schloß zwar wieder in Besitz, mußte aber dann, rechts umfaßt, der entscheidenden Uebermacht weichen und ebenfalls Stellung hinter der Eisenbahn nehmen. Gegen diese stürmten um 2 Uhr die Franzosen in dichten Schützenschwärmen vor, geriethen dabei aber in das Schnellfeuer von sechs auf den Höhen hinter Vendôme aufgestellten Batterien, deren Wirkung ihren rechten Flügel zum Weichen brachte. Zwar rückte auch am linken Loir-Ufer von Varennes eine feindliche Kolonne gegen diese Artilleriestellung an, zog sich aber bald schleunigst wieder aus dem Feuerbereich derselben zurück.

Ernstlicher waren die Angriffe, welche von Bel Air und Tuileries aus gegen die Eisenbahn gerichtet wurden, deren sich acht dort postirte Kompagnien jedoch erwehrten. Um 4 Uhr gingen die Franzosen noch einmal mit aller Kraft vor, lange wogte dann der Kampf, bis endlich mit Einbruch der Dunkelheit sie sich zurückzogen.

Die 1. Kavallerie-Brigade war an diesem Tage, begleitet von zwei Kompagnien und einer reitenden Batterie, bis Danzé vorgegangen. Auf zwei dort aufgefahrene Batterien warf sich Hauptmann Spitz mit einer kleinen Zahl seiner westfälischen Füsiliere und nahm zwei Geschütze und drei Protzen. Mit diesen und 50 Gefangenen kehrte General v. Lüderitz, nachdem er den Gegner bis Epuisay verfolgt, um 1 Uhr nach Fréteval zurück.

Das Unternehmen der Franzosen gegen Vendôme war vollständig gescheitert, und sie zogen sich nun auf größere Entfernung zurück. General v. Kraatz aber erhielt mit Rücksicht auf eine später zu schildernde größere Unternehmung Befehl, sich einstweilen zuwartend am Loir zu verhalten.

Das XIV. Korps im Dezember.

Auf dem südöstlichen Kriegsschauplatze hatten die Franzosen sich endlich zu einiger Thätigkeit entschlossen.

Gegen Dijon rückte am 24. das bei Autun versammelte Korps Garibaldi vor. Ueber Sombernon und St. Seine drangen dessen Ab= theilungen in wechselnden Gefechten und unter nächtlichen Ueberfällen dicht heran. Von Süden her ging die Division Crémer bis Gevrey vor. Nachdem aber von Gray und Is sur Tille Verstärkungen in Dijon ein= getroffen, wurde der Gegner zurückgewiesen, und General v. Werder ordnete nun seinerseits die 1. Brigade gegen Autun ab. Die feindlichen Abtheilungen vor sich her treibend, gelangte General Keller am 1. De= zember vor die Stadt. Die Vorbereitungen zum Angriff am folgenden Tage waren getroffen, als Befehl zur schleunigen Rückkehr einlief. Neue Detachirungen waren nöthig geworden auf Châtillon, wo die zum Schutze der Eisenbahn aufgestellte Postirung überfallen worden war, nach Gray, gegen Unternehmungen der Besatzung von Besançon und endlich auch, zur Beobachtung von Langres.

Dorthin marschirte die preußische Brigade nebst zwei Kavallerie= Regimentern und drei Batterien und traf am 16. Dezember in der Gegend von Longeau den Feind, etwa 2000 Mann stark. Derselbe wurde zurückgeworfen und verlor dabei 200 Verwundete, 50 Gefangene, 2 Geschütze und 2 Munitionswagen. In den nächsten Tagen umging sodann General von der Goltz Langres, warf die außerhalb unter= gebrachten Mobilgarden in die Festung hinein und nahm zum Schutze der Eisenbahnen Stellung vor deren Nordfronten.

Auch in der Gegend südlich von Dijon hatten sich aufs Neue Truppenansammlungen bemerklich gemacht. Um diese zu zerstreuen, rückte am 18. General v. Werder mit zwei badischen Brigaden gegen Nuits vor. In Boncourt, nahe östlich der Stadt, stieß die Avantgarde auf lebhaften Widerstand, erstürmte aber um Mittag den Ort. Begünstigt durch ihre auf den Höhen westlich Nuits aufgefahrenen Batterien, ver= theidigten die Franzosen sich hartnäckig an dem tiefen Einschnitt der Eisen= bahn und am Meuzin=Bach. Als um 2 Uhr das Gros der Brigade anlangte, befahl General v. Glümer den allgemeinen Angriff. Unter sehr großen Verlusten, namentlich an höheren Offizieren, drang nun die Infanterie über die schutzlose Ebene sprungweise gegen den gedeckt stehen= den Feind vor, welcher, nachdem er noch aus kürzester Entfernung sein Feuer abgegeben, erst um 4 Uhr in lebhaftem Handgemenge nach Nuits zurückgetrieben wurde. Gegen 5 Uhr räumte er dann auch die Stadt vor den anstürmenden Bataillonen.

Man hatte es mit der 10 000 Mann starken Division Crémer zu thun gehabt, dieselbe verlor 1700 Mann, darunter 650 unverwundete Gefangene. Aber auch der badischen Division kostete der Kampf 900 Mann. Sie lagerte nachts auf dem Marktplatze der Stadt und in den nächsten

Ortschaften östlich. Am Morgen des folgenden Tages erkannte man den weiteren Rückzug der Franzosen, aber zur Verfolgung fehlten die Kräfte. Bereits hatte das XIV. Korps noch sieben Bataillone an die Einschließung von Belfort abgeben müssen. General v. Werder kehrte daher nach Dijon um, zog dort alle ihm noch verbliebenen Abtheilungen, auch die des Generals von der Golz von Langres, heran und wartete ab, ob der Feind aufs Neue gegen ihn anrücken werde. Der Monat Dezember verlief jedoch ohne weitere Beunruhigung.

Die I. Armee im Dezember.

Während der Kämpfe der II. Armee an der Loire hatte General v. Manteuffel nach dem Siege von Amiens den Marsch auf Rouen angetreten.

Allerdings stand General Farre bei Arras im Rücken dieser Be= wegung, aber die Auflösung, in welcher seine Truppen nach der Schlacht zurückgegangen waren, ließ erwarten, daß er zunächst wenigstens nicht wieder in Thätigkeit treten werde. Auch verblieben in Amiens die 3. Brigade, zwei Kavallerie=Regimenter, drei Batterien als Besatzung und behufs Sicherung der wichtigen Eisenbahn nach Laon.

Ernster als von Norden her drohten augenblicklich feindliche Streit= kräfte von Westen mit einer Störung der Einschließung von Paris. General Briand befand sich mit einigen 20 000 Mann bei Rouen und hatte seine Vortruppen bis an die Epte herangeschoben, wo sie vor Beauvais und Gisors in Berührung mit dem von der Maas=Armee ab= geschickten Garde=Dragoner=Regiment und der sächsischen Kavallerie=Division traten. Das Infanterie=Detachement, welches der letzteren beigegeben war, hatte durch nächtlichen Ueberfall 150 Mann und ein Geschütz verloren.

Als am 3. Dezember die Korps der I. Armee an der Epte ein= trafen, schlossen beide Kavallerien sich dem weiteren Zuge an, und die französischen Abtheilungen gingen hinter die Andelle zurück. Unter un= erheblichen Gefechten erreichte das VIII. Korps die Nähe von Rouen, fand eine verschanzte Stellung bei Isneauville geräumt, und am 5. De= zember rückte General v. Goeben in die Hauptstadt der Normandie ein. Die 29. Brigade ging bis Pont Audemer vor, das I. Korps überschritt die Seine schon oberhalb bei Les Andelys und bei Pont de L'Arche. Vernon und Evreux wurden besetzt, von wo zahlreiche Mobilgarden auf der Eisenbahn nach Lisieux zurückgegangen waren. Am nördlichen Ufer streiften die Garde=Dragoner bis Bolbec, und die Ulanen=Brigade fand in Dieppe keinen Feind.

Die Franzosen hatten sich nach Le Hâvre zurückgezogen, ein erheb= licher Theil derselben war auf bereit gehaltenen Schiffen nach Honfleur auf das andere Ufer der Seine gelangt. Die 16. Division setzte dort den Marsch fort und erreichte am 11. Bolbec und Lillebonne.

Die bereits erwähnten Direktiven aus Versailles waren durch den Chef des Generalstabes im Voraus avisirt, und ihnen entsprechend beschloß General v. Manteuffel nunmehr, nur das I. Korps an der unteren Seine zu lassen, mit dem VIII. aber sich der Somme wieder zu nähern, wo von Arras aus die Franzosen thätig geworden waren.

Außer durch kleinere Zusammenstöße hatte sich dies geltend gemacht, als am 9. Dezember eine zum Schutz der Eisenbahnherstellung bestimmte Kompagnie in Ham nächtlich überfallen und größtentheils gefangen genommen wurde und am 11. mehrere feindliche Bataillone auch an La Fère heranrückten.

Zur Abwehr weiteren Vordringens hatte einstweilen die Maas-Armee Detachements nach Soissons und Compiègne entsendet. General Graf von der Groeben nahm mit einem Theil der Besatzung von Amiens Stellung bei Roye und stieß am 16. bei Montdidier zur 15. Division, welche sofort nach der Somme abgerückt war.

In Amiens war nur die Citadelle besetzt geblieben; General v. Manteuffel, welcher mit der Räumung der Stadt nicht einverstanden war, befahl die sofortige Wiederbesetzung. Die Einwohnerschaft war jedoch ruhig geblieben, und am 20. langte auch die 16. Division, welche den Angriff auf Le Hâvre aufgegeben hatte, über Dieppe an.

Ein Rekognoszirungsgefecht bei Querrieux gab die Gewißheit, daß der Feind in großer Stärke an der Hallue stehe, und General v. Manteuffel zog nun das ganze Korps nach Amiens heran. Verstärkungen standen in kurzer Zeit in Aussicht, denn die 3. Reserve-Division war im Anmarsch und hatte St. Quentin erreicht. Auch das I. Korps war angewiesen, noch eine Brigade von Rouen auf der Eisenbahn nach Amiens abzuschicken, aber der Kommandirende entschied sich dahin, den Feind mit den augenblicklich nur verfügbaren 22 600 Mann unverzüglich anzugreifen.

General Faidherbe hatte zwei Korps versammelt, das XXII. und XXIII. Sein Vorgehen gegen Ham und La Fère beabsichtigte und erreichte den Zweck, die Preußen von dem Angriff auf Le Hâvre abzulenken. Sodann hatte er sich gegen Amiens gewendet, war bis auf zwei Meilen an den Platz herangerückt und stand nun mit 43 000 Mann und 82 Geschützen in gegen Westen gekehrter Front hinter der Hallue. Zwei Divisionen hielten in Ausdehnung von 1½ Meilen das linke Ufer dieses Baches von seiner Ausmündung bei Daours bis aufwärts nach Contay besetzt, zwei standen dahinter bei Corbie und Franvillers. Die linke Flanke deckte der Somme-Fluß.

Am 23. Dezember rückte General v. Manteuffel mit dem VIII. Korps auf der Straße nach Albert vor. Die 3. Brigade des I. Korps bildete die Reserve. Nach seiner Absicht sollte die 15. Division Front und linken Flügel des Gegners beschäftigen, die 16. seinen rechten umfassen. Bei der unvermutheten Ausdehnung des letzteren gelang dies nicht, und es kam auf der ganzen Linie zum frontalen Gefecht. Das weithin überhöhende östliche Ufer gewährte den Franzosen treffliche Artillerie-Aufstellungen, und überall mußten zunächst die am Fuße desselben liegenden Dörfer erstürmt werden.

Dorthin hatten die Franzosen ihre Vorpostirungen zurückgezogen, als um 11 Uhr die 15. Division mit ihrer Spitze das Wäldchen von Querrieux erreichte und eine Batterie auffuhr. Zwei Bataillone der 29. Brigade nahmen um Mittag den Ort im ersten Anlauf, überschritten den Bach und vertrieben am jenseitigen Ufer die Franzosen aus Noyelles, sahen sich nun aber von allen Seiten von Artillerie= und Infanterie= geschossen überschüttet. Die Ostpreußen stürmten zwar um 4 Uhr den Abhang hinauf, nahmen zwei Geschütze im Feuer, mußten sich aber vor den gegen sie andringenden Massen wieder nach dem Dorfe zurückziehen.

Ebenfalls schon bald nach Mittag war zur Linken Fréchencourt, zur Rechten Bussy genommen und der Feind nach schwachem Widerstande über den Bach zurückgeworfen. Dagegen vermochte hier die Artillerie gegen die zahlreiche und günstig stehende feindliche anfangs nicht auf= zukommen. Dennoch wurde auch Becquemont erstürmt. Dort aber setzten die Vertheidiger sich lebhaft zur Wehr, und ein mächtiger Häuserkampf dauerte bis nachmittags.

Die 15. Division war gegen die Absicht des Kommandirenden früher in den Kampf verwickelt worden, als die weiter links ausholende 16. ihr Hülfe bringen konnte. Erst gegen 4 Uhr langte die 31. Brigade vor Béhencourt an und warf, den Bach auf Laufbrücken überschreitend, den Feind in das Dorf zurück, wo derselbe hartnäckigen Widerstand leistete, endlich aber weichen mußte. Auf dem äußersten linken Flügel drang die 32. Brigade über die Hallue in Babelincourt ein.

So waren sämmtliche Dörfer am Flusse in Besitz der Deutschen gelangt, aber der kurze Dezembertag neigte sich zum Ende, und weitere Fortschritte mußten auf den folgenden Tag verschoben werden. Noch in der Dunkelheit machten die Franzosen mehrfache Versuche, die verlorenen Postirungen wiederzugewinnen, besonders von Contay aus, wo sie die Stellung des Gegners überflügelten. Ihre Angriffe wurden jedoch dort wie bei Noyelles zurückgewiesen. In Becquemont drangen sie zwar ein, wurden dann aber wieder vertrieben und verloren an die über den Bach folgenden Preußen nun auch noch Daours, so daß die Deutschen schließlich sämmtliche Uebergänge in ihre Gewalt bekamen.

Um 6 Uhr endete das Gefecht. Die Truppen bezogen Alarm= quartiere in den eroberten Dörfern, ihre Vorposten standen dicht vor den Ausgängen.

Der Angriff hatte den Deutschen 900 Mann gekostet, die Ver= theidigung den Franzosen etwa 1000, außerdem aber über 1000 Unver= wundete, die gefangen nach Amiens abgeführt wurden.

Schon mit Tagesanbruch am 24. Dezember eröffnete der Feind sein Feuer gegen den Hallue=Abschnitt.

Nachdem die zweifache Ueberlegenheit des Gegners erkannt war, verhielt man sich auf deutscher Seite an diesem Tage defensiv, wartete das Eintreffen der Verstärkungen ab und befestigte sich in der eroberten

Stellung. Die Armee=Reserve wurde in der Richtung auf Corbie vor=
geschoben, um die linke Flanke der Franzosen zu bedrohen.

Aber schon um 2 Uhr nachmittags trat General Faidherbe den
Rückzug an. Seine ungenügend ausgerüsteten Truppen hatten während
der strengen Winternacht außerordentlich gelitten und waren durch den
ungünstigen Verlauf der Gefechte am Tage zuvor tief erschüttert. Er
führte sie daher dem Bereiche der schützenden Festungen wieder zu. Als
am 25. beide preußische Divisionen und die Kavallerie über Albert hinaus,
dann bis dicht vor Arras und bis nach Cambrai folgten, fanden sie
nirgends geschlossene Abtheilungen mehr vor und griffen nur einige
Hundert Nachzügler auf.

Nachdem so General v. Manteuffel sich des Gegners entledigt
hatte, schickte er den General v. Mirus zur Einschließung von Péronne
ab und kehrte selbst nach Rouen zurück.

Durch Entsendung von sechs Bataillonen zur Hülfsleistung nach
Amiens war das I. Armeekorps nur zwei Brigaden stark geblieben.
Auf französischer Seite standen 10 000 Mann am rechten, 12 000 am
linken Ufer der unteren Seine. Auch waren diese Streitkräfte näher an
Rouen herangerückt, besonders im Süden bis auf Entfernung von nur
zwei Meilen.

Da indessen der Kommandirende die 2. Brigade aus Amiens wieder
herangeordert hatte, wurden nach ihrem Eintreffen die feindlichen Abthei=
lungen aufs Neue zurückgedrängt.

Einnahme von Mézières.
(1. Januar.)

Noch vor Ablauf des Jahres war auf dem nördlichen Kriegs=
schauplatze auch die Belagerung von Mézières der Entscheidung zugeführt.

Nach der Schlacht von Sedan hatte der Kommandant aus den Vor=
räthen der Festung zur Ernährung der zahlreichen Gefangenen beigesteuert
und war deshalb von Angriffen zunächst verschont geblieben. Seitdem
verhinderte der Platz die Benutzung der Eisenbahn, wurde aber vorläufig
nur beobachtet, bis nach dem Fall von Montmédy am 19. Dezember die
14. Division vor Mézières rückte.

Die Besatzung zählte nur 2000 Mann, wurde aber wirksam von
außen unterstützt durch Freischaaren, welche hier in dem durchschnittenen
und waldbedeckten Vorgelände ungemein thätig auftraten. Erst am 25.
gelang die völlige Einschließung.

Mézières liegt auf einem Bergvorsprunge, welcher von drei Seiten
von der Maas umflossen, aber auch rings von Höhen umgeben ist. Die
Anlage der durch Vauban verstärkten Befestigung mit vielen vor=
geschobenen Abschnitten, war nicht auf die Schußweite der modernen
Artillerie berechnet. Der Platz zeigte auf Entfernung von 2000 bis
3000 m freistehendes Mauerwerk, und obwohl die lange Frist benutzt

worden war, diesem Uebelstande durch Erdschütterungen abzuhelfen, mußte eine Beschießung doch dem Vertheidiger verderblich werden.

Nach der Uebergabe von Verdun konnte schweres Geschütz von Clermont aus auf der Eisenbahn bis dicht vor die Südfront der Festung geschafft werden. Der Batteriebau fand nur in dem einen halben Meter tief gefrorenen Boden Schwierigkeit, und am 31. Dezember 8¼ Uhr eröffneten 68 Belagerungsgeschütze und 8 Feldgeschütze ihr Feuer.

Anfangs antwortete der Platz lebhaft, verstummte aber schon nach=mittags gänzlich und zog am folgenden Tage die weiße Flagge auf.

Die Besatzung ging in Gefangenschaft, bedeutende Vorräthe und 132 Geschütze fielen in die Hände der Belagerer. Der Hauptvortheil aber war die Eröffnung einer neuen bis Paris führenden Eisenbahnlinie.

Paris im Dezember.

In Paris war General Ducrot eifrig bemüht gewesen, die Verluste zu ersetzen, welche die Schlacht bei Villiers verursacht hatte. Freilich mußte ein Theil des stark mitgenommenen I. Korps in Reserve gestellt, die zweite Armee neu gegliedert werden. Ein beabsichtigter Durchbruch über die Halbinsel Gennevilliers und die Höhen von Franconville hatte nicht die Genehmigung der Regierung gefunden. Man gab sich der zuversichtlichen Erwartung hin, binnen kurzer Frist die Armee von Orléans vor der Hauptstadt erscheinen zu sehen, und schon am 6. Dezember sollten Schritte geschehen, um derselben die Hand zu reichen, als ein Schreiben des Generals v. Moltke Kenntniß von der Niederlage des Generals D'Aurelle und von der Besitznahme von Orléans gab. Das Vorbrechen gegen Süden konnte sonach keinen Zweck mehr haben, und nach langer Berathung wurde beschlossen, nunmehr durch einen Massen=ausfall in nördlicher Richtung die feindliche Einschließung zu sprengen.

Dort gewährte zwar der Morée=Bach dem Gegner einigen Schutz, jedoch nur, solange das Eis nicht trug. Auch befanden sich auf der 45 Kilometer langen Erstreckung nur drei der deutschen Armeekorps in Stärke von 81200 Mann.

Als Vorbereitung wurden am 13. mehrere Erdwerke zwischen Bondy und Courneuve erbaut, die Forts der Nordfront mit verstärkter Geschütz=ausrüstung versehen und der Mont Avron durch Batterien besetzt. Die Truppen erhielten 90 Patronen pro Mann und Mundvorrath auf sechs, für die Pferde Futter auf vier Tage. Tornister durften nicht mit=genommen, die Lagerdecken aber als Brustschutz getragen werden. Als Tag der Ausführung wurde der 19., dann der 21. Dezember anberaumt.

So war während der größeren Hälfte des Dezember die Ein=schließungsarmee fast ganz ungestört vom Feinde geblieben. Bei regel=mäßiger Verpflegung, warmer Winterbekleidung und reichlichen Zusendungen, welche die thätige Postverwaltung beförderte, hatte sich der Gesundheits=zustand der Truppen durchaus befriedigend gestaltet.

Die Vorbereitungen, welche der Gegner zu neuen Unternehmungen traf, entgingen nicht der Aufmerksamkeit der Belagerer. Auch Ueber- läufer brachten Nachricht von dem nahen Beginn eines Ausfalls. Am 20. meldeten die Beobachtungsposten, daß starke Heeresabtheilungen sich bei Merlan und Noisy le Sec versammelten, und am 21. früh stand auf Anordnung des Oberkommandos der Maas-Armee die 2. Garde-Infanterie- Division an den Uebergängen des Morée-Baches bereit. Ein Theil der 1. Division hielt in Reserve bei Gonesse, der Rest derselben konnte durch die 7. Division abgelöst und verfügbar gemacht werden. Auf dem rechten Flügel hatte die Garde-Landwehr-Division die Strecke Chatou—Carrières St. Denis, auf dem linken eine Brigade des sächsischen Korps Sévran besetzt. Damit nöthigenfalls auch die Württemberger unterstützt werden könnten, denen gegenüber die Franzosen noch festen Fuß in Joinville behaupteten, rückte vom II. Korps die 4. Infanterie-Division nach Mal- noue heran.

Um die Aufmerksamkeit der Deutschen von dem eigentlichen Angriffs- punkte abzuleiten, sollten schon früh morgens Fort Valérien ein lebhaftes Feuer eröffnen, starke Abtheilungen gegen den rechten Flügel des Garde- korps vorstoßen, General Vinoy die dritte Armee gegen die Sachsen vor- führen, Admiral de la Roncière aber mit seinem Armeekorps Le Bourget angreifen. Diese so herausfordernde Postirung mußte vor Allem erst ge- nommen werden, dann erst wollte General Ducrot mit der zweiten Pariser Armee bei Blanc Mesnil und Aulnay den Morée-Bach überschreiten.

(Kampf um Le Bourget, 21. Dezember.) Le Bourget war nur durch vier Kompagnien Königin Elisabeth und eine des Garde-Schützen- Bataillons besetzt. Als um 7 3/4 Uhr der Morgennebel fiel, sah sich die Besatzung von den Geschossen der Forts und zahlreicher Batterien, auch aus gepanzerten Eisenbahnwagen, überschüttet. Eine halbe Stunde später rückten dichte Kolonnen des Feindes von Osten und Westen heran. In ersterer Richtung gelang es, den Dorfrand gegen sieben französische Bataillone längere Zeit zu behaupten und auch auf der entgegengesetzten Seite fünf durch Schnellfeuer vor dem Kirchhof zum Stehen zu bringen, unbehindert aber gelangte ein Theil der Marine-Füsiliere durch den nördlichen Eingang in den Ort. Von allen Seiten durch so überlegene Kräfte bedrängt, mußten die Vertheidiger sich nach dem südlichen Theil des Dorfes zurückziehen. Dorthin versuchte auch die Besatzung des Kirch- hofes sich durchzuschlagen, gerieth dabei aber zum Theil in Gefangenschaft. Nur mühsam schritten indeß die Franzosen in verlustreichem Häuserkampf weiter vor, auch gelang es ihnen nicht, sich in Besitz der Baulichkeiten der Glasfabrik zu setzen. Neue fünf Bataillone der französischen Reserve schritten von St. Denis gegen die Gasanstalt vor, legten die Gartenmauer durch Geschützfeuer nieder, vermochten jedoch auch dort den Widerstand der Deutschen nicht zu brechen.

Diese erhielten erst um 9 Uhr eine, um 10 Uhr sieben Kompagnien Verstärkung, welche im blutigen Ringen von Mann gegen Mann sich bis zum Kirchhof und zur Glasfabrik herankämpften. Um 11 1/2 Uhr waren die letzten Abtheilungen des Feindes vertrieben, und Le Bourget blieb, in Erwartung neuer Angriffe, durch 15 Kompagnien besetzt. Zwei Batterien der an der Morée in Thätigkeit gesetzten Feldartillerie rückten an das Dorf heran.

Inzwischen hatte General Ducrot vergeblich auf das Signal gewartet, welches die Wegnahme von Le Bourget verkündigen sollte. Er war mit den Spitzen seiner Armee über Bondy und Drancy vorgerückt, als er die Weisung erhielt, mit Rücksicht auf den ungünstigen Verlauf des Gefechtes vor seinem linken Flügel, den Angriff auf die Morée-Linie aufzugeben.

Die beabsichtigte große Unternehmung gestaltete sich nun nur noch zu einer bloßen Kanonade, welche von der deutschen Feldartillerie nach Möglichkeit erwidert wurde. Am Nachmittage räumten die Franzosen das Gefechtsfeld.

Ihr Verlust betrug nach eigener Angabe über 600 Mann. Die Gardetruppen büßten 400 Mann ein, führten aber 360 Gefangene mit sich. Abends nahmen die Vorposten ihre frühere Stellung wieder ein.

Auch die verschiedenen Scheinangriffe der Pariser Besatzung waren ohne Wirkung geblieben und hatten keine Aenderung in den von deutscher Seite getroffenen Anordnungen bewirkt. Ihr Vorgehen von St. Denis gegen Stains wurde abgeschlagen, und zwei Kanonenboote auf der Seine mußten vor dem Feuer von vier Feld-Batterien auf dem Orgemont umkehren. Der unbedeutende Ausfall gegen Chatou blieb fast unbeachtet. Mit größeren Kräften ging zwar General Vinoy am rechten Marne-Ufer vor, aber erst um Mittag, als der Kampf um Le Bourget bereits aufgegeben war. Die sächsischen Vorposten zogen sich auf die Gefechts-stellung bei Le Chenay zurück. Eins der dort versammelten Bataillone vertrieb abends noch den Gegner aus Maison blanche, ein zweites griff Ville Evrart an, wo der Kampf bis Mitternacht fortdauerte, dasselbe verlor 70 Mann, kehrte aber mit 600 Gefangenen zurück. Unter dem lebhaften Feuer der Artillerie vom hohen jenseitigen Flußufer räumte dann der Feind am folgenden Morgen auch Ville Evrart.

Paris war jetzt drei Monate lang eingeschlossen. Das immer unliebsame Mittel eines Bombardements allein konnte gegen einen so ausgedehnten Platz nicht die Entscheidung herbeiführen, und auf deutscher Seite hatte man wohl erkannt, daß nur die förmliche Belagerung das Ziel erreichen werde. Aber der Ingenieurangriff mußte verschoben werden, bis die Artillerie in der Lage war, ihn zu unterstützen.

Es ist bereits gezeigt worden, wie die Festungsartillerie vorerst gegen die Plätze in Anspruch genommen war, welche im Rücken der Armee die Verbindungen unterbrachen. Zwar standen in Villacoublay 235 schwere Geschütze bereit, nicht aber war es gelungen, die erforderliche Munition für einen Angriff heranzuschaffen, welcher, einmal begonnen, auf keinen Fall wieder unterbrochen werden durfte.

Allerdings war schon Ende November die Eisenbahnverbindung bis Chelles hergestellt, aber der größte Theil der Munition inzwischen bei Lagny abgeladen, und von dort mußte dieselbe nun auf dem Landwege weitergeschafft werden. Die landesüblichen zweiräderigen Karren hatten sich für den Transport von Geschossen durchaus ungeeignet erwiesen, und durch Requisition ließen sich in weitem Umkreise nur 2000 vierräderige Wagen auftreiben. Es wurden daher in Metz noch 960 mit Pferden aus der Heimath ausgerüstet und selbst die Gespanne der III. Armee in Anspruch genommen, obwohl sie zugleich zur Ergänzung der Bestände bei der an der Loire fechtenden Armee fast unentbehrlich waren. Schließlich wurden noch sämmtliche Zugpferde der Ponton=Kolonnen, der Feld=Brückentrains und der Schanzzeug=Kolonnen zum Transportdienst herangezogen.

Eine neue Erschwerniß erwuchs, als der Eisgang nöthigte, die Pontonbrücken über die Seine abzufahren.

Auf den schlechten Landwegen brauchten die Wagen zwischen Nanteuil und Villacoublay für Hin= und Rückfahrt neun Tage. Viele brachen unter ihrer Last zusammen, und häufig ergriffen die Fuhrleute die Flucht. Außerdem erhielt die Artillerie jetzt auf Anregung des Chefs des Generalstabes noch eine neue Aufgabe vorweg zu lösen.

War es der Besatzung von Paris bisher nicht gelungen, sich mit den Waffen Bahn nach außen zu brechen, so griff dieselbe nunmehr zum Spaten, um durch die Contre=Approche den Ring der Einschließung mehr und mehr zurückzudrängen und schließlich zu sprengen. Gegen Süden erstreckten sich die Verschanzungen bereits über Villejuif und Vitry hinaus bis an die Seine, und im Norden entstand zwischen Drancy und dem Fort de l'Est ein ausgedehntes System von Laufgräben und Batterien, bis auf 1000 m an Le Bourget heranreichend, welchem so gewissermaßen die Ehre eines förmlichen Ingenieurangriffs zu Theil wurde. Freilich hinderte strenger Frost bald die weitere Fortsetzung dieser Arbeiten, aber die Werke wurden mit Artillerie ausgerüstet und blieben von der zweiten Armee besetzt gehalten. Den vorzüglichsten Stützpunkt für das Vorgehen gegen Osten wie gegen Norden gewährte dabei den Franzosen der weithin beherrschende Mont Avron, welcher, mit 70 schweren Geschützen ausgestattet, sich im Marne=Thal wie ein Keil zwischen der nördlichen und südlichen Einschließung einschob.

(Beschießung des Mont Avron, 27. Dezember.) Um den Feind aus dieser Stellung zu vertreiben, wurden 50 schwere Geschütze aus der Heimath und 26 vor La Fère abkömmlich gewordenen unter Befehl des Obersten Bartsch bereit gestellt. Mit Aufbietung ganzer ArbeiterBataillone entstanden bei strengem Frostwetter zwei Gruppen von Batterieständen am westlichen Abhange der Höhen hinter Raincy und Gagny, dann am linken Thalrande der Marne bei Noisy le Grand, so auf Entfernung von nur 2000 bezw. 3000 m den Mont Avron auf zwei Seiten umfassend.

Am Morgen des 27. Dezember 8½ Uhr eröffneten die 76 Geschütze das Feuer. Dichtes Schneegestöber gestattete ein genaues Einschießen nicht und verhinderte die Beobachtung der Schußwirkung. Der Mont Avron und nicht minder die Forts Nogent und Rosny antworteten schnell und lebhaft.

Die deutschen Batterien verloren 2 Offiziere und 25 Mann, mehrere Laffeten waren unter dem eigenen Feuer zusammengebrochen, und allgemein gab man sich der Ansicht hin, daß an diesem Tage kein sonderlicher Erfolg erreicht worden sei.

Aber die Batterien hatten besser geschossen, als sie selbst vermutheten. Das klare Wetter am 28. gestattete eine genaue Korrektur, die preußischen Geschosse schlugen mit sichtbarer Wirkung ein und richteten auch unter der starken und völlig schutzlosen Infanteriebesatzung furchtbare Verwüstung an. Der Mont Avron verstummte, und nur die Forts setzten ein schwaches Feuer fort. General Trochu, welcher sich persönlich eingestellt hatte, befahl die Räumung des Mont Avron. Dieselbe wurde durch den that=kräftigen Befehlshaber Oberst Stoffel während der Nacht mit solchem Geschick bewirkt, daß nur eine unbrauchbare Kanone zurückblieb.

Am 29. war das Feuer der Franzosen verstummt, man fand den Berg verlassen, den dauernd zu besetzen nicht beabsichtigt war. Die Batterien richteten ihre Geschosse nur noch gegen die Forts, welche erheblich litten, und gegen die Erdwerke in der Gegend von Bondy.

Mit Ablauf des Jahres war es nun auch gelungen, die nöthigste Munition in Villacoublay zu versammeln. Der Ingenieurangriff wurde dem General v. Kameke, der artilleristische dem General Prinzen Hohenlohe übertragen. Die Batteriestände waren bereits seit längerer Zeit fertig, und mit Eintritt des neuen Jahres standen 100 Geschütze schwersten Kalibers der Südfront von Paris schußfertig gegenüber.

Die Ostarmee unter General Bourbaki.

Während die französischen Streitkräfte im Norden an der Seine und Somme, im Süden an der Loire und Saône in beständigen Gefechten thätig waren, hatte die Armee des Generals Bourbaki sich nirgends bemerkbar gemacht. Seitdem die 6. Kavallerie=Division am 8. Dezember deren Anwesenheit bei Vierzon festgestellt, war ihre Spur verloren gegangen. Für die oberste Heeresleitung mußte es von äußerster Wichtigkeit sein, den Verbleib dieses starken Heerestheiles zu kennen; nur die II. Armee konnte darüber Nachricht geben und erhielt unter dem 22. Befehl, durch Rekognoszirungen die nöthige Aufklärung zu verschaffen.

Zu diesem Zweck ging denn auch am rechten Loire=Ufer General v. Rantzau von Montargis aus gegen Briare vor, fand dort die Stellung am 25. von den Franzosen geräumt, gerieth aber in den nächsten Tagen in ungünstige Gefechte.

Die hessische Abtheilung verstärkte sich auf 3 Bataillone, 4 Eskadrons und 6 Geschütze, dennoch wurde sie am 1. Januar nach Gien zurück=gedrängt. Der Feind hatte mehrere Tausend Mobilgarden, 12 Geschütze und auch Marine=Infanterie gezeigt. Wichtig erschien, daß ein Theil der eingebrachten Gefangenen dem französischen XVIII. Korps angehörte, welches einen Bestandtheil der I. Loire=Armee bildete.

Auch ein nach der Sologne zur Rekognoszirung abgeſchicktes Regiment der 6. Kavallerie-Diviſion kam mit der Nachricht zurück, daß ſtarke feind-liche Kolonnen auf Aubigny Ville vormarſchirten. Dementgegen hatten zwar gefangene Fuhrknechte ausgeſagt, daß die Truppen aus Bourges bereits auf der Eiſenbahn abtransportirt ſeien, und auch Zeitungsartikel gaben dahingehende Andeutungen, aber auf Gerüchte war den obigen Meldungen gegenüber entſcheidendes Gewicht nicht zu legen; man mußte in Verſailles annehmen, daß die I. Loire-Armee ſich noch bei Bourges befinde und daß General Bourbaki, nachdem dieſelbe wieder ſchlagfähig geworden, im Einklange mit General Chanzy handeln werde.

Beide Armeen konnten die Deutſchen bei Orléans von zwei Seiten angreifen, oder eine derſelben ſie dort beſchäftigen und feſthalten, während die andere zum Entſatz der Hauptſtadt marſchirte.

Wirklich war dies auch die Abſicht des Generals Chanzy. Derſelbe ſtand ſeit dem 21. Dezember in Erholungsquartieren in und um Le Mans, wo Eiſenbahnen aus vier Richtungen die Heranziehung neuer Kräfte ermöglichten. Freilich kämpften dort die Truppen mit ernſten Erſchwerniſſen. Beim Mangel an Unterkunft für ſo große Maſſen mußte ein Theil unter Zelten im Schnee lagern und litt empfindlich unter der ſtrengen Kälte. Dabei füllten ſich die Lazarethe mit Verwundeten und Pockenkranken. Andererſeits begünſtigte aber dieſe enge Verſammlung die Ordnung der Verbände und die Wiederherſtellung der Schlagfähigkeit. Dabei drängten die Nachrichten aus der Hauptſtadt zu erneuter Thätigkeit.

General Trochu hatte mitgetheilt, daß Paris ſich aus eigener Kraft nicht befreien könne. Selbſt wenn ein Durchbruch gelänge, vermöchte man doch niemals die Mittel zur Ernährung einer Armee mit ſich zu führen, und dafür könnte nur das gleichzeitige Erſcheinen eines Heeres von außerhalb Rath ſchaffen. Nun war General Chanzy ganz bereit, auf Paris zu marſchiren, dabei war ihm aber genaue Kenntniß nöthig, was die Generale Bourbaki und Faidherbe unternehmen würden.

Selbſtverſtändlich konnte ein einheitliches Zuſammenwirken der drei großen Heereskörper nur von erſter Stelle angeordnet und geleitet werden. An Gambetta entſandte daher der General am 23. Dezember einen Offizier ſeines Stabes nach Lyon und ſprach die Ueberzeugung aus, daß nur ein gemeinſames und baldiges Vorgehen den Fall der Hauptſtadt zu verhindern vermöge. Aber der Miniſter glaubte ein beſſeres Mittel zu wiſſen. Von einer ganz anderen, bereits in der Ausführung begriffenen Verwendung der Armee Bourbakis gelangte am 29. Dezember an General Chanzy die erſte Kenntniß. Im Uebrigen enthielt die Antwort weder gemeſſene Befehle noch genügende Auskunft. „Vous avez décimé les Mecklembourgeois, les Bavarois n'existent plus, le reste de l'armée est déjà envahi par l'inquiétude et la lassitude. Persistons et nous renverrons ces hordes hors du sol, les mains vides." Der von der Regierungsdelegation verfolgte Plan ſei derjenige, „qui démoralisera le plus l'armée allemande."

Bei so unklaren Aeußerungen der obersten Heeresleitung beschloß General Chanzy, eigener Kraft vertrauend, den Zug auf Paris ohne andere Hülfe auszuführen, aber bald sah er sich selbst aufs Ernsthafteste an=
gegriffen.

Auf deutscher Seite war keine Zeit zu verlieren gewesen, wollte man den Vortheil ausnutzen, den die Stellung zwischen zwei feindlichen Heeren gewährt, solange sie noch nicht unmittelbar herangerückt sind. Die gleich=
zeitigen Angriffe am 31. Dezember bei Vendôme am Loir und bei Briare an der Loire schienen anzudeuten, daß beide in gemeinsamer Thätigkeit bereits begriffen seien.

Prinz Friedrich Karl erhielt daher noch am Neujahrstage telegraphisch Befehl, dem General Chanzy als dem nächsten und gefährlichsten Feinde unverzüglich über den Loir entgegenzurücken.

Zu diesem Zweck wurde die II. Armee verstärkt durch das XIII. Korps des Großherzogs von Mecklenburg (17. und 22. Division) sowie durch die 2. und 4. Kavallerie=Division. Außerdem hatte die 5. Kavallerie=
Division die rechte Flanke des Vorrückens zu sichern.

Gegen General Bourbaki sollte in Orléans nur die 25. (hessische) Division zurückbleiben und auch ferner bei Gien beobachten. Um aber das Vorrücken der I. Loire=Armee nöthigenfalls abwehren zu können, wurde nunmehr General v. Zastrow mit dem VII. Korps nach dem Armançon herangeordert, und außerdem aus der Einschließungslinie das II. Korps auf Montargis in Marsch gesetzt.

Prinz Friedrich Karl gedachte drei seiner Korps bis zum 6. Januar auf der Linie Vendôme—Morée zu versammeln, das XIII. von Chartres aus gegen Brou zu dirigiren.

Der Zug der II. Armee nach Le Mans.

Man konnte hoffen, den Feind in Winterquartieren zu treffen, aber General Chanzy hatte sich durch starke Postirungen gegen Ueberraschungen gesichert. Zu seiner Linken war Nogent le Rotrou durch die Division des Generals Rousseau und zahlreiche Freischaaren besetzt, von da standen starke Abtheilungen über Vibraye und St. Calais bis an den Braye=Bach, wo General Jouffroy nach dem letzten Angriff auf Vendôme Halt ge=
macht hatte, dann zur Rechten General Barry bei La Chartre und die Division de Curten bei Château Renault.

Auf diese Postirungen stießen schon am 5. Januar beide Flügel der anrückenden deutschen Armee.

Auf dem linken hatte General Baumgarth 3 Bataillone, 2 Kavallerie=
Regimenter, 2 Batterien bei St. Amand versammelt. In der Richtung auf Château Renault wurde Villeporcher dann am Siebenundfünfzigern erstürmt, dann gegen vier anrückende französische Bataillone geräumt, schließlich aber wieder genommen und behauptet. So viel war dabei un=
zweifelhaft geworden, daß nicht unbeträchtliche Streitkräfte des Gegners

in der linken Flanke der gegen Westen vorrückenden Armee standen. Dieser Bewegung folgend, sollte fortan General Baumgarth die Sicherung übernehmen und wurde zu dem Zweck noch durch die 6. Kavallerie-Division und die erste Kavallerie-Brigade verstärkt.

Auch auf dem rechten Flügel hatte die gegen Nogent le Rotrou vorrückende 44. Brigade ein hartnäckiges Gefecht. Sie erstürmte die Stellung des Feindes bei La Fourche und nahm ihm außer zahlreichen Gefangenen drei Geschütze ab. Das Gros des Korps erreichte Beaumont les Autels und Brou, aber die Kavallerie vermochte in die Waldungen nördlich Nogent nicht einzudringen.

(6. Januar.) Am 6. morgens brach von dem Detachement des Generals Baumgarth die Avantgarde nach Prunay auf, aber das Gros konnte nicht folgen, da es um 9½ Uhr lebhaft angegriffen wurde. Behufs Beobachtung des Gegners stand die Infanterie auf der weiten Erstreckung von Amblop bis Villeporcher in Postirungen aufgelöst und nur mit einer schwachen Reserve bei La Noue. Das Gefecht nahm bald größere Ausdehnung an, und nur mühsam behaupteten sich die Vertheidiger auf der Linie Les Haies—Pias, ernstlich bedroht durch Umfassung ihres linken Flügels, wo jetzt zwar die 6. Kavallerie-Division eintraf, aber nur mit einer reitenden Batterie in das Gefecht eingriff. Dagegen schritt die Reserve auf der großen Straße nach Château Renault vor und warf den bereits in Les Haies eingedrungenen Feind wieder hinaus. Als dann aber dieser in starken Kolonnen aufs Neue anrückte und vier Batterien gegen den Ort entwickelte, mußte der Rückzug hinter den Brenne-Bach angetreten werden.

Inzwischen war das auf seinem Marsche nach Vendôme bereits in Amblop eingetroffene Regiment Nr. 16 zur Unterstützung nach St. Amand zurückgekehrt, und die jetzt versammelte 38. Infanterie-Brigade entwickelte sich zwischen Neuve St. Amand und St. Amand, die starke Kavallerie auf den Flügeln. Da aber die Stadt mißverständlich geräumt worden, befahl der Kommandeur der 6. Kavallerie-Division, Herzog Wilhelm von Mecklenburg, den weiteren Rückzug. Die Infanterie machte jedoch schon bei Huisseau Halt und bezog Quartiere. Die Avantgarde kehrte nach Amblop um, die Kavallerie ging dorthin und nach Villeromain zurück.

Das X. Korps selbst war während der Gefechte bei St. Amand in zwei Kolonnen am linken Ufer des Loir gegen Montoire vorgerückt, hatte aber am rechten ein Bataillon vorwärts Vendôme stehen lassen, um das Debouchiren des III. Korps über diesen Ort zu sichern.

Als die 20. Division um 1 Uhr nach St. Rimay gelangte, fand sie die Höhen jenseits des Loir durch die Truppen des Generals Barry besetzt. Sämmtliche Batterien fuhren am diesseitigen Thalrande auf und vertrieben bald den Gegner aus der breiten Niederung, aber in der Front war der Engpaß von Les Roches völlig unangreifbar. Die Pioniere stellten daher weiter stromabwärts die zerstörte Brücke bei Lavardin wieder her. Dort war inzwischen auch die 19. Division eingetroffen, mehrere Bataillone gingen nun von Süden her gegen Les Roches

oor und vertrieben mit Leichtigkeit den Feind. Da die eintretende
Dunkelheit ein weiteres Vorrücken verbot, bezog das Korps Quartiere in
und um Montoire.

Beim III. Korps beabsichtigte der Kommandirende an diesem Tage
vorwärts Vendôme Halt zu machen und nur die Avantgarden an den
Azay-Bach vorzuschieben, diese stießen indessen bald auf so heftigen Widerstand, daß das Gros sich zu ihrer Unterstützung in Bewegung setzen mußte.
General de Jouffroy hatte, um General de Curten zu entlasten, einen
erneuten Angriff auf Vendôme unternommen, und so fand die Avantgarde
der 5. Division um 1½ Uhr bei Villiers das 10. Jäger-Bataillon,
welches den Marsch seines Korps am rechten Ufer des Loir begleitet
hatte, seit vier Stunden im heftigsten Kampf begriffen. Sie fuhr auf
der Hochfläche nördlich des Ortes ihre beiden Batterien auf, und das
Regiment Nr. 48 drang bis an den Thalhang des unteren Azay-Baches
vor, dessen breite Wiesenniederung aber von dem weittragenden Gewehr
der Franzosen beherrscht und von ihrer Artillerie der Länge nach bestrichen
war. Hier ging denn auch der Gegner in dichten Schützenschwärmen selbst
zum Angriff über.

Zunächst wurde nun das Regiment Nr. 8 zur Unterstützung herangezogen, welches auf dem linken Flügel sich nach kurzem Kampfe in Besitz
von Le Gué du Loir setzte, dann langte noch Verstärkung von der
10. Infanterie-Brigade an, und nach und nach wuchs die Zahl der
preußischen Geschütze auf 36. Ihrem Feuer vermochte die französische
Artillerie nicht Stand zu halten, und nach Verlauf einer halben Stunde
konnte dasselbe gegen die Infanterie gerichtet werden. Um 4½ Uhr
überschritten dann die Bataillone den Thalgrund, bemächtigten sich der
Weinberge und Pachthöfe auf der jenseitigen Höhe und erstürmten schließlich
Mazange. Begünstigt durch die Dunkelheit, wichen die Franzosen nach
Lunay aus.

Weiter rechts hatte die Avantgarde der 6. Division schon beim
Hervortreten aus Vendôme um 11 Uhr das Bataillon, welches das
X. Korps bei Courtiras gelassen, in lebhaftem Gefecht gegen weit überlegene Kräfte des Feindes gefunden. Nicht ohne namhaften Verlust drang
die 11. Brigade weiter gegen den Azay-Abschnitt vor, und als um 3½ Uhr
noch die 12. eingetroffen, auch die Artillerie kräftig gewirkt, gelang es,
Azay zu erstürmen und sich auf den jenseitigen Höhen festzusetzen. Wiederholte Rückstöße des Gegners wurden erfolgreich abgewiesen, und erst um
5 Uhr endete der Kampf mit dem Rückzuge der Franzosen.

Das III. Armeekorps bezog Quartiere zwischen dem Azay-Bach und
dem Loir. Ein Detachement desselben hielt weiter stromaufwärts Danzé
besetzt. Das Korps hatte 39 Offiziere und über 400 Mann verloren,
aber auch dem Gegner 400 Gefangene abgenommen.

Ohne Widerstand zu finden, überschritt das IX. Korps an diesem
Tage den oberen Loir bei Fréteval und St. Hilaire und rückte auf der
großen Straße nach St. Calais bis Busloup vor. Das XIII. war bei
Unverre, Beaumont und La Fourche stehen geblieben.

Prinz Friedrich Karl hatte sich durch den Angriff bei St. Amand und den zähen Widerstand bei Azay in seinem Vorhaben nicht beirren lassen. Es sollte am 7. das XIII. Korps Montmirail, das IX. Epuisay erreichen, das III. den Angriff auf den Braye=Abschnitt fortsetzen. Aber unbeachtet durfte nach dem ungünstigen Ausfall des Gefechtes bei St. Amand doch die Anwesenheit einer starken feindlichen Abtheilung in der linken Flanke nicht bleiben. Herzog Wilhelm war mündlich im Hauptquartier Vendôme bereits angewiesen, mit der 6. Kavallerie=Division ungesäumt nach St. Amand zurückzukehren, außerdem aber erhielt General v. Voigts= Rhetz Befehl, den General Baumgarth wenn nöthig selbst mit dem ganzen Korps zu unterstützen.

Das Land zwischen Loir und Sarthe, welches die Deutschen zu durch= schreiten hatten, bietet feindlichem Eindringen die größten Schwierigkeiten, der Vertheidigung die entschiedensten Vortheile.

Zahlreiche Flußläufe mit breiten, tief eingeschnittenen Wiesenthälern durchschneiden senkrecht alle nach Le Mans führenden Straßen. Wald= stücke, Dörfer und Schlösser mit ummauerten Parks bedecken das in höchster Kultur stehende Hügelland; Weinfelder, Obstpflanzungen und Gärten sind mit Hecken, Gräben und Wällen eingefriedigt.

So hatte bei den bevorstehenden Kämpfen die Infanterie die Last fast allein zu tragen, nirgends gab es Raum zur Entwickelung für Kavallerie, und die Wirkung der Artillerie, welche nur mit einzelnen Geschützen auf= zutreten vermochte, war in dem durchaus bedeckten Gelände aufs Aeußerste beschränkt. Nur auf vier vorhandenen Hauptstraßen konnte man sich der feindlichen Centralstellung nähern, und die Verbindung zwischen den wenigstens anfangs in Breite von sechs Meilen marschirenden Kolonnen blieb auf wenige, bei der rauhen Jahreszeit und bei der Feindschaft der Einwohner fast unpassirbare Querwege beschränkt. Gegenseitige Unter= stützung war zunächst völlig ausgeschlossen.

Unter solchen Umständen konnten die Operationen nur durch all= gemeine Direktiven geleitet, und den Unterführern mußte das Handeln nach eigener Entschließung freigestellt werden. Spezielle Befehle für jeden Tag, wie sie allerdings erlassen worden sind, konnten in vielen Fällen nicht zur Ausführung gelangen. Beim Oberkommando war nicht zu über= sehen, wie die Verhältnisse sich bei den einzelnen Korps infolge täglicher Gefechte gestaltet hatten. Die Meldungen darüber gingen meist spät in der Nacht ein, und die zuvor schon entworfenen Anordnungen langten oft erst an, wenn bei der Kürze der Tage die Truppen ihre Bewegung schon angetreten hatten.

(7. Januar.) Der Weisung des Oberkommandos entsprechend, schickte General v. Voigts=Rhetz am 7. die bereits in Vendôme angelangten Theile der 19. Division zur Verstärkung auf St. Amand zurück.

Dort war die 38. Brigade schon am Morgen wieder eingerückt, und General v. Hartmann, der den Befehl übernommen, ging mit der= selben, die Kavallerie an beiden Flügeln, auf der großen Straße von Château Renault vor.

Erst bei Villechauve stieß um Mittag die Kolonne auf den Feind. Dichter Nebel behinderte die Wirkung der Artillerie, und nicht ohne erhebliche Verluste gelang es, den genannten Ort sowie Pias und verschiedene andere Gehöfte zu nehmen. Villeporcher aber und die nächsten Dörfer zeigten sich von den Franzosen besetzt, und um 2 Uhr schritten diese auf der Chaussee mit mehreren Bataillonen selbst zum Angriff. Indeß hatte sich das Wetter aufgeklärt, und man erkannte bald, daß dies Vorgehen nur dazu diente, den beginnenden Abzug des Gegners in westlicher Richtung zu verschleiern.

Die Truppen bezogen Quartiere, wo sie eben standen, und die ihnen zugeschickten Verstärkungen blieben in St. Amand.

Die Rückkehr der letzteren abwartend, verblieb das X. Korps selbst in seinen Quartieren bei La Chartre, nur die 14. Kavallerie-Brigade ging, um die Verbindung mit dem III. aufzunehmen, nach La Richardière vor. Es gelang ihr jedoch nicht, diesen Ort durch abgesessene Mannschaften zu nehmen.

General v. Alvensleben hoffte den Feind noch diesseits des Braye-Abschnittes zu erreichen und, seinen linken Flügel umfassend, auf das X. Korps zu drängen, welches Mitwirkung zugesagt hatte. Unter Belassung einer Brigade bei Mazange rückte das III. Korps in der Richtung auf Epuisay vor, und als schon auf dem Marsche die Nachricht einging, daß die Franzosen Lunay und Fortan geräumt, folgte auch jene Brigade über letzteren Ort nach.

Epuisay wurde stark besetzt gefunden, inzwischen war dort auch noch die Avantgarde des von Busloup anrückenden IX. Korps eingetroffen. Aber erst um 1½ Uhr wurden die Franzosen aus dem verbarrikadirten Städtchen verdrängt, auch leisteten sie diesseits des Braye-Baches erneuten Widerstand in zahlreichen Ortschaften und Gehöften. Gegen diese entspann sich im dichten Nebel ein längeres Feuergefecht, schließlich aber um 4 Uhr drang die 12. Brigade bis an den Thalrand vor. Savigny war von der 9. Brigade, ohne daß sie sonderlichen Widerstand fand, besetzt worden, und Sargé wurde noch in der Dunkelheit erstürmt.

Das Korps hatte 45 Mann verloren und 200 Gefangene gemacht. Es bezog hinter dem Braye Quartiere, stellte aber seine Vorposten jenseits des Baches aus.

Das IX. Korps fand Unterkommen in und um Epuisay, wodurch nun allerdings zwei Korps auf eine der wenigen vorhandenen Straßen geriethen. Zur Rechten war die 2. Kavallerie-Division behufs Verbindung mit dem XIII. Korps gegen Mondoubleau vorgegangen. Die Franzosen zogen sich nach St. Calais zurück.

Der Befehl des Oberkommandos an das XIII. Korps, nach Montmirail zu marschiren, war in der Voraussetzung erlassen, daß dasselbe schon am 6. Nogent le Rotrou besetzt habe, während es thatsächlich, wie erwähnt, bei La Fourche, Beaumont und Unverre stehen geblieben war. Der Großherzog, welcher vermuthete, starken Widerstand zu finden, schritt erst am 7. zum Angriff gegen Nogent vor. Als die 22. Division dort

anlangte, fand sie alle Ortschaften im oberen Huisne=Thal geräumt und
konnte ohne Gefecht um 2 Uhr in die Stadt einrücken. Sie bezog dort
Quartiere, die 4. Kavallerie-Division bei Thiron Gardais, und nur eine
Avantgarde folgte dem Feinde. Sie fand bei Le Gibet den Wald stark
besetzt, und erst nach Eintritt der Dunkelheit gelang es ihr, denselben zu
nehmen.

Die Franzosen hatten sich nach La Ferté Bernard zurückgezogen.

Die 17. Division war anfangs der 22. als Reserve gefolgt. Der
Großherzog ließ sie aber infolge der eingehenden Meldungen schon um
1 Uhr südlich nach Authon abbiegen und schob, um dem Befehl des Ober=
kommandos möglichst nachzukommen, wenigstens ein Detachement von
2 Bataillonen, 2 Kavallerie-Regimentern und 1 Batterie unter General
v. Rauch gegen Montmirail vor.

(8. Januar.) Als am 8. morgens der Feind nicht wieder angriffs=
weise gegen St. Amand vorgegangen war, hatte General v. Hartmann
die ihm zur Unterstützung überwiesenen Truppen bereits um 9 Uhr zu=
rückgeschickt. Um 10 Uhr erhielt er Befehl, sich ebenfalls dem X. Korps
anzuschließen, aber die Franzosen hielten noch immer Villeporcher sowie
den dahinter liegenden Wald besetzt und standen auf der Straße von
Château Renault ganz nahe in vortheilhafter Stellung hinter dem Brenne=
Abschnitt. Der General erkannte die Nothwendigkeit, hier noch ferner
Stand zu halten, und ergriff dazu das beste Mittel, indem er selbst zur
Offensive vorging. Unterstützt durch das Feuer der Batterie und zu
beiden Seiten begleitet von der Kavallerie, gingen sechs Kompagnien Regi=
ments Nr. 60 gegen Villeporcher vor, warfen die flüchtenden Vertheidiger
in den Wald von Château Renault zurück und nahmen ihnen 100 Ge=
fangene ab. Zur Linken trieben die neunten Ulanen die afrikanischen
Chasseurs vor sich her. Erst nach Eintritt der Dunkelheit rückte General
v. Hartmann in der Richtung auf Montoire ab.

Von dort war General v. Voigts=Rhetz bereits in der Frühe auf=
gebrochen. Der in der Nacht eingetretene Frost hatte die Wege mit
Glatteis überzogen, was alle Truppenbewegungen außerordentlich er=
schwerte. Die Straße am rechten Ufer des Loir war an mehreren
Stellen unterbrochen. Dieselbe zieht durch eine Reihe von Engpässen,
und beim Heraustreten aus denselben stieß die Avantgarde auf etwa
1000 Mobilgarden, welche vor La Chartre Stellung genommen hatten.
Ihre Mitrailleusen wurden durch das Feuer von zwei Geschützen zum
schleunigen Abfahren gebracht, aber erst nach längerem Gefecht gelang es
der sich mühsam bewegenden Infanterie, um 4 Uhr in die Stadt ein=
zudringen, wo sie Quartiere bezog. Zwei Bataillone, welche darüber
hinaus vorgeschoben wurden, mußten ihr Unterkommen erst erkämpfen
und wechselten die ganze Nacht hindurch Schüsse mit dem nahen Feinde,
dem übrigens 230 Gefangene abgenommen wurden.

Die von Ambloy vormittags abmarschirte 39. Brigade konnte dem
Korps nur bis Songé folgen.

Um Verbindung mit dem III. Korps aufzusuchen, war General v. Schmidt mit der 14. Kavallerie-Brigade rechts entsendet worden. Vor Vancé wurde sie mit lebhaftem Feuer empfangen. Die an der Spitze marschirende Schwadron machte der reitenden Batterie Platz, und eine Kartätschlage des vordersten Geschützes vertrieb die hinter Hecken abgesessenen feindlichen Kürassiere. Nachdem es gelungen, noch zwei Geschütze in Stellung zu bringen, sprengte deren Granatfeuer eine lange Kavalleriekolonne des Gegners nach verschiedenen Richtungen auseinander.

Oberst v. Alvensleben verfolgte die feindliche Kavallerie mit dem Ulanen-Regiment Nr. 15, bis sie Aufnahme an dem von Infanterie besetzten Etangsort-Bach fand. Die Brigade blieb in Vancé, nachdem den Franzosen etwa 100 Mann außer Gefecht gesetzt worden waren.

Vom III. Korps war die 6. Division durch St. Calais vorgegangen. Der Gegner versuchte die Abschnitte auf der vielfach unterbrochenen Straße zu vertheidigen, wartete aber einen ernstlichen Angriff nirgends ab, sondern zog, meist auf bereit gestellten Wagen, ab. Die 5. Division, welche in gleicher Höhe zur Linken vorging, stieß auf keinen Widerstand, aber der Zustand der Wege erschwerte überall den Marsch aufs Aeußerste. Das Korps machte diesseits Bouloire Halt. Das IX. Korps rückte hinter demselben in St. Calais ein.

Beim XIII. Korps hatte der Großherzog beide Divisionen gegen La Ferté Bernard vorrücken lassen. Sie stießen beim Anmarsch nur noch auf Versprengte, fanden aber die Straßen so vielfach unterbrochen, daß sie den Ort erst um 4 Uhr nachmittags erreichten und dort Quartiere bezogen. Die Franzosen waren auf Connerré zurückgegangen. Die 4. Kavallerie-Division sollte beim weiteren Vorrücken den Schutz der rechten Flanke übernehmen, vermochte aber nicht bis Bellême vorzudringen. Dagegen überraschte das gegen Montmirail links entsendete Detachement des Generals v. Rauch den Feind in Vibraye und setzte sich in Besitz der Brücke über die Braye.

Am Abend des Tages standen die Flügelkorps in gleichem Abstande von Le Mans, an der einzigen größeren Straße, welche das Land der Quere nach von La Ferté Bernard, über St. Calais und La Chartre, durchzieht, das III. Korps aber weiter vorwärts und auf Entfernung eines starken Marsches von ihnen getrennt. Das engere Zusammenfassen der Streitkräfte konnte nur durch weiteres Vorgehen auf den konvergirenden Straßen erzielt werden. Prinz Friedrich Karl befahl daher um 10 Uhr abends, daß das X. Korps am folgenden Tage nach Parigné l'Evêque, das III. nach Ardenay, das XIII. in die Höhe von Montfort marschiren solle, die Avantgarden darüber hinaus vorgeschoben. Das IX. hatte im Centrum zu folgen, General v. Hartmann aber auch ferner mit der 38. Brigade und der 1. Kavallerie-Division Vendôme zu sichern.

Schon der Entfernung nach vermochten die Flügel von La Chartre und La Ferté aus jene Marschziele nicht zu erreichen. Ueberdies erschwerten am 9. Januar Schneegestöber, Glatteis und dichter Nebel aufs Aeußerste das Vorgehen.

(9. Januar.) General v. Hartmann führte die 38. Infanterie-
Brigade gegen Château Renault vor und rückte um 1 Uhr in diese Stadt
ein. Die Division Curten befand sich schon seit dem Morgen im Abmarsch nach St. Laurent.

Das unvollzählige X. Korps rückte an diesem Tage in zwei Kolonnen
ab. Das Detachement des Generals v. Woyna sollte von Pont de Braye
über Vancé, der Rest des Korps von La Chartre über Bribes nach
Grand Lucé marschiren.

Schon als auf dieser Straße die 20. Division aus L'Homme hervortrat, wurde sie durch Granat- und Mitrailleusenfeuer empfangen. Hier
war ausnahmsweise Raum für den Aufmarsch von drei Batterien, aber
im dichten Schneefall ein Ziel für dieselben nicht zu erkennen. Indeß
drängte die Infanterie nach und nach den Feind aus verschiedenen Ortschaften und Gehöften über den Bribes-Bach zurück. Um ihn dorthin zu
verfolgen, mußte mit Zeitverlust ein Nothsteg erst gebaut, dann Chahaignes
genommen werden.

Aber in dem engen nun zu durchschreitenden Thal durfte man auf
ernsten Widerstand rechnen. Die Beschaffenheit der Straße war so, daß
Artillerie und Kavallerie abgesessen die Pferde führen mußten. Der
Kommandirende fuhr auf einer Protze, sein Stab ging zu Fuß. Vorn
stürzende Pferde hielten jedoch die ganze Kolonne auf. So mußte die
Korps-Artillerie ganz zurückgeschickt werden, sie sollte erst am folgenden
Tage versuchen, über Vancé vorwärts zu kommen.

Um den Marsch der 20. Division zu erleichtern, hatte General
v. Woyna Befehl erhalten, von seiner Richtung abzubiegen und gegen
die linke Flanke des Feindes vorzugehen. Als er sich dem Thale näherte,
war das Gefecht dort verstummt, und das Detachement kehrte nach Vancé
zurück, aber bei Bribes traf um 3½ Uhr die Hauptkolonne erneuten
Widerstand. Sie wurde von der Höhe nordöstlich des Ortes mit lebhaftem Feuer empfangen. Selbst Infanterie vermochte außerhalb der
Straße sich nicht zu bewegen, und so blieb nur das frontale Vorgehen
auf dieser. Ein entschlossener Angriff der 39. Brigade brachte indessen
den Feind zum Weichen.

Noch in voller Finsterniß, 6½ Uhr, setzte Oberst v. Valentini mit
vier Bataillonen den Marsch bis St. Pierre fort und nahm dort den
Franzosen 100 Gefangene und einen beladenen Train von 100 Wagen ab.

Das X. Korps nächtigte nur mit seinen Teten in Bribes und Vancé,
rückwärts aber reichten die Quartiere noch bis nahe an das Loir-Thal.
Auch die 14. Kavallerie-Brigade hatte keine weiteren Fortschritte machen
können.

Vom III. Korps war die 6. Division nebst der Korps-Artillerie auf
der großen Straße über Bouloire, die 5. zur Linken auf Nebenwegen
vorgegangen.

Die Avantgarde der ersteren trieb in lebhaftem Feuergefecht den
Feind aus seinen Stellungen vorwärts Ardenay, stieß aber dort um 2 Uhr
auf heftigen Widerstand. Nachdem General de Jouffroy sich von

St. Calais südlich zurückgezogen, hatte General Chanzy zur Sicherung der großen Straße von dort nach Le Mans die Division Paris vorgeschoben. Dieselbe hatte Stellung bei Ardenay genommen, zur Rechten das Schloß besetzt und zur Linken bei La Butte vier Kanonen und zwei Mitrailleusen aufgefahren. Diesen gegenüber fanden nur zwei deutsche Geschütze auf der Straße Platz, welche jedoch nach Verlauf einer halben Stunde die Mitrailleusen zum Schweigen brachten und mit großer Standhaftigkeit den ungleichen Kampf fortsetzten. Um 4 Uhr erstürmten fünf Kompagnien der 12. Brigade Schloß Ardenay, während andere zur Rechten den Wiesengrund überschritten und durch die Waldstücke gegen La Butte vordrangen. Bei Eintritt der Dunkelheit versuchten die Franzosen längs der Chaussee einen allgemeinen Angriff, welcher mißlang, und nun warfen sich die Brandenburger im heftigsten Feuer des Vertheidigers, ohne zu schießen, unter Hurrahruf auf La Butte und Ardenay. Unter Verlust zahlreicher Gefangener wurde der Gegner in das Narais-Thal zurückgetrieben.

Zur Rechten hatte ein Detachement von 1 Bataillon, 2 Schwadronen und 2 Geschützen den Marsch der 6. Division begleitet.

Dasselbe trieb Franktireur-Abtheilungen vor sich her, fand aber hartnäckigen Widerstand vor La Belle inutile. Der Posten wurde jedoch von den Vierundzwanzigern genommen, welche hier über 100 unverwundete Gefangene und einen großen Munitions- und Provianttrain erbeuteten. Graf zu Lynar richtete sich in dem Orte zur Vertheidigung ein.

Die 5. Division war auf keinen Widerstand gestoßen, aber die Beschaffenheit der Wege hatte ihren Marsch aufs Äeußerste erschwert. Erst nachmittags erreichte sie mit ihrer Spitze den Narais-Bach bei Gué de l'Aune und bezog Quartiere von dort rückwärts bis St. Mars de Locquenay. Ihre Avantgarde aber setzte die Bewegung bis La Buzardière fort, so die vorderste Spitze der ganzen Armee bildend. In ihrer linken Flanke fand sie Parigné l'Evêque vom Feinde besetzt.

Das IX. Korps war dem III. nach Bouloire gefolgt.

Befehle aus dem Hauptquartier waren in La Ferté noch nicht eingegangen, als um 9 Uhr der Großherzog das XIII. Korps auf der Chaussee gegen Connerré in Marsch gesetzt hatte. Bald nach Mittag stieß die 17. Division bei Sceaux auf den Feind und verdrängte ihn in langsam vorschreitendem Kampfe aus den Ortschaften an und zunächst der Straße. Die Franzosen, welche mittelst eines starken Nachtmarsches auf Connerré zurückgegangen waren, verloren in diesen kleinen Gefechten dennoch über 500 Gefangene. Aber der kurze Tag ging zu Ende, und die Avantgarde machte bei einbrechender Dunkelheit in Duneau Halt. Eine weiter vorgehende Abtheilung fand Connerré vom Feinde besetzt, und im Thal der Due erblickte man zahlreiche Wachtfeuer. Das Gros der Infanterie bezog in und um Sceaux Quartiere.

Zum Wiederanschluß an das Korps beordert, besetzte das Detachement von Rauch Le Croset, bemächtigte sich der vor dem Orte liegenden Due-Brücke und vertrieb auch aus Thorigné den Feind.

Die Franzosen hatten Connerré nur bis zum Abend gehalten, traten aber dann, unter Belassung einiger Kompagnien dort, den weiteren Rückzug an. Derselbe mußte vom linken Ufer der Huisne nothwendig durch die vom III. Korps bereits eingenommenen Quartiere führen, und so wurden diese, selbst das des Divisionskommandos in Nuillé, während der ganzen Nacht von umherirrenden feindlichen Abtheilungen aufgestört.

Am äußersten rechten Flügel war die 4. Kavallerie-Division bis Bellême gelangt, nachdem das derselben beigegebene Bataillon den Feind aus diesem Ort vertrieben.

Sonach hatte an diesem Tage das Centrum der II. Armee sich bis auf Entfernung von zwei Meilen an Le Mans herangefochten, während beide Flügel erheblich zurückgeblieben waren. Da die Franzosen voraussichtlich die Schlacht hinter der Huisne in vorbereiteter Stellung annehmen würden, konnte es gerathen erscheinen, zu derselben erst das Herankommen des X. und XIII. Korps abzuwarten, andererseits aber verstärkte sich dann auch der Feind. Bei sofortigem Angriff hingegen vermochten zwei seiner Divisionen, welche bei Château Renault und La Chartre gestanden hatten, Le Mans kaum noch zu erreichen, und die übrigen, konzentrisch dorthin zurückgetriebenen Abtheilungen waren überall in nachtheilige Gefechte verwickelt gewesen. Prinz Friedrich Karl befahl daher dem III. Korps, noch über Ardenay hinaus anzugreifen, das X. sollte nach Parigné, das XIII. nach St. Mars la Bruyère vorrücken, welche Punkte aber von den Standpunkten, welche die Korps am Abend thatsächlich innehatten, kaum zu erreichen waren.

Wir haben gesehen, daß die bei Le Mans versammelte Armee noch am 6. Januar angriffsweise verfuhr, indem General Jouffroy gegen Vendôme, de Curten gegen St. Amand vorschritten. Schon am 7. aber sahen sich die Franzosen auf ihrer ganzen 10 Meilen langen Front auf die Vertheidigung zurückgeworfen. General Rousseau hatte auf dem linken Flügel Nogent le Rotrou geräumt und setzte dann, ohne gedrängt zu werden, seinen Rückzug durch einen Nachtmarsch bis Connerré fort. Im Centrum wurde dem General Jouffroy der Abschnitt des Braye-Baches entrissen. Derselbe zog sich von St. Calais nicht auf Le Mans zurück, sondern südlich an General Barry heran. Zur Rechten war General Curten auf Château Renault ausgewichen und schlug unverfolgt die Richtung über Château du Loir ein. Um nun Uebereinstimmung in die Bewegung der drei Divisionen seines rechten Flügels zu bringen, stellte General Chanzy sie unter den Oberbefehl des Admirals Jauré-guiberry, auf der von General Jouffroy entblößten Hauptstraße schob er die Division Paris gegen Ardenay vor und verstärkte auf dem linken Flügel General Rousseau, indem er noch drei Divisionen zu beiden Seiten seiner Rückzugsstraße aufstellte. General Jouffroy sollte auf Parigné l'Evêque zurückgehen, und zu seiner Aufnahme wurde eine Division dorthin und nach Changé ihm entgegengeschickt.

Dem General Curten gelang es am 9. bei Chahaignes, das Vorgehen des linken deutschen Flügels eine Zeitlang aufzuhalten, aber die

Division Paris wurde über Ardenay zurückgeworfen, und General Rousseau, in Connerré so umstellt, räumte noch am Abend diesen Ort. Die beiden Divisionen des rechten Flügels standen bis Jupilles und Neuillé Pont Pierre zurück.

Unter diesen Umständen befahl für den 10. General Chanzy der Division Jouffroy, sich nach Parigné l'Evêque heranzuziehen, der Division Paris aber, aufs Neue gegen Ardenay vorzugehen. Dem General Rousseau schickte er die übrigen drei Divisionen des XXI. Korps entgegen, mit dem Auftrage, Connerré und Thorigny wieder zu nehmen.

Aus den so von beiden Seiten beabsichtigten Angriffsbewegungen entwickelten sich lebhafte Kämpfe, welche auf deutscher Seite das III. Korps ohne Unterstützung der übrigen durchzufechten hatte.

Schlacht vor Le Mans.
(10., 11., 12. Januar.)

(10. Januar, Gefechte bei Parigné und Changé.) Da bei der besonderen Beschaffenheit des Geländes tiefe Kolonnen nicht ohne großen Zeitverlust zur Entwickelung gelangen konnten, schritt General v. Alvens= leben in breiterer Front mit kleineren getrennten Abtheilungen vor und zwar im Centrum von Gué de l'Aune und Ardenay, mit der 9. und 11. Infanterie=Brigade gegen Changé. Zur Rechten rückte die 12. auf der großen Straße gegen Le Mans vor, zur Linken sollte von Volnay aus, nachdem Parigné bereits vom Feinde geräumt gefunden worden, die 10. Brigade, diesen Ort links lassend, ebenfalls gegen Changé anrücken.

Thatsächlich war allerdings Parigné von den Franzosen verlassen gewesen, aber schon vor Tagesanbruch durch eine Brigade der Division Deplanque wieder besetzt worden, und noch bevor die Truppen aufbrachen, wurden die nach dem Bois de Loudon weit vorgeschobenen Feldwachen lebhaft angegriffen. Nach und nach mußte zwischen der Waldspitze und Blinières der größte Theil der 9. Brigade entwickelt werden, aber nur sieben Geschütze konnten gegen die zahlreiche französische Artillerie in Thätigkeit treten. General v. Stülpnagel entschied sich, seine Kräfte für den Kampf bei Changé aufzusparen, zur Stelle aber nur ein hin= haltendes Gefecht zu führen, welches sich von selbst entscheiden mußte, sobald zur Linken die 10. Brigade erscheinen würde.

Aufgehalten durch den Zustand der Wege, rückte diese erst um Mittag über Challes heran und verstärkte durch zwei Batterien die deutsche Artillerieaufstellung, welche nun den Infanterieangriff auf das hochgelegene Parigné wirksam verbreitete. Nach einer halben Stunde warfen sich die Bataillone unter dem Ruf „Hurrah Brandenburg" auf den Ort, wobei sie dem Gegner ein verlassenes Geschütz, zwei Mitrail= leusen aber im Feuer abnahmen. Als die Franzosen zu deren Wieder= eroberung vorgingen, wurden sie zurückgeschlagen und büßten noch ein Geschütz, zwei Fahnen und mehrere Wagen ein. Nach Verlust von

2150 Gefangenen eilten sie in den Schutz der Wälder von Ruaudin zurück.

Um gegen diesen Ort zu beobachten, beließ General v. Stülpnagel zwei Bataillone in Parigné und rückte sofort in zwei Kolonnen gegen Changé weiter.

Vorwärts dieses Ortes war um 3 Uhr die 11. Brigade am Gué Perray-Bach auf den heftigen Widerstand der anderen Brigade der Division Deplanque gestoßen. In lebhaftem Gefecht büßte das 2. Bataillon Regiments Nr. 35 bei Les Gars 9 Offiziere und über 100 Mann ein. Der zur Stelle befindliche kommandirende General detachirte in beide Flanken der starken Stellung des Gegners, und zur Linken gelang es zwei Kompagnien bei La Goudrière, den Bach zu überschreiten.

Hier nun stießen diese um 4 Uhr bereits auf die Avantgarde der 9. Brigade, welche Oberst Graf von der Groeben aus Parigné herangeführt und welche sich des Schlosses Girardrie bemächtigt hatte. Als gleichzeitig die rechts entsendeten Kompagnien der 11. Brigade Amigné erreicht, ertönte von dort das Signal: „Das Ganze avanciren." Amigné wurde erstürmt, die Brücke nördlich Gué la Hart überschritten und von Süden her auch dieser Ort nach erbittertem Kampfe besetzt. Dem jetzt zurückeilenden Feinde wurden noch über 1000 Gefangene abgenommen.

Bereits war die Dunkelheit eingetreten, das Kampfziel Changé aber noch nicht erreicht. Nachdem indessen eine Barrikade vor dem Orte genommen, fand man diesen bereits durch die 10. Brigade besetzt. Letztere hatte, auf der Chaussee von Parigné vorgehend, Widerstand an den Schlössern Chef Maison und Paillerie gefunden. Mit nur zwei Geschützen war die feindliche Artillerie nicht zum Schweigen zu bringen, aber General v. Stülpnagel ließ auch hier nur ein Bataillon zur Beobachtung stehen und eilte mit einem Theil der Brigade zur Unterstützung des Kampfes bei Gué la Hart, mit dem anderen gegen Changé selbst vor. Dort waren die französischen Truppen zum Theil schon in die Quartiere entlassen, sammelten sich aber schnell und leisteten entschlossen Gegenwehr. Es entspann sich ein erbitterter Straßenkampf, der erst nach Verlauf einer Stunde damit endete, daß die auf dem Marktplatz zusammengedrängte Besatzung in Stärke von 800 Mann sich als gefangen ergab.

Die 12. Brigade endlich war erst um 11 Uhr von Ardenay abgerückt und auf der großen Straße ungehindert bis St. Hubert gelangt, wo sie einen verlassenen Proviant-Train in Beschlag nahm. Sie machte dort in gleicher Höhe mit den übrigen Theilen des Korps einstweilen Halt; als aber nach 1 Uhr sie von feindlicher Artillerie beschossen wurde, auch die Franzosen wiederholt auf der Chaussee vorrückten, schritt General v. Buddenbrock seinerseits zum Angriff und warf den Gegner aus Champagné theils über die Huisne, theils auf die Höhen hinter dem Orte zurück. Nachdem zwei Geschütze mit Erfolg das Feuer der feindlichen Artillerie bei Lune d'Auvours bekämpft, vertrieb die Infanterie die Franzosen auch hier.

Weiter rechts hatte ein Bataillon nach leichtem Gefecht St. Mars la Bruyère genommen, wo dann das Detachement des Generals Grafen Lynar zu demselben stieß.

So hatte dem III. Korps der ebenso geschickt wie erfolgreich geführte Kampf 450 Mann zwar gekostet, aber auch mehr als 5000 Gefangene und werthvolle Trophäen eingebracht.

Das X. Korps hatte sich an diesem Tage von Vancé und Brives aus in Bewegung gesetzt und erreichte, zwar unaufgehalten durch den Feind, aber auf schwierigen Wegen, erst um 2 Uhr Grand Lucé, wo es Quartiere bezog.

Das IX. Korps war bei Ruillé stehen geblieben.

Vom XIII. hatte die 17. Division den Vormarsch am linken Ufer der Huisne fortgesetzt und Connerré bereits von den Franzosen geräumt gefunden. Dagegen zeigten sich jenseits des Flusses die Höhen von Cohernières, der Bahnhof und der Wald nördlich desselben durch die 2. Division des französischen XXI. Korps besetzt. Gegen diese ging nun von Süden General v. Rauch mit zwei Bataillonen, von Osten aber die 22. Division vor, welche bei Sceaux die Huisne überschritten und am rechten Ufer die Richtung auf Beillé eingeschlagen hatte. Man fand den lebhaftesten Widerstand, und der hin= und herwogende Kampf dauerte bis zum Einbruch der Dunkelheit. Zwar wurden das Schloß Couléon und verschiedene Ortschaften am Fuße der Waldhöhe genommen, aber auf dieser sowie bei Cohernières behaupteten die Franzosen ihre Stellung.

Die 17. Division hatte inzwischen ihren Marsch fortgesetzt und gelangte auf der spiegelglatt gefrorenen Chaussee noch bis La Belle inutile, die 22. nächtigte in Beillé.

Von derselben war schon morgens eine Sanitätsabtheilung nach Bonnétable entsendet worden, wohin nun die 4. Kavallerie=Division vorrückte. Die 12. Kavallerie=Brigade folgte bis Bellême. Oberst v. Becke=dorff setzte dann seinen Marsch noch bis Chanteloup fort, wo er den Feind trotz lebhafter Gegenwehr vertrieb.

General Chanzy war entschlossen, die Entscheidung vorwärts Le Mans anzunehmen. Noch fehlte ihm zwar die Division Curten, und erst ein Theil der Division Barry war eingetroffen, dagegen traten der Armee aus dem Lager von Conlie 10 000 Mann hinzu. Die französische Stellung lehnte sich mit dem rechten Flügel bei Arnage an die Sarthe, folgte in Erstreckung einer Meile dem Chemin aux Boeufs und stieß dann in einer kurzen Biegung links an den Huisne=Bach. Die durch unglückliche Gefechte bereits geschwächte Division Barry und die nur mangelhaft ausgebildeten und bewaffneten Nationalgarden des Generals Lalande standen auf dem am wenigsten bedrohten rechten Flügel, im Centrum und zur Linken die Divisionen Deplanque und Roquebrune, die Brigade Desmaisons und die Division Jouffroy, letztere zunächst dem General v. Alvensleben gegenüber. Hinter dieser Linie bildeten die Division Bousdec und die Truppenabtheilung des Obersten Marty eine Reserve. Im Ganzen füllten unter Befehl des Admirals Jauréguiberry 50 000 bis 60 000 Mann sehr vollständig die bezeichnete, an den wichtigsten Stellen verschanzte Front zwischen beiden Flüssen aus. Andere fünf Divisionen befanden sich unter Befehl des Generals de Colomb am rechten Huisne-Ufer bis auf Entfernung von zwei Meilen vertheilt; Division Paris bei Yvré, Division Gougeard, welche noch die Höhen von Auvours jenseits festhielt, nördlich Champagné, dann Division Rousseau bei Montfort und Pont de Gesnes, endlich Division Collin in Haken= stellung bei Lombron. Außer diesen machte die Division Villeneuve ganz in der Flanke Front gegen Chanteloup.

(11. Januar.) Auf deutscher Seite stand am 11. Januar das III. Armeekorps der feindlichen Hauptmacht unmittelbar gegenüber. Es hatte zunächst eine Unterstützung durch die Flügelkorps nicht zu hoffen und mußte einem ernsten Kampfe entgegensehen.

Zur Linken befand sich das X. Korps am Morgen noch in Grand Lucé, und zur Rechten war tags zuvor das XIII. Korps durch den hartnäckigen Widerstand der Franzosen festgehalten worden. Diese hatten sich zwischen Les Cohernières und La Chapelle behauptet und hielten Le Chêne vor ihrer Front besetzt.

Erst nachdem die Verbände der durch das Waldgefecht stark durch= einander gerathenen Abtheilungen der 22. Division wiederhergestellt, und nachdem die feindliche Stellung durch beide Divisionskommandeure rekog= noszirt worden, wurde um 11 Uhr der Angriff erneuert.

Von der 17. Division waren zwei Bataillone und eine Batterie am südlichen Guisne-Ufer zur Beobachtung vor Pont de Gesnes belassen, am nördlichen erstürmten die mecklenburgischen Bataillone nach lebhaftem Kampfe nachmittags Cohernières und drangen um 4 Uhr nebst den Hessen westlich bis an den Gué-Bach und gegen Lombron vor.

Inzwischen hatten weiter rechts von der 22. Division zwei Kom= pagnien 94. Regiments durch entschlossenen Angriff das hartnäckig ver= theidigte Le Chêne genommen, das Regiment Nr. 83 nach lebhaftem Schützengefecht die Pachthöfe Flouret und Grande Métairie erstürmt. Oberst v. Beckedorff hatte, sobald er in Chanteloup durch die 4. Kavallerie= Division abgelöst worden war, den Feind aus St. Célerin vertrieben und war in La Chapelle St. Remy an den rechten Flügel der Division heran= gerückt, welche hinter den gewonnenen Punkten ausgedehnte Quartiere rückwärts bezog.

Die mecklenburgischen Grenadiere hatten sich längere Zeit bei Le Gué und La Brosse gegen überlegenen Angriff von Pont de Gesnes her be= hauptet, das Gros der 17. Division wurde aber abends wieder nach Connerré zurückgezogen.

Je mehr daher General v. Alvensleben nur auf die eigenen Kräfte angewiesen war, um so dringender wurde es, diese eng zusammenzufassen.

Nun stand ihm aber in Flanke und fast im Rücken auf der Höhe von Auvours der Feind in beträchtlicher Stärke, dort nur von der 12. Brigade des Korps festgehalten, welche sonach zunächst nicht heran= gezogen werden konnte.

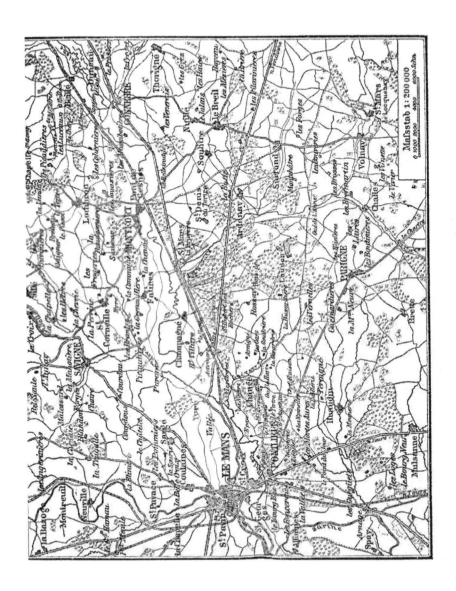

Eben dort begann auch zuerst das Gefecht. Die Franzosen hatten Champagné wieder besetzt und auf den Höhen dahinter Artillerie entwickelt. Nachdem deren Feuer durch vier Geschütze der Brigade gedämpft war, gingen zwei Bataillone zum Angriff gegen den Ort vor. Erst nach hartnäckigem Straßenkampfe gelang es um 11 Uhr, den Gegner auf die Höhen zurückzuwerfen und die Huisne-Brücke zu besetzen.

General v. Buddenbrock ließ nun die beiden Bataillone zur Beobachtung, ein drittes bei Lune d'Auvours und rückte um Mittag mit dem Rest der Brigade zum Korps ab.

Inzwischen war vor der Front des letzteren das Gefecht mit solcher Heftigkeit entbrannt, daß Prinz Friedrich Karl um 12 Uhr dem General v. Voigts-Rhetz von St. Hubert aus Befehl zuschickte, mit dem X. Korps auf kürzestem Wege nach dem Kampfplatze vorzumarschiren. Zugleich wurde General v. Manstein angewiesen, mit dem IX. die Höhe von Auvours zu nehmen.

Es war bereits 1 Uhr geworden, als die Avantgarde dieses Korps den tief verschneiten Hohlweg erstieg; ihr folgten die beiden Bataillone der 12. Brigade und mit größter Anstrengung zwei Batterien. An dem vom Feinde stark besetzten Walde vorüber drang die Infanterie gerades-wegs gegen Villiers vor, die Schützen des Füsilier-Bataillons 11. Regiments nahmen drei Mitrailleusen im Feuer und wendeten sich, nachdem die Franzosen den Ort geräumt, gegen den Wald.

Weiter links hatten um 3 Uhr aus dem Gros der 18. Division zwei Bataillone des Regiments Nr. 85 sich gegen den westlichen Theil der Höhe gewendet, unterstützt durch die Jäger und zwei Batterien, welche bei Les Hêtres auffuhren. Zu deren Schutz rückten zwei Kompagnien gegen La Lune an und verhinderten zunächst das Vordringen des Feindes auf der großen Straße. Gegen diese Bewegungen eröffneten aber die Franzosen ein lebhaftes Feuer aus ihren hochgelegenen Batterien hinter Yvré. Dennoch stürmten die Holsteiner zur Linken gegen eine Batterie des Feindes vor und eroberten in derselben drei Geschütze. Zur Rechten setzten sie sich in Besitz der nächsten Pachthöfe. Nach 5 Uhr hatten die Franzosen die ganze Hochfläche geräumt bis auf den äußersten Westrand.

Ueber diesen jedoch bereitete sich noch abends ein starker Gegenstoß vor, indem ein Theil der Division Gougeard von Yvré aus den Abhang hinauf rückte. Das weitere Vordringen scheiterte; aber nicht zu verhindern war, daß die Franzosen hier sich abends und während der Nacht behaupteten. Immerhin hatte der Kampf der 18. Division Rücken und Flanke des III. Korps freigehalten. Noch am Abend erhielt sie Befehl, den Uebergang über den Huisne-Fluß für den nächsten Tag sicherzustellen. Drei Bataillone und eine Batterie rückten alsbald auf das nördliche Ufer über und trieben die dort stehenden Abtheilungen des Feindes von der Brücke zurück. Die Division hatte 275 Mann verloren.

Um das Eintreffen der 12. Brigade abzuwarten, hatte General v. Alvensleben das Vorgehen des III. Korps bis 11 Uhr verzögert.

Von den Franzosen waren noch während der Nacht die Verschanzungen am Saume des Waldes vervollständigt worden, an welchem sie Stellung genommen, auch hielten sie das hohe Ufer jenseits des Flusses mit zahl= reichen Batterien besetzt. Der frontale Angriff mußte große Opfer kosten, und eine Umfassung der ausgedehnten Linie war unmöglich. General v. Alvensleben beschloß daher, zunächst nur gegen den feindlichen linken Flügel vorzugehen, und bestimmte dazu seine 11. Brigade. Die 10. und 9. blieben einstweilen in Reserve bei Changé und Gué la Hart. Die am Mont Auvours freigewordene 12. befand sich zwar im Anmarsch), aber auf Umwegen, weil die ganze Straße völlig im Feuer der Batterien auf der Höhe lag.

Die kaum 3000 Mann starke 11. Brigade rückte längs des Gué Perray=Baches um die Nordspitze des Waldes vor. Zur Sicherung gegen die von der Höhe drohenden Kolonnen mußte das Regiment Nr. 35 am Bach Front machen, auch besetzte es das Schloß Les Arches. Das Re= giment Nr. 20 suchte längs des Ochsenweges vorzubringen und trieb unter Festhaltung von Les Noyers Château und der dortigen Huisne=Brücke in heftigem Kampfe den Gegner auf Les Granges zurück. Bald aber führte dieser so bedeutende Verstärkungen heran, daß nach und nach die gesammte Brigade in die Gefechtslinie gezogen werden mußte. Les Granges wurde mehrmals verloren und wieder genommen; und unter schweren Verlusten, namentlich an Offizieren, kämpften hier die Brandenburger standhaft fort.

Inzwischen erschien zu ihrer Linken die 10. Brigade, welche um 1 Uhr von Changé abgerückt war. Das Regiment Nr. 52 bemächtigte sich nach einstündigem, verlustreichem Gefechte um 2 Uhr des Gehöftes Le Pavillon, der vorliegenden Waldhöhe und der Ferme Grand Auneau. Starke, von Pontlieue vordringende Kolonnen wurden zurückgewiesen, zwei Batterien rückten im Chassepotfeuer bis auf 800 Schritt an Le Tertre heran; aber dennoch gelang es dem Regiment Nr. 12 erst, in den Pacht= hof einzudringen, als zwei Bataillone der 9. Brigade von Changé her zur Verstärkung eintrafen. Mit den Grenadieren des Leib=Regiments Nr. 8 vereint, wurde nun um 5 Uhr das umstrittene Gehöft erstürmt.

Das Regiment Nr. 52, welches sich gänzlich verschossen hatte, mußte zurückgezogen werden, die Grenadier=Bataillone aber drangen weiter gegen den Ochsenweg vor, wobei zwei dort feuernde französische Geschütze in blutigem Handgemenge genommen und wiederholte Anstrengungen des Feindes, sie zurückzuerobern, vereitelt wurden. Eine westlich des Waldes auffahrende feindliche Batterie wurde durch Schnellfeuer zurückgewiesen.

Als das 35. Regiment zur Verstärkung des 20. vom Gué Perray= Bach fortgezogen werden mußte, hatten die Franzosen Les Arches wieder besetzt. Dort war um 2 Uhr die 12. Brigade, nur drei Bataillone stark, von Auvours eingetroffen. Die Vierundsechziger nahmen nach kurzem Gefechte das Schloß aufs Neue in Besitz. Das überwältigende Geschütz= und Infanteriefeuer von den Höhen jenseits des Flusses verhinderte zwar das Auffahren von Artillerie, und nur mit Mühe gelang es der stark gelichteten Bedienungsmannschaft, die Geschütze wieder zurückzubringen, aber alle Angriffe der Franzosen von Yvré her gegen das Schloß wurden standhaft zurückgewiesen.

Völlige Dunkelheit war eingetreten, nur das Feuer der Geschütze dauerte noch an. Das III. Korps hatte 600 Gefangene gemacht, aber auch 500 Mann verloren. Es war mitten in die französische Haupt= stellung eingedrungen, und seine Vorposten standen in engster Berührung mit dem Feinde. Jetzt aber traf — spät zwar — mächtige Hülfe ein.

Das X. Armeekorps war morgens von Grand Lucé westlich abgerückt, um die große Straße von Tours nach Le Mans zu gewinnen. Die glattgefrorenen Wege verzögerten nochmals den Marsch, so daß erst in den Nachmittagsstunden Teloche erreicht wurde.

Der von Norden her erschallende Kanonendonner ließ keinen Zweifel darüber, daß General v. Alvensleben in heftigem Kampfe begriffen stand. Zwar lief noch der um 12 Uhr von St. Hubert abgeschickte Befehl des Oberkommandos ein, aber General v. Voigts=Rhetz urtheilte richtig, daß jetzt sein Erscheinen nicht auf dem Gefechtsfelde des III. Korps, sondern in der Flanke des Gegners den wirksamsten Beistand gewähren würde. Er setzte daher trotz großer Ermüdung der Truppen, welche unterwegs nicht hatten abkochen können, den Marsch ununter= brochen fort.

Um sich gegen die von Château du Loir zu gewärtigende Division Curten zu sichern, war ein Bataillon nach Ecommoy entsendet worden. Dasselbe wurde mit Schüssen aus den Häusern empfangen, in der Dunkelheit von allen Seiten umringt und mußte den Ort wieder räumen, hielt aber dann die Straße im Rücken des Korps frei.

Die Spitze der 20. Division fand Mulsanne nur schwach besetzt und drängte die Abtheilungen des Feindes über den Abschnitt von La Monnerie zurück.

Das von hier zu durchschreitende Gelände bot dem Gegner große Vortheile. Gräben und Wälle gewährten den Schützen volle Deckung, Gehöfte und Waldstücke der Vertheidigung starke Stützpunkte. Gegen seine Artillerie konnten zunächst nur acht Geschütze entwickelt werden, dennoch drängten vier westfälische und braunschweigische Bataillone die Franzosen stetig weiter zurück und erreichten bei Eintritt der Dunkelheit Le Point du Jour. Erst am Ochsenweg vor Les Mortes Aures kam das Gefecht zum Stehen. Hier hielt der Feind das ganze Vorgelände aus mehreren übereinander gelegenen Schützengräben unter fortwährend rollendem Feuer.

Eine Zeitlang schwankte der Kampf hin und her, bald aber machte der linke Flügel Fortschritte. Das 1. Bataillon Regiments Nr. 17 warf sich auf den Feind, welcher zwar auf kürzester Entfernung sein Feuer abgab, dann aber in den Wald entwich. Als nun von Point du Jour her die Trommeln des 1. Bataillons Regiments Nr. 56 zum Angriff schlugen, fuhren die Franzosen ihre Mitrailleusen ab und räumten Les Mortes Aures.

Diesem Bataillon hatte der Kommandirende Befehl gegeben, dem Kampfe mit dem Bajonett ein Ende zu machen. Hauptmann v. Monbart führte dasselbe dicht aufgeschlossen im Sturmschritt vor, alle nächsten Abtheilungen schlossen sich an, und trotz heftigen Feuers aus dem Walde wurde um 8¹/₂ Uhr La Tuilerie erreicht, wo nun die 40. Brigade sich entwickelte, während die 37. sich vorwärts Mulsanne zur Unterstützung bereit hielt. Der Gegner verschwand in der Dunkelheit. Anhaltendes Wagengerassel, der Lärm abfahrender Eisenbahnzüge und viel wirres Geschrei deuteten auf den Abzug des Feindes. Aber die fortwährend eingebrachten Gefangenen sagten übereinstimmend aus, daß noch große Massen im Walde lagerten. Zahlreiche Wachtfeuer leuchteten von dort her durch die Nacht, und statt zu ruhen, mußten die Truppen sich bereit halten, neuen Angriffen zu begegnen. Um 10¹/₂ Uhr wurde dann auch das Anrücken starker feindlicher Abtheilungen von Pontlieue her durch die Vorposten gemeldet.

Bisher waren es die wenig verläßlichen Nationalgarden des Generals Lalande gewesen, mit welchen man es hier zu thun gehabt hatte, nunmehr aber hatte der Admiral die Division Bouëdec gegen La Tuilerie in Bewegung gesetzt und dem General Roquebrune befohlen, ihr Vorgehen zu unterstützen.

Wohl eine Stunde lang wurden die in erster Linie stehenden Bataillone in Front und Flanke beschossen und mit einem Hagel von Projektilen überschüttet, aber zum wirklichen Angriff kam es nicht. Nach französischen Berichten waren die Offiziere vergeblich bemüht, ihre Mannschaften vorwärts zu bringen, sie wichen haltlos zurück. Ein späterer Vorstoß von Mobilgarden verlief ebenso erfolglos.

Aber noch sollte keine Ruhe eintreten. Morgens 2 Uhr erschallte von rechts her ein neues Kampfgetöse. Es war die Division Deplanque, welche durch eine Seitenabtheilung der 40. Brigade aufgestört wurde. Diese war, um bei der Hand zu sein, auf dem Wege von Ruaudin nach Pontlieue vorgegangen, hatte sich, ohne das Feuer des Gegners zu erwidern, auf die Besatzung von Epinettes geworfen und behauptete sich dort dicht vor dem Ochsenweg.

(12. Januar.) Für den am folgenden Tage bevorstehenden Kampf war vor Le Mans nur auf das III. und X. Korps zu rechnen. Die beiden übrigen konnten nur indirekt wirken, indem sie Theile der feindlichen Streitmacht festhielten.

Vom XIII. Korps sollte die 17. Division über Lombron auf St. Corneille vorgehen, ohne sich in ein Gefecht mit dem noch am Huisne-Fluß stehenden Feinde einzulassen, die 22. von La Chapelle auf Savigné. Der Gué-Bach wurde leicht besetzt gehalten, und ein Theil der Artillerie verblieb mit der 17. Kavallerie-Brigade in Connerré.

Beim Vormarsch fand man Lombron, ebenso Pont de Gesnes und Montfort von den Franzosen bereits geräumt. Fortgeworfene Waffen und Ausrüstungsgegenstände zeugten von der Eile ihres Rückzuges. Zahlreiche Nachzügler wurden gefangen eingebracht, und erst am Merdereau-

Bach stieß um Mittag die 17. Division auf Widerstand. Durch umfassenden Angriff wurden um 4 Uhr das Schloß Hyre und St. Corneille genommen, wobei 500 Franzosen in Gefangenschaft geriethen. Der Feind wurde dann noch hinter den Parance-Bach zurückgeworfen, wo die Avantgarde bei eingetretener Dunkelheit Halt machte.

Von der 22. Division war das Detachement des Obersten v. Becke-dorff von Sillé über Chanteloup vorgegangen und hatte den Gegner auf La Croix zurückgedrängt, wo größere Massen desselben Stand hielten. Als aber nach einem längeren Halt das Gros der Division anlangte, schritt dieses sogleich zum Angriff. Ganze geschlossene Abtheilungen der Franzosen streckten hier die Waffen, und 3000 Mann mit vielen Offizieren gingen in Gefangenschaft.

Ein Versuch der Kavallerie, über die Sarthe vorzudringen, um jenseits des Flusses die Eisenbahn zu zerstören, blieb jedoch ohne Erfolg.

Dem IX. Korps war die vollständige Besetzung der Höhe von Auvours aufgegeben. Die 35. Brigade marschirte bei Villiers auf, vor-geschickte Patrouillen meldeten aber bald, daß die Franzosen sich über die Huisne zurückgezogen hatten.

Als um Mittag das Gefecht der 17. Division von St. Corneille herüberschallte, erhielt die Brigade Befehl, zur Unterstützung desselben in nördlicher Richtung vorzugehen. Ueber La Commune vorgehend, unter-stützte dann das Regiment Nr. 84 wirksam den Angriff auf Château Hyre. Die Vorposten wurden abends am Parance-Bach belassen, das Gros der 35. Brigade kehrte nach Fatines zurück, und die 36. bezog Quartiere zwischen Villiers und St. Mars la Bruyère.

Durch die Gefechte am Tage vorher war die Stellung der Fran-zosen vorwärts Le Mans durchbrochen, aber noch standen sie hinter der Huisne, und indem ihr linker Flügel auf das Centrum zurückgetrieben war, hatten sie sich dort erheblich verstärkt. Noch blieb der Fluß zu überschreiten, der hohe Thalrand zu ersteigen, wo die Hecken der terrassen-förmig sich erhebenden Weingärten durch dichte Schützenlinien besetzt waren und auf dessen Kamm zahlreiche Batterien sich zeigten. Mit be-sonderer Sorgfalt war zur Linken der Uebergang bei Yvrè verschanzt, und vor der Front der Wald von Pontlieue durch Verhaue theilweise ungangbar gemacht.

Gegen diese Stellung konnte die Artillerie nur geringe, die Kavallerie keine Wirksamkeit haben, und tiefer Schnee erschwerte alle Angriffs-bewegungen der Infanterie.

General v. Alvensleben beschloß daher, sich mit seinem rechten Flügel zunächst nur vertheidigungsweise zu verhalten, mit dem linken aber das Vorgehen des Generals v. Voigts-Rhetz zu unterstützen.

Schon um 6 Uhr wurden die Truppen aus ihrer kurzen Ruhe auf-gestört. Zwei französische Kompagnien gingen mit Pulversäcken gegen die Brücke bei Les Noyers Château vor, wurden aber genöthigt, unter Zu-rücklassung des Sprengmaterials umzukehren. Um 8 Uhr griffen dann die Franzosen die Vorposten des Regiments Nr. 12 im Walde ernsthaft an und drängten sie auf Le Tertre zurück. Abermals tobte ein heißer Kampf um dieses Gehöft, welches mit Projektilen vollständig überschüttet wurde. Nach und nach mußten auch noch die letzten Bataillone der 10. Brigade hier ins Gefecht gezogen und dafür Abtheilungen, die sich fast gänzlich verschossen hatten, zurückgenommen werden. Nur vier Ge= schütze konnten in Thätigkeit treten, aber um 11 Uhr ließ das Feuer des Gegners allmählich nach, und man erkannte seinen Rückzug auf Pontlieue. Die Bataillone des linken Flügels folgten und traten nun an der Straße von Parigné in unmittelbare Verbindung mit dem X. Korps.

General v. Voigts=Rhetz hatte zur Sicherung gegen Ecommoy zwei Bataillone bei Mulsanne stehen lassen, alle nach vielen unvermeid= lichen Detachirungen noch verfügbaren Kräfte des Korps aber um 7½ Uhr zum weiteren Vorgehen gegen Pontlieue versammelt. Auf der Straße von Mulsanne schloß das Gros der 20. Division nach La Tuilerie auf. Zur Verstärkung des Seitendetachements in Epinettes wurden drei Ba= taillone der 19. Division bei Ruaudin versammelt, und auf dem Wege von Parigné rückten zwei Bataillone mit der 14. Kavallerie=Brigade und der Korps=Artillerie vor, welche in dem Gelände weiter links keine Ver= wendung finden konnte.

Inzwischen war auch die Verstärkung aus Ruaudin herangelangt, und General v. Woyna rückte ungehindert durch den Wald bis La Source vor, wo er um 1 Uhr in gleicher Höhe mit der 20. Division Halt machte.

Diese hatte bereits durch eine schwere Batterie die Mitrailleusen vorwärts Pontlieue vertrieben. Rechts fuhren eine leichte der 19. Division bei La Source und zehn reitende Geschütze bis zur Straße von Parigné auf. Allerdings war die Luft so trübe, daß das Feuer nur nach der Karte gerichtet werden konnte.

Um 2 Uhr rückte indessen General v. Kraatz in dicht aufgeschlossener Kolonne gegen Pontlieue vor, wohin auch General v. Woyna sich in Marsch gesetzt hatte.

Der südliche Theil des Ortes wurde nach leichtem Gefecht genommen, aber jenseits der Huisne hielten die Franzosen die am Ufer liegenden Häuser besetzt, und im Augenblick, wo die Deutschen sich der Brücke nahten, wurde diese gesprengt. Die Zerstörung war jedoch nur unvoll= kommen gelungen, und die vordersten Bataillone drangen über die Trümmer dem Feinde nach. Zwei derselben gingen in der Hauptstraße von Pontlieue vor, eins wendete sich links gegen den Bahnhof, von wo die Signale abgehender Züge hörbar waren. Die Sprengung der dortigen Eisen= bahnbrücke war nicht zu verhindern gewesen, indessen wurden zahlreiche Gefangene, 150 Proviantwagen und 1000 Centner Mehl erbeutet.

Zunächst wurde nun das Feuer der Artillerie gegen die Stadt Le Mans gerichtet.

Unterdessen hatten sich die im Waldgefecht durcheinander gerathenen Abtheilungen beim III. Korps wieder geordnet. Nachdem eine Fleisch= portion, die erste seit drei Tagen, an die Truppen verabreicht worden, hatte die 10. Brigade sich wieder in Marsch gesetzt. Das brandenburgische

Jäger=Bataillon überschritt den Fluß bei der Papiermühle L'Epau, und zwei Batterien verstärkten von Funay Château das Feuer gegen Le Mans.

Als dann die Infanterie in die Stadt eindrang, entstand in den von den französischen Trains völlig verfahrenen Straßen noch ein wirrer Kampf. Der Zugang zu einzelnen Häusern mußte durch Artilleriefeuer geöffnet werden, eine große Zahl Franzosen gerieth in Gefangenschaft, und eine Menge von Fuhrwerk wurde erbeutet. Das Gefecht dauerte bis zum Abend fort, wo dann das X. und das halbe III. Korps Alarm= quartiere in der Stadt bezogen. Die 6. Division besetzte das vom Feinde geräumte Yvré und schob ihre Vorposten bei Les Noyers und Les Arches auf das jenseitige Ufer der Huisne vor.

Die Gefechte, welche die Franzosen an diesem Tage geliefert, hatten nur den Zweck gehabt, Zeit für den Aufbruch der Armee zu gewinnen.

Auf die Meldung des Admirals Jauréguiberry, daß alle Ver= suche, die Truppen vorzubringen, gescheitert und die letzten Reserven zer= trümmert seien, hatte General Chanzy bereits 8 Uhr morgens den all= gemeinen Rückzug befohlen. Derselbe sollte auf Alençon gerichtet werden, wo der Kriegsminister das Eintreffen von zwei Divisionen des XIX. Korps aus Carentan in Aussicht gestellt hatte.

Der Zug der II. Armee nach Le Mans war eine siebentägige Reihe ununterbrochener Gefechte gewesen. Er fiel in einen Zeitabschnitt, wo der Winter sich in voller Strenge geltend machte. Glatteis und Schneetreiben erschwerten alle Bewegungen. Es war unthunlich, zu biwakiren, die Truppen mußten ein Unterkommen für die Nacht oft in meilenweiter Entfernung rückwärts suchen, ihre Wiederversammlung am Morgen kostete Stunden, und die Kürze der Tage verhinderte dann, die erfochtenen Er= folge auszunutzen. Die Bewachung der Gefangenen nahm ganze Bataillone in Anspruch. Bei dem Zustande der Wege hatte Fuhrwerk der Armee nicht zu folgen vermocht, Offiziere und Mannschaften marschirten in mangelhafter Bekleidung und bei spärlicher Ernährung. Aber guter Wille, Ausdauer und Mannszucht überwanden alle Schwierigkeiten.

Die Armee büßte in den fortgesetzten Kämpfen 3200 Mann mit 200 Offizieren ein, wovon die größere Hälfte auf das III. Korps allein fällt. Viele Kompagnien wurden durch Feldwebel geführt.

Die Franzosen geben ihren Verlust auf 6200 Mann an, aber 20 000 Gefangene, 17 Geschütze, 2 Fahnen und ein reiches Kriegsmaterial bildeten die Trophäen des Sieges.

Die Truppen bedurften nach äußerster Anstrengung nothwendig einiger Ruhe. Die Direktiven des großen Hauptquartiers schrieben vor, die Operationen nicht über ein gewisses Maß auszudehnen, und die II. Armee konnte in nächster Zukunft an der Seine wie an der Loire nöthig werden. Prinz Friedrich Karl beschloß daher, dem abziehenden Feinde nur mit schwachen Abtheilungen zu folgen.

Auf französischer Seite mußten, um für den Rückzug auf Alençon jedem Korps eine gesonderte Straße zuweisen zu können, zwei derselben sich erst westlich ausbreiten. Noch am Abend des letzten Schlachttages erreichten denn auch unter dem Schutz ihrer Arrieregarden auf der Straße nach Laval das XVI. Korps Chauffour und auf der nach Mayenne das XVII. Conlie. Das XXI. wurde am linken Ufer der Sarthe nach Ballon versammelt. Von diesen Punkten aus sollte dann die Richtung nördlich eingeschlagen werden. General Chanzy trug sich noch mit der Hoffnung, über Evreux der bedrängten Hauptstadt zu Hülfe zu kommen. Er hätte dabei aber einen weiten Bogen zu durchziehen gehabt, auf dessen Sehne die Deutschen ihm leicht zuvorgekommen wären, und bei dem Zustande, in welchem seine Truppen sich befanden, hätten sie in einem Gelände, welches die Wirksamkeit aller Waffen gestattete, vernichtet werden müssen. Auch sah die geschlagene Armee sich schon an der Sarthe in westlicher Richtung abgedrängt.

Erst nach Austheilung von Lebensmitteln und Fourage brach am 13. mittags General v. Schmidt mit 4 Bataillonen, 11 Schwadronen und 10 Geschützen auf und erreichte nach leichtem Gefechte Chauffour. Das XIII. Korps rückte an die Sarthe heran, die 17. Division, ihre Vorposten bei Neuville über den Fluß vorschiebend, und die 22., indem sie den Feind aus Ballon vertrieb, von wo er in voller Auflösung nach Beaumont zurückwich. Das französische XXI. Korps hatte an diesem Tage Quartiere bei Sillé bezogen. Die Nationalgarden der Bretagne eilten in wilder Flucht nach Evron und kehrten dann in ihre Heimath zurück. Ihnen schlossen sich die im Lager von Conlie verbliebenen Truppen an, nachdem sie dasselbe geplündert hatten. Auch das XVII. Korps zog von dort ab, ohne wie befohlen an der Vègre Halt zu machen, und ging bis gegen Ste. Suzanne zurück. Das XVI. rückte in der Richtung auf Laval ab, beließ jedoch als Nachhut die Division Barry bei Chassillé. Zahlreiche stehen gebliebene Wagen und fortgeworfene Waffen bezeichneten überall den Zustand des geschlagenen Heeres.

Am 14. wurden die Franzosen aus Chassillé vertrieben. Beim XVI. Korps löste sich jetzt die Ordnung in bedenklichster Weise, dasselbe ging noch in der Nacht bis St. Jean sur Erve zurück.

Im Lager von Conlie fand man noch 8000 Gewehre, 5 000 000 Patronen und andere Kriegsbeute vor.

Der Großherzog hatte am rechten Ufer der Sarthe die Richtung auf Alençon eingeschlagen. In Beaumont leisteten die Franzosen der Avantgarde der 22. Division geringen Widerstand und verloren 1400 Gefangene.

Als am folgenden Tage General v. Schmidt auf der Straße nach Laval weiter vorrückte, fand er den Feind bei St. Jean aufmarschirt und eine zahlreiche Artillerie auf den Höhen hinter der Erve entwickelt. Zwar gelang es den Oldenburgern, bis an die Kirche des Städtchens vorzudringen, und den Braunschweigern, weiter oberhalb des Flusses den Gegner aus Ste. Suzanne zu vertreiben, aber dann kam die Verfolgung zum Stehen.

Wenn zwar die Divisionen Deplanque und Barry nach französischer Angabe nicht mehr als 6000 Streitfähige zählten, auch die Division Curten immer noch nicht heran war, so stand doch der schwachen Abtheilung auch so eine bedeutende Ueberlegenheit entgegen. Zur Unterstützung der=

selben war jetzt der Rest des X. Korps in Bewegung gesetzt worden, aber erst bis Chassillé gelangt.

Ein von Conlie vorgehendes Bataillon gerieth bei Sillé gegen das dort versammelte XXI. französische Korps in ein verlustreiches Gefecht. Auch beim XIII. Korps stieß die 22. Division schon diesseits Alençon auf ernstlichen Widerstand der Nationalgarden und Freischaaren unter Lipowski und verschob den Angriff auf die Stadt bis zum nächsten Tage.

Am folgenden Morgen fand man jedoch die Stellung der Franzosen sowohl in Alençon wie bei Sillé und St. Jean geräumt. Sämmtliche Orte wurden von den Deutschen besetzt, und General v. Schmidt rückte noch bis dicht an Laval heran. Zahlreiche Nachzügler des abziehenden Gegners wurden gefangen eingebracht.

Hinter dem Mayenne-Strom, wo nun auch die Division Curten eintraf, sammelten sich die Trümmer der II. Loire-Armee. Auf die Hälfte ihrer ursprünglichen Stärke heruntergekommen und moralisch tief erschüttert, war sie auf lange Zeit hinaus außer Wirksamkeit gesetzt und der Zweck des Zuges nach Le Mans vollständig erreicht.

Inzwischen aber drohten im Norden von Paris neue Angriffe der Franzosen. Es war nöthig, die noch an der unteren Seine stehenden Theile der I. Armee nach der Somme heranzuziehen, und aus dem großen Hauptquartier erfolgte der Befehl für die II. Armee, das XIII. Korps nach Rouen in Marsch zu setzen.

Auch an der oberen Loire waren französische Abtheilungen gegen die hessischen Postirungen bei Briare vorgegangen, hatten diese am 14. auf Ouzouer zurückgedrängt, und aus der Sologne ging Nachricht ein, daß ein neu formirtes Armeekorps — das XXV. — vorrücke.

Demnach brach das IX. Korps, nachdem es das Lager von Conlie aufgeräumt und geschleift hatte, zur Unterstützung nach Orléans auf. Den Rest der II. Armee, das III. und X. Korps nebst den drei Kavallerie-Divisionen, überhaupt noch 27 000 Mann Infanterie, 9000 Pferde und 186 Geschütze, versammelte Prinz Friedrich Karl um Le Mans. Bei der vor der Front und in den Flanken beobachtenden Kavallerie kam es noch zu vielfachen kleinen Gefechten; ernstere Unternehmungen erfolgten jedoch nicht mehr.

Auf dem rechten Flügel besetzte die 4. Kavallerie-Division Alençon, und zur Linken rückte General v. Hartmann, ohne Widerstand zu finden, in Tours ein.

Die Vorgänge im Norden von Paris während des Januar.

Zu Anfang des neuen Jahres war auf deutscher Seite ein erheblicher Theil der I. Armee durch die Einschließung von Péronne in Anspruch genommen, welches einen gesicherten Uebergangspunkt für das Debouchiren des Gegners auf das südliche Ufer der Somme bildete. General

v. Barnekow hielt den bisher nur durch Kavallerie beobachteten, aber bei der augenblicklichen Lage wichtig gewordenen kleinen Platz mit der 3. Reserve=Division und der 31. Infanterie=Brigade eingeschlossen. Was vom VIII. Korps an der Somme sonst noch verfügbar war, stand zum Schutze der Einschließung nördlich in weitem Bogen von Amiens bis über Bapaume hinaus.

Das I. bei Rouen stehende Korps zählte vorerst nur drei Brigaden, die vierte befand sich auf dem Marsche dorthin, nachdem sie vor Péronne abgelöst worden war.

Eine Verstärkung der I. Armee hatte nicht stattgefunden. Der 14. Division war, nachdem sie Mézières erobert und bald darauf Rocroy genommen, aus Versailles ein neuer Auftrag ertheilt worden, der sie nach einem anderen Kriegsschauplatze führte.

General Faidherbe hatte seine Truppen aus den Ruhequartieren südlich Arras hinter der Scarpe versammelt und am 2. Januar den Vor=marsch angetreten. Er rückte mit dem XXII. Korps über Bucquoy zum Entsatz von Péronne vor. Das XXIII. folgte auf der großen Straße nach Bapaume. Von ersterem Korps veranlaßte schon um 10½ Uhr die Division Derroja den Rückzug der 3. Kavallerie=Division nebst den ihr zugewiesenen Bataillonen der 32. Brigade nach Miraumont, folgte aber nur bis Achiet le Petit.

Die andere Division, General Bessol, war erst nachmittags gegen Achiet le Grand vorgerückt. Dort leisteten zwei Kompagnien Achtund=zwanziger, ein Zug Husaren und zwei Geschütze mehrstündigen Wider=stand und zogen sich erst abends nach Avesnes zurück. Die Franzosen folgten ihnen nicht, sondern stellten Vorposten bei Bihucourt aus.

Auf der großen Straße hatte sich die Division Payen bei Béhagnies entwickelt und aus ihren Batterien das Feuer gegen Sapignies eröffnet, wo jedoch General v. Strubberg fünf Bataillone versammelte. Diese widerstanden dem Angriff, drangen um 2 Uhr in raschem Anlauf in Béhagnies ein, nahmen 240 Mann gefangen und richteten das Dorf zur Vertheidigung her. Der Feind wich nach Ervillers zurück, marschirte dort nochmals auf, unternahm aber weiter keinen Angriff.

Die andere Division seines XXIII. Korps, bestehend aus mobilisirten Nationalgarden unter General Robin, war links auf Mory ausgebogen. Ihr konnten nur ein Bataillon und eine Schwadron Husaren entgegen=gestellt werden. Diesen gelang es, in breiter Entwickelung auf den Höhen bei Beugnâtre den Gegner über ihre Schwäche zu täuschen. Derselbe zog mit seinen Truppen hin und her, fuhr auch Artillerie auf, unternahm aber keinen Angriff und verblieb bei Mory.

Für die Nacht versammelten sich die 30. Brigade und die 3. Kavallerie=Division in und um Bapaume. Die 29. Brigade besetzte die nächsten Dorfschaften zur Rechten und zur Linken der Straße von Arras.

(Schlacht bei Bapaume, 3. Januar.) General Faidherbe hatte seine Streitmacht dicht an die Stellung herangeführt, welche die Belagerung von Péronne deckte. Seine vier Divisionen zählten 57 Bataillone, denen nur 17 deutsche gegenüberstanden. Er beschloß, am 3. in vier Kolonnen auf Grévillers, Biefvillers, auf der großen Straße und östlich an Fabreuil vorbei vorzudringen.

Aber General v. Goeben war nicht gesonnen, seine Stellung bei Bapaume aufzugeben. Unter Besetzthaltung von Fabreuil versammelte General v. Kummer morgens die 30. Brigade vorwärts der Stadt, hinter derselben die 29., von welcher jedoch drei Bataillone in den Dorfschaften rechts und links verblieben. Eine Reserve wurde weiter rückwärts bei Transloy gebildet, wohin das 8. Jäger=Bataillon mit zwei Batterien in Marsch gesetzt war, und auch General v. Barnekow erhielt Befehl, ohne die Einschließung aufzugeben, drei Bataillone und die 2. Fuß= Abtheilung bei Sailly Saillisel bereit zu stellen. Endlich wurde die Abtheilung des Prinzen Albrecht (Sohn), 3 Bataillone, 8 Eskadrons und 3 Batterien, nach Bertincourt in die Nähe des Kampfplatzes heran= gezogen. In dieser Vertheilung mußte bei strenger Kälte und trüber Witterung der Angriff der Franzosen abgewartet werden.

Zeitig schon hatte General Graf von der Groeben die 7. Kavallerie= Brigade gegen die rechte Flanke des Feindes vorgeschickt, sie vermochte jedoch nicht über die von seiner Infanterie besetzten Ortschaften vor= zudringen.

Auf dem rechten Flügel traten der Division Robin bei Beugnâtre zwei Bataillone Fünfundsechziger nebst zwei aus Transloy herbeigezogenen reitenden Batterien mit so kräftigem Feuer entgegen, daß dieselbe nach Mory wieder zurückging.

Auch die Besatzung von Fabreuil war durch zwei Bataillone und zwei Batterien gegen die auf der großen Straße vorrückende Division Payen verstärkt worden, welche östlich des Ortes aufmarschirten. Das erste aus Sapignies hervortretende französische Geschütz wurde sofort zusammen= geschossen, aber bald entwickelten sich mehrere Batterien zu beiden Seiten, und die Franzosen drangen in Fabreuil und St. Aubin ein.

Gegen diese Orte ging mittags von Bertincourt her das Regiment Nr. 40 vor, besetzte sie nach heftigem Kampfe, mußte jedoch Fabreuil wieder räumen und nahm nebst dem 2. Garde=Ulanen=Regiment und einer reitenden Batterie seitwärts Frémicourt eine Aufstellung, welche den rechten Flügel der Division sicherte.

Auf dem linken hatte die Division Bessol die schwache Besatzung aus Biefvillers vertrieben. Das 1. Bataillon Regiments Nr. 33, welches zur Wiedereroberung des Ortes vorging, gerieth in ein heftiges Gefecht, verlor seine sämmtlichen Offiziere bis auf drei und mußte auf Avesnes zurückgehen. Auch die Division Derroja hatte sich an diesem Kampfe betheiligt. Die Franzosen fuhren nun eine starke Artillerie auf und dehnten ihre Schützenlinie südlich bis fast an die Straße nach Albert aus.

General v. Kummer beschloß daher um Mittag, sich nur noch auf die örtliche Vertheidigung von Bapaume zu beschränken. Die Artillerie deckte mit Aufopferung den Abzug der Infanterie dorthin. Die zuletzt abfahrende 1. schwere Batterie verlor 2 Offiziere, 17 Mann und 36 Pferde, ihre Geschütze konnten nur mit Hülfe von Infanteriemannschaften fort=geschafft werden.

In Bapaume richtete sich nun die 29. Brigade zur hartnäckigen Vertheidigung der alten Stadtumwallung ein, die 30. sammelte sich hinter dem Orte, und die Franzosen rückten, ohne zu drängen, bis in die Vor=stadt nach. Dann entstand eine längere Gefechtspause.

General Faidherbe hoffte die Stadt, ohne sie den Schrecknissen einer die Erstürmung vorbereitenden Beschießung auszusetzen, durch weitere Umgehung zu gewinnen. Eine Brigade der Division Derroja suchte über Tilloy vorzudringen, stieß aber hier auf den ernstlichen Widerstand des Jäger=Bataillons und zweier von Péronne herangelangten Batterien. Zugleich eröffneten 24 Geschütze der hinter Bapaume zurückgezogenen Batterien ihr Feuer gegen die andringenden Kolonnen, welche dann um 3½ Uhr über die Straße nach Albert wieder zurückwichen. Bald jedoch erneuerten sie den Angriff und drangen auch wirklich in Tilloy ein. Gegen diesen Ort richtete sich nun das Feuer aller zunächst stehenden Batterien. General v. Mirus, welcher beim Vorgehen der 3. Kavallerie=Division in Miraumont zurückgelassen war, dort keinen Feind vor sich sah, wohl aber den Kampf bei Bapaume hörte, rückte von Westen und General v. Strubberg von der Stadt her zu erneutem Angriff heran. Die Franzosen warteten denselben nicht ab, und auch aus der Vorstadt und Avesnes wurden sie wieder vertrieben.

Die französischen Divisionen nächtigten in Grévillers, Bihucourt, Fabreuil und Beugnâtre, so Bapaume von drei Seiten umstellend.

Der Tag hatte den Deutschen 52 Offiziere und 698 Mann, den Franzosen 53 Offiziere und 2066 Mann gekostet.

Aber nur mit Aufbietung aller verfügbaren Kräfte des VIII. Korps war es gelungen, dem überlegenen Angriff des Feindes Stand zu halten. Die Munition hatte noch nicht ersetzt werden können, und General v. Goeben beschloß, den Kampfplatz zunächst hinter die Somme zu ver=legen. Die Bewegung war in der Ausführung begriffen, als von den Patrouillen die Meldung einlief, daß auch der Gegner die nächsten Ort=schaften räume.

Die noch wenig kriegsgewohnten französischen Truppen hatten durch die Kämpfe des vergangenen Tages und die strenge Kälte der darauf folgenden Nacht außerordentlich gelitten. General Faidherbe konnte gewärtigen, daß die vor Péronne stehenden Streitkräfte nach Bapaume herangezogen seien, und daß so verstärkt die Deutschen die Offensive er=greifen würden. Das nächste Ziel, die Aufhebung der Belagerung, war dann erreicht, und der General hielt es für rathsam, diesen Erfolg nicht durch einen neuen Zusammenstoß wieder aufs Spiel zu setzen. Er führte seine Korps in der Richtung auf Arras zurück. Von den ihm folgenden deutschen Kavallerie=Abtheilungen gelang es noch den 8. Kürassieren, in ein französisches Quarree einzubrechen. Die 15. Division ging hinter die

Somme nahe unterhalb Péronne zurück, und die sächsische Kavallerie schloß sich bei St. Quentin dem rechten Flügel an.

(Gefechte an der unteren Seine.) Ganz gleichzeitig befand sich auch das andere Korps der I. Armee im Gefecht mit dem Feinde an der unteren Seine.

Auf dem rechten Ufer hatten die Franzosen nichts mehr unternommen, am linken aber hielten sie auf den nahen Waldhöhen des Bois de la Londe, welche den südlichen Ausgang der vom Strome umflossenen Halb= insel Grand Couronne sperren. Hier hatte General v. Bentheim, um sich auch in dieser Richtung Luft zu machen, die Hälfte des I. Korps versammelt und rückte am 4. Januar gegen Les Moulineaux vor.

Noch vor Tagesanbruch überraschte Oberstlieutenant v. Hüllessem dort die Vorposten des Feindes, erstürmte den Bergkegel von Château Robert le Diable und nahm, was sich in die Ruinen des Schlosses ge= worfen hatte, gefangen. Auch die Höhen von Maison Brulet wurden im heftigen Feuer des Gegners erstiegen und dabei zwei seiner Geschütze genommen. Nach erneutem Widerstande bei St. Ouen zogen sich nach= mittags die Franzosen über Bourgachard hinaus zurück, verfolgt noch abends 6 Uhr durch eine halbe Schwadron Dragoner, zwei Geschütze und eine auf Wagen gesetzte Kompagnie, welche ihnen zwei am Eingange in Rougemontier aufgestellte gezogene Zwölfpfünder unter Niedermachung der Bedienungsmannschaften und einen Munitionswagen abnahmen.

Auch aus Bourgtheroulde war der Feind nach leichtem Gefecht ver= trieben und in Richtung auf Brionne zurückgeworfen worden. Der fran= zösische rechte Flügel bei Elbeuf aber entzog sich noch während der Nacht durch eiligen Abzug einer durch das Weichen der übrigen Abtheilungen bedenklich gewordenen Lage.

Der Erfolg hatte 5 Offiziere, 167 Mann gekostet. Der Verlust der Franzosen mochte etwa ebenso groß gewesen sein, doch hatten sie 300 Ge= fangene und 4 Geschütze eingebüßt.

General Roye sammelte seine Truppen hinter der Rille auf der Linie Pont Audemer—Brionne, die Deutschen aber hielten nunmehr Bourgachard, Bourgtheroulde und Elbeuf stark besetzt und zur Unter= stützung drei Bataillone bei Grand Couronne bereit. Die übrigen Truppen kehrten nach Rouen zurück.

Ein an demselben Tage versuchtes Vorgehen der Franzosen auf dem nördlichen Ufer der Seine war schon vor Fauville zum Stehen gekommen, von wo sie sich wieder gegen Harfleur zurückzogen.

Inzwischen war es beim VIII. Armeekorps der Beobachtung nicht entgangen, daß diesmal die Franzosen sich nicht in den Schutz der Nord= festungen begeben, sondern südlich Arras Halt gemacht hatten, was auf die Absicht deutete, den Angriff auf die Einschließung von Péronne in Bälde zu erneuern.

General v. Goeben beschloß daher, zum Schutz derselben wieder auf das nördliche Ufer der Somme überzutreten, dort aber eine Flanken=

stellung zu nehmen, an deren Front der Gegner bei seinem Vorgehen würde vorüberschreiten müssen.

Nachdem den Truppen ein Ruhetag vergönnt, auch die Munition ergänzt worden war, rückten am 6. Januar die 30. Brigade nach Bray, die 29. nach Albert. Dem Feinde zunächst stand die 3. Kavallerie-Division bei Bapaume, hinter derselben die Garde-Kavallerie-Brigade. Zur Sicherung der linken Flanke besetzte Oberstlieutenant v. Pestel Acheux, und vom Einschließungskorps ging die 3. Reserve-Division westlich des Platzes nach Feuillères. Die Korps-Artillerie verblieb zunächst am linken Ufer der Somme, denn fast schien es, daß der Gegner seinen Angriff auf Amiens richten wollte.

Allein während der nächsten Tage unternahmen die Franzosen nichts Ernstliches, und am 9. fiel Péronne.

(Einnahme von Péronne, 9. Januar.) Der kleine Platz war 14 Tage lang von 11 Bataillonen, 16 Schwadronen, 10 Batterien eingeschlossen gewesen. Ueberschwemmte Wiesen auf der einen Seite, Mauern mit mittelalterlichen Thürmen auf der anderen sicherten ihn gegen Handstreich; übrigens aber war er von allen Seiten in großer Nähe überhöht.

Dennoch war das Feuer aus 58 Feldgeschützen ohne sonderliche Wirkung geblieben, dasselbe mußte ohnehin aus Mangel an Munition sehr bald eingestellt werden. Auch die Beschießung aus erbeutetem französischem Material blieb ohne Erfolg. Die Festung setzte ihr Feuer stetig fort, und die nur 3500 Mann zählende Besatzung versuchte sich sogar in Ausfällen.

Am Schlachttage von Bapaume mußte, wie schon erwähnt, ein Theil der Einschließungstruppen zur Unterstützung des VIII. Korps abrücken, und bei der Unsicherheit des Ausganges dieses Kampfes war es nöthig, Vorsorge für Bergung des Belagerungsmaterials zu treffen. Die verbliebenen Truppen standen marschfertig versammelt, und ein Theil der schweren Geschütze wurde zurückgezogen. Aber die Besatzung des Platzes verhielt sich zuwartend.

Zwei Tage später langte ein in La Fère zusammengestellter Belagerungstrain von 55 schweren Geschützen an. Ein zweiter mit 28 französischen Materials war von Mézières noch unterwegs. Die Vorbereitungen zur förmlichen Belagerung waren getroffen, und als endlich am 8. Januar ein starker Munitionstransport einging, wurde der Kommandant aufgefordert, einen nunmehr hoffnungslos gewordenen Widerstand aufzugeben.

Am 10. Januar zog General v. Barnekow in die mit Waffen, Schießbedarf und Lebensmitteln reich ausgestattete Festung ein. Die Besatzung ging in Gefangenschaft.

Am 7. Januar hatte Seine Majestät der König den General v. Manteuffel nach einem anderen Kriegsschauplatz berufen und den Oberbefehl über die I. Armee dem General v. Goeben übertragen.

Befreit von der Sorge um Péronne, verblieb diesem fortan nur als Aufgabe die Sicherung der Einschließung von Paris. Dafür bildete die

Somme, auf welcher nun alle Uebergänge in Gewalt der Deutschen waren, eine natürliche Schutzwehr, hinter welcher der Angriff selbst eines über= legenen Feindes abgewartet werden konnte. Auch wurden dem VIII. Armee= korps jetzt einige Verstärkungen zu Theil. Die an der unteren Seine eingetretene Ruhe gestattete, noch zwei Infanterie=Regimenter und zwei Batterien von dort nach Amiens heranzuziehen. Vom großen Haupt= quartier war ferner eine Infanterie=Brigade der Maas=Armee bereit= gestellt, um im Bedarfsfall auf der Eisenbahn vorzugehen.

Ungewiß blieb es noch, wohin der Stoß des Gegners gerichtet sein werde. General v. Goeben entwickelte daher seine Streitkräfte hinter der Somme in der beträchtlichen Ausdehnung von zehn Meilen, hielt aber die geeigneten Punkte vorwärts des Flusses fest, um nöthigenfalls wieder an= griffsweise vorgehen zu können. Mitte des Monats besetzten die dem General Grafen von der Groeben unterstellten Theile des I. Armee= korps Amiens, Corbie und die Linie der Hallue in flankirender Stellung. Die 15. Division nahm, Bray festhaltend, Quartiere südlich dieses Ortes. Ihr zunächst standen links von Péronne die 3. Reserve=, rechts die 16. Division und die 3. Reserve=Kavallerie=Brigade, welche nach vorwärts Roisel und Vermand besetzt hielten. Bei St. Quentin befand sich die 12. Kavallerie=Division.

Bereits hatte die französische Armee sich auf der großen Straße von Cambrai in Bewegung gesetzt und durch das XXII. Korps die 3. Kavallerie= Division erst aus Bapaume, dann aus Albert hinter die Hallue zurück= gedrängt. Das XXIII. Korps folgte auf derselben Straße, und die Absicht scheint demnach wirklich auf Amiens gerichtet gewesen zu sein. Eine Re= kognoszirung hatte jedoch die Schwierigkeit des Angriffs in dieser Richtung erkennen lassen, außerdem verkündete ein Telegramm des Kriegsministers, die Pariser Armee werde in den nächsten Tagen eine letzte und äußerste Anstrengung machen, die Fesseln der Einschließung zu sprengen, und die Nord=Armee solle möglichst viel Kräfte des Feindes von der Hauptstadt ab und auf sich ziehen.

Demnach beschloß General Faidherbe, unverzüglich gegen St. Quentin vorzugehen, wohin bereits die Brigade Isnard von Cambrai her in Marsch gesetzt worden war. Der Angriff auf den zur Zeit nur durch Kavallerie besetzten rechten Flügel der Deutschen bedrohte zugleich ihre Verbindungen, während die Nähe der Nordfestungen dem französischen Heer Aufnahme bot und größere Operationsfreiheit gewährte.

Aber General v. Goeben hatte diesen Linksabmarsch des Gegners vorgesehen und, um demselben zu begegnen, alle seine Streitkräfte zu= sammengefaßt.

Die dienstfähigen Rekonvaleszenten wurden herangezogen. In Amiens verblieben nur schwache Abtheilungen, und durch das Herannahen des XIII. Korps von der Sarthe an die untere Seine war es angängig ge= worden, von dort noch das Grenadier=Regiment Nr. 3 nebst einer schweren Batterie nach der Somme heranzuziehen.

Bald wurde nun auch durch die Beobachtungen der Kavallerie der Abzug der Franzosen aus Albert und der Marsch ihrer Korps auf Combles und Sailly Saillisel erkannt. Eine neuformirte Brigade Pauly besetzte Bapaume, und die Brigade Isnard rückte in St. Quentin ein, von wo General zur Lippe sich, wie ihm befohlen, auf Ham zurückzog. Nunmehr brach auch General v. Goeben in östlicher Richtung auf, und zwar, um noch rechtzeitig den Feind zu erreichen, unter Benutzung der Straßen an beiden Ufern der Somme.

(17. Januar.) Am 17. zog die 12. Kavallerie-Brigade sich rechts weiter gegen La Fère, die 16. Division nach Ham. Die 3. Reserve-Division und die Garde-Kavallerie-Brigade erreichten Nesle, die 15. Division und die Korps-Artillerie Villers Carbonnel. Eine Armee-Reserve war aus den zuletzt von Rouen eingetroffenen Truppen gebildet worden und folgte bis Harbonnières. Am nördlichen Ufer rückte die Abtheilung des Grafen von der Groeben bis nahe vor Péronne.

Die vier französischen Divisionen waren so gegen Vermand vormarschirt, daß sie sich am folgenden Tage bei St. Quentin vereinigen konnten. Das XXIII. Korps sollte auf geradem Wege nach der Stadt abrücken, das XXII. aber die Somme weiter unterhalb überschreiten und südlich von St. Quentin Stellung nehmen.

(18. Januar.) Auf deutscher Seite rückten am südlichen Ufer der Somme die 16. und die 3. Reserve-Division nach Jussy und Flavy vor, die Armee-Reserven bis Ham nach. Die 12. Kavallerie-Division in Vendeuil fand das Gelände östlich der Oise noch vom Feinde frei.

Um Fühlung an den heranmarschirenden Feind zu erlangen, sollte dagegen die 15. Division die Somme bei Brie überschreiten und mit den Truppen des Generals Grafen von der Groeben auf Vermand und Etreillers vorgehen. General v. Kummer war angewiesen, die Franzosen, wenn er sie in Stellung fände, nur zu beobachten, falls sie sich nördlich zurückzögen, ihnen zu folgen, bei ihrem etwaigen Abmarsch gegen Süden aber sie sofort mit allen Kräften anzugreifen.

Schon jenseits Tertry traf um 10½ Uhr die 29. Brigade auf die Nachhut des XXII. Korps und die Trains desselben. Die Husaren sprengten eins der Bedeckungsbataillone, trieben das Fuhrwerk in größter Verwirrung auf Caulaincourt zurück, mußten aber Beute und Gefangene im Feuer der heranrückenden Infanterie zurücklassen. Die französische Brigade hatte Kehrt gemacht und ging gegen Trefcon zum Angriff vor. Gegen diesen wehrten sich das Regiment Nr. 65 und drei Batterien bis nach 2 Uhr, wo der auf dem Gefechtsfelde eintreffende General du Bessol befahl, den Marsch auf St. Quentin wieder aufzunehmen.

Auch das XXIII. Korps hatte seinen Marsch unterbrochen und detachirte eine Brigade gegen die linke Flanke der 15. Division. Diese stieß aber bei Caubigny Ferme auf zwei deutsche Bataillone, welche nach längerem Feuergefechte dem abziehenden Gegner folgten, um 3 Uhr in Caulaincourt eindrangen und ihm dort 100 Gefangene und 14 Proviantwagen abnahmen.

Inzwischen war auch Graf von der Groeben dem Schall des Gefechtes zugeeilt. Der General erkannte, daß die wirksamste Hülfe geleistet werde, wenn er geradenwegs auf Vermand marschire. Gegen das vom Feinde besetzte Poeuilly fuhren vier Batterien auf, und als das Grenadier-Regiment Nr. 4 zum Sturm schritt, zogen die Franzosen unter Verlust von Gefangenen ab. Viele Mobilgarden wurden von den Ulanen versprengt. Bei Vermand aber stand nun das ganze XXIII. Korps im Aufmarsch begriffen.

Graf von der Groeben sammelte daher seine Truppen hinter dem Grunde von Poeuilly, wobei die Zurückgehenden gegen jedes Nachdringen sofort Front machten. Die 15. Division hatte bei Beauvois und Caulaincourt Quartiere bezogen.

Die französischen Generale scheinen an diesem Tage einzig das Ziel ins Auge gefaßt zu haben, St. Quentin zu erreichen. Sie ließen die Gelegenheit unbenutzt, mit beiden Korps über die 15. Division allein herzufallen. Das XXIII. Korps nächtigte in und westlich St. Quentin, das XXII., nachdem es die Somme bei Seraucourt überschritten, südlich der Stadt. Ein weiteres Vordringen, sei es gegen Paris oder gegen die Verbindungslinien der Deutschen, hing aber nun, nachdem Letztere unmittelbar herangerückt waren, von dem Ausgange einer Schlacht ab, und diese wollte General Faidherbe bei St. Quentin abwarten.

Dort auszuharren war wichtig, wenn der Ausfall der Pariser Armee Erfolg gehabt hatte. Die Oertlichkeit bot einige Vortheile, die Höhen vor der Stadt gewährten freies Schußfeld und gestatteten verdeckte Aufstellung der Reserven. Zwar trennte die Somme das Heer in zwei Hälften, aber die Brücke von St. Quentin ermöglichte gegenseitige Unterstützung. Auch der Gegner befand sich auf beiden Seiten des Flusses, und endlich standen, einschließlich der hinzugetretenen Brigaden Isnard und Pauly, 40 000 Mann einem schwächeren Feinde gegenüber. Thatsächlich zählten die Deutschen, Alles eingerechnet, 32 580 Kombattanten, davon fast 6000 Reiter.

Schlacht bei St. Quentin.
(19. Januar.)

General v. Goeben hatte für den 19. den allgemeinen Angriff befohlen.

Auf dem südlichen Ufer der Somme rückte General v. Barnekow, unter Besetzung von Seraucourt, mit der 16. und der 3. Reserve-Division von Jussy über Essigny vor, die 12. Kavallerie-Division auf der von La Fère heranführenden Straße.

Noch befanden sich die französischen Kolonnen im Marsch, um ihre Stellung mit dem Rücken gegen die Stadt einzunehmen; doch war Grugies bereits von ihnen besetzt. Während die 32. Brigade nördlich Essigny aufmarschirte, die Reserve=Division hinter dem Orte Halt machte, ging um 9³/₄ Uhr die 31. Brigade gegen Grugies vor.

Dieser Angriff wurde zur Linken flankirt durch die französische Brigade Gislain, welche inzwischen die Ortschaften Contescourt und Castres besetzt hatte. In der Front traten demselben die Brigaden Foerster und Pittié entgegen.

Das Feuer der zuerst auffahrenden deutschen Batterien wurde sogleich von Le Moulin de tout Vent lebhaft erwidert. Um 11 Uhr ging das 2. Bataillon Regiments Nr. 69 in Kompagniekolonne über das völlig freie Feld gegen die Höhe diesseits Grugies vor, allein der vier Mal erneuerte Versuch scheiterte an dem verheerenden Kreuzfeuer des Gegners. Das vereinzelte Bataillon hatte sich fast völlig verschossen, und erst als sechs frische Kompagnien Regiments Nr. 29 nachrückten, gelang es, im erbitterten Handgemenge die Franzosen zurückzudrängen, doch hielten sie vorwärts Grugies und der dortigen Zuckerfabrik Stand.

Auf dem rechten Flügel war die 12. Kavallerie=Division längs der Straße von La Fère vorgegangen, ihr eilte die bisher in Reserve gehaltene französische Brigade Aynès im Laufschritt entgegen, und da Graf zur Lippe an Infanterie nur über ein Bataillon verfügte, so kam die Bewegung vorerst bei Cornet d'Or zum Stehen. Als ihm aber um Mittag Ver= stärkung aus Tergnier zuging, erstürmten die sächsischen Jäger den Park an der Chaussee und die schleswig=holsteinischen Füsiliere La Neuville. Die Franzosen eilten unter dem Verluste vieler Gefangener zurück und fanden, lebhaft verfolgt, erst in der Vorstadt von St. Quentin Aufnahme.

Inzwischen aber stand vor Grugies die 31. Brigade in lebhaftem Feuergefecht auf beiden Seiten der Eisenbahn, hinter ihrem rechten Flügel die 32. im Thalgrunde an der Chaussee, wo sie jedoch erheblich durch die feindlichen Granaten litt, und zur Linken war es dem aus Seraucourt heranrückenden Detachement nicht gelungen, in Contescourt einzudringen. Und nun unternahmen von Grugies aus die Franzosen einen so über= legenen und heftigen Angriff, daß die 16. Division bis Essigny zurück= genommen werden mußte.

Als General Faidherbe sich nach Mittag zum XXIII. Korps begab, durfte er mit Recht hoffen, daß das XXII. seine Stellung behaupten werde. Aber allerdings lag die wichtigste Entscheidung auf dem nördlichen Theile des Kampfplatzes.

Hier hatte die Division Robin zwischen Fayet und Francilly Stellung genommen. Zu ihrer Linken war die Brigade Isnard eingerückt, und von der Division Payen dehnte sich die Brigade Lagrange bis zur Somme aus. Als Reserve verblieb die Brigade Michelet und zur Sicherung der rückwärtigen Verbindungen Brigade Pauly bei Gricourt stehen.

Schon um 8 Uhr war auf dem linken Flügel der Deutschen General Graf von der Groeben mit 8 Bataillonen und 28 Geschützen von Poeuilly aufgebrochen und längs der Römerstraße vorgerückt. Die Kavallerie= Brigade begleitete seinen Marsch zur Linken.

Die Ostpreußen warfen alsbald die Franzosen aus Holnon zurück, verdrängten sie aus Selency und rückten dann gegen Fayet und auf die Höhe von Moulin Coutte hinauf. Ein im Feuer stehendes Geschütz nebst Munitionswagen und zahlreiche Gefangene wurden dabei dem Gegner abgenommen.

Nach und nach fuhren dann sämmtliche 28 Geschütze auf der Mühlen= höhe auf und nahmen den Kampf mit der Artillerie der Division Robin auf. Nach Verlauf einer halben Stunde trat aber Munitionsmangel ein, da die Wagen, welche tags zuvor zu den Kolonnen des VIII. Korps abgeschickt worden, mit dem Ersatz noch nicht eingetroffen waren. Die Batterien, welche außerdem unter Infanteriefeuer litten, mußten nach Holnon zurückgehen, und da unmittelbar in Flanke und Rücken Francilly noch vom Feinde besetzt geblieben war, blieb das weitere Vorschreiten vorerst eingestellt.

Zur Rechten hatte General v. Kummer mit der 15. Division den Marsch von Beauvois aus angetreten und um 10 Uhr Etreillers erreicht. Die Königs=Husaren streiften, die feindlichen Reiter zurückwerfend, bis gegen L'Epine de Dallon vor, und die 29. Brigade rückte in Savy ein. Nördlich des Ortes nahmen drei Batterien den Kampf gegen die Artillerie der Division Payen auf, und nun schritt das Regiment Nr. 65 zum Angriff auf die vorliegenden Waldstücke. Das kleinere südlich wurde genommen, aber ebenso wie in Francilly behauptete auch hier die Brigade Isnard sich in dem größeren nördlichen.

Gegen das kleine Waldstück ging dann auch um Mittag noch die Brigade Lagrange vor, drang auf kurze Zeit ein, wurde aber von den Fünfundsechzigern wieder vertrieben.

Auf der bedrohten rechten Flanke der 29. Brigade wurde das Re= giment Nr. 33 bereitgestellt, und neben den schon im Feuer stehenden fuhren zwei schwere Batterien der eben bei Savy eintreffenden Korps= Artillerie auf. Sodann rückte nun auch die 30. Brigade zur Rechten der 29. über Roupy heran.

Inzwischen hatte auf dem so viel weiter vorgedrungenen linken Flügel Oberst v. Massow um 1 Uhr aufs Neue die Offensive ergriffen. Sechs Kompagnien des Regiments Nr. 44 gingen gegen Fayet vor und warfen, nachdem sie auf kürzeste Entfernung ihr Feuer abgegeben, die Franzosen aus dem Ort zurück. Zwei Batterien folgten und nahmen nochmals den Kampf gegen die große Artilleriestellung des Feindes bei Moulin de Cépy auf.

General Paulze d'Jvoy, welcher die Verbindung seines Korps mit Cambrai in solcher Nähe bedroht sah, hatte bereits die Brigade Michelet aus ihrer Reservestellung westlich der Stadt an sich gezogen und rückte nun mit frischen Kräften gegen Fayet vor. Die daselbst be= findlichen preußischen Abtheilungen mußten nach Moulin Coutte zurück= genommen werden, aber dem weiteren Vordringen des Feindes gegen diese Höhe wurde durch einen Flankenangriff von Selency aus ein Ziel

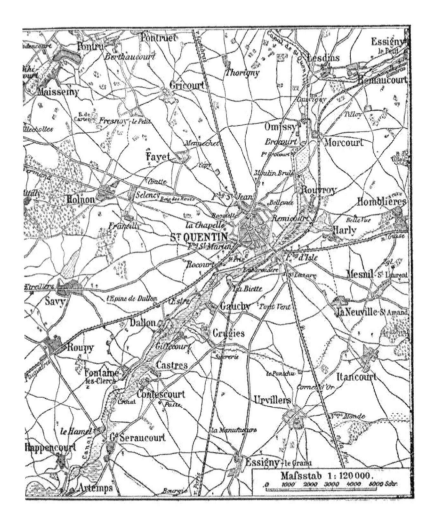

gesetzt und zugleich das Gehöft Bois des Roses erstürmt. Die Franzosen gingen wieder nach Fayet zurück.

Dort, in Francilly und in dem nördlichen Waldstück, behaupteten sie sich noch um 1½ Uhr, während zu dieser Zeit auf deutscher Seite alle drei Brigaden in die Gefechtslinie eingerückt standen. Die Armee=Reserve war zwar von Ham auf Roupy vorgerückt, aber General v. Goeben, welcher von dort den geringen Fortschritt der 16. Division beobachtete, hatte sie schon um 11 Uhr zur Unterstützung derselben über Seraucourt abgeschickt.

Von dort rückte Oberst v. Boecking mit seinen 3 Bataillonen, 3 Schwadronen und 2 Batterien gegen Contescourt vor. Mit der Kavallerie vorauseilend, ließ er zuerst seine Artillerie in Thätigkeit treten, dann schritt das Regiment Nr. 41, sobald es ankam, zum Angriff. In Verbindung mit dem bereits dort stehenden Bataillon Regiments Nr. 19 wurde um 1 Uhr der Feind sowohl aus dem genannten Ort wie aus Castres mit Verlust von vielen Gefangenen nach der Höhe von Grugies zurückgetrieben. Gegen diese richtete nun die allmählich auf 30 Geschütze anwachsende Artillerie ihr Feuer.

Um sich hier ferner zu behaupten, zog General Lecointe mehrere Bataillone der Brigaden Pittié und selbst Aynès zur Verstärkung der Brigade Gislain heran. Dennoch gelang es dem ostpreußischen Regiment um 2½ Uhr, durch umfassenden Angriff den Feind in den Grund vor Grugies hinabzuwerfen.

Das kräftige Eingreifen des Obersten v. Boecking machte sich auf der ganzen Gefechtsfront bemerkbar.

Um das allgemeine Vorgehen zu erneuern, hatte General v. Barnekow seine letzten Streitkräfte von Essigny herangeordert, als um 3 Uhr unerwartet die Brigade Pittié einen Vorstoß längs der Eisenbahn unternahm. In ihrer rechten Flanke von Castres her durch Artillerie beschossen, sah sie sich in der linken durch das Vorbrechen von fünf Schwadronen Reserve=Kavallerie aus dem Grunde von Urvillers überrascht. Gleichzeitig rückte Oberst v. Hertzberg mit der 32. Brigade vor und trieb den Gegner nach Moulin de tout Vent zurück.

Noch hatte die Brigade Foerster südlich Grugies standhaft ausgeharrt, obwohl rechts von Giffécourt aus bereits ernstlich bedroht und nicht minder in der linken Flanke durch die 12. Kavallerie=Division. Nachdem nun durch den Rückzug der Brigade Pittié ihr linker Flügel gänzlich entblößt, und ihre letzten Kräfte im andauernden Kampfe erschöpft worden, mußte sie sich zur Räumung der lange behaupteten Stellung entschließen. Die 31. Brigade rückte längs der Eisenbahn bis zur Zucker=fabrik vor, und Oberst v. Boecking vertrieb die letzten französischen Abtheilungen aus Grugies. Dann leitete er den Angriff auf Moulin de tout Vent durch seine Artillerie ein. Gegen diese Höhe schritten die Einundvierziger, die noch aus Essigny herangeorderten Bataillone und die 32. Brigade zum konzentrischen Angriff. Die Franzosen widerstanden nicht mehr lange, sie befanden sich bereits auf dem Abmarsch. Die ganze

Gefechtslinie der Deutschen, mit der 12. Kavallerie-Division auf dem rechten Flügel, rückte gegen die Stadt vor, welche jetzt durch das Artillerie-feuer von Gauchy aus erreicht wurde. Die Kavallerie brach mehrfach in die zurückweichenden Abtheilungen des Gegners ein, der Bahnhof und die Vorstadt, wo man nur noch die Nachhut des XXII. französischen Korps fand, wurden nach kurzem Kampfe besetzt.

Während auf der südlichen Hälfte des Gefechtsfeldes das Gefecht diese Wendung nahm, waren auch auf der nördlichen die Angriffe fort-gesetzt worden.

Schon um 2 Uhr hatte von Roupy aus das Regiment Nr. 28 auf der Straße von Ham das Gehöft L'Epine de Dallon erstürmt, und fast gleichzeitig rückte auch die Infanterie des Grafen von der Groeben zu erneuter Offensive vor.

Während zur Rechten einige Kompagnien der Regimenter Nr. 4 und Nr. 44 die aus dem größeren Waldstücke hervortretenden Abthei-lungen der Franzosen abwehrten, brach Major v. Elpons mit sechs Kompagnien Kronprinz-Grenadieren aus Holnon und Selency gegen Francilly vor und drang trotz des heftigen Feuers der Vertheidiger in dies vielumstrittene Dorf ein, wo zahlreiche Gefangene gemacht wurden. Als aber dann die Ostpreußen südlich der Römerstraße weiter vorrückten, hatten sie ihrerseits einem ernstlichen Angriff zu begegnen.

Zum Schutze ihrer bedrohten Rückzugslinie rückte gegen sie abermals die Brigade Michelet aus Fayet, außerdem aber jetzt auch noch die Brigade Pauly von Gricourt gegen Moulin Coutte vor. Diese inzwischen durch Artillerie verstärkte Stellung wurde jedoch durch das Regiment Nr. 44 standhaft behauptet, und indem die Grenadier-Kompagnien links gegen die Römerstraße einschwenkten, auch hier der feindliche Angriff abgeschlagen.

Unterdessen hatte bereits die 29. Brigade, gefolgt von der 30., den Vormarsch in der Richtung auf St. Quentin angetreten, zur Rechten das Regiment Nr. 33, zur Linken das Regiment Nr. 65. Letzteres setzte sich nun vollständig in den Besitz des größeren Waldstückes, und 48 Geschütze fuhren zu beiden Seiten des Weges von Savy auf. Das weitere Vor-dringen wurde von der Infanterie wegen des heftigen Granatfeuers der Franzosen in Kompagniekolonne und selbst in entwickelter Linie ausgeführt. Aber die Brigaden Lagrange und Isnard warteten den Stoß nicht mehr ab, sondern zogen sich unter Verlust eines Geschützes um 4 Uhr gegen St. Quentin zurück.

Ihre Artillerie nahm zwar nochmals Aufstellung bei Rocourt, mußte selbige aber bereits um 5 Uhr wieder aufgeben, und nun beschränkten die Franzosen sich auf die Vertheidigung der verbarrikadirten Eingänge der Vorstadt St. Martin.

Gegen diese fuhren sechs preußische Batterien auf, und die 29. Brigade führte eine Zeit lang ein stehendes Feuergefecht gegen die stark besetzten Baulichkeiten und Gärten, dann aber drangen von Rocourt her mehrere Kompagnien in die Vorstadt ein, wo noch der Straßenkampf fortdauerte, als von Süden her bereits Oberstlieutenant v. Hüllessem über die Kanalbrücke in die Stadt selbst gelangt war.

General Faidherbe hatte schon um 4 Uhr die Ueberzeugung ge= wonnen, daß das XXIII. Korps sich wahrscheinlich nicht werde behaupten können. In diesem Fall blieb dann nur die Wahl zwischen nächtlichem Rückzug oder Einschließung in St. Quentin. Noch hatte er darüber einen Entschluß nicht gefaßt, als er in der Stadt den General Lecointe traf, welcher anzeigte, daß er die Vertheidigung am südlichen Ufer der Somme aufgegeben habe. Dank dem Widerstand, welchen das XXIII. Korps am nördlichen noch leistete, hatte das XXII. seinen Rückzug auf Le Cateau ungestört einleiten können.

Der Oberkommandirende ordnete nun den Abzug des Generals Paulze d'Ivoy ebendahin an, aber diesem ging der Befehl erst abends 6 Uhr zu, wo die Brigaden des rechten Flügels — Pauly und Michelet — von selbst schon nach Cambrai aufgebrochen waren. Je ausdauernder nun die beiden noch verbliebenen Brigaden die Vorstadt St. Martin vertheidigten, um so verhängnißvoller mußte der Kampf für sie selbst werden. Im Rücken durch die Bataillone des Obersten v. Boecking angegriffen, gerieth der größte Theil derselben in Gefangenschaft. Dem Regiment Nr. 41 allein fielen 54 Offiziere, 2260 Mann und 4 Geschütze in die Hände. General Faidherbe selbst entging diesem Schicksal nur mit Hülfe der Einwohner.

Das Gefecht endete erst um 6½ Uhr abends, und die Truppen nächtigten in der Stadt und in den eroberten Dörfern.

Der mühsam errungene Sieg hatte den Deutschen 96 Offiziere und 2304 Mann gekostet. Auf dem Gefechtsfelde wurden 3000 verwundete Franzosen aufgefunden, und die Zahl der unverwundeten Gefangenen überstieg 9000.

Nach der Theorie soll dem Siege die Verfolgung sich unmittelbar anschließen, eine Forderung, der Alle, besonders auch die Laien, zustimmen, und doch wird derselben in der Praxis selten entsprochen. Die Kriegs= geschichte weist wenig Beispiele auf wie das berühmte von Belle Alliance. Es gehört ein sehr starker, mitleidsloser Wille dazu, einer Truppe, welche 10 oder 12 Stunden marschirt, gefochten und gehungert hat, statt der erhofften Ruhe und Sättigung aufs Neue Anstrengung und Gefahren aufzuerlegen. Aber auch diesen Willen vorausgesetzt, hängt die Ver= folgung noch ab von der Art, wie der Sieg gewonnen wurde. Sie wird schwer ausführbar, wenn alle Abtheilungen auf dem Schlachtfelde, wie bei Königgrätz, so durcheinander gerathen sind, daß Stunden erforderlich werden, um sie erst wieder in taktischen Verbänden herzustellen, oder wenn, wie bei St. Quentin, alle, auch die letzten Truppen in das Ge= fecht verwickelt waren, so daß eine intakte geschlossene Infanterie=Abtheilung nicht mehr verfügbar ist. Ohne die Unterstützung einer solchen wird die Kavallerie, vollends bei Nacht vor allen Bodenhindernissen und jeder kleinsten Postirung des Feindes aufgehalten, allein die Aufgabe selten lösen.

General v. Goeben nahm die Verfolgung des geschlagenen Feindes erst am folgenden Tage auf. Die vorauseilende Kavallerie streifte bis an die Vorstadt von Cambrai und das Glacis von Landrecies, ohne auf Widerstand zu stoßen, sie brachte auch nur einige Hundert Nachzügler ein. Die Infanterie=Divisionen folgten bis auf eine Meile vor Cambrai. Gegen diese Festung war aus Mangel an Belagerungsmaterial nichts zu unternehmen, auch lag es nicht im militärischen Interesse, sich noch weiter nördlich auszudehnen. Aus den eingehenden Meldungen ging hervor, daß ein erheblicher Theil der französischen Nordarmee auf Lille, Douai und Valenciennes zurückgegangen sei. Da sonach neue Unternehmungen derselben nicht zu erwarten standen, führte General v. Goeben seine Truppen wieder nach der Somme zurück, wo sie Ende des Monats zwischen Amiens und St. Quentin Ruhequartiere bezogen.

An der unteren Seine war am 25. der Großherzog von Mecklenburg mit dem XIII. Korps, nachdem er meist nur Franktireurs auf seinem Marsche getroffen, in Rouen eingerückt. Obwohl General Loysel durch aus Cherbourg eingetroffene Verstärkungen seine Streit= macht auf nahezu 30 000 Mann gebracht, hatte er sich doch vollkommen abwartend verhalten.

General v. Goeben beabsichtigte daher die Heranziehung der noch bei Rouen stehenden Theile des I. Korps zur Armee nach der Somme, was jedoch durch Telegramm aus dem großen Hauptquartier inhibirt wurde, welches aus politischen Rücksichten ihren längeren Verbleib dort anordnete.

Die Vorgänge auf dem südöstlichen Kriegsschauplatze bis zum 17. Januar.

(Einschließung von Belfort.) Auf dem südöstlichen Kriegsschauplatze hatten sich unter dem Schutze des XIV. Armeekorps nur nach und nach die gegen Belfort bestimmten Streitkräfte gesammelt.

Die Stadt ist von einer bastionirten Enceinte eingeschlossen. Auf hohem Felsen erhebt sich, weithin beherrschend, die Citadelle, welche behufs größerer Feuerwirkung terrassenförmige Anlagen umgeben. Am linken Ufer der Savoureuse waren die Vorstadt und der Bahnhof durch neu erbaute Befestigungslinien geschützt. Auf dem von Nordosten nahe heran= tretenden Höhenzuge bildeten die Forts de la Miotte und de la Justice mit ihren Anschlußlinien an die Hauptfestung ein geräumiges verschanztes Lager. Gefährlich hätte dem Platze die Höhe der beiden Perches werden können, welche von Süden her auf Abstand von nur 1000 Meter an die Citadelle herantritt, und von wo selbst die Werke am linken Ufer des Flusses unter Feuer genommen werden können. Aber dort waren noch vor Ankunft des Gegners zwei gemauerte Forts fertig geworden und außerdem die nächstgelegenen Waldstücke und Ortschaften, so namentlich Pérouse und Danjoutin, verschanzt.

An bombensicheren Räumen fehlte es der Festung nicht. Ausgerüstet war dieselbe mit 341 schweren Geschützen und mit Lebensmitteln auf fünf Monate versehen.

Nachdem gleich zu Anfang des Feldzuges das Elsaß vom französischen VII. Korps geräumt worden, waren in Belfort nur etwa 5000 Mobilgarden verblieben, durch Einberufung von Nationalgarden stieg aber die Besatzung auf über 17 000 Mann.

Der umsichtige Kommandant Oberst Denfert legte das Hauptgewicht auf kräftige Behauptung des Vorterrains. Die vorgeschobenen Postirungen waren zu täglichen Unternehmungen angewiesen, welche die Festungsartillerie auf weiteste Entfernungen zu unterstützen hatte.

Demgegenüber verfügte General v. Tresckow vorerst nur über 20 schwache Landwehr=Bataillone, 5 Eskadrons und 6 Feld=Batterien, zusammen kaum 15 000 Mann. Er mußte sich zunächst auf bloße Einschließung beschränken. Die Truppen verschanzten sich in den in weitem Umkreise liegenden Dörfern und hatten viele Ausfälle zurückzuweisen.

Aus dem großen Hauptquartier war Befehl ergangen, die förmliche Belagerung dieses Platzes einzuleiten. General v. Mertens wurde mit dem Ingenieur=, Oberstlieutenant v. Scheliha mit dem artilleristischen Angriff beauftragt.

Die Schwierigkeit des Unternehmens war augenscheinlich. Die felsige Beschaffenheit des Bodens mußte alle Erdarbeiten erschweren, und die rauhe Jahreszeit rückte heran. Der Angriff konnte mit Erfolg nur von Süden her gegen das Hauptwerk, die starke Citadelle, geführt werden. Zur Zeit waren erst 50 schwere Geschütze verfügbar, und die Stärke der Infanterie reichte nicht einmal aus, um den Platz wirksam von allen Seiten einzuschließen.

Unter solchen Umständen wurde dem General v. Tresckow denn auch anheimgestellt, zu versuchen, ob Belfort durch bloßes Bombardement zu bezwingen sei. Dafür eignete sich am meisten der Angriff von Westen her, wo, nachdem die feindliche Besatzung aus Valdoye vertrieben, die Infanterie sich der Ortschaften Essert und Bavilliers, sowie der anliegenden Waldhöhen bemächtigt hatte. Es wurden am 2. Dezember auf der Hochfläche zwischen beiden Dörfern, unter Sicherung von zwei Bataillonen, durch 3000 Mann sieben Batterien erbaut. Der hartgefrorene Boden erschwerte die Arbeit, aber trotz der mondhellen Nacht scheint sie der Aufmerksamkeit der Belagerten entgangen zu sein. Als am folgenden Morgen die Sonne den Nebel zerstreut und die Ziele sichtbar gemacht hatte, wurde das Feuer eröffnet.

Die Festung antwortete anfangs schwach, dann aber mit steigender Heftigkeit aus allen Werken, selbst auf 4000 Meter von den Forts de la Miotte und de la Justice her, und die Verluste in den Laufgräben waren erheblich.

Noch wurden vier neue Batterien vorwärts Bavilliers armirt, und durch Wegnahme von La Tuilerie drang die Infanterie bis auf 150 Meter an die äußersten Verschanzungen des Feindes heran. Es gelang auch,

Feuersbrünste in der Stadt zu entzünden, aber bald fing die Munition zu mangeln an, während das hohe Schloß sein wirksames Feuer un= gedämpft fortsetzte und stets wiederholte Ausfälle der Besatzung zurück= zuweisen blieben. Man mußte sich überzeugen, daß auf dem bisher ein= geschlagenen Wege ein durchgreifender Erfolg nicht, sondern nur durch den förmlichen Angriff zu erreichen sei.

Im Süden hatte am 13. Dezember Oberst v. Ostrowski den Fran= zosen Adelnans, die Waldhöhen Le Bosmont und von La Brosse ent= rissen. An der Ostspitze der letzteren wurden zwei, am Nordrande noch vier Batterien unter großer Schwierigkeit in dem vom Thauwetter durchsumpften Boden erbaut, und am 7. Januar konnte das Feuer aus 50 Geschützen eröffnet werden. Bald machte denn auch die Ueberlegenheit der Angriffs= Artillerie sich geltend, das Fort Bellevue war stark beschädigt, und namentlich wurde das Feuer von Basses Perches völlig niedergehalten.

Vor Allem stellte sich jetzt das vom Feinde stark besetzte und ver= schanzte Dorf Danjoutin dem weiteren Vordringen hindernd entgegen. In der Nacht zum 8. Januar griffen sieben Kompagnien diese Postirung, und zwar von Norden her, an, indem sie zugleich den Eisenbahndamm besetzten. Mit ungeladenen Gewehren warfen sich die Landwehrmänner auf den heftig feuernden Feind und drangen durch die Dorfstraße bis zur Kirche vor. Aus der Festung herbeieilende Unterstützungs=Abtheilungen wurden am Bahndamm zurückgewiesen, doch dauerte der Kampf um die Baulichkeiten im südlichen Dorftheile bis gegen Mittag. Von den Ver= theidigern geriethen 20 Offiziere und 700 Mann in Gefangenschaft.

In Belfort waren Typhus und Pocken ausgebrochen, aber auch bei den Belagerungstruppen wuchs die Zahl der Erkrankungen durch schwere Arbeit bei rauher Witterung in bedenklicher Weise. Die Bataillone konnten meist mit nur 500 Mann ausrücken, und dazu kam, daß General v. Treskow die Hälfte derselben zur Sicherung der Einschließung nach außen, namentlich gegen Süden, verwenden mußte.

Verbürgte Nachrichten gaben die Stärke der Franzosen bei Besançon auf 62 000 Mann an. Hatten diese sich bisher völlig unthätig verhalten, so schienen sie nunmehr ernstlich zum Entsatz der bedrängten Festung längs des Doubs vorgehen zu wollen.

Hier war das Schloß von Montbéliard zur Vertheidigung her= gerichtet, durch ein Bataillon besetzt und mit schwerem Geschütz ausgerüstet. Zwischen Doubs und Schweizer Grenze stand General v. Debschitz mit 8 Bataillonen, 2 Eskadrons und 2 Batterien bei Delle, und General v. Werder versammelte das XIV. Korps bei Noroy, Aillevans und Athésans, um jeder Störung der Belagerung mit allen Kräften entgegen= zutreten.

Vom 5. Januar an entspann sich eine Reihe von Gefechten vor Besoul, bei welchen der Gegner von Süden und Westen her bis auf Entfernung von einer Meile an diese Stadt herandrang. Es unterlag keinem Zweifel mehr, daß hier sehr erhebliche Streitkräfte im Anrücken begriffen waren. Auch östlich des Ognon über Rougemont gingen feind= liche Abtheilungen vor, jedoch in minderer Stärke. In diesen Gefechten nun wurden 500 Gefangene gemacht, und zugleich ergab sich, daß sie außer dem XVIII. auch dem XXIV. und XX. Korps, mithin der Armee Bourbaki, angehörten, und dieser Umstand warf plötzlich Licht auf eine gänzlich veränderte Kriegslage.

(Ueberführung der französischen Ostarmee nach dem südöstlichen Kriegsschauplatze, Ende Dezember.) Im großen Hauptquartier zu Versailles hatte man richtig geurtheilt, als Anfang Januar ein beab= sichtigtes Zusammenwirken der Generale Chanzy und Bourbaki ver= muthet wurde. Dem Vorgehen des Ersteren begegnete, wie wir gesehen, Prinz Friedrich Karl bereits am Loir, und auch der Letztere hatte thatsächlich den Vormarsch über Montargis eingeleitet, um das bedrängte Paris zu entsetzen. Aber bei ihm verzögerte sich die Ausführung bis zum 19. Dezember, wo die II. deutsche Armee von ihrem Zuge gegen Le Mans bereits nach Orléans zurückgekehrt war. General Bourbaki mußte nun gewärtigen, daß diese seinem weiteren Vorschreiten in die Flanke fallen werde, und um so bereitwilliger ging er auf einen anderen Plan ein, welcher von dem Delegirten de Freycinet entworfen und durch den Diktator Gambetta gut geheißen war.

Danach sollte das XV. Korps bei Bourges verbleiben und diesen Ort in verschanzter Stellung bei Vierzon und Nevers sichern, das XVIII. und XX. hingegen auf der Eisenbahn sofort nach Beaune übergeführt werden, um vereint mit Garibaldi und Crémer, 70 000 Mann stark, Dijon in Besitz zu nehmen. Ebenso mittelst der Eisenbahn war das neu formirte XXIV. Korps aus Lyon nach Besançon heranzuschaffen, wo es mit den bereits dort stehenden Abtheilungen die Stärke von 50 000 Mann erlangen sollte. In gemeinsamer Operation mit den „victorieux de Dijon" werde es dann leicht sein, „même sans coup férir", die Belagerung von Belfort aufzuheben. Die bloße Anwesenheit dieser Masse von weit über 100 000 Mann genüge, um alle Angriffe auf die nördlichen Festungen aufhören zu lassen, jedenfalls habe man die Gewißheit, sämmtliche Ver= bindungslinien der feindlichen Heere zu durchschneiden, und könne später auch ein Zusammenwirken mit Faidherbe in Aussicht nehmen.

Schon am 23. Dezember hatte der Eisenbahntransport von der Loire nach der Saône begonnen. Bei dem Mangel an Vorbereitungen ent= standen freilich vielfache Störungen und Unterbrechungen der Fahrt, und die Truppen litten schwer unter strenger Winterkälte und unter unzu= reichender Verpflegung. Nachdem Chagny und Châlons s. S. erreicht und bekannt geworden, daß Dijon bereits von den Deutschen geräumt sei, entschloß man sich, die Korps nochmals wieder einzuschiffen, um sie auf der Eisenbahn näher an Besançon heranzubringen, wodurch neuer Aufenthalt entstand, und erst zu Anfang des neuen Jahres stand die Ostarmee zwischen Dijon und Besançon bereit. Auch das XV. Korps wurde nun noch heranbeordert, brauchte aber 14 Tage zu seinem Transport.

v. Steinmetz

1870.71.

v. Goeben

Graf v. Roon

Graf v. Werder

Frh. v. Manteuffel

Der weit ausſehende Plan des Herrn Freycinet mit ſeinen ſan=
guiniſchen Erwartungen war weſentlich begünſtigt worden durch den Um=
ſtand, daß die Verlegung einer großen Heeresabtheilung nach einem ent=
fernten Kriegsſchauplatze ſowohl der II. Armee wie dem XIV. Korps
und folglich dem großen Hauptquartier 14 Tage lang verborgen bleiben
konnte. Hatten Gerüchte und Zeitungsartikel zwar ſchon etwas früher
Andeutungen gemacht, ſo war doch das Telegramm des Generals v. Werder
vom 5. Januar die erſte wirklich zuverläſſige Meldung, welche unzweifel=
haft erkennen ließ, daß man einer weſentlich veränderten Kriegslage gegen=
überſtand. Jetzt wurden denn auch in Verſailles die dieſer entſprechenden
Anordnungen ohne Verzug getroffen und zur Bildung einer neuen Süd=
armee geſchritten.

Verfügbar für dieſelbe waren das II. Korps in Montargis und die
Hälfte des VII. unter General v. Zaſtrow in Auxerre, welcher während
der Zeit der Ungewißheit zwiſchen Saône und Yonne, je nachdem die
eine oder die andere Richtung bedroht erſchien, mehrfach hin und her
geſchoben worden war. Der Oberbefehl über dieſe beiden Korps, zu
denen ſpäter das XIV. hinzutrat, wurde dem General v. Manteuffel
übertragen. Eine unmittelbare Verſtärkung konnte dem General v. Werder
nicht gewährt werden, und einſtweilen blieb das XIV. Korps auf ſeine
eigenen Kräfte beſchränkt.

Trotz aller Ueberlegenheit gingen indeß die Franzoſen weniger auf
den Angriff als aufs Manövriren aus. General Bourbaki wollte den
linken Flügel des XIV. Korps umfaſſen und daſſelbe ſo von Belfort völlig
abdrängen.

Am 5. Januar waren zwar das XVIII. Korps über Grandvelle,
das XX. über Echenoz le Sec gegen Veſoul vorgegangen, hatten aber,
wie wir geſehen, dort Widerſtand gefunden, und als das rechts auf
Eſprels entſendete XXIV. erfuhr, daß Villerſexel von den Deutſchen be=
ſetzt ſei, entſchloß ſich der Kommandirende ſich zu einer noch weiter öſtlich
ausholenden Umgehung. Am 8. marſchirten die beiden Korps des linken
Flügels rechts ab — das XVIII. nach Montbozon, das XX. nach Rouge=
mont —, das XXIV. aber ging nach Cuſe zurück. Zugleich erhielt
General Crémer Befehl, von Dijon gegen Veſoul vorzurücken. Am 9.
ſetzten ſich dann das XXIV. und XX. Korps bei Vellechevreux und
Villargent auf die Straße Arcey—Villerſexel, während das XVIII. letzteren
Ort und Eſprels mit ſeinen Spitzen erreichte.

Dem General v. Werder blieb nur übrig, dieſer Seitwärtsbewegung
ſchleunigſt zu folgen. Er beorderte die badiſche Diviſion nach Athéſans,
die 4. Reſerve=Diviſion nach Aillevans und die Brigade von der Goltz
nach Noroy le Bourg. Die Trains wurden nach Lure in Marſch geſetzt.

(Treffen bei Villerſexel, 9. Januar.) Dementſprechend war am
9. Januar die Reſerve=Diviſion um 7 Uhr von Noroy nach Aillevans
aufgebrochen und begann behufs Fortſetzung des Marſches den Bau einer
Brücke über den Ognon. Ein rechts entſendetes Seiten=Detachement des

Regiments Nr. 25 wurde bei Villerſexel mit Feuer empfangen, und der
Verſuch, über die dortige ſteinerne Brücke zu bringen, mißlang zunächſt.
Die hoch am jenſeitigen Ufer liegende Stadt hatte der Feind mit 2½ Ba=
taillonen beſetzt. Bald indeß langte auf deutſcher Seite Verſtärkung an.
Zwei Batterien nahmen den Ort und die noch anrückenden Abtheilungen des
Gegners unter Feuer. Die Fünfundzwanziger überſchritten den Fluß auf
einem Drahtſeilſtege und drangen in den mit Mauern umgebenen Park
ſowie in das Schloß ein. Um 1 Uhr waren die Franzoſen, unter Ver=
luſt ſehr vieler Gefangener, aus der Stadt vertrieben, und es trat hier
eine Ruhepauſe ein.

Allerdings war die preußiſche Abtheilung ſchon während des Gefechtes
in ihrer Flanke ernſtlich bedroht geweſen durch die von Eſprels mit der
Reſerve=Artillerie heranrückende 1. Diviſion des franzöſiſchen XVIII. Korps.
Dieſer trat jedoch General von der Goltz entgegen, indem er das Dorf
Moimay beſetzte.

Außerdem entſendete er neun Kompagnien Dreißiger nach Villerſexel,
welche dort die Fünfundzwanziger ablöſen ſollten, damit dieſe ſich ihrer
Diviſion zum Weitermarſch wieder anſchließen könnten. Mit ſeiner kom=
binirten Brigade wollte er ſchließlich die Nachhut der ganzen Bewegung
bilden.

General v. Werder, welcher die bedeutende Stärke beobachtete, in
der die Franzoſen von Süden her gegen Villerſexel heranrückten, hatte
erkannt, daß es weniger darauf ankam, hier über den Ognon vorzudringen,
als vielmehr den Feind an Ueberſchreitung dieſes Fluſſes zu hindern,
der einen Schutz für die weitere Annäherung an Belfort gewährte. Er
ließ daher die bereits ſüdlich aus der Stadt hervortretende Infanterie
zurückrufen und die Batterien nach dem nördlichen Flußufer abfahren.
Hier nahm dann das Gros der 4. Reſerve=Diviſion eine Vertheidigungs=
ſtellung, zu deren etwa nöthig werdender Verſtärkung auch die badiſche
Diviſion bei Arpenans und Lure auf ihrem Marſche angehalten wurde.

Es war Abend geworden, als ſtarke Kolonnen des Feindes gegen
Villerſexel anrückten und die Stadt durch Artillerie beſchoſſen.

Begünſtigt durch die Dunkelheit, drangen die Franzoſen in den Park
und das Schloß ein, von wo die deutſche Beſatzung bereits zurückgezogen
war, und da die allgemeine Sachlage eine Behauptung von Villerſexel
nicht unbedingt erheiſchte, ordneten hier befehligende Offiziere die Räumung
auch der Stadt an. Obwohl heftig vom Gegner gedrängt, war dieſelbe
nahezu ausgeführt, als nun doch von General v. Werder Befehl einlief,
die Stadt zu halten.

Sofort gingen vier Bataillone der Reſerve=Diviſion zu erneutem
Angriff vor. Die Fünfundzwanziger machten an der Ognon=Brücke Kehrt
und ſchloſſen ſich ihnen an. Die Landwehrmänner drangen in das untere
Stockwerk des weitläufigen Schloſſes ein, aber die Franzoſen vertheidigten
ſich im oberen und in den Kellern. Auf Treppen und Gängen des
bereits brennenden Gebäudes entſtand ein heftiger und wechſelvoller Kampf,
und auch in den Straßen tobte das Gefecht fort. Erſt als der komman=

dirende General anheimstellte, dasselbe abzubrechen, wurde um 1 Uhr nachts der allmähliche Rückzug angeordnet und bis gegen 3 Uhr beendet. Die Reserve-Division ging sodann noch über die Brücke bei Aillevans zurück und besetzte zur Rechten St. Sulpice.

General von der Goltz hatte sich bis abends bei Moimay behauptet.

Im Ganzen hatten vom XIV. Korps an diesem Tage nur 15 000 Mann gefochten, welche 26 Offiziere und 553 Mann verloren. Die Einbuße der Franzosen betrug 27 Offiziere und 627 Mann, sie ließen aber außerdem 700 unverwundete Gefangene in den Händen der Deutschen zurück. Betheiligt waren hauptsächlich das XVIII. und XX. Korps gewesen, das XXIV. hatte, wohl wegen des Gefechtes in seinem Rücken, den Marsch nach Arcey bei Secenans eingestellt. Abtheilungen des nach und nach eintreffenden XV. Korps rückten von Süden her in der Richtung auf Belfort vor.

Am 10. Januar früh versammelte General v. Werder sein Korps in der Gegend von Aillevans, bereit, dem Feinde die Schlacht zu bieten, falls er über Villerfexel vorgehen sollte. Ein Angriff erfolgte jedoch nicht, und so konnte noch in den Morgenstunden der Weitermarsch fortgesetzt werden. In der That standen die Franzosen mit drei Korps ebenso nahe an Belfort wie die Deutschen mit drei Divisionen. Um den Abzug zu decken, nahm die Reserve-Division Stellung bei Athésans, und am folgenden Tage wurde von allen Abtheilungen die Linie der Lisaine erreicht und besetzt. Auf dem rechten Flügel stand die badische Division bei Frahier und Chalonvillars, im Centrum die Reserve-Brigade zwischen Chagey und Couthenans, zur Linken die Reserve-Division bei Héricourt und Tavey. Im Süden beobachteten General v. Debschitz bei Delle und Oberst v. Bredow in Arcey, gegen Westen bei Lure Oberst v. Willisen mit dem aus Besoul herangezogenen Detachement, 8 Kompagnien, 13 Schwadronen und 2 Batterien stark.

Thatsächlich war es gelungen, sich zwischen den Feind und Belfort einzuschieben.

Der französische Heerführer hatte sich unter dem berauschenden Eindrucke eines Sieges der Unthätigkeit hingegeben. „Le général Billot" — meldete er an die Regierung in Bordeaux — „a occupé Esprels et s'y est maintenu"; wir wissen, daß er dort gar nicht angegriffen wurde und daß es ihm nicht gelang, den General von der Goltz aus dem nahen Moimay zu verdrängen. „Le général Clinchant a enlevé avec un entrain remarquable Villersexel", aber der Kampf am 9. war auf deutscher Seite nur durch einen Theil des XIV. Korps geführt, um den Marsch des Ganzen in der rechten Flanke zu sichern. Während dann diese Bewegung aufs Eifrigste fortgesetzt wurde, blieb das französische Heer zwei Tage lang stehen, gefechtsbereit und in der sicheren Erwartung, daß nun der doch als geschlagen bezeichnete Feind zum Angriff auf die Uebermacht vorbrechen werde. Erst am 13. rückte das XXIV. Korps gegen Arcey, das XX. nach Saulnot vor, und das XVIII. folgte bis

Secenans. Das XV. sollte einen Angriff auf Arcey über Ste. Marie unterstützen.

Diese Zwischenzeit hatte, den Truppen vorauseilend, General v. Werder benutzt, um die Möglichkeit einer Stellungnahme an der Lisaine zu prüfen und Rücksprache mit General v. Trescow zu nehmen.

Oertliche Besichtigung zeigte, daß die Lisaine als unbedeutender Bach bei Frahier eine offene Wiesenmulde durchfließt, dann aber bis Chagey steile, bewaldete Berghänge. Bei Héricourt gestaltet sich das Thal zur breiten freien Ebene, wird aber völlig beherrscht von der Felshöhe des Mont Vaudois. Weiter abwärts begleiten die Waldhöhen den Fluß bis Montbéliard, welches nebst dem Allaine-Bach einen starken Stützpunkt und den Abschluß der Linie bildet.

Die Bewaldung des Geländes westlich der Lisaine mußte dem Angreifer die Entwickelung großer Massen und starker Artillerie erschweren. Zwar bei der herrschenden strengen Kälte war der Fluß überall zugefroren, aber nur zwei größere Straßen führen aus der Richtung, in welcher das französische Heer anrückte, in das Thal hinab, auf Montbéliard und auf Héricourt. Die übrigen Abstiege waren enge, bei der Glätte schwer zu benutzende Hohlwege.

Bereits hatte General v. Trescow die wichtigsten Punkte mit Belagerungsgeschütz besetzt, und zwar das Schloß von Montbéliard mit sechs, die nahe Höhe La Grange Dame mit fünf schweren Kanonen. Bei Héricourt standen am Mont Vaudois deren sieben, und außerdem beherrschten einundzwanzig gegen Süden das Thal der Allaine bis Delle.

Auch von den Einschließungstruppen wurde Alles herangezogen, was vor Belfort irgend entbehrt werden konnte; dennoch blieb das Haupt-bedenken, daß die vorhandenen Streitkräfte nicht hinreichten, die ganze Lisaine-Linie auskömmlich zu besetzen. Den örtlich schwächsten Theil der ganzen Stellung bildete der rechte Flügel, aber hier war auch ein Haupt-angriff des Gegners weniger zu gewärtigen; denn das zahlreiche, nur mangelhaft ausgerüstete französische Heer sah sich mit allen seinen Bedürf-nissen auf möglichste Nähe einer der Eisenbahnen hingewiesen. Die von Vesoul über Lure war an vielen Punkten zerstört, und die von Besançon führte gegen den starken linken Flügel. Es konnte daher die Gegend nördlich Chagey schwächer besetzt und aus dem größten Theil der badischen Division eine Reserve gebildet werden, welche hinter Centrum und linkem Flügel auf Mandrevillars, Brévilliers und Charmont vertheilt wurde.

Mit größtem Eifer ward die vom Gegner gewährte Frist benutzt, um Schützengräben und Batteriestände zu erbauen, Telegraphen und Relaislinien herzustellen, Wege zu bessern und für Lebensmittel und Munition zu sorgen.

(13. Januar.) Am Vormittage des 13. nun wurden die Postirungen der 3. Reserve-Division in Arcey, Ste. Marie und Gonvillars angegriffen. Dieselben waren angewiesen, sich vor der Uebermacht zurückzuziehen, doch aber so lange Stand zu halten, daß die feindlichen Kolonnen zur Ent-wickelung genöthigt würden.

Der Kampf mit der in weitem Kreiſe auffahrenden Artillerie der Franzoſen wurde daher eine Zeitlang geführt, dann nach dreiſtündiger Gegenwehr, hart gedrängt zwar, eine neue Aufſtellung hinter dem Rupt= Bach genommen und erſt um 4 Uhr nachmittags der Rückzug nach Tavey angetreten. Auch die Avantgarde des Generals von der Goltz bei Chavanne nahm, nachdem eine ganze Brigade ſich gegen dieſelbe entwickelt, in gleicher Höhe bei Couthenans Stellung.

Vor der Allaine=Front war es den Franzoſen nicht gelungen, die Poſtirungen des Generals v. Debſchitz aus Dasle und Croix zu ver= drängen.

(14. Januar.) Am 14. vertrieb General v. Williſen mit 50 ab= geſeſſenen Dragonern den eben in Lure einrückenden Feind, ging aber dann mit ſeinem Detachement nach Ronchamp zurück.

Auch an dieſem Tage unternahm das franzöſiſche Heer einen ernſten Angriff noch nicht. Daſſelbe ſtand mit dem XV., XXIV. und XX. Korps eng verſammelt und in Entfernung von kaum einer Meile dem linken Flügel und dem Centrum der Deutſchen gegenüber. Den rechten ver= muthete General Bourbaki an den Mont Vaudois angelehnt. Sein Plan war, mit ſtarken Kräften die Liſaine oberhalb dieſes Stützpunktes zu überſchreiten und ſo durch Umfaſſung des Gegners den frontalen Angriff zu erleichtern. Dazu waren das XVIII. Korps und die Diviſion Crémer beſtimmt. Dieſer zweckmäßigen Anordnung ſtand jedoch entgegen, daß gerade die beiden genannten Abtheilungen, welche nach der Abſicht des Oberkommandirenden am 14. den Kampf zuerſt beginnen ſollten, den weiteſten Anmarſch hatten. Das XVIII. Korps erreichte in dem ſchwierigen Berg= und Waldgelände an dieſem Tage nur mit ſeinen Spitzen die Gegend von Lomont, und die Brigade Crémer rückte eben erſt von Veſoul ab. Sonach war ein Aufſchub bis zum 15. bedingt.

Auf deutſcher Seite konnte der allgemeine Angriff des überſtarken Gegners ſtündlich erwartet werden, und General v. Werder fühlte ſich verpflichtet, den ganzen Ernſt ſeiner Lage auf telegraphiſchem Wege in Verſailles zur Sprache zu bringen. Die Flußlinien ſeien durch Froſt paſſirbar, die Deckung von Belfort beraube ihn jeder Freiheit der Bewegung und ſetze die Exiſtenz ſeines Korps aufs Spiel, er bitte dringend zu erwägen, ob Belfort ferner feſtgehalten werden ſolle.

Im großen Hauptquartier ſagte man ſich, daß jeder weitere Rückzug des XIV. Korps das Aufgeben der Belagerung und den Verluſt des dafür beſtimmten umfangreichen Materials zur unmittelbaren Folge habe, daß nicht abzuſehen ſei, wo eine ſolche Bewegung wieder zum Stehen kommen werde, und daß ſie die Einwirkung der in Eilmärſchen heran= rückenden Armee des Generals v. Manteuffel nur verzögern könne. Dem General v. Werder wurde daher unter dem 15. Januar 3 Uhr nachmittags der beſtimmte Befehl ertheilt, die Schlacht vorwärts Belfort anzunehmen. Wie nur billig, wurde er dadurch von der moraliſchen Verantwortung für alle Folgen entlaſtet, welche der vielleicht unglückliche

Ausgang des Kampfes haben konnte. Aber ehe noch dieser Befehl einging, hatte der General ihm schon aus eigener Entschließung entsprochen.

Schlacht an der Lisaine.
(15., 16. und 17. Januar.)

(15. Januar.) Am 15. Januar morgens rückte das französische XV. Korps mit zwei durch Artillerie verstärkten Divisionen gegen Mont-béliard an, eine dritte folgte als Reserve. Lange behaupteten die nach Mont Chevis Ferme und Ste. Suzanne vorgeschobenen ostpreußischen Landwehr=Bataillone ihre Stellung, gingen selbst zum Angriff vor und drängten die Spitzen der feindlichen Kolonnen bis zum Rupt=Bach zurück. Als aber diese nachmittags sich in großer Stärke an den Waldrändern entwickelt hatten, wurden die Postirungen um 2 Uhr auf das linke Lisaine-Ufer zurückbeordert, auch die aus nächster Nähe gänzlich überhöhte Stadt Montbéliard freiwillig geräumt und nur das feste Schloß besetzt gehalten. Oestlich des Ortes aber hatte General v. Glümer mit der 1. badischen Brigade Stellung genommen und vier Feldbatterien neben dem Belagerungsgeschütz auf der Hochfläche von La Grange Dame auffahren lassen.

Nach anhaltender, aber wirkungsloser Beschießung aus acht Batterien nahmen bei einbrechender Dunkelheit die Franzosen Besitz von der Stadt, rückten aber nicht über dieselbe hinaus.

Ebenso wenig war es ihnen geglückt, bei Bethoncourt die Lisaine zu überschreiten. Ein Offizier und 60 Mann, welche Schutz gegen das lebhafte Feuer der Vertheidiger in einem ummauerten Kirchhofe gesucht hatten, wurden gefangen genommen.

Weiter nördlich rückte das französische XXIV. Korps vor, aber erst um 2 Uhr vermochten die Kolonnen sich aus dem Walde zu entwickeln. Vier Bataillone setzten sich zwar in Besitz des am westlichen Ufer der Lisaine liegenden Dorfes Bussurel, dann aber scheiterte das weitere Vordringen an dem Feuer der hinter dem Eisenbahndamm eingenisteten Vertheidiger und dem der von der Hauptreserve herangezogenen badischen Bataillone und Batterien.

Einen besonders wichtigen Punkt in der deutschen Gefechtslinie bildete das an der großen Hauptstraße von Besançon belegene und nur noch eine Meile von Belfort entfernte Héricourt. Hier trat der rechte Flügel der 4. Reserve=Division dem Feinde vorwärts der Lisaine entgegen.

Der kleine Waldhügel Mougnot nämlich bildet an der in enger Schlucht hinabführenden Straße eine Art Brückenkopf und war von den Pionieren durch Verhaue, Batteriestände und Schützengräben verstärkt, dahinter die Stadt selbst zur Vertheidigung hergerichtet und zu beiden Seiten derselben der Fuß der Höhen durch Artillerie gekrönt. Vier ost-preußischen Landwehr=Bataillonen schloß sich zur Rechten die Reserve=Brigade an, welche hinter dem Fluß den Abfall des Mont Vaudois bis Luze besetzt hielt.

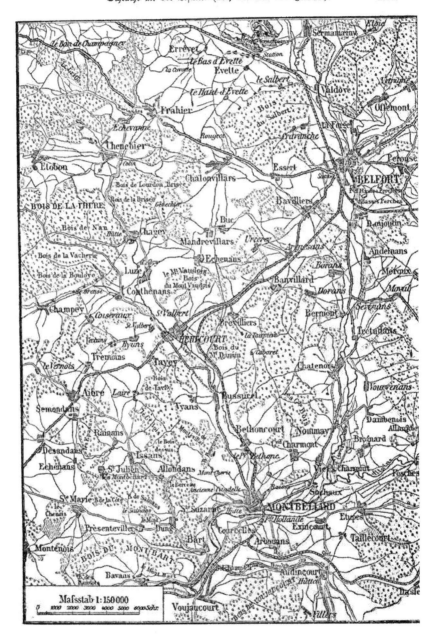

Mafsstab 1:150000

Gegen 10 Uhr entwickelten die Franzosen ihre Artillerie auf den waldfreien Höhen neben der Anmarschstraße in der Gegend von Trémoins. Als dann ihre Infanterie links über Byans vorschritt, ging das bis dahin in Tavay belassene Detachement auf Héricourt in Reserve zurück, und ein erster Angriff des Feindes auf den Mougnot scheiterte an dem Widerstande der Besatzung und dem Feuer von 61 Geschützen am jenseitigen Flußufer. Der Versuch wurde an diesem Tage nicht wiederholt, und die Franzosen beschränkten sich auf eine lebhafte, aber wirkungslose Kanonade.

Das XX. Korps hatte nämlich nach den vom General Bourbaki erlassenen Bestimmungen erst die Wirkung der großen Umfassungsbewegung abzuwarten, welche dem General Billot mit dem XVIII. und der Division Crémer übertragen war. Da jedoch diese bisher nicht erschienen waren, so mußte zur Sicherung der eigenen Flanke des Generals Clinchant die Armee-Reserve links nach Coisevaux vorgezogen werden.

Die Befehle des Oberkommandos waren nämlich dem XVIII. Korps erst um Mitternacht zugegangen. Ohnehin hatte dasselbe einen schwierigen Marsch auf tief verschneiten Waldwegen auszuführen. Dabei entstanden dann noch Kreuzungen nicht nur zwischen den Flügelkolonnen der ersten und dritten Division, sondern in Lyoffans sogar mit der Division Crémer. Diese hatte mit äußerster Anstrengung erst in der Nacht Lure erreicht und konnte bis 9 Uhr morgens nicht weiter als bis Béverne gelangen. Neue Verzögerung veranlaßte sodann der Befehl, die Artillerie, selbst die an der Queue marschirende Reserve-Artillerie, an der Infanterie vorüber vorzuziehen, und so geschah es, daß das XVIII. Korps erst zwischen 12 und 2 Uhr nachmittags Luze und Chagey gegenüber mit zwei seiner Divisionen zur Entwickelung gelangte.

Die 1. besetzte Couthenans mit einem Bataillon und fuhr fünf Batterien am Rückabfall der Höhe nördlich dieses Ortes auf. Sie vermochten aber gegen das Feuer vom jenseitigen Ufer nicht aufzukommen, und nach kurzem Verlaufe hatten mehrere derselben nur noch zwei Geschütze kampffähig, obwohl die Deutschen ihre Munition aus Rücksicht auf die Schwierigkeit des Ersatzes so viel wie möglich zu Rathe hielten. Um 3 Uhr entstand eine Pause im Geschützkampf, der erst mit Lebhaftigkeit wieder aufgenommen wurde, als Verstärkung eintraf und auch die Artillerie des XXIV. Korps von Byans her sich betheiligte. Ein größerer Infanterieangriff wurde jedoch nicht versucht.

Wenig mehr Ernst zeigte die 3. Division beim Vorgehen gegen Chagey, welches nur durch ein badisches Bataillon besetzt war, und doch sollte von hier die Umfassung des rechten deutschen Flügels, den Baudois umgehend, erfolgen. Der Wald reicht bis an die ersten Häuser des Dorfes, und nur der steile Abfall der Höhe erschwerte das Hinabsteigen. Aus der Schlucht südlich derselben brachen zwei französische Bataillone vor und vertrieben die badischen Vorposten, der weitere Angriff sollte von Süden her aus Couthenans unterstützt werden; die von dort vorgehende Infanterie sah sich jedoch durch das Feuer vom anderen Ufer zur Umkehr veranlaßt. Erst bei erneutem Versuch drangen die Zouaven

in Chagey ein, wo dann ein lebhafter Häuserkampf entbrannte. In=
zwischen langten zwei badische Bataillone an, welche um 5 Uhr den
Feind aus dem Dorfe in den Wald zurücktrieben. Zu ihrer Unterstützung
eilten neue Verstärkungen aus der Reserve herbei, der kurze Wintertag
war verflossen, und auch während der Nacht wurde hier von den Fran=
zosen nichts weiter unternommen. Die zweite Division des französischen
Korps war nur bis Béverne gelangt, die Kavallerie bei Lyoffans stehen
geblieben.

Die Division Crémer hatte trotz ihres späten Eintreffens in Lure
den Marsch in aller Frühe fortgesetzt. Nachdem die schon erwähnten
Kreuzungen und Aufenthalte beseitigt, rückte die 1. Brigade nach Etobon
vor, und es entspann sich dort um Mittag ein Gefecht gegen ein De=
tachement des Generals v. Degenfeld. Als auch die 2. Brigade ein=
getroffen, zog die 1. durch das Bois de la Thure ab, um oberhalb Chagey
die Lisaine zu überschreiten. Die Wege mußten zum Theil erst durch
die Pioniere gangbar gemacht werden, und es entstanden vielfache Stockungen.
In der Dunkelheit folgte dann auch die 2. Brigade unter Zurücklassung
eines Beobachtungs=Detachements bei Etobon. Dabei kam es noch zu
einem Zusammenstoße mit badischen Abtheilungen, welcher General Crémer
bestimmte, alle Wachtfeuer auslöschen zu lassen. Seine Truppen verblieben
während der rauhen Winternacht unter Gewehr.

Auf deutscher Seite fand Alles, was nicht zur Bewachung bestimmt
war, Schutz in den nächstliegenden Ortschaften, nur blieben die Pioniere
mit Aufeisen beschäftigt.

Die Gefechte hatten beiden Parteien etwa 600 Mann gekostet, ohne
irgend welche Entscheidung herbeizuführen, aber für den Vertheidiger war
jeder Tag ein Gewinn.

Dem General v. Werder waren auf der Höhe nördlich Héricourt
von den auf verschiedenen Punkten aufgestellten Generalstabsoffizieren über
den Verlauf des Gefechtes fortwährend Berichte zugegangen, wonach die
Absendung von Reserven sich regeln ließ. Große Sorge veranlaßte nur
der Munitionsersatz, da ein aus Baden verschriebener Transport noch
nicht angekommen war.

General Bourbaki meldete seiner Regierung, daß er Montbéliard,
freilich ohne das Schloß, genommen, die Dörfer am westlichen Ufer der
Lisaine besetzt habe und am 16. angreifen werde. Von General Billot
hatte er erfahren, daß der rechte Flügel der Deutschen sich noch erheblich
über den Mont Vaudois hinaus erstrecke; er schloß daraus, daß ihnen be=
trächtliche Verstärkungen zugegangen seien, und schätzte den Gegner auf
80 000 bis 100 000 Mann. Indeß versprach er sich günstigen Erfolg
von einer noch weiter nach links ausholenden Umfassung.

(16. Januar.) Am 16. morgens 6½ Uhr traten die Deutschen in
den gestrigen Stellungen wieder unter Waffen.

Die Franzosen begannen ihren Angriff abermals mit ihrem rechten
Flügel. Aus den mit Scharten versehenen Häusern schossen sie auf die
im Schlosse von Montbéliard stehende Landwehr=Kompagnie und ver=

urſachten bei derſelben ſowie bei der Geſchütz-Bedienungsmannſchaft einigen
Verluſt. Die Aufforderung zur Uebergabe wurde abgelehnt, und das
Feuer der Feſtungs-Artillerie mit ſo gutem Erfolge gegen zwei auf der
nahen Höhe erſcheinende Batterien gerichtet, daß dieſe unter Zurücklaſſung
von zwei Geſchützen abfahren mußten. Auch in einer neuen Aufſtellung
bei Mont Chevis Ferme und verſtärkt durch noch drei Batterien ver=
mochten ſie nicht gegen das Feuer von La Grange Dame aufzukommen,
ſetzten jedoch die Kanonade bis zur Dunkelheit fort. Ein Verſuch, von
Montbéliard aus die deutſche Linie zu durchbrechen, wurde nicht gemacht.

Weiter links rückte die verſtärkte 1. Diviſion des franzöſiſchen XV. Korps
gegen Bethoncourt an. Das Feuer ihrer Artillerie vom Mont Chevis
und von Byans her zwang um 1 Uhr eine badiſche Batterie, die Be=
ſpannung zu ergänzen, und richtete ſich auch gegen das Dorf. Starke
Maſſen hatten ſich in dem nahe heranreichenden Walde verſammelt und
traten um 3 Uhr aus demſelben hervor. Inzwiſchen aber waren von
General v. Glümer bereits Verſtärkungen nach dem bedrohten Punkte
abgeſendet. Zwei mit Entſchloſſenheit bis dicht an den Ort geführte An=
läufe ſcheiterten an dem vernichtenden Artillerie= und Kleingewehrfeuer
der Vertheidiger. Ein dritter, um 4 Uhr mit einer ganzen Brigade
unternommener Angriff gelangte nicht mehr zum vollen Aufmarſch. Die
Verluſte auf franzöſiſcher Seite waren erheblich, das Schneefeld lag mit
Gefallenen beſät. Auch Unverwundete gingen in Gefangenſchaft.

Vom XXIV. franzöſiſchen Korps hatte eine Diviſion verdeckte Auf=
ſtellung in den Waldungen hinter Byans genommen, und da Buſſurel
ſchon tags zuvor von derſelben beſetzt war, ſo zeigte ſich hier die deutſche
Vertheidigungsſtellung hinter dem Eiſenbahndamm aus nächſter Nähe be=
droht. Der Kommandirende ſchickte daher den General Keller mit zwei
badiſchen Füſilier-Bataillonen und einer ſchweren Batterie von Brévilliers
aus in dieſer Richtung ab. Letztere reihte ſich den beiden ſchon ſeit
morgens auf dem Höhenabfall im Kampfe ſtehenden an. Das Feuer von
fünf feindlichen Batterien erlahmte bald unter den ſicher einſchlagenden
Granaten der deutſchen Geſchütze. Um Mittag ſchon zog die franzöſiſche
Artillerie von Byans ab, auch hier zwei Geſchütze ſtehen laſſend, welche
erſt ſpäter abgeholt werden konnten. Die Infanterie in Stärke einer
Diviſion hatte mit dem Durchbruch nur gedroht, ohne zur Ausführung
zu ſchreiten.

Gegen die Linie Héricourt—Luze führte das XX. Korps zwei
Diviſionen vor. Dichter Nebel bedeckte die Thalſohle, und die ſchon früh
beginnende Kanonade wurde von den Deutſchen kaum erwidert. Von
Letzteren waren, um einigen Einblick in die Unternehmungen des Feindes
zu erlangen, zwei Kompagnien auf die Höhe weſtlich St. Valbert vor=
gegangen und überraſchten den von Byans anrückenden Gegner mit ſolchem
Schnellfeuer, daß derſelbe wieder umkehrte. Bald darauf aber, um 9½ Uhr,
brachen mehrere ſeiner Bataillone von Tavey gegen den Mougnot vor.
Zwei Angriffe ſcheiterten an dem beſonnenen Widerſtande der Landwehr=
Bataillone, auch ein dritter Verſuch, welcher gegen den Südausgang von

Héricourt gerichtet war, blieb ohne Erfolg. Zwar sammelten sich nach= mittags gegen 4 Uhr aufs Neue Infanteriemassen gegen den Mougnot, standen aber im Feuer des Mont Salamou von weiteren Angriffen ab und beschränkten sich bis zum Abend auf eine wirkungslose Kanonade.

Bei Chagey standen zwei Divisionen des XVIII. Korps den Deutschen gegenüber. Sie unternahmen nichts.

Der geringe Nachdruck, mit welchem am 16. Januar das Gefecht auf der ganzen Front von Montbéliard bis Chagey geführt wurde, läßt vermuthen, daß man überall erst die Wirkung der geplanten Umfassung des deutschen rechten Flügels abwarten wollte.

Diese Aufgabe fiel nun dem General Crémer zu. Mit ihm ver= einigte sich in Etobon die 2. Division des XVIII. Korps.

Von dort rückten sonach zwei Divisionen gegen Chenebier vor, wo General v. Degenfeld mit 2 Bataillonen, 2 Batterien und 1 Schwadron stand. Der Erfolg konnte nicht zweifelhaft sein. Die Division Penhoat des XVIII. Korps griff um 11 Uhr von Westen und nördlich umfassend an, die Division Crémer aber, um die Rückzugslinie auf Belfort dem Vertheidiger zu verlegen, von Süden her, wo der Wald von La Thure den Anmarsch verdeckte. Am Nordrande desselben fuhren nachmittags die Batterien beider Divisionen auf und eröffneten ihr Feuer. Nachdem dasselbe zwei Stunden gewirkt, rückten die Infanteriemassen von drei Seiten heran. Unter persönlicher Führung des Generals Crémer wurden die badischen Füsiliere aus dem südlichen Theile des Dorfes in den nördlichen gedrängt, und als hier auch die Umgehung durch den Wald von Montedin wirksam geworden, mußte um 3 Uhr nach hart= näckiger Gegenwehr General v. Degenfeld den Rückzug und zwar in nördlicher Richtung über Frahier antreten. Von dort bog er jedoch wieder südöstlich ein und nahm vorwärts Chalonvillars bei der hochliegenden Mühle Rougeot Stellung, wo ihm abends 6 Uhr Oberst Bayer Ver= stärkungen zuführte.

Die Franzosen waren nicht gefolgt, die Division Crémer, welche über 1000 Mann verloren, ging vielmehr nach dem Walde von La Thure zurück, während die Division Penhoat sich auf Besetzung von Chenebier beschränkte.

Demnach war an diesem Tage die Vertheidigungslinie der Deutschen nirgends durchbrochen, immerhin aber ihr äußerster rechter Flügel bis auf ³/₄ Meilen nahe an Belfort zurückgedrängt.

Die Festung feierte den Sieg der französischen Waffen durch Viktoria= schießen, unternahm aber keinen ernstlichen Ausfall gegen die durch Ent= sendungen geschwächten Einschließungstruppen, welche ihrerseits ruhig mit dem Bau der Batterien fortfuhren.

Um vor Allem die Gefechtslage auf seinem rechten Flügel wieder= herzustellen, vermochte General v. Werder doch nur noch 4 Bataillone, 4 Schwadronen und 2 Batterien zu einer General=Reserve zu versammeln, indem er diese von den minder bedrohten Punkten und selbst von Belfort her nach Brévilliers und Mandrevillars heranzog. Noch abends 8 Uhr erhielt General Keller den Befehl, Chenebier wieder zu nehmen. Er rückte zu diesem Zwecke um 11 Uhr mit zwei badischen Bataillonen aus Mandrevillars ab, erreichte um Mitternacht Moulin Rougeot und fand Frahier bereits durch Oberst Bayer wieder besetzt.

(17. Januar.) Am Morgen des 17. waren dort 8 Bataillone, 2 Eskadrons, 4 Batterien versammelt. Drei davon gingen gegen den nördlichen, drei gegen den südlichen Theil von Chenebier vor, die übrigen verblieben in Reserve bei der Mühle, wo auch drei 15 cm-Kanonen in Stellung gebracht worden waren.

Um 4½ Uhr morgens in lautloser Stille anrückend, überraschte die erste Kolonne bei Echevanne eine feindliche Feldwache, aber nicht zu verhindern war, daß durch ihr Gewehrfeuer die Franzosen in Chenebier auf die ihnen drohende Gefahr aufmerksam gemacht wurden. Schon im Walde nördlich des Ortes stieß man auf ernstlichen Widerstand, und bei der Gefahr, daß im dichten Gebüsch und in der Dunkelheit die eigenen Truppen sich gegenseitig bekämpfen möchten, mußten diese nach dem äußeren Waldrande zurückgenommen werden.

Die andere im Lisaine-Thal vorgehende Kolonne hatte, sobald die ersten Schüsse hörbar geworden, von Moulin Colin aus ihre Schritte beschleunigt. Das 2. Bataillon des 4. badischen Regiments drang mit Hurrah in den südlichen Theil von Chenebier ein, wo nun große Verwirrung entstand. Aber das beginnende Tageslicht zeigte die Höhen westlich des Ortes stark besetzt und das Anrücken von Kolonnen aller Waffen von Etobon her. Um 8½ Uhr mußte Oberst Bayer sich entschließen, das schon halb eroberte Dorf wieder zu räumen und, 400 Gefangene mit sich führend, Stellung am Bois Féry zu nehmen, um die Straße über Chalonvillars nach Belfort zu decken.

Zu derselben Zeit hatte die rechte Kolonne, durch ein Bataillon aus der Reserve verstärkt, den Angriff auf den Wald erneut und nahm in zweistündigem, verlustreichem Kampfe denselben endlich in Besitz. Vergeblich aber blieben die Versuche, in das verbarrikadirte und stark besetzte Dorf einzudringen. Ein vernichtendes Feuer richtete sich gegen diesen Angriff, wie denn z. B. eine einzige Mitrailleusenlage hier 21 Mann der anstürmenden Badenser niederriß. Nachmittags 3 Uhr versammelte daher General Keller seine Streitkräfte bei Frahier, wo sie durch vier Batterien unterstützt waren.

Bei den gegebenen Stärkeverhältnissen war, nachdem der Ueberfall mißlungen, nicht daran zu denken, den so weit überlegenen Feind über Chenebier hinaus zurückzuwerfen, sondern nur noch darauf Bedacht zu nehmen, ihn am weiteren Vorrücken gegen Belfort zu hindern. Und dieser Zweck wurde vollkommen erreicht; die Franzosen folgten nicht. Statt den rechten Flügel der Deutschen zu umfassen, zeigten sie sich aufs Lebhafteste für den eigenen linken besorgt. Sie vertheidigten hartnäckig Chenebier, unterließen dann aber jede weitere Angriffsbewegung.

In Erwartung des Erfolges einer solchen scheint die Absicht des Generals Bourbaki gewesen zu sein, den Gegner in der Front nur zu beschäftigen und ihn festzuhalten. Schon während der Nacht wurden die Deutschen bei Bethoncourt und vor Héricourt alarmirt, während sie selbst die Franzosen in Bussurel und im Bois de la Thure aufstörten. Das Infanteriefeuer dauerte stundenlang fort, und zahlreiche Abtheilungen mußten die strenge Winternacht unter den Waffen zubringen. Am Morgen gingen sodann zwei Divisionen des XVIII. Korps gegen Chagey und Luze vor, ihre Batterien, unterstützt durch die Artillerie der Armee-Reserve, vermochten aber nicht gegen die der Deutschen aufzukommen, und so blieben mehrfach wiederholte Angriffe auf die genannten Ortschaften ohne Erfolg. Von 1 Uhr ab dauerte hier nur noch eine Kanonade fort. Auch vor Héricourt kam es nur zum Austausch von Granaten, und das von den Franzosen besetzte Bussurel wurde in Brand geschossen.

Um den Feind aus Montbéliard zu vertreiben, war von La Grange Dame und vom Schloß das Feuer gegen die Stadt gerichtet, aber wieder eingestellt worden, als diese um Schonung bat, unter der Versicherung, daß der Ort geräumt sei, was sich später als nicht ganz zutreffend erwies. Zehn Bataillone des französischen XV. Korps waren vormittags aus den Wäldern hervorgetreten und versuchten, über Montbéliard vorzudringen, litten aber außerordentlich durch das flankirende Feuer der schweren Geschütze von La Grange Dame, und nur wenige gelangten bis in den Lisaine-Grund. Die Westausgänge von Montbéliard und die dicht vor denselben liegenden Höhen blieben von den Franzosen besetzt, aber die Angriffsbewegungen wurden um 2 Uhr nachmittags eingestellt.

Weiter südlich hatten die Postirungen des Generals v. Debschitz schon vorwärts der Allaine das Andringen feindlicher Abtheilungen leicht zurückgewiesen.

Auf deutscher Seite hatte man das Gefühl, daß der Angriff nicht mehr erneuert werden würde.

Wirklich war der Zustand der französischen noch wenig kriegsgewohnten Truppen sehr bedenklich. Sie hatten während der bitterlich kalten Nächte biwakirt, zum Theil unter Waffen und meist ohne Nahrung. Die Verluste waren nicht unerheblich, und die höheren Führer, welche der Kommandirende um 3 Uhr nachmittags in der Gegend von Chagey versammelte, sprachen ihr Bedenken gegen eine noch weiter links ausgreifende Umfassung aus, weil dadurch die Verpflegung vollends erschwert werde und die Gefahr entstehe, daß die Deutschen dann über Montbéliard auf die Verbindungen der Armee fallen dürften. Dazu kam noch die Nachricht, daß die Korps des Generals v. Manteuffel mit ihren Spitzen bereits bis Fontaine Française, also nahe an Gray, herangerückt seien.

Unter solchen Umständen glaubte General Bourbaki, sich zum Rückzuge entschließen zu müssen. An die Regierung telegraphirte er, daß auf den Rath seiner Generale und zu seinem größten Bedauern er sich habe entscheiden müssen, eine neue Stellung weiter rückwärts zu nehmen, und nur wünsche, daß der Gegner ihm folgen möge. Darüber wird aber dieser erfahrene General nicht im Zweifel gewesen sein, daß seine

Armee, nachdem der Angriff an der Lisaine einmal gescheitert, sich einer höchst bedenklichen Lage nur durch den fortgesetzten Rückzug entziehen könne.

(18. Januar.) Am 18. morgens standen die Deutschen in den tags zuvor behaupteten Stellungen unter den Waffen, die Franzosen noch in voller Stärke vor der ganzen Front. Bezeichnend aber war, daß man sie mit Erdarbeiten beschäftigt sah. Montbéliard hatten sie abends zuvor in ungeordnetem Rückzuge geräumt, die Gegend westlich des Ortes jedoch stark besetzt und verschanzt behalten.

Es kam im Laufe des Tages nur zu Kanonaden und kleinen Schützengefechten. Auf dem rechten Flügel war General Keller mit Verstärkungen angelangt und konnte, da der Gegner sich auf Etobon zurückzog, nachmittags Chenebier wieder besetzen. Weiter nördlich ging Oberst v. Willisen aufs Neue gegen Ronchamp vor. Im Centrum wurde Couthenans in Besitz genommen und der Feind durch Geschützfeuer aus Byans vertrieben, dagegen gelang es noch nicht, in die Waldzone vorzudringen. Am südlichen Ufer der Allaine warfen die Abtheilungen des Generals v. Debschitz den Feind bis über die Linie Exincourt—Croix zurück.

Der Verlust der Deutschen in dem dreitägigen Kampfe an der Lisaine hatte 1200, der der Franzosen 4000 bis 5000 Mann betragen.

Vor Belfort waren, trotz mehrfacher Detachirungen und der nahen Bedrohung, die Angriffsarbeiten ununterbrochen fortgesetzt worden, und nachdem die Einschließungstruppen wieder ergänzt, folgte General v. Werder dem abziehenden Gegner nach Etobon, Saulnot und Arcey.

Der artilleristische Angriff auf Paris.
(Januar.)

Vor Paris war für das an die Süd-Armee abgegebene II. Korps das I. bayerische eingerückt, von welchem Herr Gambetta annahm: les Bavarois n'existent plus. Dasselbe hatte die Ruhequartiere südlich Longjumeau so gut ausgenutzt, daß es zu Anfang des neuen Jahres bereits wieder 17 500 Mann und 108 Geschütze zählte. Es wurde auf beiden Seiten der Seine zwischen dem preußischen VI. Korps und der württembergischen Division eingereiht. Letztere reichte von Ormesson bis an die Marne, und von dort dehnten sich die Sachsen rechts bis zum Sausset-Bach aus, um die Front des Gardekorps zu verkürzen, welchem der zugefrorene Morée-Bach einen Schutz nicht mehr gewährte.

Ueberhaupt stellte die Bewachung eines großen Waffenplatzes starke Anforderungen an die Ausdauer der Truppen.

Nachdem die Franzosen von Villejuif und Bruyères aus ihre Erdwerke mehr und mehr ausgedehnt hatten, bedrohten sie das II. bayerische Korps mit Umfassung. Um hier einem Flankenangriffe vorzubeugen, war das VI. Korps genöthigt, große Abtheilungen bei L'Haÿ fortwährend bereit zu halten.

Es war überhaupt nicht zu vermeiden, daß vor der Südfront die Unterſtützungstruppen von der ſchweren Feſtungsartillerie, die Vorpoſten aber vom Chaſſepotfeuer erreicht wurden. Letztere blieben daher oft mehrere Tage ſtehen, und die Ablöſung erfolgte meiſtens nachts. Je weniger Erfolg die Kämpfe der Franzoſen im freien Felde gehabt hatten, mit um ſo größerer Verſchwendung gingen ſie von den Werken aus mit Verbrauch ihrer Munition vor. Der Mont Valérien ſchleuderte ſeine Rieſengeſchoſſe auf 7 bis 8 km Entfernung, indeß richtete dieſe fort= geſetzte Kanonade, an deren Lärm man ſich bald gewöhnt hatte, nur geringen Schaden an.

(Der artilleriſtiſche Angriff gegen die Südfront.) Bis zur Weg= nahme des Mont Avron hatten die Deutſchen der feindlichen Feſtungs= artillerie nur Feldgeſchütz entgegenſtellen können. In den erſten Tagen des Januar aber waren endlich alle Vorbereitungen ſo weit gediehen, daß 17 bereits längſt fertiggeſtellte Batterien vor der Südfront von Paris mit ſchwerem Geſchütz armirt werden konnten. Auf dem linken Flügel befand ſich abgeſondert im Park von St. Cloud nördlich Sèvres eine Batterie, vier lagen dicht nebeneinander am Steilabfall der Höhe weſtlich des Schloſſes Meudon, fünf krönten die Hochfläche von Moulin de la Tour, wo die dem Feind einen günſtigen Zielpunkt gewährende Mühle geſprengt wurde. In niedriger Lage zwiſchen Fontenay und Bagneux befanden ſich andere vier Batterien. Gegen Flankirung von Villejuif her dienten zwei Batterien zwiſchen Chevilly und La Rue, ſowie die Feldartillerie des II. bayeriſchen und des VI. Korps. Verbandplätze waren vorbereitet, und Zwiſchendepots vermittelten den Munitionserſatz aus dem großen Magazin bei Villacoublay.

Unter den Generalen v. Kameke und Prinz Hohenlohe leiteten die Oberſten v. Rieff und v. Ramm den artilleriſtiſchen Angriff, General Schulz die Ingenieurarbeiten. Den Mannſchaften fiel vierundzwanzig= ſtündiger Dienſt in der Batterie, dann zweitägige Ruhe, den Offizieren nur eintägige Ruhe zu.

Das Einbringen der ſchweren Geſchütze in die verdeckt liegenden Stände erfolgte am 3. Januar ohne Störung bei Tage, in alle übrigen, nachdem die Vorpoſten näher an den Platz herangeſchoben waren, während der Nacht. So ſtanden am Morgen des 4. 98 Geſchütze ſchußfertig, von welchen 28 gegen Iſſy, 28 gegen Vanves und 18 gegen Montrouge gerichtet waren, 10 gegen die Emplacements zwiſchen den beiden erſteren Forts. Aber noch verhüllte dichter Nebel alle Zielpunkte, und erſt am 5. Januar um 8½ Uhr morgens erfolgte der Signalſchuß zur Eröffnung des Feuers.

(5. Januar.) Der Gegner antwortete ſogleich. Es befanden ſich im Fort Valérien 106, in Iſſy 90, in Vanves 84 und in Montrouge 52, dann auf den in Betracht kommenden Sektoren der Hauptumwallung und bei Villejuif etwa 70 Geſchütze, meiſt 16 cm-Kanonen, und der Angriff hatte anfangs ſchweren Stand. Als aber um Mittag ſämmtliche Batterien

in den Kampf eingriffen, machte sich allmählich die günstigere Lage und die große Treffsicherheit der deutschen Artillerie geltend. Fort Issy stellte schon um 2 Uhr das Feuer fast ganz ein, in Vanves wurden 9 Geschütze zerstört, die Besatzung verlor 30 Mann, und nur Montrouge antwortete noch kräftig. Zwar trat nun auch die Artillerie des Haupt= walles in Thätigkeit, aber die Forts gewannen nie wieder die Oberhand über den Angriff. Bei Point du Jour erscheinende Kanonenboote mußten sich sehr bald wieder zurückziehen. Auch die Feldartillerie des II. baye= rischen und des VI. Korps wirkte so nachdrücklich mit, daß von den Werken bei Villejuif weder ein Ausfall unternommen, noch überhaupt ein Schuß gegen die Batterien bei Bagneux abgegeben wurde. Eine Anzahl Wallbüchsen und die weittragenden, dem Gegner abgenommenen Chassepot= gewehre leisteten so gute Dienste, daß die Franzosen mehr und mehr das Vorterrain räumten. Die deutschen Vorposten rückten in die Schanze von Clamart ein und wendeten diese während der Nacht gegen den Platz um.

In die Stadt selbst waren nur ein paar 15 cm-Granaten als ernste Warnung geschleudert worden, zunächst kam es darauf an, die Außen= werke völlig niederzukämpfen, und auf diese blieb auch während der folgenden Tage das Feuer gerichtet. Man hatte es dabei vor Allem mit Montrouge und einer hinter dem hohen Eisenbahndamm östlich Issy äußerst vortheilhaft gelegenen Mörser=Batterie zu thun, dann freilich auch mit der fast eine Meile langen geradlinigen Südfront der Haupt= umwallung. Wegen trüber Witterung mußte an einzelnen Tagen die Beschießung ermäßigt oder selbst eingestellt werden. Inzwischen rückten aber die Vorposten bis auf 750 und 450 Meter nahe an die feindlichen Werke heran. Neue Batterien wurden weiter vorwärts erbaut und mit 36 Geschützen aus den rückwärts geräumten besetzt.

(10. Januar.) Die französische Besatzung entwickelte inzwischen wieder eine größere Regsamkeit. Am 10. Januar gelang es ihr, während der Dunkelheit den schwach besetzten Posten von Clamart zu überfallen. Es wurden nun drei Bataillone in den Ort verlegt und ein 1200 Meter langer Schützengraben bis Châtillon ausgeführt.

(13. Januar.) Noch stand die zweite Pariser Armee außerhalb der Stadt vor der östlichen und nördlichen Front von Nogent bis Aubervilliers. Nach kleineren Alarmirungen brachen, unterstützt durch heftiges Feuer der Forts, am Abend des 13. von Courneuve und Drancy her starke Abtheilungen gegen Le Bourget vor. Die wachsame Besatzung, alsbald durch mehrere Kompagnien verstärkt, schlug aber bis 2 Uhr nachts die wiederholten Sturmversuche des Gegners ab.

(14. Januar.) Am 14. unternahmen die Franzosen einen erneuten Ausfall gegen Clamart mit 500 Marinesoldaten und mehreren Bataillonen Nationalgarde. Nachdem letztere sich unter großem Lärm am nahen Bahnhofe versammelt, wurde um Mitternacht ihr Anrücken gemeldet. Der Kampf dauerte wohl eine Stunde, endete aber mit fluchtartigem

Rückzuge der Angreifer. Patrouillen folgten bis dicht an die Gräben von Issy.

Bei der beträchtlichen Entfernung war es bisher noch nicht gelungen, das Feuer der Stadtumwallung zu dämpfen. Am meisten litt die vereinzelt im Park von St. Cloud liegende Batterie Nr. 1, welche von zwei Bastionen, von Point du Jour und vom Mont Valérien, beschossen wurde. Der steile Felshang hinter der Batterie erleichterte dem Gegner, sich einzuschießen. Die Brustwehr war mehrmals völlig abgekämmt, und nur mit äußerster Hingebung konnte der Kampf hier fortgesetzt werden. Ein heftiges Feuer konzentrirte der Feind auch gegen die dem Fort Vanves besonders gefährlichen vorgeschobenen Batterien Nr. 19 und 21. Die vom Hauptwalle aus großer Entfernung kommenden Geschosse fielen in steilem Winkel dicht hinter der Brustwehr ein, durchschlugen die Unterstände und setzten eine große Anzahl Mannschaften außer Gefecht. In zwei Batterien flogen die Pulverkammern auf, beide Batteriekommandeure und mehrere höhere Offiziere waren verwundet.

Auf der Ostfront von Paris standen den dort seit Bekämpfung des Mont Avron verbliebenen 50 deutschen Geschützen 151 feindliche gegenüber. Dennoch gewannen erstere sehr bald die Oberhand, die Forts nahmen nur zeitweise das Feuer auf, die Franzosen zogen ihre Vorposten bis an die Werke zurück und räumten die Halbinsel St. Maur gänzlich. Allmählich konnten die schweren Belagerungsgeschütze von hier nach dem Morée=Bach verlegt werden.

Vor der Südfront hatten inzwischen die Forts erheblich gelitten. Die Verwüstung in Issy war mit unbewaffnetem Auge sichtbar, mehrfach brach dort Feuer aus, und mit großer Gefahr mußte in der Nacht zum 17. Januar das Pulvermagazin geräumt werden. Fort Vanves hatte 70 Mann verloren; gewöhnlich eröffnete es am Morgen das Feuer, schwieg aber dann sehr bald. Dagegen gab Montrouge an einzelnen Tagen aus 18 Geschützen noch über 500 Schüsse ab. Aber auch hier gewährten die Unterkunftsräume keinen Schutz mehr, und eins der Bastione lag völlig in Trümmern.

Trotz des heftigen Feuers vom Hauptwalle her wurde nun Paris selbst durch einen Theil der 15 cm-Geschütze beunruhigt. Bei einer durch besondere Vorrichtung erlangten Elevation von 30 Grad reichten die Geschosse bis über die Mitte der Stadt hinaus. Es wurden täglich 300 bis 400 Granatschüsse abgegeben.

Gedrängt durch die „öffentliche Meinung“, beschloß nunmehr die Regierung nach wiederholten Berathungen eine neue Massenunternehmung, und zwar gegen die deutschen Batterien bei Châtillon. Die zugezogenen höheren Truppenführer machten zwar geltend, daß Ausfälle ohne Mitwirkung eines Entsatzheeres von außen keinen Erfolg versprächen, aber am 8. hatte der Minister Gambetta den „Sieg“ der Nord=Armee bei Bapaume verkündet und außerdem das Vorgehen beider Loire=Armeen verheißen. Hiernach rieth General Trochu, wenigstens den Augenblick abzuwarten, wo die Einschließung vor Paris sich durch neue Entsendungen

schwächen müßte, stieß aber auf den Widerspruch der übrigen Regierungs=
mitglieder, insbesondere des Herrn Jules Favre. Dieser erklärte, die
Maires seien ungehalten über das Bombardement, den Vertretern der
Stadt müsse Einsicht in die militärischen Verhältnisse gewährt werden,
und überhaupt hätte längst schon gehandelt werden müssen.

Am 15. Januar wurde endgültig beschlossen, die deutschen Linien
bei Montretout, Garches und Buzanval zu durchbrechen.

Während so in Paris Verwirrung und Zwiespalt herrschten, wurde
am 18. in Versailles die Einheit der deutschen Nation unter Kaiser
Wilhelm feierlich verkündet.

Schlacht am Mont Balérien.
(19. Januar.)

Der geplante Ausfall sollte am 19. Januar stattfinden.

An diesem Tage rückte, wie wir gesehen, General Faidherbe bis
St. Quentin gegen Paris heran, und die Ausfallarmee stand vor der
Ost= und Nordfront der Hauptstadt. Dennoch wurde der Durchbruch in
entgegengesetzter Richtung versucht. Und freilich war jetzt die Halbinsel
Gennevilliers der einzige Raum, auf welchem noch größere Truppenmassen
sich entwickeln konnten, ohne schon während der Versammlung Stunden
lang dem Feuer der deutschen Artillerie ausgesetzt zu sein.

Bereits zwei Tage zuvor hatten mobilisirte Nationalgarden die drei
Divisionen der Ausfallarmee in ihren bisherigen Stellungen abgelöst,
welche in der Stärke von zusammen 90 000 Mann in drei Kolonnen
gleichzeitig den Angriff ausführen sollten. Auf dem linken Flügel hatte
General Binoy, unterstützt durch das Feuer des Hauptwalles, die Höhe
von Montretout zu nehmen, in der Mitte General Bellemare über
Garches, zur Rechten General Ducrot über Schloß Buzanval vorzu=
dringen.

Der Angriff sollte um 6 Uhr früh beginnen, es entstanden aber
Stockungen an den Brücken von Asnières und Neuilly, für deren Ueber=
schreitung ordnende Bestimmungen nicht erlassen waren. Als um 7 Uhr
das Signal zum Vorgehen vom Mont Balérien gegeben wurde, standen
erst die Spitzen des Generals Binoy gefechtsbereit, die anderen Kolonnen
waren noch nicht entwickelt, und die letzten Abtheilungen reichten bis
Courbevoie zurück. Bevor sie an ihren Sammelplätzen eintrafen, schritt
der linke Flügel mit 15 Bataillonen bereits gegen St. Cloud vor.

Dieselben stießen zunächst nur auf vereinzelte Posten und Patrouillen,
zusammen 89 Mann, welche sich in die in der Kehle offene Schanze
Montretout warfen, dort eine Zeit lang Widerstand leisteten, dann mit
großem Muth sich durchschlugen, dabei aber zum Theil in Gefangenschaft
geriethen. Dort und in dem nördlichen Theile von St. Cloud richteten
die Franzosen sich sogleich zur Vertheidigung ein.

Auch die mittlere Kolonne des Generals Bellemare konnte mit Leichtigkeit die Höhe von Maison du Curé besetzen.

Jetzt erst, bald nach 9 Uhr, erschien auf deutscher Seite die erste Unterstützung der Vorpostenlinie. Bis kurz zuvor hatten die Observatorien nur „dichten Nebel" berichten können, aus Meldungen vom rechten wie vom linken Flügel ließ sich aber erkennen, daß der ganzen Front vom Schlosse St. Cloud bis Bougival ein ernster Angriff drohe. Das V. Korps wurde nun alarmirt, und General v. Kirchbach verfügte sich zur 9. Division. Rechts, im Park von St. Cloud, stand die 17., links, rückwärts Porte de Longboyau, die 20. Brigade, die übrigen Truppen des Korps rückten aus ihren Quartieren zu Versailles und den Ortschaften nördlich von dort nach Jardy und Beauregard heran. Der Kronprinz beorderte sechs Bataillone Garde-Landwehr und eine bayerische Brigade nach Versailles und ritt nach Hospice Brezin, der König nach Marly.

Inzwischen hatten die Franzosen bereits die vordersten Häuser von Garches besetzt und drangen durch die an einzelnen Stellen durchbrochene Mauer östlich in den Park von Schloß Buzanval ein. Das herbeieilende 5. Jäger-Bataillon, unterstützt durch einzelne Kompagnien der Regimenter Nr. 58 und Nr. 59, warf jedoch den Feind aus Garches zurück, besetzte den nördlich gelegenen Begräbnißplatz und erreichte noch rechtzeitig die vorgeschobene Postirung La Bergerie. Die übrigen Abtheilungen des Generals v. Bothmer führten nach Anordnung des Kommandirenden ein hinhaltendes Gefecht am Saume des Parks von St. Cloud, um Zeit zu gewinnen. Um 9½ Uhr warfen sie einen Angriff der Kolonne Bellemare zurück, brachten das Vorgehen des Feindes in der Rue Impériale von St. Cloud zum Stehen und brachen selbst angriffsweise aus der Grille d'Orléans und Porte jaune vor. Vergeblich bestürmten fünf französische Bataillone La Bergerie. Eine Sektion Genie hatte mit großer Hingebung versucht, die das Gehöft umgebende Mauer niederzulegen, aber das gefrorene Dynamit explodirte nicht, und die Jäger behaupteten diese Postirung standhaft während des ganzen Tages.

Die bisherigen Angriffe der Franzosen waren ohne Mitwirkung ihrer Artillerie unternommen worden. Die des Generals Vinoy hatte durch Kreuzung mit der mittleren Kolonne erhebliche Verspätung erlitten und wurde nun, um möglichen Rückschlägen zu begegnen, bei La Briqueterie zurückgehalten. Die Batterien des Generals Bellemare versuchten, den Hang der Höhe von Garches zu ersteigen, aber die Erschöpfung der Pferde nöthigte sie, bei Fouilleuse Stellung zu nehmen. Unterdessen trafen auf deutscher Seite nach und nach die Batterien der 9. Division ein, und um Mittag traten 36 Geschütze in Thätigkeit. In St. Cloud dauerte ein heftiger Häuserkampf fort.

Nur auf dem französischen rechten Flügel hatte General Ducrot das Gefecht durch seine zahlreiche Artillerie eingeleitet, welche sich zu beiden Seiten von Rueil entwickelte. Die sodann vorgehenden Tirailleure drangen durch den Park von Buzanval bis an dessen westliche Umfassungsmauer vor, wurden aber durch die herbeieilenden Füsiliere Regiments Nr. 50 zurückgewiesen.

Um 10½ Uhr erfolgte hier der Hauptangriff, welcher durch einen Theil des Centrums unterstützt wurde. Derselbe fand in Malmaison nur einen Unteroffizierposten, stieß aber am Ostausgange von Bougival bei La Jonchère und Porte de Longboyau auf die bereits verstärkten Postirungen der 20. Infanterie=Brigade. Die Reserve der 10. Division hielt General v. Schmidt noch bei Beauregard zurück. Ein mörderisches Feuer der gut gedeckt stehenden Infanterie brachte den französischen Anlauf zum Stocken und verwandelte denselben um Mittag in ein stehendes Feuergefecht, in welches auch hier die deutsche Artillerie sehr wirksam eingriff. Zwei Batterien der 10. Division bei St. Michel waren durch zwei aus St. Germain nach Louveciennes herangezogene Garde=Batterien verstärkt, eine dritte fuhr bei Chatou auf und zwang den auf dem Bahnhofe nördlich Rueil haltenden gepanzerten Eisenbahnzug zum schleunigen Abzug nach Nanterre. Vier Batterien des IV. Korps endlich schleuderten von Carrières aus, ohne auf das Feuer des Valérien zu achten, ihre Geschosse in die dichten Infanteriemassen des Feindes, welche noch rückwärts Rueil hielten.

Gegen 2 Uhr entschlossen die Franzosen sich zu erneuertem Angriff.

Nachdem zwei ihrer Batterien Porte de Longboyau mit Granaten überschüttet, setzten sich eine Brigade gegen diesen Punkt, eine zweite gegen die westliche Mauer des Parks von Schloß Buzanval in Bewegung, eine dritte folgte zur Unterstützung. Ebenso unerschrocken, aber auch ebenso erfolglos versuchte eine Sektion Genie, 1 Offizier und 10 Mann, die Mauer niederzulegen. Sie fielen sämmtlich. Die Angriffskolonnen waren bis auf 200 Schritt herangerückt, aber jetzt traten ihnen auf deutscher Seite bereits 13 Kompagnien entgegen, brachten durch ihr auf wirksamste Entfernung abgegebenes Feuer den Ansturm zum Stehen und bald darauf zu einem trotz aufopfernder Bemühungen der Offiziere ungeordneten Rückzuge.

Eine starke Stütze fanden die Franzosen noch an der Parkmauer, welche sie mit großer Gewandtheit in kürzester Zeit zur Vertheidigung hergerichtet hatten. Auch scheiterte das Vorgehen einiger Kompagnien von Brezin und La Bergerie aus gegen diese Mauer unter erheblichen Verlusten.

Aber die Kraft des französischen Angriffs war bereits gebrochen. Schon um 3 Uhr wurden Rückzugsbewegungen des rechten Flügels sichtbar, und bei beginnender Dämmerung fingen auch im Centrum die Franzosen an, die Höhe von Maison du Curé allmählich zu räumen. Als Oberst v. Köthen mit schwachen Kräften folgte, machten zwar mehrere Bataillone Front und drohten sogar mit einem empfindlichen Rückschlage; von La Bergerie, Garches und Porte jaune traf aber noch rechtzeitig Unterstützung ein, und verstärkt durch das Feuer der Batterien, wurde die Verfolgung fortgesetzt. Die Königs=Grenadiere rückten dem Gegner bis in die Nähe von Fouilleuse nach.

Noch war es nicht gelungen, die Montretout-Schanze wieder zu nehmen. Das Haupthinderniß dabei war, daß man in der Stadt St. Cloud nicht vorwärts zu kommen vermocht hatte. Da indeſſen dieſer Poſten für Sicherung des rechten Flügels durchaus nöthig war, ſo befahl General v. Kirchbach, daß derſelbe entweder noch am Abend oder jedenfalls folgenden Tages früh genommen werden müſſe. General v. Sandrart entſchied ſich für den ſofortigen Angriff, und noch um 8 Uhr abends rückten fünf Bataillone zu der Unternehmung ab. In der Schanze traf man nur wenige Franzoſen, welche gefangen genommen wurden, in der Stadt aber den hartnäckigſten Widerſtand. Schließlich mußte man ſich darauf beſchränken, die vom Gegner beſetzten Häuſer vorläufig einzuſchließen. Auch die äußere Mauer des Parks von Buzanval hielten die Franzoſen während der Nacht noch beſetzt. Der Garde-Landwehr und der bayeriſchen Brigade wurde daher Unterkunft in Verſailles angewieſen, um folgenden Tages, wenn nöthig, eine ſtarke Reſerve zur Hand zu haben. Die übrigen Truppen rückten in ihre bisherigen Quartiere.

General Trochu hatte um 5½ Uhr Befehl zum Rückzuge ertheilt. Er erkannte, daß die Fortſetzung des Kampfes, zumal bei der unter den Nationalgarden eingeriſſenen Zügelloſigkeit, einen Erfolg nicht haben könne. Die tapferen Vertheidiger von St. Cloud waren bei dieſer Anordnung vergeſſen worden. Sie ergaben ſich erſt, nachdem tags darauf Artillerie gegen die einzelnen von ihnen beſetzten Häuſer aufgefahren war. Auch die Parkmauer wurde erſt am folgenden Morgen verlaſſen.

Der franzöſiſche Angriff am 19. Januar war geſcheitert, bevor er noch die Hauptſtellung des Vertheidigers erreicht hatte. Die auf deutſcher Seite bereitgehaltenen Reſerven waren nicht zur Verwendung gelangt, das V. Korps allein hatte den viermal ſo ſtarken Gegner zurückgewieſen. Es büßte dabei 40 Offiziere, 570 Mann ein, der Verluſt der Franzoſen aber betrug an Todten und Verwundeten 145 Offiziere, 3423 Mann und außerdem 44 Offiziere, 458 Mann Gefangene.

Als am Morgen des 20. um 11 Uhr der dichte Nebel fiel, erblickte man ihre langen Kolonnen, über die Halbinſel Gennevilliers nach Paris zurückziehend.

Fortſetzung des artilleriſtiſchen Angriffs auf Paris bis zum Waffenſtillſtand.

Nach Abwehr dieſes letzten Befreiungsverſuches der Beſatzung wurde nun der artilleriſtiſche Angriff auch gegen die Nordfront des Platzes aufgenommen. Das vor den kleinen franzöſiſchen Plätzen und an der Marne nicht mehr erforderliche Belagerungsgeſchütz war für dieſen Zweck in einem Park bei Villiers le Bel verſammelt worden. Die Maas-Armee hatte das umfangreiche Material für den Batteriebau angefertigt und einen Fuhrpark von 600 Wagen aufgetrieben. Bereits erhoben ſich in den Linien zwiſchen Le Bourget und dem Teich von Enghien 12 Batterien,

deren Armirung meistens nachts erfolgte. Am 21. Januar standen
81 schwere Geschütze kampfbereit, und Oberst Bartsch ließ um 9 Uhr
vormittags das Feuer gegen La Briche, Double Couronne und Fort de l'Est
eröffnen.

Die Forts, welche dem Angriff 143 schwere Geschütze entgegenzusetzen
hatten, antworteten lebhaft, und am folgenden Tage konnte auf deutscher
Seite wegen trüber Witterung das Feuer erst nachmittags wieder auf=
genommen werden. Aber das Vorterrain war von den Franzosen geräumt,
und die Vorposten des Garde= und IV. Korps rückten in Villetaneuse und
Temps perdu ein.

Während der Nächte wurde, unter möglichster Schonung der Kathedrale,
das Feuer gegen St. Denis gerichtet, wo mehrfach Feuersbrünste ent=
standen.

Nach kräftiger Fortsetzung der Beschießung war am 23. die Artillerie
des Vertheidigers im Wesentlichen bereits niedergekämpft. La Briche
schwieg völlig, die beiden anderen Forts gaben nur zeitweilig einige
Salven ab.

In der Nacht zum 26. wurden vier Batterien auf Entfernung
von nur 1200 bezw. 1800 Meter von den feindlichen Hauptwerken nach
vorwärts verlegt. Jetzt konnte auch zum Ingenieurangriff geschritten
werden, und eine Reihe neuer Batterien entstand, welche indessen nicht
mehr zur Thätigkeit gelangten.

Die Wirkung der nur sechstägigen Beschießung war entscheidend
gewesen.

Die Forts hatten außerordentlich gelitten. Ihnen fehlte hier, anders
wie auf der Südseite, die kräftige Unterstützung eines hinterliegenden
Hauptwalles, auch entbehrten sie bombensicherer Räume. Die provisorischen
Hohlbauten wurden von den Granaten durchschlagen, die Pulvermagazine
waren aufs Aeußerste gefährdet, und die Besatzung fand nirgends mehr
Schutz. Die Einwohner von St. Denis flüchteten in Schaaren nach Paris,
und die ungenügende Sturmfreiheit der stark beschädigten Werke schloß,
wenn der Widerstand fortgesetzt wurde, selbst gewaltsame Unternehmungen
nicht mehr aus.

Der Nordangriff hatte 1 Offizier und 25 Mann gekostet, der Verlust
der Franzosen wird auf 180 angegeben.

Auf der Ostfront war das Feuer der Forts niedergehalten, und die
württembergische Feldartillerie genügte, um ein erneutes Festsetzen des
Gegners auf der Halbinsel St. Maur zu verhindern.

Die Südfront endlich hatte durch die fortgesetzte Beschießung mehr
und mehr gelitten. Noch waren der Hauptwall und die gesenkte Mörser=
Batterie hinter der Eisenbahn thätig, aber in den Forts zeigten sich die
Kasernen als Ruinen, sie waren theils zertrümmert, theils ausgebrannt,
und die Besatzung mußte Schutz in den ausgeräumten Pulvermagazinen
suchen. Die Wallgänge gestatteten keine freie Bewegung mehr, die Brust=
wehren gewährten keine Deckung. In Vanves waren die Scharten mit
Sandsäcken verbaut, in Issy auf der Südcourtine fünf Kasemattenblöcke

in den Schildmauern durchſchlagen. Selbſt die freiſtehenden Kehlmauern
von Vanves und Montrouge waren niedergelegt, 40 Geſchüße demontirt
und 70 Laffeten zerſchoſſen.

Die geſammte politiſche und militäriſche Lage Frankreichs und in
nächſter Nähe die Zuſtände in Paris waren geeignet, die ernſte Sorge
der Regierung hervorzurufen.

Seitdem Herr Thiers von ſeiner diplomatiſchen Rundreiſe zurück=
gekehrt war, wußte man, daß ein vermittelndes Einſchreiten der aus=
wärtigen Mächte nicht zu erwarten ſei. Die Bedrängniß der Hauptſtadt
war mehr und mehr geſtiegen. Längſt ſchon hatten Mangel und Theuerung
auf den Bewohnern gelaſtet. Ihre Vorräthe waren erſchöpft, und ſelbſt
die Beſtände der Beſaßungsarmee bereits ſtark in Anſpruch genommen.
Bei der andauernden Kälte fehlte es an Heizmitteln, und die Gas=
erleuchtung konnte nur unzureichend durch Petroleum erſeßt werden. Vor
der vom Gegner lange verzögerten Maßregel des Bombardements bargen
ſich im ſüdlichen Theil von Paris die Einwohner in den Kellern oder
flüchteten in entferntere Stadtviertel, während bei der nun auch im Norden
beginnenden Beſchießung die Bevölkerung von St. Denis maſſenweiſe
zuſtrömte.

Der große Ausfall am 19. war vollſtändig geſcheitert, ein Entſaß
von außerhalb nicht mehr zu hoffen, ſeitdem Gambetta den Mißerfolg
bei Le Mans mitgetheilt hatte. Die Armee von Paris, welche er der
Unthätigkeit anklagte, war durch Froſt, Krankheit und Deſertion um ein
Drittel ihrer Stärke vermindert und durch verunglückte Unternehmungen
geiſtig herabgedrückt. Um Fleiſch zur Ernährung der Einwohner zu
beſchaffen, hatte ſie ihre Pferde hergeben müſſen, auch erklärte General
Trochu jede weitere Angriffsunternehmung für hoffnungslos, ſelbſt für
den paſſiven Widerſtand ſeien die Mittel erſchöpft.

Bisher hatte die Regierung durch ſchöngefärbte Berichte die Be=
völkerung bei guter Laune zu erhalten gewußt, aber die ſchlimme Lage
der Dinge ließ ſich nicht mehr verſchleiern. Jeßt wurden alle ihre Maß=
regeln getadelt.

Es gab in Paris eine zahlreiche Klaſſe, welche von der allgemeinen
Noth wenig berührt war. Die aus der Civilbevölkerung bewaffneten
Vaterlandsvertheidiger wurden von der Regierung ernährt und reichlich
beſoldet, ohne daß ſie ſich allzu ſehr auszuſeßen gehabt hätten. Ihnen
ſchloſſen ſich alle die unſicheren Elemente an, welche bei ungeordneten
Zuſtänden ihre Rechnung fanden. Dieſe waren mit den Verhältniſſen
ganz zufrieden, wie ſie der 4. September geſchaffen, und wenig ſpäter
traten ſie in der Schreckensgeſtalt der Kommune auf. Schon zuvor hatten
Volksaufläufe nur mit Waffengewalt zerſtreut werden können, und ſelbſt
ein Theil der Nationalgarde war meuteriſchen Kundgebungen nicht fern=
geblieben. Unterſtüßt durch die Preſſe, forderten die demagogiſchen Klubs
auch jeßt noch neue Unternehmungen, ja ſelbſt einen Maſſenausfall aller
Bewohner von Paris. So befand ſich die ſchwache, weil nur auf Volks=
gunſt ruhende Regierung im Gedränge zwiſchen unerfüllbaren Forderungen

der einsichtslosen Menge und dem unerbittlichen Ernst der wirklichen Thatsachen.

Unzweifelhaft gab es keinen Ausweg mehr als die Kapitulation der Hauptstadt, jede Zögerung steigerte die Noth und zwang zur Annahme härterer Bedingungen. Wurden nicht ungesäumt alle Eisenbahnen frei= gegeben, um aus weitestem Umkreise Lebensmittel heranzuführen, so mußten unausbleiblich die Schrecknisse einer wirklichen Hungersnoth über mehr als zwei Millionen Einwohner hereinbrechen, denen später nicht mehr zu begegnen war. Aber Niemand wagte das verhängnißvolle Wort Kapi= tulation auszusprechen, Niemand die Verantwortlichkeit für das unaus= weichlich Gewordene zu übernehmen.

Am 21. wurde ein großer Kriegsrath gehalten. Da alle älteren Generale weitere Angriffsunternehmungen für unausführbar erklärten, glaubte man, sich auch bei den jungen Militärs Rath erholen zu sollen, kam jedoch zu keinem Entschluß. Weil aber doch irgend Jemand an allem Unheil schuldig sein mußte, so wurde nun General Trochu, das ursprünglich populärste der Regierungsmitglieder, seiner Stellung als Gouverneur enthoben und dem General Vinoy der Befehl über sämmtliche Truppen verliehen. General Ducrot legte sein Kommando nieder.

Gebessert wurde dadurch in den Verhältnissen nichts, und so erschien denn am 23. Herr Jules Favre in Versailles, um Verhandlungen, zunächst wegen Waffenstillstandes, anzuknüpfen.

Auf deutscher Seite kam man diesem Wunsche entgegen, mußte aber selbstverständlich Bürgschaft dafür fordern, daß nach erfolgter Versorgung der Hauptstadt dort nicht der Widerstand fortgesetzt werde. Die Ueber= gabe sämmtlicher Forts, einschließlich des Mont Valérien und der Stadt St. Denis, sowie die Entwaffnung des Hauptwalles wurden gefordert und zugestanden.

Am 26. abends sollten die Feindseligkeiten vor Paris eingestellt und alle Zufuhren freigegeben werden. Ein allgemeiner einundzwanzigtägiger Waffenstillstand würde dann mit dem 31. Januar in Kraft treten, aus= geschlossen von demselben aber würden die Departements Doubs, Jura und Côte d'Or sowie die Festung Belfort bleiben, wo zur Zeit noch Operationen sich im Gang befanden, von denen beide Theile sich Erfolg versprachen.

Dieser Waffenstillstand gewährte der Défense Nationale die nöthige Zeit, um eine frei gewählte Versammlung nach Bordeaux zu berufen, welche zu entscheiden haben werde, ob der Krieg fortzusetzen oder unter welchen Bedingungen der Friede zu schließen sei. Auch in den von den Deutschen besetzten Landestheilen blieb die Wahl der Abgeordneten völlig unbehindert und unbeeinflußt.

Die Kriegsbesatzung von Paris, Linientruppen, Marinesoldaten und Mobilgarden, hatten sofort die Waffen auszuliefern, nur 12 000 Mann und die Nationalgarde durften sie zur Aufrechterhaltung der Ordnung im Innern der Stadt behalten. Während des Waffenstillstandes blieb die Besatzung dort internirt, nach Ablauf desselben trat sie in Gefangen=

schaft. Von sofortiger Abführung nach Deutschland, wo schon alle irgend geeigneten Orte mit Gefangenen überfüllt waren, nahm man bei der nahen Friedensaussicht einstweilen Abstand.

Ohne Störung erfolgte am 29. Januar die Besetzung der Forts.

Ausgeliefert wurden von der Feldarmee 602 Geschütze, 1 770 000 Gewehre und über 1000 Munitionswagen, von der Festung 1362 schwere Geschütze, 1680 Laffeten, 860 Protzen, ferner 3 500 000 Patronen, 4000 Centner Pulver, 200 000 Granaten und 100 000 Bomben.

Die 132 tägige Einschließung von Paris war beendet, der größere Theil der vor seinen Mauern festgehaltenen deutschen Streitkräfte frei geworden, um im offenen Felde das Ende des Krieges zu erkämpfen.

Die Operationen der Südarmee unter General v. Manteuffel.

Die dem General v. Manteuffel zugetheilten zwei Armeekorps zählten zusammen 56 Bataillone, 20 Schwadronen und 168 Geschütze. Als derselbe am 12. Januar in Châtillon sur Seine eintraf, standen sie, das II. Korps rechts, das VII. links von Noyers, bis Montigny in Ausdehnung von 10 Meilen. Eine Brigade unter General v. Dannenberg, welche schon mehrfach in Berührung mit Theilen der französischen Vogesen-Armee getreten, war nach Villaines vorgeschoben und mit Deckung der rechten Flanke beauftragt.

Aus diesen Marschquartieren führten in der Richtung auf Dijon mehrere gute Straßen, auf Besoul hingegen nur schlechte, zur Zeit tief verschneite Wege über den südlichen Abhang der rauhen Hochfläche von Langres. Dennoch entschied sich der Oberkommandirende für diese letztere Richtung, um so früh wie möglich dem General v. Werder eine wenigstens indirekte Hülfe durch Annäherung in den Rücken des ihn bedrohenden Feindes zu bringen.

Der Marsch mußte mitten zwischen den von den Franzosen stark besetzten Punkten Dijon und Langres hindurchgeführt werden. Bewaldete Höhen und tiefe Felsthäler trennten die einzelnen Kolonnen und schlossen gegenseitige Unterstützung aus, jede hatte für ihre eigene Sicherheit nach allen Richtungen selbst zu sorgen. Große Anstrengungen standen den Truppen bevor, und so sehr sie auch der Ruhe bedurften, konnten Rasttage ihnen nicht bewilligt, ebenso wenig dem üblen Zustande der Fußbekleidung und des Pferdebeschlages abgeholfen werden. Schon am 14. Januar wurde bei dichtem Nebel und strenger Kälte der Vormarsch auf spiegelglatten Wegen angetreten.

Besondere Rücksicht erforderte die Verpflegung, und gleich anfangs mußte die 8. Brigade zurückbleiben, um die überaus wichtige Eisenbahn Tonnerre—Nuits—Châtillon so lange zu sichern, bis die Verbindungen über Epinal verlegt werden konnten.

Noch am Tage des Abmarsches hatte die Avantgarde des VII. Korps ein Gefecht vor Langres. Eine Abtheilung der 15 000 Mann starken Garnison wurde mit Verlust einer Fahne nach dem Platze zurückgeworfen, doch mußte nun auch gegen diesen ein Beobachtungs-Detachement zurückgelassen werden. Hinter demselben fort zog dann am folgenden Tage das Korps an der Festung vorüber, das II. aber bis an den Ignon-Bach heran.

In der Nacht zum 16. war das Wetter umgeschlagen. An Stelle von 14 Grad Kälte trat Sturm und Regen. Das Wasser stand auf dem Glatteise der Wege, und nur unter den größten Mühseligkeiten erreichte das VII. Korps Prauthoy, das II., indem es sich links näher heranzog, Moloy.

Am 18. schritt der linke Flügel in südöstlicher Richtung nach Frettes und Champlitte vor, der rechte sammelte sich um Is sur Tille, seine Avantgarde aber erreichte nach einem Marsche von 50 Kilometern die Brücken von Gray. In Flanke und Rücken der Korps hatten kleine Gefechte stattgefunden, aber der schwierige Zug über das Gebirge war gelungen und das wohlbebaute Saône-Thal erreicht.

Bereits hatte General v. Manteuffel Nachricht über den glücklichen Verlauf des ersten Gefechtstages an der Lisaine erhalten. Spätere Telegramme des Generals v. Werder ließen erkennen, daß wahrscheinlich die französische Ost-Armee zu einem mißlichen Rückzuge genöthigt sein würde, und der deutsche Feldherr faßte schon jetzt den Entschluß, diesen durch sein Vorgehen nach dem Doubs unterhalb Besançon zu durchschneiden.

Freilich blieb auch das geschlagene Heer des Gegners an Zahl dem deutschen noch weit überlegen. Große Anstrengungen mußten den Truppen noch ferner zugemuthet werden. Aufs Neue traten sie in ein dünn bevölkertes Gebirgsland, wo ihre Verpflegung und die bei der rauhen Jahreszeit nothwendige Unterbringung während der Nächte ernsten Schwierigkeiten unterlagen. Starke feindliche Streitkräfte endlich mußten in Langres, Dijon und Auxonne, von nur schwachen Abtheilungen überwacht, im Rücken gelassen werden. Aller Hindernisse ungeachtet wurde jedoch am 19. Januar die neue Richtung eingeschlagen.

Zunächst konnte der tiefe, 60 Meter breite, stark mit Eis treibende Saône-Fluß ein Hinderniß werden, aber die Avantgarde des II. Korps hatte Gray vom Feinde verlassen, beide Brücken unzerstört gefunden und besetzte die Stadt. Auch die Spitze des VII. Korps überschritt den Strom auf der unversehrt gebliebenen Eisenbahnbrücke bei Savoyeux und auf einer weiter oberhalb von den Feldpionieren hergestellten Pontonbrücke.

Folgenden Tages gingen beide Korps in südlicher Richtung vor, das VII. nach Gy, das II. nach Pesmes. Hier wurde nun auch der Ognon überschritten, nachdem eine feindliche Abtheilung, welche sich dem Brückenschlage zu widersetzen suchte, durch Geschützfeuer vertrieben war.

Am 21. fand um 2½ Uhr die Avantgarde des II. Korps Dôle vom Feinde besetzt. General v. Koblinski schritt sogleich zum Angriff. Trotz heftigen Straßenkampfes, an welchem die Einwohner sich betheiligten, drangen die Grenadiere des Regiments Nr. 2 durch die Stadt vor und bemächtigten sich jenseits eines Trains von 230 Waggons mit Lebens= mitteln und Armeebedürfnissen, welcher, für Besançon bestimmt, auf dem Bahnhofe stehen geblieben war.

Wie hier der Doubs überschritten wurde, so öffnete sich das VII. Korps bei Marnay und Pin das Vorgehen auch über den Ognon.

General v. Werder war angewiesen, dem Feinde bei dessen Abzug auf dem Fuße zu folgen, und noch während letzterer vor der Front des XIV. Korps seine Stellung innehielt, war auf dem rechten Flügel die 2. badische Brigade nach Etobon, Oberst v. Willisen aber mit seinen 12 Schwadronen über Lure hinaus vorgerückt. Zur Linken hatte Oberst v. Zimmermann mit der ostpreußischen Landwehr die Franzosen aus Ste. Marie vertrieben. Ueberall fanden diese Abtheilungen fortgeworfene Waffen und Ausrüstungsgegenstände, und Hunderte ließen sich gutwillig gefangen nehmen.

In den nächsten Tagen führte dann General v. Werder eine all= gemeine Linksschwenkung mit Front nach Süden aus. Der rechte Flügel besetzte Villersexel, und nur der linke stieß bei Isle sur le Doubs, dann bei Clerval und Baume les Dames auf größere Massen des Feindes.

General Bourbaki war seit dem 18. von der Lisaine aufgebrochen. Am linken Ufer des Doubs blieb nur das XXIV. Korps mit dem Auf= trage, die Engpässe des schroffen Bergzuges Lomont östlich Clerval gegen Norden zu vertheidigen, alle übrigen Korps zogen sich zwischen Doubs und Ognon zurück, gefolgt von der Division Crémer als Nachhut. Der Ognon hätte eine natürliche Schutzwehr für die rechte Flanke der Armee bilden können, auch war befohlen, alle Brücken über denselben abzubrechen; wir haben aber gesehen, wie wenig dieser Anordnung entsprochen wurde.

Am 21. hatten das XV. und XX. Korps die Gegend von Baume les Dames, das XVIII. Marchaux erreicht, und hier, mit dem festen Besançon nahe hinter sich, wollte General Bourbaki zunächst die weiteren Schritte des Gegners abwarten. Um seine Streitkräfte noch vollständiger zu versammeln, wurde der Kommandant der Festung angewiesen, alle dort entbehrlichen Mobilgarden=Bataillone nach Blamont vorzuschicken und so das XXIV. Korps abzulösen. Wirklich waren schon früher neun Bataillone mobilisirte Nationalgarden in Besançon eingetroffen, welche als Ersatz hätten dienen können, aber sie kamen mit Enfield=Gewehren bewaffnet, für welche keine Munition in der Festung vorhanden war. So konnten sie dort nur die Zahl der zu Ernährenden vermehren, und General Rolland hatte sie einfach wieder zurückgeschickt. Der General=Intendant erklärte, daß es nicht möglich sei, die ihm befohlenen Magazine zur Verpflegung der Armee für längere Zeit aufzubringen, entscheidend aber war die an diesem Tage einlaufende Nachricht, daß nicht nur die Ognon=Linie ver= loren, sondern selbst der Doubs bereits vom Feinde überschritten sei.

Unter solchen Umständen entschloß sich der französische Oberbefehls= haber, seinen Rückzug auf Besançon fortzusetzen und dort auf das südliche Ufer des Doubs überzutreten, um nicht in die Lage zu gerathen, mit dem

Flusse im Rücken schlagen zu müssen. Noch in der Nacht rückten die Trains ab, vor Allem aber wurde das XV. Korps beauftragt, mit einer ganzen Division sofort Quingey zu besetzen und diesen Posten bis aufs Aeußerste zu vertheidigen, um die Verbindungen des Heeres mit der Heimath offen zu halten. Alle übrigen Korps wurden näher an Besançon heranbeordert, selbst das XXIV., welches die Vertheidigung der Lomont= Pässe somit aufgab.

Ueber seine Lage erstattete General Bourbaki dem Kriegsministerium Bericht. Dasselbe stellte ein Eingreifen des an der Loire verbliebenen Theiles des XV. Korps in Aussicht. Näher und wirksamer wäre Hülfe von Dijon her zu leisten gewesen.

Dort hatte die Regierung als Ersatz für die zur Ostarmee heran= gezogene Division Crémer sehr bedeutende Kräfte versammelt, um die alte Hauptstadt von Burgund zu sichern und sie zum Stützpunkt für die Operationen des Generals Bourbaki zu machen. Ein Korps von 20 000 Mann war zur örtlichen Vertheidigung bestimmt; eine sehr un= eigentlich so genannte Vogesen=Armee, welche auf mehr als 40 000 Mann anwuchs, sollte im freien Felde wirksam werden. Dennoch war wenig geschehen, um den schwierigen Marsch der Deutschen über das Gebirge zu hindern. Die denselben beobachtenden Abtheilungen ließen sich von General v. Kettler zurückweisen, welcher der Bewegung der beiden Korps in der rechten Flanke folgte, und zogen auf Dijon ab. Vergeblich hatte der in Gray stehende Oberst Vombonnel Verstärkungen dringend erbeten, um die Uebergänge der Saône vertheidigen zu können, seine Anträge wurden abgelehnt, weil Dijon zu sehr bedroht sei, und erst als die Preußen den Strom bereits überschritten hatten, setzte sich „General" Garibaldi in Bewegung.

In drei Kolonnen rückte er am 19. in der Richtung auf Is sur Tille vor, wo jetzt nur noch ein Theil der 4. Infanterie=Division ver= blieben war. Diese Bewegung reichte aber nur eine Meile weit. Garibaldi beschränkte sich darauf, von der Höhe bei Messigny die ihm entgegen rückenden Rekognoszirungs=Abtheilungen zu beobachten, und kehrte dann mit seinen Truppen unter den Klängen der Marseillaise nach Dijon zurück.

Man schlug jedoch im Hauptquartier des Generals v. Manteuffel den Gegner allzu gering an, indem General v. Kettler Befehl ertheilt wurde, Dijon zu nehmen.

Die größte Sorgfalt war auf Befestigung der Stadt verwendet worden. Zahlreiche Erdwerke und zur Vertheidigung eingerichtete Baulich= keiten schützten sie gegen Norden, vor Allem aber waren Talant und Fontaine les Dijon in zwei selbständige Forts umgeschaffen und mit schwerem Geschütz bewaffnet, welche alle Anmarschstraßen auf dieser Seite beherrschten. Das Ganze bildete eine Stellung, welche gegen sehr viel größere Kräfte behauptet werden konnte als die 5½ Bataillone der 8. Brigade, welche General v. Kettler heranführte.

(Gefechte bei Dijon, 21. und 23. Januar.) Derselbe hatte Turcey und St. Seine erreicht und rückte am 21. in zwei Kolonnen von Westen gegen das noch drei Meilen entfernte Dijon vor. Von Norden her führte aus Is sur Tille Major v. Conta eine schwache Unterstützung herbei. Zwar wurden die „Franctireurs de la mort", die „Compagnie de la revanche" und andere Freischaaren sowie Mobilgarden ohne sonderliche Mühe aus den vorliegenden Ortschaften verdrängt und über den tief eingeschnittenen Suzon-Bach zurückgeworfen, zur Rechten das lebhaft ver= theidigte Dorf Plombières erstürmt, auch links Daix genommen, aber vor der Festungsfront der französischen Stellung und im Bereich des Feuers ihrer schweren Batterien mußte der kühne Angriff nothwendig zum Stehen kommen. Unter fortgesetzten Gefechten war auch Major v. Conta vorgedrungen, aber es gelang nicht, vor Eintritt der Dunkelheit den An= schluß an die Brigade zu bewirken. General v. Kettler, welcher die mehrfache Ueberlegenheit des Gegners erkannt hatte, beschränkte sich schließlich darauf, die Ausfälle desselben zurückzuweisen.

Die Franzosen hatten allein an Gefangenen 7 Offiziere, 430 Mann verloren, aber auch der Brigade kostete der Kampf 19 Offiziere und 322 Mann. Schon vorher hatten die Truppen bei schlechtem Wetter auf schwierigen Wegen starke Märsche ausgeführt und nun weder vor noch nach dem Gefecht abkochen können. Auch die Munition war erst aus einer am folgenden Tage zu erwartenden Kolonne zu ersetzen. Dennoch nahm General v Kettler nicht Anstand, während der Nacht in den er= kämpften Stellungen dicht vor dem Feinde stehen zu bleiben und dann schon in den allernächsten Orten Erholungsquartiere zu beziehen.

Die Franzosen ließen sich dies Alles gefallen, ohne etwas Ernstliches dagegen zu unternehmen. So gänzliche Unthätigkeit brachte General v. Kettler auf die Vermuthung, daß die Hauptkräfte des Feindes vielleicht über Auxonne zur Unterstützung der Ostarmee abgerückt seien, und er be= schloß, durch erneuten Angriff sie nach Dijon zurückzurufen.

Durch einen Flankenmarsch an der Front des Gegners vorüber ge= langte er am 23. um 11 Uhr, nachdem seine Avantgarde eine Mobil= garden-Abtheilung auseinander gesprengt hatte, bei Valmy Ferme auf die Straße von Langres und rückte auf derselben mit seinen beiden Batterien gegen das mit Mauern umgebene und stark besetzte Dorf Pouilly vor. Hier, wie fast immer, wenn es sich um Vertheidigung von Baulichkeiten handelte, leisteten die Franzosen hartnäckigen Widerstand. Die Einund= sechziger mußten jedes einzelne Haus erstürmen, und erst als Feuer an das Schloß gelegt war, ergab sich die zahlreiche, in das obere Stockwerk geflüchtete Besatzung.

Jenseits des Ortes fand man nun den Feind in verschanzter Stellung entwickelt zwischen dem zum Fort umgestalteten Talant und einem an der Straße liegenden großen Fabrikgebäude. Hier kam das Vorschreiten zum Stehen, bis auch der Rest des Regiments von Valmy herankam, und die Vertheidiger auf einzelnen Punkten bis an die Vorstadt zurückgedrängt wurden.

Daß der Feind in voller Stärke noch in Dijon stehe, war erkannt und der Zweck des Unternehmens damit erreicht; leider schloß sich nun noch eine traurige Episode an, indem man durchaus darauf bestand, die große, für Infanterie allein fast uneinnehmbare Fabrik zu stürmen.

Nachdem alle älteren Offiziere gefallen, hatte ein Premierlieutenant, dessen Pferd erschossen und der selbst verwundet war, die Führung des 2. Bataillons übernommen. Sobald die 5. Kompagnie, nur 40 Mann stark, aus dem nahen Steinbruche hervortrat, wurde sie von allen Seiten aufs Heftigste beschossen. Der Führer wurde sogleich verwundet, und der Sergeant, welcher die Fahne trug, brach nach wenigen Schritten todt zusammen, so auch der zweite Lieutenant und der Bataillonsadjutant, welche das Panier wieder erhoben. Dasselbe ging nun von Hand zu Hand, erst der Offiziere, dann der Mannschaft, alle seine Träger fielen. Die braven Pommern drangen dennoch bis an das Gebäude heran, aber dasselbe hatte auf dieser Seite überhaupt keinen Eingang, und schließlich führte der Feldwebel den Rest der kleinen Schaar nach dem Steinbruche zurück. Hier erst wurde die Fahne vermißt. Freiwillige gingen noch in der Dunkelheit vor, um sie zu suchen, aber nur einer kehrte unverwundet zurück. Erst später fanden die Franzosen dies Feldzeichen von Kugeln zerrissen in einer Blutlache unter Leichen auf.

Es ist dies die einzige Fahne, welche während des ganzen Feldzuges verloren, aber auch nur so verloren worden ist.

Dem Feinde waren 8 Offiziere und 150 Mann Gefangene abgenommen, aber auch die Brigade hatte einen neuen Verlust von 16 Offizieren, 362 Mann. Sie sammelte sich bei Pouilly und blieb bis 8 Uhr unter Waffen stehen, um einer etwaigen Verfolgung zu begegnen, sodann erst wurden Quartiere in den nächsten Ortschaften bezogen.

(Operationen der Südarmee.) Der Auftrag, Dijon zu nehmen, war unausführbar gewesen, aber das kühne Vorgehen einer schwachen Brigade bannte ein feindliches Heer in Unthätigkeit, so daß General v. Manteuffel seinen Zug ungestört fortsetzen konnte.

Derselbe hatte als Marschziel beiden Korps die Rückzugslinien des Feindes südlich Besançon bezeichnet.

Von dieser Festung führen durch das vielfach zerklüftete Stufenland des westlichen Jura nur wenige für Truppen brauchbare Wege nach dem Süden Frankreichs. Die geradeste Verbindung bilden Straße und Eisenbahn nach Lons le Saulnier und auf diesen Quingey und Byans wichtige Sperrpunkte. Oestlicher zieht, aber weit ausholend, eine Straße über Ornans, Salins und Champagnole nach St. Laurent und Morez. Mehrere dagegen laufen strahlenförmig nach Pontarlier zusammen, indem sie die diesem Gebirge eigenthümlichen Felspforten, die „Cluses", durchziehen, welche, die langgestreckten Höhenrücken durchbrechend, die Längenthäler verbinden. Von Pontarlier führt aber dann nur die eine Straße über Mouthe, und zwar in bedenklicher Nähe an der Schweizer Grenze entlang.

(22. Januar.) Am 22. nun marschirte die Avantgarde der 13. Division von Audeux nach St. Vit und, nachdem sie dort die Eisenbahn unterbrochen und zahlreiche beladene Wagen erbeutet, stromabwärts nach Dampierre. Auch auf dieser Strecke wurden vier Brücken über den Doubs unzerstört gefunden und besetzt. Die Avantgarde der 14. Division rückte von Emagny zur Beobachtung von Besançon vor. Das II. Korps schloß nach Dôle auf und schob Rekognoszirungen über den Fluß hinaus vor.

(23. Januar.) Die konzentrische Bewegung aller Theile des deutschen Heeres wurde am 23. fortgesetzt.

Von Norden heranrückend, fand General v. Debschitz, von Roches vorgehend, nur die verlassenen Biwaksplätze des französischen XXIV. Korps. Die 4. Reserve=Division besetzte ohne Kampf L'Isle und stieß erst bei Clerval und Baume auf Widerstand.

Am Ognon vertrieb die badische Division den Feind aus Montbozon.

Im Centrum der Armee schob das VII. Korps die Avantgarde der 14. Division bis Dannemarie an Besançon heran. Es entstand dort ein Gefecht, welches aber nur eine bis in die Nacht dauernde Kanonade herbeiführte. Die 13. Division hingegen, welche den Doubs bei Dampierre überschritten hatte, rückte gegen Quingey vor.

Aus Mangel an Betriebsmitteln hatte auf der Eisenbahn dorthin nur eine französische Brigade befördert werden können, deren letzte Züge auf dem Bahnhofe von Byans auch schon durch preußische Granaten empfangen wurden. Der Zustand dieser Truppen war so übel, daß es ihnen nicht gelungen war, selbst nur Vorposten auszustellen. Sie gaben Quingey fast ohne Widerstand auf, und ihr fluchtartiger Rückzug nach Besançon und hinter die Loue verhinderte auch das Herankommen bereits nachrückender Verstärkungen. 800 Gefangene und ein Zug von 400 Rekonvaleszenten fielen in die Hände der preußischen Avantgarde, welche sofort bei Abbans dessous die Eisenbahn unterbrach.

Auf dem rechten Flügel war die Spitze des II. Korps im Thale der Loue am südlichen Ufer vorgegangen. Sie hatte zahlreiche Abschnitte an dieser Straße zur Vertheidigung vorbereitet, aber unbesetzt gefunden. Erst bei Villers Farlay trat ihr eine größere Abtheilung des Feindes entgegen.

Auf französischer Seite standen am Abend dieses Tages das XX. Korps nördlich, das XVIII. westlich vor Besançon in Entfernung von nur einer Meile. Kavallerie, Artillerie und Trains durchzogen die Stadt oder lagerten auf dem Glacis der Festung. Das XXIV. Korps befand sich auf dem Anmarsche dorthin, und vom XV. hielten die 2. und 3. Division das südliche Ufer des Doubs bei Baume und Larnod besetzt, der 1. aber war es nicht gelungen, Quingey zu behaupten.

Somit war die geradeste und wichtigste Verbindungslinie der Armee durchschnitten und die Lage derselben durch dies neue Mißgeschick wesentlich verschlimmert. Unausführbare Projekte und Rathschläge, an welchen man es in Bordeaux nicht fehlen ließ, besserten nichts, und General Bourbaki berief am 24. die höheren Truppenführer zu einem Kriegsrath.

(24. Januar.) Die Generale erklärten, daß sie kaum mehr als die Hälfte ihrer Mannschaften unter den Waffen hätten und daß diese geneigter zum Fliehen als zum Fechten wären. Nur General Pallu glaubte, für die Leute der Armee-Reserve einstehen zu können. Der General-Intendant berichtete, daß, ohne die Bestände des Platzes anzugreifen, höchstens noch für vier Tage die Lebensmittel ausreichen würden. General Billot zwar stimmte für den Versuch, sich nach Auxonne durchzuschlagen, lehnte aber das ihm dabei angebotene Oberkommando ab. Die Ermattung der Truppen und die sichtbar einreißende Unbotmäßigkeit derselben ließen wenig Erfolg von Angriffsunternehmungen hoffen. So blieb denn nur der vom Kommandirenden vorgeschlagene Rückzug nach Pontarlier.

Aber auch dieser war schon ernstlich bedroht. Um sich gegen Norden Luft zu machen, befahl General Bourbaki dem XXIV. Korps, nochmals vorzugehen und die Lomont-Pässe zu behaupten. Im Süden sollte das XV. den tiefen Gebirgseinschnitt der Loue vertheidigen, hauptsächlich aber General Crémer den Abzug des Heeres in der rechten, am meisten bedrohten Flanke schützen.

Für diesen schwierigen Auftrag wurden ihm, außer seiner eigenen, noch eine Division des XX. Korps und die Armee-Reserve als die zuverlässigsten Truppen unterstellt. Das XVIII. und der Rest des XX. Korps hatten sich bei Besançon des Befehls zum Abmarsch gewärtig zu halten.

Im deutschen Hauptquartier, wo man natürlich die Entschließungen des Gegners nicht kannte, mußte auf verschiedene Möglichkeiten gerechnet werden.

Verblieben die Franzosen bei Besançon, so brauchte man sie dort nicht anzugreifen. Der Platz war zur Aufnahme einer großen Armee nicht geeignet und deren Ernährung dort auf längere Dauer nicht möglich. Daß sie aufs Neue gegen Norden vordringen würden, konnte kaum angenommen werden. Sie hätten sich dabei von allen ihren Hülfsmitteln entfernen und am Ognon auf den größten Theil des XIV. Korps stoßen müssen.

Möglicher erschien ein Versuch, sich nach Dijon durchzuschlagen. Dem stand bei St. Vit die 13. Division, bei Pesmes die Abtheilung des Obersten v. Willisen und schließlich General v. Kettler entgegen.

Am wahrscheinlichsten blieb der Rückzug auf Pontarlier, und den Weitermarsch von dort zu verhindern, fiel, solange noch das VII. Korps den bei Besançon versammelten Feind zu beobachten und seinen Ausfällen an beiden Flußufern entgegenzutreten hatte, zunächst dem II. Korps zu.

Der Oberkommandirende beschränkte sich darauf, seinen Generalen allgemeine Direktiven zu ertheilen, ermächtigte sie aber ausdrücklich, bei den nicht im Voraus zu übersehenden Eventualitäten nach eigenem Ermessen selbständig zu handeln.

General v. Werder war angewiesen, sich über Marnay mit der badischen Division und der Brigade von der Goltz der 14. Division zu nähern, um diese demnächst am rechten Ufer des Doubs abzulösen. Die 4. Reserve-Division stellte die Brücken bei L'Jsle und Baume wieder her und trat auf das linke Ufer des Fluſſes über. Oberſt v. Williſen wurde zum VII. Korps herangezogen, um dort dem Mangel an Kavallerie ab= zuhelfen. Das II. Korps ſammelte ſich hinter Villers Farlay.

(25. Januar.) Für den folgenden Tag waren größere Rekognos= zirungen angeordnet. Die des VII. Korps gerieth bei Vorges in ein lebhaftes Gefecht. Die Spitzen des II. Korps ſtießen vor Salins und in Arbois auf den Feind, fanden dagegen Poligny noch nicht vom Gegner erreicht.

(26. Januar.) Am 26. rückte dann die Avantgarde des II. Korps gegen Salins vor. Die bei der Stadt hochgelegenen Forts St. André und Belin wenden zwar die Front gegen die Schweiz, aber ihr Feuer beherrſcht auch das Gelände nach Süd und Weſt in der Anmarſch= richtung des Gegners. Salins bildet einen ſtarken Sperrpunkt auf der Straße nach St. Laurent und ſchützte, ſolange es behauptet wurde, zu= gleich die Rückzugsſtraße der von Beſançon nach Pontarlier marſchirenden Kolonnen.

Die beiden Feldbatterien der Avantgarde konnten natürlich gegen die ſchweren Geſchütze der Forts wenig ausrichten, aber die Füſiliere des Regiments Nr. 2 gingen ſprungweiſe in kleinen Abtheilungen in dem engen Felſenthale vor, erſtiegen die ſchroffen Seitenwände und drangen, unter= ſtützt durch beide Grenadier=Bataillone, freilich mit Verluſt von 3 Offizieren und 109 Mann, um 2½ Uhr in den Bahnhof und die Vorſtadt St. Pierre ein.

Bald darauf langte auch über St. Thiébaud General v. Koblinski mit dem Regiment Nr. 42 dort an. Da auf Vorſtellung des Maires der Kommandant Abſtand davon genommen hatte, die Stadt zu beſchießen, konnte die Avantgarde dort Quartiere beziehen, das Gros der 3. Diviſion aber zog ſich aus dem Feuer der Forts nach Mouchard zurück, und das Defilee blieb für weitere Durchmärſche geſchloſſen. Es mußte ſüdlich umgangen werden.

In dieſer Richtung war auch bereits die 4. Diviſion nach Arbois und mit ihrer Spitze bis Pont d'Héry marſchirt, ſie fand zur Rechten Poligny und Champagnole noch unbeſetzt.

Das VII. Korps hatte auf beiden Seiten des Doubs aufgeklärt und den Feind bei Buſy wie bei Vorges in feſter Haltung gefunden.

Die 4. Reſerve=Diviſion rückte auf dem ſüdlichen Ufer bis St. Juan d'Adam an Beſançon heran, der Reſt des XIV. Korps nach Etuz und Marnay.

Die Nachrichten, welche von General v. Kettler über ſeine Gefechte am 21. und 23. einliefen, beſtimmten General v. Manteuffel zu einer neuen Unternehmung gegen Dijon. Er beauftragte damit den General Hann v. Weyhern und unterſtellte demſelben außer der 8. Brigade die Truppen des Oberſten v. Williſen und die badiſche Brigade von Degenfeld.

Auf franzöſiſcher Seite war ſchon am 24. General Breſſolles, dem erhaltenen Befehle gemäß, aufgebrochen, um die Doubs=Uebergänge und die Lomont=Päſſe wieder zu beſetzen. Zunächſt hatte er ſich mit der

Diviſion b'Aries gegen Baume gewendet; nachdem es aber dieſer nicht
gelungen war, auch nur die Vorpoſten des Gegners aus Pont les Moulins
zu vertreiben, ging ſie nach Vercel zurück. Infolge deſſen zog am 26.
früh die Diviſion Carré, welche die Eingänge des Lomont unbeſetzt
gefunden hatte, ebenfalls nach Pierre Fontaine ab. Die Diviſion Comagny
war bereits nach Morteau zurückmarſchirt und ſetzte ihren Weg nach
Pontarlier unbekümmert fort.

General Bourbaki war durch dieſes Weichen ſeines rechten Flügels
lebhaft beunruhigt, mehr vielleicht als nöthig, denn thatſächlich ſtand
nördlich nur eine feindliche Diviſion, welche höchſtens ſeine Nachhut nach
Pontarlier hindrängen konnte, während im Weſten die Hauptmacht der
Deutſchen ihn weit ernſtlicher bedrohte. Nichtsdeſtoweniger befahl er
noch für den 26. ein erneutes Vorgehen des XXIV. Korps, welches nun
auch noch durch das XVIII. unterſtützt werden ſollte. Aber der Durchzug
des letzteren durch Beſançon auf mit Glatteis bedeckten Straßen nahm
den ganzen, für den Angriff beſtimmten Tag in Anſpruch, ſo daß aus
dieſer Unternehmung überhaupt nichts mehr wurde.

Die Armee-Reſerve hatte Ornans erreicht und ſich dort bereitgeſtellt.
Die beiden anderen Diviſionen rückten auf der Straße nach Salins vor,
erhielten aber ſchon auf dem Marſche die Nachricht, daß der Ort ſoeben
vom Feinde genommen ſei. Sie beſetzten nun in Déſervillers und Ville=
neuve b'Amont die von dort nach Pontarlier führenden Straßen.

Inzwiſchen hatte das Kriegsminiſterium dem allgemeinen Rückzuge
der Armee, ohne Rückſicht auf die zwingenden Verhältniſſe, ſeine Ge=
nehmigung entſchieden verſagt.

Den militäriſchen Dilettantismus, welcher von Bordeaux aus die
Heeresbewegungen leiten zu können glaubte, kennzeichnet ein Telegramm
vom 25. nachmittags. Als ſeine „conviction bien arrêtée“ ſpricht Herr
de Freycinet aus, daß General Bourbaki, wenn er ſeine Korps ver=
ſammle und nöthigenfalls ſich mit Garibaldi verſtändige, ſtark genug ſei
„pour passer soit par Dôle, soit par Mouchard, soit par Gray, soit par
Pontailler“ (nördlich Auxonne). Die Wahl blieb freigelaſſen.

Noch außerordentlicher war der weitere Vorſchlag: wenn der Zuſtand
der Armee denn wirklich einen längeren Marſch nicht erlaube, ſo ſolle ſie
ſich in Chagey, doch unzweifelhaft angeſichts des ihr folgenden Feindes,
auf der Eiſenbahn einſchiffen.

Solche Zumuthungen konnten die Zuverſicht des tapferen Heerführers
nur noch mehr erſchüttern. Die Unglücksbotſchaften, welche von allen
Seiten auf ihn einſtürmten, und der Zuſtand der Truppen, wie er ihn
beim Durchzuge des XVIII. Korps eben erſt geſehen, raubten ihm die
letzte Hoffnung und brachten ihn zu dem Verſuche, ſich das Leben zu nehmen.

An dem gänzlichen Mißlingen des von Freycinet geplanten Feld=
zuges mußte natürlich der Führer deſſelben ſchuld ſein, auch war ſchon
ſein Abſetzungsdekret unterwegs. General Clinchant wurde mit dem
Oberbefehl betraut. Er trat denſelben unter den denkbar ungünſtigſten
Verhältniſſen an.

Unzweifelhaft herrschte bei sämmtlichen Führern die Besorgniß vor, ihre ermüdeten und entmuthigten Truppen irgendwie in ernste Berührung mit dem Feinde zu bringen. Alle Rückzugsstraßen waren nahe bedroht, nur die nach Pontarlier noch frei. So blieb dem neuen Obergeneral nur übrig, das auszuführen, was sein Vorgänger eingeleitet hatte. Er ordnete sofort den Weitermarsch an. Selbst verfügte er sich nach Pontarlier. In der starken Stellung dort hoffte er, den Truppen wenigstens eine kurze Rast gewähren zu können. Noch war man auf größere Massen der Deutschen nicht gestoßen, die Munitionskolonnen waren glücklich durch= gebracht, und wenn es gelang, die Engpässe von Vaux, Les Planches und St. Laurent vor dem Feinde zu erreichen und sie zu behaupten, so war immer noch eine Möglichkeit vorhanden, nach dem Süden zu ent= kommen.

Am Abend des 27. standen zunächst dem Feinde die Division Poullet bei Levier, die beiden anderen Divisionen des Generals Crémer, sowie die des XV. und XX. Korps auf der Straße von Ornans bis Sombacourt echelonnirt, nur das XVIII. Korps auf der östlichen Straße über Nods. Das XXIV. erreichte, freilich im traurigsten Zustande, Montbenoit und mit der Spitze Pontarlier, zwei Divisionen waren noch bei Besançon verblieben.

An eben diesem Tage versammelte General v. Fransecky das Gros des II. Korps bei Arbois, verstärkte aber gleichzeitig die Postirungen des Generals du Trossel in Pont d'Héry.

Vom VII. Korps war die 14. Division durch das XIV. Korps in St. Vit abgelöst, sie rückte rechts von der 13. an den vom Feinde bereits verlassenen Loue=Abschnitt heran.

Im Norden hielt General v. Debschitz Blamont und Pont de Roide besetzt, während General v. Schmeling von St. Juan gegen Besançon beobachtete und General von der Goltz auf Arbois marschirte, um eine Reserve zu bilden.

(28. Januar.) In der Vermuthung, daß die Franzosen sich bereits im Marsch über Champagnole nach St. Laurent befänden und um ihnen diesen Rückzug zu verlegen, schlug General v. Fransecky am folgenden Tage mit dem II. Korps eine südlichere Richtung ein.

General du Trossel gelangte ohne Kampf nach Champagnole und schickte seine Kavallerie sogleich auf der Straße von dort nach Pontarlier vor. Mit einer Schwadron der 11. Dragoner erreichte Oberstlieutenant v. Guretzky Nozeroy, fand den Ort besetzt, erbeutete aber 56 Proviant= wagen nebst Kriegskasse und nahm deren Bedeckung gefangen.

Die 5. und 6. Brigade rückten bis Poligny und Pont du Navoy vor.

Vom VII. Korps sammelte sich die 13. Division, nachdem sie bei Quingey durch badische Truppen abgelöst, bei La Chapelle, die 14. rückte nach Déservillers vor. Ihre Spitze traf in Bolandoz nicht den Feind, sondern nur seine noch glimmenden Biwaksfeuer, so daß die feindliche Hauptmacht auch an diesem Tage noch nicht erreicht wurde.

General Clinchant hatte nämlich seine Korps näher an Pontarlier herangezogen. Es stellte sich aber bald heraus, daß für ihr längeres Verbleiben die Lebensmittel nicht zu beschaffen waren. General Crémer erhielt noch in der Nacht Befehl, mit drei schon an der Straße nach Mouthe stehenden Kavallerie=Regimentern sofort auf Les Planches und St. Laurent vorzugehen. Durch eine außerordentliche Marschleistung auf tief verschneiten Gebirgswegen gelang es ihm schon nachmittags, die be= zeichneten Ziele zu erreichen. Das XXIV. Korps und eine Brigade der Division Poullet folgten tags darauf, und letztere besetzte dann auch Bonnevaux, am Eingange des Engpasses von Baux, mit zwei Bataillonen. Am Abend des 28. standen die übrigen Heerestheile: das XVIII. Korps hinter dem Drugeon bei Houtaud dicht vor Pontarlier, die 1. Division des XV. Korps war über den Bach nach Sombacourt vorgeschoben, die 3. befand sich in der Stadt. Zur Linken hielten die 2. und 3. Division des XX. Korps die Ortschaften von Chaffois bis Frasne, zur Rechten die Armee=Reserve Bhans besetzt.

General v. Manteuffel hatte für den 29. ein allgemeines Vor= gehen gegen Pontarlier befohlen, wo man endlich den Feind finden mußte.

(29. Januar.) Vom II. Korps war General v. Koblinski bereits in der Nacht von Poligny aufgebrochen. Nachdem er Champagnole erreicht und alle Theile der 5. Brigade versammelt hatte, rückte er von dort um 7 Uhr vor. Auch General du Trossel mit der 7. Brigade traf bis Censeau auf keinen Feind.

Zur Rechten war Oberst v. Wedell mit vier Bataillonen der 6. Brigade von Pont du Navoy gegen Les Planches abgerückt. Er fand nur abgesessene Reiter vor sich, Postirungen vermuthlich, die General Crémer zurückgelassen haben mochte und welche von den Jägern leicht vertrieben wurden. Abtheilungen gingen sodann nach verschiedenen Seiten weiter vor und stießen überall auf versprengte Trupps, bei Foncine le Bas aber auf die Tete des XXIV. Korps, dem jetzt Oberst v. Wedell auch die letzte, den Franzosen gebliebene Rückzugsstraße versperrte.

Mit den übrigen Theilen des 2. Korps marschirte General v. Hart= mann ungehindert nach Nozeroy.

Beim VII. Korps hatte die 14. Division den Befehl zum Vorgehen gegen Pontarlier verspätet erhalten, sie brach erst mittags von Déservillers auf und erreichte erst um 3 Uhr Levier, wo gleichzeitig die Spitze der 13. Division aus Villeneuve d'Amont anlangte, weil der Zustand der Wege die Märsche außerordentlich erschwerte.

Die Avantgarde, 3 Bataillone, ½ Eskadron, 1 Batterie, war auch über diesen Punkt hinaus nur auf Nachzügler gestoßen, und General v. Zastrow befahl ihr, bis an den Drugeon=Bach vorzudringen. Im Walde links der Straße zogen geschlossene Abtheilungen des Feindes sich auf Sombacourt zurück, und Major v. Brederlow wendete sich mit dem 1. Bataillon Regiments Nr. 77 gegen das in der Flanke liegende Dorf. Unter Hurrahruf drang die über Sept Fontaines anrückende 2. Kompagnie, Hauptmann v. Vietinghoff, ein, sah sich anfangs von

feindlichen Maſſen dicht umringt, aber bald von den anderen Kompagnien
unterſtützt. Hier wurde die 1. Diviſion des franzöſiſchen XV. Korps völlig
auseinander geſprengt, ohne daß die in Byans ganz nahe ſtehende Armee-
Reſerve ihr zu Hülfe kam. 50 Offiziere, darunter zwei Generale, und
2700 Mann geriethen in Gefangenſchaft, 10 Geſchütze, 7 Mitrailleuſen,
48 Fahrzeuge, 319 Pferde und 3500 Gewehre fielen in die Hände des
hannoverſchen Bataillons, welches nun zur Bewachung in Sombacourt
ſtehen blieb.

Inzwiſchen hatte ſich der übrige Theil der Avantgarde Chaffois
genähert, wo die Straße aus dem Gebirge in das breite Thal des
Drugeon ausmündet. Der Ort war, wie wir wiſſen, durch die 2. Diviſion des XX. Korps beſetzt.

Oberſt v. Coſel ſchritt ſogleich zum Angriff. Drei Kompagnien
Regiments Nr. 53 überraſchten die franzöſiſche Feldwache und nahmen
von den vorderſten Häuſern des Ortes Beſitz, aber hier hemmte die
Maſſe des ganzen franzöſiſchen XVIII. Korps das weitere Vordringen.
Nach und nach mußten alle noch verfügbaren Kräfte eingeſetzt und auch
Verſtärkungen vom Gros der 14. Diviſion herangeholt werden. Andert-
halb Stunden hatte dann der Kampf mit großer Heftigkeit gedauert, als
plötzlich die Franzoſen das Feuer einſtellten und die Waffen niederlegten.
Sie beriefen ſich auf einen bereits abgeſchloſſenen Waffenſtillſtand.

In der That hatte Herr Jules Favre am 28. abends 11¼ Uhr
nach Bordeaux telegraphirt, daß ein 21tägiger Waffenſtillſtand abgeſchloſſen
ſei, ohne jedoch hinzuzufügen, daß mit ſeiner eigenen Zuſtimmung die
drei öſtlichen Departements davon ausgeſchloſſen ſeien. In dieſer Unvoll-
ſtändigkeit wurden die Civilbehörden von der Delegation am 29. um
12¼ Uhr mit Anweiſung verſehen, dem Militär aber, welches doch vor
Allem von der Sache berührt war, durch Herrn Freycinet erſt nachmittags 3½ Uhr Kenntniß gegeben.

So konnte denn auch General Clinchant in gutem Glauben dem
in Chaffois kommandirenden Diviſionsgeneral Thornton die bezüglich
der Oſtarmee unrichtige Mittheilung machen. Dieſer ſchickte ſogleich
ſeinen Generalſtabsoffizier an die noch kämpfende preußiſche Avantgarde
ab, welcher unter Vorlegung der amtlichen Korreſpondenz zum Einſtellen
des Feuers aufforderte.

General v. Manteuffel hatte in Arbois um 5 Uhr telegraphiſch
aus dem großen Hauptquartier die vollſtändig mitgetheilten Bedingungen
des Waffenſtillſtandsvertrages erhalten, nach welchen von der Südarmee
die Operationen bis zur ſchließlichen Entſcheidung fortzuſetzen waren. Ein
Armeebefehl, welcher dies allen Truppen bekannt machte, wurde ſofort er-
laſſen, erreichte aber bis abends das VII. Korps nicht mehr.

Dort wußte man von einem Waffenſtillſtande nichts, eine Benach-
richtigung konnte aber leicht ſchon unterwegs ſein; General v. Zaſtrow
bewilligte daher die vorläufige Unterbrechung der Feindſeligkeiten und
genehmigte auch, daß die Gefangenen, jedoch ohne Waffen, zurückgegeben
würden.

Chaffois verblieb bis auf ein paar Gehöfte im Besitz der 14. Division, welche dort, so gut es ging, Unterkommen fand, die 13. in den Ort= schaften von Sept Fontaines rückwärts bis Déservillers.

(30. Januar.) Im Vertrauen auf die Mittheilung seiner Regierung hatte General Clinchant am 30. die Bewegung seiner Armee eingestellt. Auch der neu ernannte Kommandeur des XXIV. Korps, General Comagny, gab den beabsichtigten Versuch auf, sich bei Foncine mit 10 000 Mann gegen die schwache Brigade des Obersten v. Wedell durchzuschlagen. Die übrigen Korps standen nach dem unglücklichen Verlaufe der Gefechte am Abend vorher dicht an Pontarlier gedrängt, wohl aber wurden Reiter= abtheilungen auf den Straßen nach Besançon und nach St. Laurent be= lassen, um bei Abschluß einer Demarkationslinie sowohl mit der Festung wie mit dem Süden Frankreichs in Verbindung zu stehen.

General v. Zastrow benachrichtigte, nachdem ihm um 11 Uhr der Armeebefehl zugegangen, den gegenüberstehenden Feind von der Wieder= aufnahme der Feindseligkeiten, begnügte sich aber mit der Forderung voll= ständiger Räumung von Chaffois, die auch zugestanden wurde. Im Uebrigen blieb das Korps stehen und schloß in sich auf.

Beim II. Korps brach General du Trossel schon frühzeitig von Censeau auf, aber das Erscheinen eines französischen Parlamentärs und die Besorgniß, gegen das Völkerrecht zu verstoßen, verursachte auch hier erheblichen Aufenthalt. Erst abends wurde der Wald von Frasne vom Feinde gesäubert. Oberstlieutenant v. Guretzky drang mit ganz geringen Kräften in den Ort ein und nahm den Vertheidigern 12 Offiziere, 1500 Mann und 2 Fahnen ab. In Frasne traf dann noch die 5. Brigade ein, die übrigen Truppen des Korps verblieben in ihren Standorten vom Tage zuvor.

Auch in Les Planches waren Parlamentäre erschienen, Oberst v. Wedell aber hatte sie einfach zurückgewiesen. Dasselbe geschah bei den Vorposten des XIV. Korps.

Im Norden von Pontarlier rückte General v. Schmeling nach Pierre Fontaine, General v. Debschitz nach Maiche vor.

(31. Januar.) Im Hauptquartier des Generals v. Manteuffel, in Villeneuve, hatte sich am 31. morgens früh der französische Oberst Varaigne eingefunden, welcher vorschlug, zur Beseitigung der bestehenden Meinungsverschiedenheiten eine sechsunddreißigstündige Waffenruhe eintreten zu lassen. Auch dieses Ansinnen wurde abgelehnt, da auf deutscher Seite gar kein Zweifel bestände. Genehmigt wurde zwar die Absendung eines Berichtes nach Versailles, aber zugleich erklärt, daß die Bewegungen der Südarmee selbst nicht bis zum Eintreffen der Antwort unterbrochen werden könnten.

Auch an diesem Tage ging das II. Armeekorps nur in gleicher Höhe mit dem VII. bis Dompierre vor, seine Avantgarde aber bis an den Drugeon, nach Ste. Colombe und La Rivière. Von dort drang noch abends eine Kompagnie Colbergscher Grenadiere über die schroffen Ge= birgszüge nach La Planée vor und nahm 500 Mann gefangen. Ein rechtes Seiten-Detachement von zwei Bataillonen und einer Batterie unter Oberstlieutenant Liebe durchzog unangefochten den langen Engpaß von Bonnevaux bis Vaux und machte 2 Offiziere, 688 Mann zu Gefangenen. Der Feind gab dann auch noch das Defilee von Granges Ste. Marie auf und zog sich bis St. Antoine in das Gebirge zurück.

Das Korps hatte alle Straßen mit Waffen und Feldgeräth bedeckt gefunden und im Ganzen 4000 Gefangene eingebracht.

Beim VII. Korps dehnte sich, nachdem die Wiederaufnahme der Feindseligkeiten nochmals dem Gegner bekannt gemacht war, die 14. Division links am Drugeon und bis La Brine aus, von wo in St. Gorgon Verbindung mit der 4. Reserve-Division des XIV. Korps aufgenommen wurde. Die 13. Division rückte nach Sept Fontaines auf. Der Kreis um Pontarlier war nunmehr geschlossen, und General v. Manteuffel bestimmte, daß am 1. Februar der allgemeine Angriff stattzufinden habe. Das II. Korps sollte von Südwesten, das VII. von Nordwesten vorgehen, General von der Golz als Reserve sich vor Levier aufstellen.

Der französische Oberbefehlshaber war inzwischen selbst zweifelhaft geworden, ob es mit der Mittheilung seiner Regierung die volle Richtigkeit habe. Nach Verlust aller nach dem Süden führenden Engpässe des Gebirges stand ein Entkommen in dieser Richtung nicht mehr zu hoffen. Bereits hatte General Clinchant Gepäck und Munitionskolonnen, Kranke und Ermüdete durch La Cluse in den Schutz der Forts de Joux und Neuf zurückgeschickt. Als dann nachmittags aus Bordeaux die Nachricht einlief, daß in der That die Ostarmee vom Waffenstillstande ausgeschlossen sei, berief er seine Generale zu einem Kriegsrath. Alle erklärten, daß sie für ihre Truppen nicht mehr einstehen könnten. Demnach verfügte sich der Kommandirende abends selbst nach Les Verrières, um bereits eingeleitete Verhandlungen abzuschließen, nach welchen die Armee am folgenden Tage, dem 1. Februar, auf drei Straßen die Schweizer Grenze überschreiten werde.

Um diesen Abzug zu sichern, sollte die Armee-Reserve Pontarlier so lange halten, bis alles Fuhrwerk über La Cluse abgefahren sein werde, das XVIII. Korps aber eine deckende Stellung zwischen beiden Forts nehmen. Verstärkungsarbeiten wurden dort sofort begonnen. Was vom XV. Korps auf dem Wege über Morez nicht mit der Kavallerie hatte durchkommen können, mochte suchen, irgendwo schweizerisches Gebiet zu erreichen.

(1. Februar.) Als nun am 1. Februar die Avantgarde des II. Korps von Ste. Colombe gegen Pontarlier vorging, fand sie am Bahnhofe nur geringen Widerstand. Die Colbergschen Grenadiere besetzten die Stadt ohne Kampf, machten dort zahlreiche Gefangene, fanden aber dann die Straße jenseits durch Armeefuhrwerk gänzlich versperrt. Nur mühsam konnten sie seitwärts durch tiefen Schnee weiter vordringen. Nahe vor La Cluse wendet sich die Straße zwischen steilen Felswänden zu einem

weiten Thalkessel des Doubs, welcher von dem auf isolirtem Felskegel gelegenen festen Schloß be Joux gänzlich beherrscht ist. Beim Austritt ins Freie wurden dort die vordersten Kompagnien mit lebhaftem Feuer empfangen. Vier mit größter Anstrengung vorgebrachte Geschütze konnten gegen die Festungsstücke des Forts nicht aufkommen, und die Franzosen schritten hier selbst zum Angriff.

Inzwischen hatten aber die Colberger Füsiliere die Höhen zur Linken erklommen, ihnen folgten das 2. Bataillon des Regiments und ein Bataillon Regiments Nr. 49, welche den Gegner aus den Gehöften auf der zerklüfteten Hochfläche vertrieben. Auch die steile Bergwand zur Rechten wurde erstiegen, mehrere Schützenzüge der Neunundvierziger kletterten den Abhang hinab bis La Cluse, und die Colberger Grenadiere gingen bis an den Fuß des Fort Neuv heran.

Die festen Schlösser zu erstürmen, war selbstverständlich außer Frage, wie denn überhaupt bei solcher Gestaltung des Geländes einem abziehen= den Feinde kaum ernsthaft beizukommen ist. Man hatte ihm 23 Offiziere, 1600 Gefangene und 400 beladene Wagen abgenommen, aber auch selbst 19 Offiziere und 365 Mann, meist vom Colberger Regiment, eingebüßt. Die Truppen verblieben während der Nacht auf dem erkämpften Boden.

Da bei La Cluse größere Streitkräfte keine Verwendung finden konnten, hatte General v. Fransecky dem Gros des Korps befohlen, weiter südlich nach Ste. Marie zu marschiren. Um nicht die steile Jura= wand übersteigen zu müssen, wendete sich General v. Hartmann zunächst nach Pontarlier, um erst von dort die bessere Straße zu benutzen, wurde aber festgehalten, als der Kampf bei La Cluse eine unerwartete Leb= haftigkeit gewann. Ebenso wenig vermochten das VII. Korps und die 4. Reserve=Division, welche mittags am Doubs eingetroffen war, an den Feind zu gelangen.

Während des ganzen Tages waren die französischen Kolonnen über die schweizerische Grenze gezogen. Die Armee=Reserve in Pontarlier war von dem Schwall von Wagen und Trainknechten gleich anfangs mit fort= gerissen und erst bei La Cluse durch das XVIII. Korps aufgenommen worden. Beide folgten dann in der Nacht dem allgemeinen Rückzuge. Nach dem südlich angrenzenden Departement de l'Ain waren nur die Kavallerie und die 1. Division des XXIV. Korps entkommen, letztere nur noch wenige Hundert Mann stark. 80 000 Franzosen traten auf schweize= rischen Boden über.

General v. Manteuffel hatte sein Hauptquartier nach Pontarlier verlegt. Dort erst in der Nacht erhielt er über Berlin die Mittheilung von dem zwischen General Clinchant und dem eidgenössischen Oberst Herzog abgeschlossenen Vertrage.

Den wichtigen Erfolg seines dreiwöchentlichen Feldzuges hatte General v. Manteuffel, unter beständigen Gefechten, aber seit der Lisaine ohne Schlacht, durch Märsche erreicht, Märsche zwar, wie sie bei Anstrengungen und Entbehrungen aller Art in dieser Jahreszeit und in solchem Gelände nur von einer vorzüglichen Truppe unter kühner und geschickter Führung geleistet werden können.

So befanden sich jetzt zwei französische Heere als Gefangene in Deutschland, ein drittes eingesperrt in der eigenen Hauptstadt und das vierte entwaffnet auf fremdem Boden.

Der Zug des Generals Hann v. Weyhern gegen Dijon.

Es bleibt noch ein Blick zurückzuwerfen auf den Zug, mit welchem General Hann v. Weyhern am 26. Januar gegen Dijon beauftragt war.

Am selben Tage erhielt dort Garibaldi die Aufforderung, eine energische Unternehmung gegen Dôle und Mouchard einzuleiten.

Zur Unterstützung derselben wollte die in Aufstellung von neuen Formationen unermüdliche Regierung 15 000 Mobilgarden unter General Crouzat von Lyon nach Lons le Saulnier in Bewegung setzen, und von Châtellerault sollte ein in Bildung begriffenes XXVI. Korps nach Beaune detachiren. Da es unzweifelhaft geworden war, daß General v. Manteuffel sich mit starken Kräften auf die Verbindungen der Ostarmee geworfen habe, so gelangte noch am 27. der bestimmte Befehl an den Kommandirenden der Vogesen-Armee, nur 8000 bis 10 000 Mann in Dijon zu belassen, mit der Masse seiner Streitmacht aber sofort über Dôle hinaus vorzugehen.

Aber der General trug immer noch Sorge um Dijon, besetzte die Hauptpunkte am Abhange der Côte d'Or und entsendete ein schwaches Häuflein nach St. Jean de Losne hinter den Kanal von Bourgogne. Von 700 Freischärlern, die gegen Dôle vorgegangen waren, hat man dort niemals etwas verspürt.

Größere Thätigkeit hatte Langres entwickelt, indem von dort aus mehrfache und oftmals gelungene Ueberfälle kleinerer Postirungen und Etappentruppen ausgeführt wurden.

Die Absicht des Generals Hann v. Weyhern, Dijon von Süden her anzugreifen, mußte aufgegeben werden, weil die Saône-Brücke bei St. Jean de Losne zerstört war. Er überschritt daher am 29. den Strom bei Apremont und versammelte am 31. seine Abtheilungen. bei Arc sur Tille. Auch hier berief sich General Bordone, der Chef des Generalstabes der Vogesen-Armee, vergeblich auf einen abgeschlossenen Waffenstillstand. Am 31. ging General v. Kettler als Avantgarde auf Varois vor. Um die Verbindung des Feindes mit Auxonne abzuschneiden, bemächtigte sich ein linkes Seiten-Detachement der Ouche-Brücke bei Fauverney. Die Franzosen zogen sich nach den ersten Granatschüssen auf ihre befestigte Stellung St. Apollinaire—Mirande zurück.

Nachdem der Versuch, einen Stillstand herbeizuführen, gescheitert, beschloß General Bordone, Dijon noch in der folgenden Nacht zu räumen und auf wirklich neutrales Gebiet zurückzugehen. So fanden am 1. Februar die Spitzen der Avantgarde die Stellung vor der Stadt verlassen, und General v. Kettler rückte, ohne auf Widerstand zu stoßen, in dieselbe ein, als eben der letzte Zug mit feindlichen Truppen vom Bahnhofe abfuhr. Am 2. wurden noch Sombernon und Nuits besetzt.

Besetzung der Departements Doubs, Jura und Côte d'Or.

Dem General v. Manteuffel blieb noch übrig, die drei Departements welche er erobert, militärisch zu besetzen und nach außen zu schützen.

Im freien Felde stand innerhalb derselben bei Lons le Saulnier noch General Pelissier mit den von Lyon herangekommenen 15 000 Mobilisirten, denen sich die von General Rolland aus Besançon zurück= gewiesenen Bataillone angeschlossen hatten, eine an Zahl nicht unbeträchtliche Streitmacht, aber der Beschaffenheit nach kaum verwendbar. Es wurde dem Kommandirenden anheimgestellt, zur Vermeidung weiteren Blut= vergießens sich zurückzuziehen, was auch geschah, sobald Abtheilungen des II. Korps nach Lons le Saulnier und St. Laurent vorrückten. Andere besetzten Mouthe und Les Allemands, wo noch 28 französische Feldgeschütze stehen geblieben waren. Für alle Fälle hielten acht Bataillone der schweizerischen Grenze gegenüber Wache. Beobachtet blieben die Schlösser von Salins, der kleine Platz Auxonne und Besançon von der Ostseite. Obwohl der Waffenstillstand das Departement von Haute=Marne mit umfaßte, hatte der Kommandant von Langres dem Abkommen seiner Regierung die Anerkennung versagt. Auch dieser Platz mußte daher ein= geschlossen, vielleicht noch belagert werden. Zunächst wurde General von der Goltz wieder gegen denselben vorgeschoben, auch rückte bereits General v. Krenski mit 7 Bataillonen, 2 Eskadrons und 2 Batterien nebst Belagerungstrain von Longwy heran, nachdem er diesen Platz durch sechstägige Beschießung am 25. Januar zur Kapitulation gezwungen hatte. Doch kam es vor Langres nicht mehr zur Aktion. General v. Man= teuffel suchte keine taktischen Entscheidungen mehr, er wünschte seine Truppen vor neuen Verlusten zu bewahren und nach ungewöhnlichen Anstrengungen ihnen jede mögliche Erleichterung zu gewähren. Erst jetzt langte das Fuhrwerk, selbst das der höheren Stäbe, wieder an, welches beim Eintritt in den Jura hatte zurückbleiben müssen. Die Truppen wurden behufs guter Unterkunft in bequemer Ausbreitung, aber in voller Kriegsbereitschaft in Erholungsquartiere verlegt, das II. Korps im Jura=, das VII. im Côte d'Or=, das XIV. im Doubs=Departement. Mit allem Nachdruck mußte aber noch die Belagerung von Belfort fortgeführt werden.

Fortsetzung der Belagerung von Belfort.

Schon gleich nach der Schlacht an der Lisaine war das Belagerungs=
korps von Belfort auf 27 Bataillone, 6 Schwadronen, 6 Feldbatterien,
24 Festungsartillerie= und 6 Festungs=Pionier=Kompagnien gebracht worden.
Zusammen

Infanterie	17 602 Mann
Artillerie	4 699 =
Pioniere	1 166 =
	23 467 Mann

nebst 707 Pferden und 34 Feldgeschützen.

Während der Platz im Norden und Westen von nur wenigen Ba=
taillonen eingeschlossen, war die Hauptmacht im Süden und Osten desselben
versammelt.

Am 20. Januar hatten die östlich gelegenen Batterien ein lebhaftes
Feuer auf Pérouse gerichtet. Oberst Denfert schloß daraus auf einen
bevorstehenden Angriff und besetzte das zur hartnäckigen Vertheidigung
hergerichtete Dorf mit vier Bataillonen seiner zuverlässigsten Truppen.

Um Mitternacht gingen dann auch zwei Bataillone Regiments Nr. 67
von Chèvremont, ohne einen Schuß zu lösen, gegen den Wald Haut
Taillis vor. Erst im Innern desselben entstand ein hartnäckiges Gefecht,
doch wurden die Vertheidiger nach dem Dorfe zurückgeworfen. Die
Pioniere verschanzten trotz heftigen Feuers der Forts sogleich den Pérouse
zugekehrten Saum des Gehölzes.

Zwei Landwehr=Bataillone rückten eine halbe Stunde später von
Bessoncourt an die Waldstücke nördlich des Ortes heran. Sie wurden
mit heftigem Feuer empfangen, drangen aber über Verhaue, Gräben und
Drahtzäune vor und warfen den Gegner nach den Steinbrüchen zurück.

Es entstand nun ein stehendes Feuergefecht, aber bald schritten die
Siebenundsechziger zu erneutem Angriff und drangen, ohne sich von den
Erdwerken aufhalten zu lassen, in Pérouse ein. Die östliche Hälfte des
ausgedehnten Dorfes fiel um 2½ Uhr in ihren Besitz, und die von dort
aus bedrohten Vertheidiger des Steinbruches zogen sich aus demselben
zurück. Um 5 Uhr gab Oberst Denfert auch den westlichen Theil des
Ortes auf, welcher nun vollständig besetzt wurde.

Der Verlust auf deutscher Seite betrug 8 Offiziere und 178 Mann,
die Franzosen ließen 5 Offiziere und 93 Mann gefangen zurück.

(21. bis 27. Januar.) Schon tags darauf wurde zur Aushebung
der ersten Parallele geschritten, welche von Danjoutin bis Haut Taillis
eine Ausdehnung von 1800 Metern hatte. Fünf Bataillone und zwei
Pionier=Kompagnien führten diese Arbeit vom Feinde ungestört aus, doch
hatte der felsige Boden verhindert, sie schon in vorschriftsmäßiger Breite
herzustellen.

General v. Tresckow glaubte schon jetzt, zur gewaltsamen Erstürmung
der beiden Forts Perches schreiten zu können. Zwei Halbredouten mit

3 Meter tiefen, senkrecht in den Felsboden eingeschnittenen Gräben, Hohl=
traversen und bombensichere Blockhäuser in der Kehle gewährten den Ver=
theidigern Schutz. Die Armirung bestand aus je sieben 12 cm-Kanonen.
Untereinander waren beide Werke durch Einschnitte verbunden, hinter
welchen Reserven bereit standen. In der rechten Flanke wurde diese
Stellung durch ein Bataillon nebst Ausfallbatterie in Le Fourneau gesichert,
in der linken war der herantretende Wald auf 600 Meter Entfernung
abgeholzt, und Drahtnetze zwischen den Baumstümpfen bildeten ein fast
undurchdringliches Hinderniß. Vor der Front lag der sanft aufsteigende
Hang des Höhenrückens im Kreuzfeuer beider Forts.

Nachdem am Abend vorher der Ausbau der Parallele weit genug
vorgeschritten war, um größere Abtheilungen dort aufzustellen, wurde am
27. zum Sturm geschritten. Zwei Kolonnen in der Stärke von 1 Bataillon,
1 Pionier=Kompagnie und 2 Geschützen brachen in der Morgendämmerung
des 27. Januar zum Angriff vor. Gegen die Front der Basses Perches
gingen zwei Kompagnien des Landwehr=Bataillons Schneidemühl und
warfen sich auf 60 und 100 Meter vor dem Werk nieder. Ein Schützen=
zug und einige Pioniere erreichten den Graben und sprangen ohne Zögern
hinab. Die anderen beiden Kompagnien hatten, das Fort links umgehend,
die Rückseite desselben erreicht, und auch hier sprangen Mannschaften in
den Kehlgraben. Aber jetzt hatten die aus ihren Laufgräben vertriebenen
Franzosen sich gesammelt, und das Bataillon aus Le Fourneau war heran=
gerückt. Alle Forts der Festung richteten ihre Geschütze gegen das freie
und schutzlose Feld vor der Parallele, und ein Vorgehen von Verstärkungen
über dasselbe erfolgte nicht. Weit überlegene Kräfte umzingelten die
7. Kompagnie des Landwehr=Bataillons und nahmen sie nach tapferer
Gegenwehr größtentheils gefangen. Aus den Gräben konnten die meisten
Mannschaften noch entkommen.

Auch das Vorgehen der rechten Kolonne gegen die Hautes Perches
scheiterte. Dieselbe hatte das freie Feld 1000 Meter weit zu durch=
schreiten. Die Umfassung des Forts wurde versucht, aber es gelang nicht,
durch die Verhaue und sonstigen Hindernisse im vernichtenden Feuer des
Gegners vorzudringen.

Der mißlungene Sturmversuch hatte 10 Offiziere und 427 Mann
gekostet, und es mußte der langsam fortschreitende Ingenieurangriff wieder
aufgenommen werden.

(28. Januar bis 15. Februar.) Bei der weiteren Annäherung an
die Forts konnte ungestört vom Feinde die flüchtige Sappe allnächtlich
um 300 Meter vorgetrieben werden. Trotz aller Schwierigkeiten, welche
die Bodenbeschaffenheit verursachte, wurde auf halber Entfernung von den
Perches am 1. Februar die zweite Parallele ausgehoben.

Da das Fort de la Justice den Arbeiten besonders hinderlich war,
mußten zwei neue Batterien östlich Pérouse gegen dasselbe erbaut werden.
Vier Mörser=Batterien auf den Flügeln der Parallele richteten jetzt aus
großer Nähe ihr Feuer gegen die Perches. Außerdem erwuchsen drei
Batterien im Bois des Perches gegen das Schloß und am Waldrand

bei Bavilliers eine gegen die Stadtbefestigung. Täglich wurden von nun an 1500 Schuß gegen die Festung und ihre Werke abgegeben.

Aber das weitere Vorschreiten des Angriffs wurde immer schwieriger. Durch das Abrücken des Generals v. Debschitz waren die Arbeitskräfte des Belagerungskorps erheblich vermindert. Nur neun Bataillonen lag der anstrengende Dienst in den Laufgräben ob. Besonders empfindlich war der starke Verlust an Pionieren; zwei frische Kompagnien mußten aus Straßburg herangezogen werden. Heller Mondschein, welcher die Schneefelder weithin übersehen ließ, machte es unthunlich, mit der flüchtigen Sappe weiter vorzugehen. Man mußte sich der Erdwalze bedienen, die Sappenspitzen mit Sandsäcken, die Seiten mit Körben schützen, das Erdreich zur Ausfüllung oft von weit rückwärts heranschaffen.

Dazu kam, daß am 3. Februar Thauwetter eintrat und das von der Höhe herabfließende Wasser die Laufgräben füllte, so daß der Verkehr übers freie Feld stattfinden mußte. Regengüsse schädigten die fertigen Arbeiten, die Brustwehr der ersten Parallele sank stellenweise zusammen, und der Auftritt verschwand. Auf grundlosen Wegen verursachte die Armirung der Batterien unsägliche Mühe, und die Bespannung der Kolonnen und der Feldartillerie mußte hergegeben werden, um Munition heranzuschaffen. Viele Geschütze waren durch Ausbrennen unbrauchbar geworden, während der Feind verstand, durch plötzlich ins Feuer geführte Stücke, die dann schnell wieder zurückgezogen wurden, die Arbeiten zu stören. Nicht nur mußte während der Nacht die Beschießung der Perches durch die Batterien fortgesetzt werden, sondern auch ein lebhaftes Infanteriefeuer war gegen dieselben zu unterhalten. Nur zeitweise gelang es den in den Parallelen neu angelegten Batterien, Hautes Perches ganz zum Schweigen zu bringen. Gegen Fort Bellevue und die Bahnhofsbefestigung mußten Schulterwehren erbaut und auch das Fort des Barres wieder beschäftigt werden. Daß unter solchen Anstrengungen und unter der Ungunst der Witterung der Gesundheitszustand der Truppen in hohem Grade litt, ist erklärlich, häufig konnten die Bataillone nur mit 300 Mann zum Dienst antreten.

Indessen war unzweifelhaft die Artillerie des Angriffs der des Vertheidigers weit überlegen geworden, und trotz aller Hindernisse erreichten die Sappen den Grabenrand der Perches.

Am 8. Februar um 1 Uhr nachmittags ließ Hauptmann Roese Sappenkörbe in den Graben von Hautes Perches werfen, sprang mit fünf Pionieren hinab und erstieg auf schnell in die Escarpe eingehauenen Stufen die Brustwehr. Ihm folgte alsbald die Trancheewache, aber nur in den Hohltraversen überraschte man noch einige Franzosen. Die Lage der Besatzung in den Forts hatte sich nämlich äußerst schwierig gestaltet. Nur unter dem Feuer des Gegners konnte Munition herangeschafft, Wasser aus dem Vernier=Teich geholt und im Innern der Werke abgekocht werden. Oberst Denfert hatte daher auch bereits Befehl gegeben, das Material zu bergen. Vom Angreifer ungesehen, wurden die Geschütze, deren Laffeten den Transport noch erlaubten, fortgeschafft und in jedem Fort nur eine Kompagnie belassen, die im Falle eines Angriffs feuernd abziehen sollte.

Auch wurden in dem verwüsteten Werke nur zerschossene Lafeten und vier beschädigte Geschützrohre vorgefunden. Dasselbe wurde nun sofort mit Front gegen die Festung zur Vertheidigung hergerichtet, aber diese eröffnete um 3 Uhr ein so heftiges Feuer gegen den verlorenen Posten, daß die Arbeiter Schutz in den Gräben suchen mußten.

Einigen Widerstand leistete noch die Besatzung in Basses Perches, zog aber, von Reserven aufgenommen, bald nach Le Fourneau ab, fünf Geschütze und zerschossenes Material zurücklassend. Auch hier zwangen die Geschosse des Platzes, die Verbauungsarbeiten vorerst zu unterbrechen, aber es gelang, vier 15 cm-Mörser in das Werk und zwei 9 cm-Kanonen auf den Bergvorsprung westlich desselben zu schaffen, welche Le Fourneau und Bellevue zum Ziel nahmen. In der Nacht zum 10. wurden beide Werke durch einen 624 Meter langen Laufgraben verbunden und so die dritte Parallele hergestellt.

Nunmehr war man in der Lage, den Angriff unmittelbar gegen das Schloß zu richten, und gegen dieses eröffneten die Batterien im Bois des Perches, dann auch die in der zweiten Parallele ihr Feuer. Gleichzeitig wurden Justice, Miotte und Bellevue beschossen. General v. Debschitz war zurückgekehrt, das Belagerungskorps dadurch wieder auf volle Stärke gebracht, und das aufs Neue eintretende Frostwetter besserte alle Verhältnisse. Am 13. standen in der dritten Parallele 97 Geschütze schußbereit.

Die Stadt hatte unter der langen Beschießung furchtbar gelitten. Fast alle Gebäude waren beschädigt, 15 ganz niedergebrannt, auch in den anliegenden Ortschaften 164 Häuser durch das Feuer der Vertheidiger selbst zerstört. Nicht minder zeigten die Festungswerke sichtbare Spuren der Zerstörung, besonders das Schloß. Die Quaderbekleidung seiner Frontmauer war in den Graben hinabgestürzt, die Hälfte der gepanzerten Scharten verschüttet, die Verbrauchs-Pulvermagazine waren in die Luft geflogen und eine Anzahl Hohltraversen durchschlagen. Zu den oberen Geschützaufstellungen konnte man nur noch auf Leitern gelangen. Die Besatzung in der ursprünglichen Stärke von 372 Offizieren und 17 322 Mann hatte 32 Offiziere, 4713 Mann verloren, die Civilbevölkerung 336 Personen. Der Platz war auf die Dauer nicht mehr zu halten, und dazu kam nun noch die Nachricht, daß die Armee, von welcher allein Befreiung zu erwarten, die Waffen niedergelegt habe.

Unter diesen Umständen forderte General v. Treskow den Kommandanten auf, nach so tapferer Vertheidigung die Festung gegen freien Abzug der Besatzung zu übergeben, welche Bedingung von Seiner Majestät genehmigt war. Die französische Regierung selbst ermächtigte den Kommandanten zur Annahme. Oberst Denfert bestand aber darauf, daß ihm ein direkter Befehl zugehe. Zur Einholung eines solchen wurde ein Offizier nach Basel abgeschickt, während eine vorläufige Waffenruhe eintrat.

Am 15. wurde in Versailles ein Vertrag unterzeichnet, welcher den Waffenstillstand vom 28. Januar auch auf die drei bisher davon ausgeschlossenen Departements und auf Belfort ausdehnte und im Artikel 1 die Uebergabe des Platzes anordnete.

Nach Abschluß der endgültigen Verhandlungen verließ im Laufe des 17. und 18. Februar die Besatzung mit Waffen und Fahrzeugen den Bereich der Festung und begab sich über L'Isle sur Doubs und St. Hippolyte auf von französischer Seite besetztes Gebiet. Der Abmarsch erfolgte in Staffeln von 1000 Mann im Abstand von 5 km, erst die letzte begleitet von Oberst Denfert. Verpflegung aus Beständen der Festung wurde durch 150 preußische Proviantwagen nachgeführt. Um 3 Uhr nachmittags des 18. Februar hielt Generallieutenant v. Tresckow an der Spitze von Abtheilungen aller Truppen des Belagerungskorps seinen Einzug in den Platz.

Vorgefunden wurden 341 Geschützrohre, darunter 56 unbrauchbar gewordene, 356 Laffeten, wovon 119 zerschossen, 22 000 Handfeuerwaffen, außerdem erhebliche Vorräthe an Munition und Proviant.

Die Belagerung hatte auf deutscher Seite 88 Offiziere, 2049 Mann gekostet, darunter 245, welche durch die Kapitulation aus der Gefangen-schaft befreit wurden.

Unverzüglich wurde jetzt zur Wiederherstellung und Armirung der Festung sowie zur Einebnung der Angriffsarbeiten geschritten.

Der Waffenstillstand.

Auf Grundlage des Abkommens vom 28. Januar war eine De-markationslinie vereinbart, von welcher beide Parteien selbst ihre Vorposten auf 10 km Entfernung zurückzuziehen hatten. Die Linie lief von der Seine-Mündung südlich bis zur Sarthe, kreuzte bei Saumur die Loire, folgte der Creuse, wandte sich östlich nach Vierzon, Clamecy, Chagny und schloß sich dann, Châlon sur Saône nördlich umgehend, südlich Lons le Saulnier und St. Laurent der schweizerischen Grenze an. Die beiden Departements Pas de Calais und du Nord sowie die Landspitze vor Hâvre blieben besonders abgetrennt.

Den noch von französischen Truppen behaupteten Festungen innerhalb des von den Deutschen besetzten Gebietes wurde ein ihrer Größe ent-sprechender Rayon zugetheilt.

Bei Ausführung des Vertrages traten an mehreren Stellen einige Weiterungen ein. Das Abkommen war in Paris von den dort befindlichen Mitgliedern der Regierung der nationalen Vertheidigung getroffen, während die Delegation in Bordeaux, welche bisher die Kriegsleitung übernommen, ihm zunächst noch fernstand, auch von den näheren Bedingungen noch keine Kenntniß erhalten hatte. Gambetta ließ daher zwar die Operationen einstellen, konnte aber den Heerführern keine genauere Anweisung ertheilen.

So war General Faidherbe ohne Verhaltungsbefehle hinsichtlich Räumung von Dieppe und Abbeville. General v. Goeben nahm jedoch Abstand von sofortigem Einrücken. Im Westen der Seine bedurfte es der Erklärung des Großherzogs von Mecklenburg, daß Nichtanerkennung der Demarkationslinie unmittelbare Wiederaufnahme der Feindseligkeiten zur Folge haben würde.

Auch der Kommandant der Besatzung von Langres erhob Schwierig=keiten und zog sich erst am 7. Februar in seinen Rayon zurück, noch später General Rolland in Besançon. Auxonne wollte anfangs die Eisenbahn nicht freigeben. Bitsch, welches ernstlich anzugreifen nicht der Mühe werth gewesen war, verwarf die Konvention, die Einschließung mußte sogar verstärkt werden, und erst im März, als mit wirksamem Angriff gedroht wurde, verließ die Besatzung ihren Felskegel.

Auch die Freischärler fügten sich nicht sogleich, und an verschiedenen Punkten kam es noch zu Zusammenstößen mit ihnen. Nachdem aber die Verhältnisse endlich geregelt, fanden ernstliche Zwistigkeiten zwischen der Bevölkerung und den deutschen Truppen während der ganzen Dauer des Waffenstillstandes nicht mehr statt.

Vor Paris hatten alle Korps die vor ihrer Front liegenden Forts besetzt, das V. insbesondere den Valérien und das IV. auch die Stadt St. Denis. Zwischen den Forts und der Hauptumwallung blieb ebenfalls eine neutrale Zone, welche auch von Civilpersonen nur auf den vertrags=mäßig freigegebenen Straßen unter Kontrole deutscher Examinirtrupps überschritten werden durfte.

In ihrer Besorgniß vor dem Unwillen der Bevölkerung hatte die französische Regierung so lange gezaudert, das Wort Kapitulation aus=zusprechen, daß jetzt, selbst bei freigegebener Kommunikation, Paris von dem Ausbruch wirklicher Hungersnoth bedroht war. Den dortigen Be=hörden wurden daher die in deutschen Magazinen entbehrlichen Vorräthe zur Verfügung gestellt. Die Oberkommandos, General=Gouvernements und Etappen=Inspektionen erhielten Anweisung, der Wiederherstellung von Eisenbahnen und Straßen in ihrem Bereiche keine Schwierigkeiten ent=gegenzustellen, und selbst die zur Versorgung der eigenen Armee dienenden Schienenwege wurden unter deutscher Betriebsleitung zur Mitbenutzung freigegeben. Dennoch traf erst am 3. Februar der erste Proviantzug in Paris ein, und erst Mitte dieses Monats gelang es den Franzosen, den in ihrer Hauptstadt herrschenden Nothstand zu beseitigen.

Die deutschen Gefangenen wurden alsbald ausgeliefert. Langsamer erfolgte die Herausgabe von Waffen und Kriegsmaterial sowie der der Stadt auferlegten Kriegssteuer von 200 Millionen Francs.

Aber zweifelhaft war es noch, ob die Partei des „Krieges à outrance" in Bordeaux den Anordnungen der Pariser Regierung sich anschließen, ob endlich die einzuberufende Nationalversammlung den vom Sieger ge=stellten Friedensbedingungen zustimmen würde. Auf französischer wie auf deutscher Seite wurden daher diejenigen Maßregeln ergriffen, welche nöthig waren, um erforderlichenfalls den Krieg wieder aufzunehmen.

Die Vertheilung der französischen Heere war hierzu bei Schluß des Waffenstillstandes wenig günstig.

Auf Anrathen des Generals Faidherbe wurde die Nordarmee ganz aufgelöst, als zu schwach, um den ihr gegenüberstehenden Streit=

kräften gewachsen zu sein. Nachdem das XXII. Korps zur See nach
Cherbourg übergeführt, bildete sich aus diesem, dem XVII. und Theilen
des XIX. Korps die Armee der Bretagne unter General de Colomb,
welche einschließlich der Freikorps Lipowski, Cathelineau u. a. die Stärke
von 150 000 Mann erreichte. In den Verschanzungen vor Hâvre verblieb
General Loysel mit 30 000 schlecht bewaffneten und wenig geübten
Mobilgarden.

General Chanzy hatte nach seinem Rückzuge auf Mayenne behufs
eines neuen, von Caen ausgehenden Unternehmens mit der II. Loire=
Armee bereits eine Linksschiebung eingeleitet, welche jedoch nun nicht mehr
zur Ausführung gelangte. Das XIX., XXI., XVI. und XXVI. Korps
standen zwischen der unteren Loire und dem Cher von Angers bis
Châteauroux etwa 160 000 Mann stark, bei Bourges das XXV. des
Generals Pourcet und bei Nevers das Korps des Generals de Pointe.
Die Vogesen=Armee hatte sich südlich Châlon sur Saône zurückgezogen,
und die Trümmer der Ostarmee sammelten sich unter General Crémer
bei Chambéry als XXIV. Korps.

Die Gesammtsumme aller Feldtruppen betrug 534 452 Mann. Die
Freikorps wurden bis auf die zuverlässigsten aufgelöst und die National=
garden als vor der Hand incapables de rendre aucun service à la
guerre bezeichnet. In den Depots, den Instruktionslagern und in Algier
befanden sich noch 354 000 Mann, und an Rekruten waren für 1871
132 000 Mann ausgeschrieben, aber noch nicht ausgehoben.

Bei Fortsetzung des Krieges gedachte man sich auf eine Defensive im
Südosten von Frankreich zu beschränken, wofür jedoch nach dem von der
Untersuchungskommission am 8. Februar an die Nationalversammlung ein=
gereichten Bericht kaum mehr 252 000 Mann kriegsbrauchbarer Truppen
verfügbar sein würden. Dabei hatte die Flotte einen so beträchtlichen
Theil ihrer Mannschaft und Geschütze für den Landkrieg abgegeben, daß
sie zu größeren Unternehmungen zur See nicht mehr befähigt war.

Auf deutscher Seite war vor Allem auf Ergänzung der Truppen
zur vollen Kriegsstärke und Wiederherstellung des Materials Bedacht ge=
nommen.

Die Forts von Paris waren sogleich mit gegen die Stadtumwallung
gekehrter Front armirt. In und zwischen denselben standen 680 Geschütze,
darunter 145 eroberte französische, mehr als genug, um die unruhige
Bevölkerung im Zaume zu halten. Ein Theil der bisher zur Einschließung
verwendeten Streitkräfte war abkömmlich geworden und schon behufs
besserer Unterbringung der Truppen von dort zu verlegen. Außerdem
erschien es zweckmäßig, die II. Armee zu verstärken, welche die Haupt=
kräfte des Gegners vor sich hatte. Demnach marschirte das IV. Korps
nach Nogent le Rotrou, das V. nach Orléans und das dort abgelöste
IX. nach Vendôme, so daß nun die Quartiere dieser Armee von Alençon
bis Tours und Loire aufwärts bis Gien und Auxerre reichten.

Im Norden stand die I. Armee mit dem VIII. Korps an der
Somme und dem I. auf beiden Seiten der unteren Seine, im Süden die

Südarmee an der Demarkationslinie von Baume bis zur Schweiz und rückwärts.

Die auf französischem Boden stehende Feldarmee der Deutschen zählte Ende Februar

an Infanterie . . 464 221 Mann mit 1674 Geschützen,
= Kavallerie . . 55 562 Pferde.

An Besatzungstruppen
waren vorhanden:

Infanterie . . . 105 272 Mann mit 68 Geschützen,
Kavallerie . . . 5 681 Pferde,

zusammen 630 736 Mann und 1742 Geschütze.

An Ersatztruppen befanden sich in der Heimath noch:

3 288 Offiziere,
204 684 Mann,
26 603 Pferde.

Die Anordnungen waren so getroffen, daß bei Wiederaufnahme der Feindseligkeiten an allen Punkten der kräftigste Widerstand geleistet werden konnte. Der Waffenstillstand näherte sich seinem Ablauf, und bereits war die engere Zusammenziehung der Truppen eingeleitet, um zunächst gegen Süden angriffsweise wieder vorzugehen, als der Bundeskanzler eine Ver= längerung der Waffenruhe bis zum 24. mittheilte, die sodann noch bis zum 26. um Mitternacht ausgedehnt wurde.

Es waren nämlich erhebliche Schwierigkeiten entstanden durch die Meinungsverschiedenheit hinsichtlich der Wahl zur Nationalversammlung zwischen der Regierung zu Paris und der Delegation zu Bordeaux. Auf deutscher Seite wollte man durch völlig freie Wahlen den Willen nicht einer Partei, sondern der ganzen Nation zum Ausdruck gebracht sehen. Gambetta aber hatte, im Widerspruch mit den Bedingungen des Waffen= stillstandes, Anordnungen getroffen, wonach alle diejenigen von der Wähl= barkeit ausgeschlossen sein sollten, die nach dem 2. Dezember 1851 in irgend einer Beziehung zur Kaiserlichen Regierung gestanden hatten. Erst nachdem die Pariser Regierung durch Absendung mehrerer ihrer Mit= glieder in Bordeaux Stimmenmehrheit erlangt und der Diktator am 6. Februar seine Entlassung genommen, gingen die Wahlen schnell und unbehindert von Statten.

Bereits am 12. waren die Abgeordneten in Bordeaux versammelt. Herr Thiers wurde zum Chef der Exekutive gewählt und ging mit Jules Favre am 19. nach Paris, entschlossen, auf alle Weise den aussichtslosen Krieg zu beenden.

Die Friedensverhandlungen begannen, und nach fünftägiger lebhafter Erörterung, als endlich von deutscher Seite auch in Herausgabe von Belfort gewilligt war, wurden am 26. nachmittags die Präliminarien unterzeichnet.

Frankreich verpflichtete sich, zu Gunsten des Deutschen Reichs auf einen Theil von Lothringen und auf das Elsaß, ohne Belfort, zu ver=

zichten und eine Kriegsentschädigung von fünf Milliarden Francs zu zahlen.

Die Räumung des von den deutschen Armeen besetzten Gebietes sollte unmittelbar nach Ratifikation des Vertrages beginnen und nach Maßgabe der Ratenzahlungen der Kriegsentschädigung fortgesetzt werden. Solange sie auf französischem Boden verblieben, sollte ihre Verpflegung auf Kosten des Landes erfolgen, wogegen auf deutscher Seite alle Requisitionen zu unterbleiben hatten.

Gleich bei der ersten Räumung würden die französischen Streitkräfte hinter die Loire zurückgehen, mit Ausnahme von 40 000 Mann in Paris und den nöthigen Festungsbesatzungen.

Nach erfolgter Ratifikation dieser Präliminarien sollte in Brüssel weiter verhandelt werden und die Rückgabe der französischen Kriegs- gefangenen beginnen. Sodann wurde der Waffenstillstand noch bis zum 12. März verlängert, beiden kriegführenden Mächten blieb aber freigestellt, vom 3. März an nach dreitägiger Frist denselben zu kündigen.

Endlich wurde der deutschen Armee noch die Genugthuung vor- behalten, in Paris selbst einzurücken und dort bis zur Ratifikation des Vertrages zu bleiben, wobei man sich auf den Abschnitt von Point du Jour bis Rue de Faubourg St. Honoré beschränken wollte. Derselbe wurde am 1. März nach einer Parade auf den Longchamps vor Seiner Majestät von 30 000 Mann, und zwar 11 000 des VI., 11 000 des II. bayerischen und 8000 des XI. Armeekorps besetzt. Am 3. und 5. März sollten fernere Staffeln in gleicher Stärke sich ablösen, aber Herrn Thiers gelang es, nachdem zuvor die Absetzung der Napoleonischen Dynastie dekretirt war, die Nationalversammlung in Bordeaux schon am 1. März zur Annahme des Vertrages zu bestimmen. Der Austausch der Ratifikationen fand am Nachmittage des 2. statt, und am 3. marschirte die erste Staffel wieder in ihre Quartiere.

Rückmarsch der deutschen Heere.

Nach Artikel III sollte außer Paris in möglichst kurzer Frist das ganze Land zwischen Seine und Loire und zwar von den beiderseitigen Truppen geräumt werden, das rechte Ufer des erstgenannten Stromes hingegen erst nach Abschluß des endgültigen Friedensvertrages. Auch dann würden noch die sechs östlichen Departements als Pfand für die letzten drei Milliarden von den Deutschen besetzt bleiben, jedoch mit nicht mehr als 50 000 Mann.

Eingehende Direktiven aus dem großen Hauptquartier regelten den Abmarsch und faßten dabei sowohl die gute Unterkunft der Truppen wie die Wiederherstellung der ursprünglichen Ordre de bataille ins Auge, nicht minder die Möglichkeit schneller Versammlung für nöthige Fälle.

Die zur dauernden Besetzung der erworbenen Landestheile bestimmten Truppen rückten sogleich dahin ab.

Die Reserven und Landwehrtruppen wurden in die Heimath ent=
lassen, desgleichen die badische Division, welche aber dort einstweilen noch
in mobilem Zustande verblieb. Die General=Gouvernements in Lothringen,
Reims und Versailles wurden aufgelöst und ihre Befugnisse den kom=
mandirenden Generalen übertragen, zur Aufrechterhaltung der Ordnung
im Rücken der Armee aber das VI. und XII. Armeekorps sowie die
württembergische Felddivision unter unmittelbaren Befehl des großen
Hauptquartiers gestellt.

Am 31. März hatte die Armee vollständig das ihr neu zugewiesene
Gebiet eingenommen, im Westen durch den Lauf der Seine von der
Quelle bis zur Mündung begrenzt.

Es stand die I. Armee in den Departements Seine=Inférieure und
Somme, die II. Paris gegenüber in den Departements Oise und Seine
et Marne, die III. in den Departements Aube und Haute=Marne, die
Südarmee in den zuletzt belegten Bezirken. Die Forts von Paris am
linken Ufer waren den französischen Behörden übergeben, der Belagerungs=
park und das erbeutete Kriegsmaterial zurückgezogen. In Berücksichtigung
des Wunsches der französischen Regierung, die Nationalversammlung so
früh wie möglich nach Versailles verlegen zu dürfen, war das große
Hauptquartier bereits früher als verabredet nach Ferrières aufgebrochen.
Am 15. März kehrte Seine Majestät von Nancy nach Berlin zurück.

Die sämmtlichen vor Paris verbliebenen Truppen wurden dem
Kronprinzen von Sachsen unterstellt und General v. Manteuffel
zum Oberbefehlshaber der Okkupations=Armee ernannt.

In dem Augenblick, wo Frankreich sich durch schwere Opfer wieder
befreite, tauchte im eigenen Innern ein Feind gefährlichster Art auf, die
Kommune von Paris.

Die dort belassenen 40 000 Mann zeigten sich der Aufgabe nicht
gewachsen, die aufrührerischen Bewegungen im Zaum zu halten, welche
schon während der Belagerung mehrfach hervorgetreten waren und jetzt
in offenen Bürgerkrieg aufloderten. Große Volksmassen, mit National=
und Mobilgarden verbrüdert, bemächtigten sich der Geschütze und setzten
der Regierung bewaffneten Widerstand entgegen. Schon am 18. März
berief Herr Thiers die noch zuverlässig gebliebenen Regimenter nach
Versailles, um sie der zersetzenden Einwirkung des Parteitreibens zu ent=
ziehen, und zum Schutz der dorthin verlegten Nationalversammlung. Die
französische Hauptstadt blieb dem Umsturz preisgegeben und war nun von
französischen Streitkräften zu erobern.

Die Deutschen hätten leicht der Sache ein schleuniges Ende bereiten
können, aber welche Regierung könnte sich durch fremde Bajonette in ihre
Rechte einführen lassen? Die deutschen Oberkommandos beschränkten sich
darauf, wenigstens innerhalb ihres Bereichs jede aufrührerische Bewegung
zu verwehren, und verhinderten auch alle weiteren Zuzüge von außen nach
Paris. Die begonnenen Desarmirungsarbeiten wurden unterbrochen, die
Truppen der III. Armee enger an die Forts herangezogen und die Vor=

posten wieder längs der Demarkationslinie ausgestellt, wo dann binnen zwei Tagen 200 000 Mann versammelt sein konnten. Den Machthabern in Paris aber wurde eröffnet, daß jeder Versuch, die den Deutschen zugekehrten Fronten zu armiren, die sofortige Beschießung der Stadt zur Folge haben werde. Allein die Aufständischen waren vollauf beschäftigt, durch Zerstörung, Brand und Hinrichtungen ihre Herrschaft im Innern von Paris zu sichern, sie wendeten sich nicht gegen den äußeren Feind, sondern gegen die von der Nation erwählte Regierung und bereiteten einen Ausfall nach Versailles vor.

Dem standen dort die Staatsleiter, gebunden durch die Bestimmungen des Waffenstillstandsvertrages, fast wehrlos gegenüber, indessen wurde von deutscher Seite eine Verstärkung bis auf 80 000 Mann durch aus Besançon, Auxerre und Cambrai heranzuziehende Truppen bereitwillig zugestanden, auch zu deren Transport durch das von deutschen Truppen besetzte Gebiet aller Vorschub geleistet. Dagegen erfolgte die Auslieferung der Gefangenen nur in beschränkter Weise. Es waren dies meist gut ausgebildete Mannschaften, deren feindselige Parteinahme nicht außer Möglichkeit lag; und so wurden zunächst nur 20 000 Mann Linientruppen freigelassen.

General Mac Mahon ging am 4. April mit den Regierungstruppen gegen Paris vor und drang am 21. in die Stadt ein. Da sich nun dort ein achttägiger Barrikadenkampf entwickelte und große Schaaren Flüchtiger die deutschen Linien zu durchbrechen drohten, so wurde abermals eine engere Versammlung der III. Armee angeordnet. Die Vorposten rückten dicht an die Thore heran und sperrten den Verkehr durch dieselben, bis Ende des Monats Paris wieder in Händen der französischen Regierung war.

Inzwischen hatten die in Brüssel begonnenen und in Frankfurt fortgesetzten Verhandlungen einen schnellen Verlauf genommen, und schon am 10. Mai konnte der definitive Friede auf Grundlage der Präliminarien unterzeichnet werden. Die beiderseitige Ratifikation erfolgte innerhalb der festgesetzten Frist von zehn Tagen.

———

Der mit Aufbietung gewaltiger Kräfte von beiden Seiten geführte Krieg war bei rastlos schnellem Verlauf in der kurzen Zeit von sieben Monaten beendet.

Gleich in die ersten vier Wochen fallen acht Schlachten, unter welchen das französische Kaiserthum zusammenbrach und die französische Armee aus dem Felde verschwand.

Neue massenhafte, aber geringwerthigere Heeresbildungen glichen die anfängliche numerische Ueberzahl der Deutschen aus, und es mußten noch zwölf neue Schlachten geschlagen werden, um die entscheidende Belagerung der feindlichen Hauptstadt zu sichern.

Zwanzig feste Plätze sind genommen worden, und kein Tag ist zu nennen, an welchem nicht größere oder kleinere Gefechte stattgefunden haben.

Den Deutschen hat der Krieg große Opfer gekostet, sie verloren:

6 247 Offiziere,
123 453 Mann,
1 Fahne,
6 Geschütze.

Der Gesammtverlust der Franzosen entzieht sich der Berechnung, aber allein an Gefangenen befanden sich:

in Deutschland	11 860 Offiziere,	371 981 Mann,
in Paris	7 456 =	241 686 =
entwaffnet in der Schweiz . .	2 192 =	88 381 =
	21 508 Offiziere,	702 048 Mann.

Erobert wurden:

107 Fahnen und Adler,
1 915 Feldgeschütze,
5 526 Festungsgeschütze.

Straßburg und Metz, in Zeiten der Schwäche dem Vaterlande ent=fremdet, waren wieder zurückgewonnen, und das deutsche Kaiserthum war neu erstanden.

Gedruckt in der Königl. Hofbuchdruckerei von E. S. Mittler & Sohn, Berlin SW., Kochstr. 68—70.

Nur mit Aufbietung gewaltiger Kräfte von beiden Seiten geführter Krieg, war bei rastlos fortschreitendem Durchbruch in der kurzen Zeit von sieben Monaten beendet.

Gleich in den ersten fünf oder sechs Wochen fielen 8 große Schlachten, unter welchen das französische Kaiserthum zusammenbrach und die französische Armee aus dem Felde verschwand.

Neue massenhafte, aber geringere eigenen Heeresbildungen, glichen die anfänglich immerhin überwiegende Uebermacht der Deutschen aus, und es mußten noch 12 neue Schlachten geschlagen werden, um die entscheidende Belagerung der feindlichen Hauptstadt zu sichern.

Zwanzig sehr feste Plätze sind genommen worden, und kein Berg zu nennen, an welchem nicht größere oder kleinere Gefechte statt gefunden haben . . . .

Straßburg und Metz, welche in Zeiten des Gebrauchs dem Vaterlande entfremdet, waren wieder zurück gewonnen, und das deutsche Kaiserthum neu erstanden.